사무관리의 이해

김 병 기 · 이 정 훈 공저

청목출판사

서 문

오늘날 컴퓨터, 정보통신기술의 비약적인 발전으로 21세기는 매우 복잡하고 다양한 하이테크시대 · 정보화시대 · 지능화시대라고 한다. 이러한 시대적 변화에 따라 국가 · 지방자치단체 · 기업 · 개인들은 경쟁에서 살아남기 위해 부단한 노력들을 전개하고 있다.

이러한 지직정보화시대에 문서작성, 문서기안, 결재, 등록, 시행, 접수 및 처리 등이 잘 이루어지지 않았을 때 책임성, 명확성 문제 등이 발생할 수 있다. 따라서 사무관리의 필요성, 정확성, 명료성 등에 따라 업무의 생산성이 좌우된다. 이에 향후 국제사회를 선도하고 조직운영에 있어서 업무의 생산성을 향상시키기 위한 노력이 중요한 과제로 등장하고 있기에 사무관리의 중요성은 더욱 확대되고 있다.

컴퓨터의 급속한 보급으로 문서의 작성, 전자결제, 전자통신문서로서의 발송, 접수 및 CD문서의 보관방법 등과 같은 새로운 사무관리체계들을 각 국가는 법제화하여 종전의 서류중심의 문서에서 전자문서의 시대로의 전환이 이루어지고 있다.

우리나라에서도 사무관리의 간소화, 표준화, 과학화, 규격화, 통일화를 높이기 위한 전자문서 위주의 문서관리, 문서수발업무의 개선, 정책실명제의 도입 등을 주요 내용으로 한 사무관리규정, 사무관리규정시행규칙, 공공기록물 관리에 관한 법률 및 시행령, 시행규칙 등을 대폭 개정하였다.

이에 본 교재에서는 대학생들이 취업하기 전 사무관리에 관한 전체적인 내용과 흐름을 파악하는 데 중점을 두는 것은 물론 실무에서 적용할 수 있고, 각종 시험의 이론 및 실기시험을 위한 대비서로 활용되도록 구성하였다.

책의 구성을 정리하면 제1장은 사무관리의 이해 부문으로 사무관리의 의의, 사무관리의 기능, 사무관리와 정보관리, 경영과 사무, 사무관리의 발전과정 등을 설명하였다. 제2장은 사무관리의 계획 및 조직부문으로 사무관리의 계획화, 사무의 조직화, 사무통제, 표준화, 사무간소화와 작업연구, 사무환경 등을 살펴보았다. 제3장은 자료관리 운영부분으로 자료관리의 일반, 행정간행물의 유통체계, 자료의 등록,

자료의 분류 및 서가배열, 자료목록관리, 자료의 열람복사 및 대출, 자료의 점검, 폐기 및 이관, 컴퓨터프로그램 저작권 등에 대해 상세히 설명하였다. 제4장은 사무작업관리부문으로 EDI, EDIFACT, CALS(광속상거래) 등에 대해 새롭게 정리하였다. 제5장은 문서관리부문으로 문서관리의 개설, 문서작성의 일반사항, 문서의 구성체제, 문서의 기안, 결재, 문서의 등록, 문서의 시행, 문서의 접수 및 처리, 전자문서의 표준 및 유통, Bussiness Letter의 구성 및 형식, 구두점, 문서작성 사례, 문서작성 연습 등을 통한 실무적인 측면을 중심으로 기술하였다.

그러나 본 교재가 10여년 동안 대학에서 강의한 노트를 중심으로 정리해 보았기에 미흡한 점이 많을 것으로 생각된다. 이러한 점을 계속 개정·보완하여 더 좋은 교재로 활용할 수 있도록 노력할 것을 약속드리며, 많은 분들의 충고와 비판이 있기를 진심으로 기대한다.

끝으로 본 교재를 출간함에 있어 많은 도움을 주신 청목출판사 임직원 여러분에게 진심으로 감사드립니다.

2007년 8월

학가산에서 저자 씀

차 례

◆부 록

1
chapter

사무관리의 이해

제1절 사무관리의 정의

1. 사무실(office)

공장내의 제조작업관리에 적용되는 이론으로 테일러(F. W. Taylor)에 의해 제창된 과학적 관리(scientific management)를 사무실에 적용하기 위하여 개발한 것이 사무관리이다.

사무실도 공장처럼 사무라는 제품, 즉 무형의 서비스를 생산하고 있고 기록, 계산, 회의, 기타의 사무작업들이 행해지고 있으며, 이것들을 통하여 사무가 생산되고 있기 때문이다. 따라서 사무원의 사무작업이 능률적으로 이루어지도록 관리해야 하는데 그러기 위해서는 사무실의 위치, 건물, 설비, 사무실의 배치, 집무환경 등을 정비하지 않으면 안 된다. 책상은 작업대로 볼 수 있으며, 따라서 적절한 설계나 배치가 필요하다.

이상과 같은 과정은 하나의 관리기능으로서 '사무'라는 전문적 입장에서 다루어져야 한다. 그래서 미국과 같은 곳에서는 벌써 1910년대에 사무관리자(office manager)라는 전문적 관리책임자가 생기게 되었고, 1925년 경부터는 그의 전문적 지위가 널리 인정받게 되었다.

결국 사무관리는 '사무실의 작업을 관리하는 것'이라고 정의를 내릴 수 있다.[1)]

2. 사무의 개념

1) 전통적 개념

종래의 사무라고 하면 문서작업(paper work), 특히 사무실이란 일정장소의 사무 책상 위에서 하는 책상작업(desk work)와 이에 수반한 기록과 보존업무 정도로 생각해 왔었다. 사무의 개념이 이와 같이 매우 불완전하고 소극적으로 인식된 것은 초기의 단순하던 사무환경과 이로 인한 영향 때문으로 보인다.

한편 20세기 초까지도 사무에 대한 정확한 인식이 부족하여 사무란 것이 필요한 것이기는 하나, 기록하고 이를 보관해야 하는 귀찮은 동작과 형식이 따르기 때문에 부담과 번거로움을 주는 악에 속하는 것이라 하여 필요악(necessary evil)이라고까지 천대하였다. 이와 같은 필요악이란 생각은 우리 나라의 경우 아직도 현실 속에 잔존하고 있어서, 소위 하찮은 사무적인 일이라 하여 행정관청이나 경영조직에서 관심 밖에 있는 제2차적 존재로 여기고 있다.[2)]

2) 근대적 개념

최근의 입장에 의하면 사무의 본질은 관리에 필요한 정보를 만드는 작업으로 본다. 모든 관리나 경영활동을 하려면 의사결정이라는 것이 필수적이다. 이것을 과학적으로 하기 위해서는 과학적 정보가 필요하게 된다.

---

1) 조석준. (1991). 『현대사무관리론』. 서울 : 박영사. pp. 11-12.
2) 김태극. (1992). 『신사무관리이론』. 서울 : 박영사. pp. 24-25.

이와 같은 정보를 효과적으로 생산하고 처리하는 일이 사무의 역할이라 할 수 있다.

사무도 작업이기 때문에 그자체로는 능률적으로 관리되지 않으면 안 된다. 사무를 위한 작업은 통상 다음과 같이 구성된다.[3)]

① 기록(인쇄포함)(writing)
② 계산(computing)
③ 면담(interviewing)
④ 통신(운반을포함)(communicating)
⑤ 분류 및 정리(classifying & filing)

3) 학자의 상이한 견해

① 테리(Terry)의 정의[4)]

사무관리란 '사무를 계획(planning)하고 조정(coordinating)하며 인원, 물자, 기계, 방법, 금전 및 대상자 사이의 관계를 조정하는, 눈에 보이지 않은 힘으로써 기업의 목적을 달성하기 위해 지휘(directing)하고 통제(controlling)하는 행위를 뜻한다'

② 리틀필드(Littlefield)의 정의[5)]

사무관리란 '사무상의 계획(planning), 조직(organizing), 인사(staffing), 조정(coordinating), 지휘(directing), 통제(controlling)를 전반적 또는 부분적으로 수행하는 행위로서 무형의 역할에 의해서 조직의 목적을 달성하는 과정(process)를 뜻한다.'

3) 상게서. pp. 24-25.
4) Terry, G.R. (1975). *Office Management and control*, Homewood Illinois, Richard D. Irwin, Inc.
5) Littlefield, C.I. & Paterson, R. L. (1956). *Modern Office Management*, Prentice-Hall, Inc.

③ 박연호의 정의[6)]

사무관리란 '조직체의 운영에 필요한 정보를 확률적·합리적으로 생산, 유통, 활용하기 위한 관리활동'이라고 정의하고 있다. 즉, 그것은 사무작업의 과학적 관리를 기초로 하면서 고능률적인 사무처리에 의하여 생산된 사무정보를 조직의 구석구석에 침투시킴으로써 조직운영의 효율화를 도모코자 하는 것이라는 설명이다.

요컨대 박연호는 사무관리를 사무의 작업관리와 정보관리라는 두 관리적 측면의 통일된 체계로서 파악한다는 점에서 사무작업에 중점을 두고 있는 조석준의 견해와 달리하고 있다.

④ 조석준의 정의

사무관리란 '사무실의 작업을 관리하는 것'이라고 정의하고 있다.[7)]

3. 사무의 기능

1) 행정활동 보조·촉진기능

사무는 행정목적을 달성하기 위하여 행정활동을 보조·촉진하는 기능을 수행한다.

2) 관련분야 연계성 유지기능

사무는 기획분야, 집행분야, 지원분야 등 관련분야의 연계성을 유지하는 기능을 수행한다.

3) 정보처리기능

사무는 행정목적의 달성을 위한 의사결정에 있어 필요한 정보를 수집·가공·저장·활용하여 처리하는 기능을 수행한다.

6) 박연호. (1993). 『사무관리신론』. 서울 : 법문사. p. 14.
7) 배수진도 이를 따르고 있다. 배수진. (1992). 『신사무관리(개정판)』. 서울 : 학문사. p. 19.

4) 업무수행기능

사무는 쓰기, 읽기, 의사소통, 조사·확인, 계산, 분류·정리 등 업무를 수행하는 기능을 한다.

4. 사무의 종류

1) 목적에 의한 분류

① 본래사무

본래사무란, 국가의 존립·유지와 공공의 복지증진이라는 행정목적의 달성에 직접적으로 기여할 수 있도록 기능별로 분화된 각 행정조직 고유의 사무를 말한다. 「본래사무」를 「업무」라고도 한다. 예를 들면, '행정업무의 전자화', '전자정부에 대비한 문서관리제도의 혁신' 등이다.

② 지원사무

지원사무란, 행정목적 달성을 위한 수단과 방법을 제공하는 일을 말한다. 예를 들면, '전자정부에 대비한 문서관리제도의 혁신'이라는 행정목적 달성을 위해 수행하는 '문서처리절차의 재설계', '문서관리제도의 혁신방안에 대한 설문조사' 등이다.

2) 사무의 난이도별 분류

① 판단사무

전문적 지식과 경험을 필요로 하는 사무로서 주로 관리층에서 담당하는 사무이다. 예를 들면, 의사결정·기획·조정·심사·조사 또는 통제사무 등을 말한다.

② 작업사무

주로 육체활동을 요하는 사무가 복합되어 행하여지는 사무를 말하는데, 극히 숙련을 요하는 것으로부터 전혀 숙련되지 않더라도 단순하게 처리될 수 있는 사무 등 매우 다양하다. 예를 들면, 읽기 · 쓰기 · 계산 · 운반 · 정리 등을 말한다.

3) 기타 사무의 종류

위에서 살펴본 것 외에도 위임 여부에 따라 고유사무와 위임사무, 발생빈도에 따라 일상적인 사무와 예외적인 사무, 사무의 내용과 업무소관에 따라 국가사무와 지방사무 등으로 나눌 수 있다.

5. 사무관리의 정의

사무관리(office management)란 '조직체의 관리자가 기록과 정보전달에 관하여 계획(plan)하고 실시(do)하고 통제(control)하는 행위'이다. 그리고 그 행위를 통하여 조직체의 다른 모든 관리기능들이 잘 되도록 도와주는 수단적 역할을 하는 서비스적 · 조장적 활동이다.

조직체의 업무를 기록하고 각종 정보전달에 관하여 계획, 실시, 통제하는 행위들은 사무실에서 수행된다. 따라서 사무실은 그곳에서 일하는 구성원들이 사무작업을 능률적으로 수행할 수 있도록 정비되어 있지 않으면 안 된다.

그러기 위해서는 그 위치와 그 안에서의 부서의 배치 및 책상, 기기, 비품 등의 배치 그리고 온도와 습도, 환기, 조명과 채광, 방음, 색채 등의 사무환경이 잘 정비되어 있어야 할 필요가 있다.

공장 안에서 제품을 생산할 때에 그 제조작업을 관리하는 것처럼 사무실에서 생산되는 무형의 서비스도 그 과정이 관리되어야 한다. 이를 위해 미국의 경우에는 이미 1910년대부터 사무의 관리기능을 전문적으로 다루는 사무관리자(office manager)라는 관리책임제도를 시행하고 있으며, 그의 전문적 지위도 널리 인정되고 있다.

사무는 모든 조직체의 기능과 활동 속에 공통적으로 존재하는 것으로, 본질적으로 관리에 필요한 정보를 만드는 작업을 의미한다. 따라서 어떻게 조직체의 전체적인 입장에서 정보를 가장 효과적으로 수집·정리하고 변화시켜서 전달·보관하느냐 하는 것은 사무에 있어서 매우 중요한 문제가 된다. 왜냐하면 사무관리는 조직체의 전체적 관리와 분리해서 생각할 수 없기 때문이다.

제2절 사무관리의 기능

1. 관리의 개념

관리란 '인간, 기계, 재료, 방법 등을 잘 활용 또는 조정하여 목표한 성과를 달성하는 행위'를 말한다. 그러기 위해서는 개개인에게 책임을 할당하고 권한을 위임하여야 한다.

관리는 그 자체가 목적이 아니라, 목적을 위한 하나의 수단이다. 그리고 관리는 정적인 것이 아니라 끊임없이 발생하는 새로운 사태에 대처해 가는 동적이며 탄력적인 것이다. 관리는 기업체, 정부, 교회, 학교, 공익단체, 기타 여러 사회단체 등 모든 곳에서 다 필요하다. 어떤 업무를 능률적으로 하기 위해서는 일반적으로 그 업무를 세분화시켜서 분업을 하는데, 관리도 각 분야별로 세분화시킨 전문분야들이 개발되고 있다. 즉 공장 또는 생산관리, 판매관리, 인사관리, 도시관리, 농장관리, 재무관리, 학교관리, 병원관리, 가정관리, 신용관리, 사무관리 등이 그것이다.

2. 관리의 기능

관리의 기능을 어떻게 분류하는가는 학자들 간에 다소의 견해차가 있으나 계획, 조직, 통제, 조정, 지시, 인사 등이 가장 일반적으로 거론되는 것이다. 이것들을 다 합하면 관리의 기능이 되는 것이다.

① 계획

이는 일정한 목적을 달성하기 위해서 장래에 대한 전망 또는 예측을 하고, 그 방향으로 나가기 위한 기본지침과 방법의 대강을 정하는 것을 말한다. 계획에 의하여 관리활동의 명확한 기반을 얻는다고 할 수 있다.

② 조직

이는 전자의 계획을 현실적으로 실현시키기 위하여, 필요한 모든 인력, 직위, 직위간의 관계 등을 정하고, 재원 기타 필요한 투입을 하면서 통합적으로 추진해 나가는 것을 말한다. 즉 조직의 구조나 체제의 설정, 절차의 개발, 자격조건의 결정, 재원의 할당 등을 의미한다.

③ 통제

이는 집행에 들어간 이후 처음에 세운 계획과 비교하여 집행상태를 규제하는 것을 말한다. 따라서 규제 또는 체크할 대상인 기준이나 표준을 개발하고 적용하는 것, 이들 기준과 실제의 결과와를 비교하는 것, 그 사이에 바람직하지 못한 차이가 생겼을 때 필요한 수정을 가하는 것 등이 여기에 속한다.

④ 조정

실시와 시기와 순서의 관점에서 그 조직의 다양한 활동들을 항상 적절한 관계에 놓이도록 하는 것이다.

⑤ 지시

주어진 목적달성을 위하여 직원들을 지도·감독하는 것을 말한다. 어떻게 보면 지시는 통제 속에 포함된다고 생각할 수도 있다. 아무튼 지시는 구체적으로는 상하간의 대인관계에서 이루어지는 리더십의 행사라고 볼 수 있다.

⑥ 인사

이는 사람을 충원하는 것을 의미한다. 이는 편의상 조직기능의 일부라고 간주할 수도 있다.

그런데 이러한 제기능은 독립된 것이 아니고 상호관련된 일련의 과정을 형성하고 있다. 즉 계획을 세우고 그것을 실시하기 위해서는 조직형성이 필요하다. 조직이 형성되면 그것을 움직이기 위해서 동기유발 내지는 리더십의 기능이 필요하다. 다시 나아가서 통제의 과정에서 계획과 실시를 비교·평가함으로써 다음 계획화의 개선을 위해 정보의 피드백이 행해진다.

이와 같이 관리순환이란 관리기능의 여러 요소가 상호 밀접한 관련을 가지면서 일체화되어 있는 연쇄과정을 뜻한다.

관리의 순환구조에 대해서는 학자에 따라 몇 가지 특색이 있다. 미국에서는 전통적으로 POSDCORB[8]방식이 전해오고 있는데 이는 Planning(계획화), Organizing(조직화), Staffing(충원화, 요원화), Directing(지휘화), Coordinating(조정화), Reporting(보고화), Budgeting(예산화)의 7요소로 구성되어 있다.

3. 사무관리의 기능

관리의 기능에서 살펴보았듯이 이는 계획, 조직, 통제, 조정, 지시, 인사 등이었다.

사무관리 분야에서 특히 중요한 것은 정보의 조정이다. 이는 커뮤니케이션에 의존한다 사무관리의 중요한 점은 다음과 같다.

1) 사무관리의 일반적 기능

(1) 정보처리기능

사무는 조직체내의 모든 정보를 처리한다. 이는 정보의 접수, 변경, 삭제, 생산, 발송, 폐기, 확인, 평가, 수집 및 보관 등의 제반활동을 말한다. 대부분의 정보는 문서형식으로 되어 있으며, 오늘날에는 종이에만 기록되

---

8) 1930~1940년대의 미국의 경영실무가 걸리크(Gulick)가 매니지먼트 사이클(management cycle)을 제안하였다. 정수영. (1992). 『신경영학원론』. 서울 : 박영사. p. 351.

는 것이 아니라 마이크로 필름 또는 광디스크로도 보존·이용된다. 또 근대의 사무는 앞에서도 언급되었듯이 단순한 문서처리로 보아서는 안 되며 정보처리(informating handling)라고 보아야 한다.

(2) 결합기능

레핑웰(Leffingwell)은 '사무는 경영 내부의 여러 기능과 활동을 능률적이고 효과적으로 달성하기 위해 조정, 지위, 통제 등과 같은 협력을 해나가는 경영활동의 일부이고 또 컨베이어벨트(conveyor belt) 역할을 수행하여 경영활동 전체의 흐름을 원활하게 도모함으로써 경영의 각 기능을 결합시켜 주는 기능을 하는 것'이라 하였다.

사무가 여러 가지 정보를 처리한다는 것은 바로 조직내의 여러 가지 활동을 서로 연결지어 통합시켜 나간다는 것을 말한다. 예를 들면, 생산부문에서 제조된 제품의 수량이 판매부문에 알려지고 판매부문에서는 이 정보를 토대로 판매활동을 전개한다. 두 부문 간의 이러한 연결은 사무를 통하여 이루어진다. 이와 같이 사무는 조직체의 여러 활동을 통합·조정하여 조직체가 바라는 방향으로 나아갈 수 있게 해 준다.[9)]

(3) 사무관리자의 기능

사무관리자(office manager)는 회사의 관리전반에 걸친 모든 방침과 실천방법들에 관하여 잘 알고 있는 전문가라야 한다. 왜냐하면 사무관리는 전체적 관리와 분리하여 생각할 수 없기 때문이다.[10)]

사무관리는 커뮤니케이션이나 기록에 관하여 관리자가 계획하고 조직하고 통제하는 행위이다. 그는 이런 관리행위를 통하여 다른 모든 관리기능들이 잘 되도록 도와주는 수단적 역할을 한다. 따라서 사무관리는 서비스적·조장적 활동이라 할 수 있다.

사무관리자는 효과적인 관리를 위하여 구체적으로 다음과 같은 일을 해야 한다.

---

9) 한상도. (1993). 『사무관리개론』. 서울 : OA정보사. pp. 17-19.
10) 조석준. 전게서. p. 16.

① 적절한 사무관리조직의 작성

▸통보, 계산, 기록작성, 정리, 기계조작, 분류, 검증, 편집 등의 각 직무에 관하여 숙지하고 있어야 한다.

▸사무직원들을 조직화하고, 그들의 작업단위를 정해주고, 그들이 책임을 수행할 수 있도록 권한도 주어야 한다.

▸자기부서와 전사내의 정보의 흐름을 원활히 해주어야 한다.

▸사무직원의 선발, 개발, 동기부여, 인간관계의 원활화에 노력해야 한다.

▸능률적인 사무작업을 하는 데 필요한 물리적 시설, 즉 효과적인 사무실의 설계, 적절한 채광과 환기, 효과적인 소음감소장치 등을 설치하고 유지해야 한다.

▸또한 사무실의 비품, 설비, 기계 및 보급품의 지정과 구입해야 한다.

▸사무원과 일반감독자와의 일을 조정해야 한다.

② 사무작업계획의 입안

이를 위하여 사무관리자는 다음과 같은 일들을 해야 한다.

▸모든 직무마다 하루의 공정한 작업량이 어느 정도인가를 정해주어야 한다. 이것에는 물론 사무원의 수준, 작업의 질, 작업시간, 절차 등을 함께 감안해야 한다.

▸각 직무를 수행하기 위하여 계획, 분석, 지시를 해야 한다.

▸인력의 낭비를 피하고 가능한 한 사무기계를 사용하게 한다.

▸가능한 한 모든 작업을 쉽게 할 수 있게 만들어 주어야 한다. 이는 방법 및 절차분석, 동작의 경제성원칙의 적용, 표준시간의 설정 등을 통하여 이루어지게 할 수 있다.

③ 사무관리자의 사무작업 통제

▸사무절차에 대한 지시와 사무직원의 인사문제를 다룬다.

▸통신, 파일링(filing), 우편, 전신, 전화, 지시 및 전달과 같은 서비스 업무를 유지한다.

▸전체 조직속의 각 부서마다 사무서비스가 필요한 곳에 그것이 제공되어 있는가를 검사한다. 여기에는 모든 보고문서의 보존, 업무개선에 관한 믿을 수 있는 의견을 제공하는 것이 포함되며 또한 서비스 업무의 집중적 처리도 포함된다.

▸각 사무원마다 자기의 모든 능력을 발휘할 수 있도록 하기 위하여 사무에 관한 교육계획을 작성 · 유지한다.

▸사무의 질적 · 양적 표준, 사무편람 및 원가에 관한 자료를 작성 · 유지해야 한다.

▸절차의 개선과 실시상황을 검사하기 위한 개선 후 추적계획을 작성 · 유지해야 한다.

▸사무원들을 감독하고 그들의 협조를 받아야 한다. 이를 위해 광범한 커뮤니케이션 통로를 계획 · 유지해야 하고 사무원들과 좋은 관계를 맺는 것이 필요하다.

결론적으로 사무관리자는 사무작업의 계획과, 조직화, 통제에 관하여 이상과 같은 책임을 지는 것이다.

2) 힉스(Hicks)의 과학적 사무관리[11]

힉스는 사무작업에 적용가능한 과학적 방법을 압축해서 다음과 같은 14개 항목을 제시하고 있다.[12] 물론 이것은 완전한 것은 아니지만 사무관리를 용이하게 체크하는 데 도움이 된다. 또한 이것은 사무실에서 사무관리의 개선을 추진하고자 할 때 우선 무엇부터 착수해야 할 것인가 하

11) 박연호. (1992). 『신사무관리』. 서울 : 학문사. pp. 27-29.

12) Hicks, C. B. & Place, I. (1956). *Office Management.* New York, Allny & Bacon Inc. p. 204.

는 점을 제시함과 아울러 사무관리의 주요 분야도 망라하고 있는 것이다.

① 과학적 방식의 결정

사무상의 문제를 분석하기 위하여 과학적 방식을 결정해야 한다.

② 사무작업과 사무관리의 분리

사무능률의 증진을 위하여 사무수속의 계획, 조직, 통제를 담당하는 사람 또는 부서가 있지 않으면 안 된다.

③ 사무활동에 관한 통제집중

만일 사무관리에 관한 책임을 각자가 분담한다면 그들은 자기의 직무를 효과적으로 수행하지 못하게 된다. 그러므로 사무관리의 직능을 명백히 결정하고 충분히 그것을 수행할 수 있는 사람에게 사무활동의 책임을 위임해야 한다.

④ 기계화

기계는 노동원가를 인하하고 능률을 향상시킨다. 보통의 사무기계는 사무직원에게 지급하는 급여와 비교해 볼 때 비교적 저렴한 것이다.

⑤ 시스템 및 절차의 연구

서류의 처리라든가 보고를 위한 자료를 거둬들이는 방법에 대하여 공장에 있어서 작업연구를 할 때와 같이 깊은 연구가 이루어져야 한다.

⑥ 동작연구와 작업단순화의 응용

동작연구는 낭비를 제거하기 위하여 작업을 과학적으로 분석하는 기본적인 방법이다.

⑦ 잘 검토된 직장내 교육훈련계획의 발전

직원 각자가 행복하고 충실하고 또한 생산적인 사람이 되느냐 안 되느냐의 여부는 훈련에 의존한다. 만일 개개의 직원이 수속절차나 또한 그 실행에 관해서 잘 훈련되어 있다면 사무능률은 향상된다. 교육훈련의 방법 가운데는 직원 각자를 현장에서 일을 시키면서 병행시킬 수 있는 방법이 있다.

⑧ 사무지도서의 작성 및 이용

사무편람 또는 사무지도서가 없다면 모처럼 잘 검토되고 작성된 방법이나 절차라 할지라도 오해 또는 변경되기 쉽다. 사무지도서 또는 편람은 수속이나 절차개선의 길잡이 역할을 할 수 있다.

⑨ 사무실 배치의 개선

사무실 배치는 공장배치와 마찬가지로 주의깊게 계획되어야 한다. 각 사무직원의 위치는 작업을 용이하게 할 수 있고 또한 능률을 올릴 수 있도록 배치되지 않으면 안 된다. 그리고 항상 사용하는 사무용구는 작업반경내에 놓여지도록 하는 것이 좋으며 또한 사무용품 및 자료는 될 수 있는 한 필요없는 노력이나 동작을 배제할 수 있는 순서로 정돈되어야 한다.

⑩ 장표의 통제

장표는 사무작업의 커다란 부분을 점하고 있다. 따라서 장표는 서식설계를 숙지하고 있는 사람에 의해서 목록이 작성되고 중복이나 비능률성이 배제된 연후 주의깊게 설계되어야 한다.

⑪ 보상제도의 이용

공장이나 판매부문에서 성공적으로 채택되고 있는 금전적 또는 비금전적 자극은 여러 가지 장소나 상황에서도 적용될 수 있다는 것을 인식해야 한다.

⑫ 임시적 기록문서 폐기 방안의 실시

사무절차는 낡은 서류가 중첩되기 시작하면 다루기가 귀찮게 된다. 그러므로 모든 기록에 걸쳐서 이미 보존가치가 없어진 것이라든가 중복된 것이라든가 또는 불필요한 것은 적시에 폐기하도록 구체적 방안이 강구되고 실시되어야 한다.

⑬ 작업측정의 이용

실제적인 사무생산의 측정은 능률증진이나 원가인하를 위한 한 가지 효과적인 도구의 역할을 할 수 있다. 사무활동이 측정됨으로써 비로소 특정의 사무작업에 소요되는 경비가 어느 정도나 되는가 하는 것과 또한 한 사람의 사무직원이 하루에 어느 정도나 생산할 수 있는가 하는 것을 알 수가 있는 것이다.

⑭ 질적 · 양적 표준과 그 통제

이것을 위해서는 측정이 토대가 된다. 또한 그것은 사무활동을 효과적으로 통제하는 데도 필요하다.

제3절 사무관리와 정보관리[13)]

1. 목적과 범위

정보관리와 사무관리는 사무활동을 대상으로 하는 점은 같으나 관리범위가 정보관리는 넓고 사무관리는 좁다.

정보관리의 목적은 '의사결정에 필요한 정보를 정확, 신속, 용이하게 제공하는 것'인데 대해 사무관리의 목적은 '지정된 데이터를 지정된 기입방법으로 작성하는 것'이다.

정보관리의 범위는 정보의 계획, 통제, 처리 및 보관, 제공의 제기능을 대상으로 광범한 활동범위를 가진다. 정보관리의 범위는 정보관리내의 정보통제기능과 정보처리기능만을 대상으로 한다.

2. 정보관리의 기능구조

정보관리의 기능구조를 보면 정보계획, 정보통제, 정보처리, 정보보관 · 제공의 네 가지 기능으로 성립된다.

1) 정보계획

정보계획은 정보관리를 추진하기 위해 필요한 기본적 제요건을 결정하

13) 김갑수. (1993). 『최신사무관리론』. 서울 : 형설출판사. pp. 36-56.

는 것인데 이는 ① 의사결정자가 요구하는 필요정보의 확정, ② 배치인원의 결정, ③ 사무처리방침의 결정 등의 내용으로 구성된다.

사무시스템 설정은 사무계획실현을 위한 최선의 사무시스템을 설정하는 것을 의미한다.

2) 정보통제

정보통제란 계획기능에 근거하여 정보처리기능을 관리하는 것으로 사무계획과 사무통제로서 성립된다. 사무계획은 하루 단위의 사무처리계획을 세워 계획내용을 정보처리기능에 지시하는 것이다.

사무통제는 정보처리가 계획대로 실시되는지 여부를 통제 혹은 차이를 발견 수정하고 또는 정보계획기능에 피드백(feed-back)하여 수정하는 것이다.

3) 정보처리

정보처리는 정보관리의 대상인 사무작업의 실시 그 자체이다.

정보통제기능의 지시에 따라 사무작업이 실행, 완료되면 정보통제기능에 사무작업의 보고를 행하는 기능이다.

4) 정보의 보관 · 제공

정보의 보관 · 제공기능은 정보를 필요로 하는 자에게 적시(timing)에 제공하는 기능으로, 경영하는 데이터뱅크인 셈이다. 때문에 이 단계에서도 정보가치와 사무처리의 생산성을 높이는 것이 장래 정보관리에 중요하다.

먼저 정보가치면에서 보면 정보는 신속하게 제공될수록 가치가 높다. 따라서 요청후의 일괄 사무처리는 지연되기 때문에 가치가 반감된다. 요청 전에 반가공해 두고, 사용 후의 정보도 재사용을 예상하여 정리 · 보관해 두면 정보요구에 따른 처리시간이 훨씬 단축될 수 있다. 또 동종의 사무는 일괄처리하는 것이 생산성이 높다. 즉 장래에 필요한 데이터도 관련이 있다면 사전에 처리 · 보관하여 둘 필요가 있다.

이상에서 볼 때 정보의 보관 · 제공기능은 미래의 정보관리에 있어서 상당히 중요한 기능이 될 것은 확실하다. 더구나 정보보관 · 제공기능이 컴퓨터의 정보처리기능과 연결되면 그 효과가 배가된다.

3. 사무관리의 기능구조

사무관리의 기능구조는 정보통제와 정보처리의 각 가능으로 성립되는데 그 기능의 내용은 정보관리와 같다. 여기서는 정보통제에 대하여 알아보기로 한다.

정보통제기능의 사무계획은 작업의 3요소(인, 물, 도구)의 효과적 이용방법을 통하여 사무절차계획과 사무일정계획을 수립하는 것이다. 사무절차계획은 정보계획에서 설정한 사무시스템의 보충이며 사무처리조건이 변경되지 않는 한 새로이 작성할 필요는 없다. 사무일정계획은 사무계획의 마무리 계획으로 정해진 기일까지 사무처리가 완료될 수 있도록 사무를 효율적으로 조합하기 위한 계획이다.

또 사무통제는 사무가 실행계획대로 실행되는지의 여부를 체크하고, 계획과의 차이를 발견 · 해소하는 것이다. 계획이 아무리 치밀하더라도 그래도 실시되리라는 보장은 없다. 즉 계획과 실시의 차이를 없애는 것이 사무통제이다.

제4절 경영과 사무

1. 경영과 의사결정[14)]

현대는 전략경영시대, 정보화사회 등으로 불린다. 정보화란 물적자원 중심에서 지적자원으로 가치중심이 이전하는 과정을 의미한다.

이러한 의미는 현대경영을 둘러싸고 있는 환경(기술, 경기, 가치관, 시장 등)이 복잡·현저하게 변화하고 있기에 예전의 특정사업분야를 대상으로 한 '능률적 경영'만으로는 기업의 존속과 성장을 기대할 수 없다는 것이다. 즉 기존사업의 장래성을 정확히 판단하여 적절한 시기에 신규사업에로 전환하는 것이 중요하다.

앤조프(Ansoff)는 전략을 '제품이 시장이라는 최종도달점에 이르는 길의 개념'으로 보고 '어떤 제품을 어떤 시장에 판매할 것인가 하는 제품↔시장믹스(mix)선택이 전략적 의사결정이다'라고 하였다.

1) 앤조프에 의한 의사결정의 분류[15)]

앤조프는 의사결정의 종류를 세 가지로 분류하고 이들 의사결정의 주요한 결정사항과 특성을 다음과 같이 설명하고 있다.

(1) 전략적 의사결정(stratergic decisions)

이는 기업과 환경과의 관계(the relationship between the firm and its environment)를 확립하는 것에 관련된 전략이다. 이는 주로 기업의 내부문제보다는 오히려 외부문제에 관계되는 것으로, 구체적으로 말하면 그 기업이 생산하려는 제품개발과 이를 판매하려는 시장과의 선택에 관한

14) 김갑수. 전게서. pp. 33-36.
15) 정수영. 전개서. pp. 387-388.

것이다. 그래서 기업이 어떤 업종에 종사하고, 장래 어떠한 업종으로 진출한 것인가를 결정하는 문제이다. 요컨대, 앤조프의 전략적 의사결정이란 환경변화에 적응하는 기업의 제품 시장분야의 선정과 이에 대한 제자원의 배분에 관한 의사결정을 의미하고 있다.

(2) 관리적 의사결정(administrative decisions)

이것은 전략적 의사결정을 구체화하기 위하여 최적의 업적능력을 낼 수 있도록 기업의 제자원을 조직화하는 것과 관련되는 의사결정이다. 구체적으로는 책임 · 권한관계라든가, 정보의 흐름 등 조직기구에 관한 결정, 일의 흐름, 유통경로, 제시설의 입지 등 자원의 변환과정의 구조에 관한 결정 및 자금, 설비, 원재료, 인원 등 경영제자원의 조달과 개발에 관한 결정 등이 그 대상이 된다.

(3) 업무적 의사결정(operating decisions)

이것은 앞의 두 가지 의사결정을 구체화하기 위하여 기업의 제자원의 변환과정의 효율을 최적화하는 것을 목적으로 하는 의사결정이다. 그 구체적 내용은 생산 · 판매 또는 마케팅, 인사 및 재무활동 등과 관련되어 이루어지는 의사결정이 포함된다.

그러나 이 세 가지 의사결정은 모두가 상호의존적이며 또한 보완적인 관계에 있다.

2. 의사결정과 정보

경영상의 의사결정이란 '환경의 변화에 대응한 문제의 발견과 해결을 위한 일련의 경영행동'으로 정의되며, 일반적으로는 '일정 목적을 달성하기 위하여 많은 대체수단 중 하나 내지는 소수의 수단을 선택하는 인간의 합리적 행동'인 것이다.

포레스터(Forrester)에 의하면 '경영은 정보를 행동으로 연결시키는 과정(process)이다'라고 하면서 이 과정이 의사결정이라는 것이다. 이는 의사결정과 정보가 중심이 된 근대적 경영행동을 말하며 다음과 같이 표시할 수가 있다.

〈도표 1-1〉 경영행동의 과정

환경변화 ⟹ 정 보 ⟹ 의사결정 ⟹ 행 동

즉, 의사결정자가 경영 내·외의 환경, 조건 등의 변화를 인식하고 문제로서 채택하면 문제해결을 위한 필요정보를 입수하고 대책을 세워 이의 실행을 위해 행동에 옮기는 일련의 과정이다. 이 때 정보란 '의사결정 매체로서의 필요한 지식'으로서 의사결정을 중심으로 한 일련의 경영행동을 촉진·제어하는 역할을 한다.

정보의 일반적 정의를 보면 의미있는 기호의 전체, 목적달성을 위한 지식, 행동을 위한 지식, 특정상황인에게의 의미있는 통보, 특정상황에서의 평가된 데이터 등이다. 정보의 영어표현은 infomation이나 실제로는 intelligence(데이터를 장래의 일반적 문제에 사용하기 위해 지적 처리를 마친 결과로서의 지식)를 포함한 뜻으로 보는 것이 옳다.

3. 정보, 자료와 사무

정보와 자료(data)의 관계에 대해 맥도노우(Mcdonough)는 정보를 특정상황에서 '평가된 데이터'로 데이터를 '평가되지 않은 메시지(massage)'로 해석한다. 즉, 데이터는 의사결정자의 평가결과에 의하여 정보로 바뀌는 것이다.

결국 의사결정을 위한 정보란 지식+데이터인데 의사결정은 지금까지의 모든 지식을 바탕으로 하여 필요한 데이터를 평가함으로써 결정된다.

이상에서 경영 - 의사결정 - 정보 - 데이터 - 사무를 요약하면

① 경영은 의사결정의 흐름(연속)이다.

② 의사결정에는 정보가 필수적이다.

③ 정보는 데이터가 의사결정에 이용되어 변환된 것이다.

④ 데이터를 작성하는 것이 사무이다.

이와 같이 정보, 데이터, 사무는 경영내에서 동일계열상에 위치하며 사무가 의사결정의 기초가 되어 있다는 것을 알 수 있다.

제5절 사무관리의 발전과정

우리나라의 사무관리는 문서를 중심으로 표준화와 능률화에 중점을 두고 발전하여 왔다. 정부수립 후 초기에는 구 총독부의 사무관리제도가 그대로 답습되었다. 그러나, 5·16군사 혁명이후 군에서 사용하여 오던 문서관리제도가 대폭 유입되어 현행 사무관리제도의 근간을 이루고 있다. 현재도 전반적으로 그 골격이 유지되고 있으나, 2002년 이후 전자정부의 구현을 촉진하기 위하여 정부의 사무관리제도를 전면적으로 개편하였다. 사무관리의 발전과정을 살펴보면 다음과 같다.

1. 제1기(1948~1961): 구 일본총독부의 사무관리제도 활용

문서의 종서, 한자혼용, 기관별 및 월·일별 문서분류방법, 문서보관, 보존관리 및 장표 서식관리 등이 주된 내용이다.

2. 제2기(1961~1984)

1) 1961년 : 정부공문서규정을 개정하여 공문서의 횡서, 한글전용, 문서통제제도 등을 채택하였다.

2) 1962년 : 서식제정절차규정 및 보고통제규정을 개정하고, 문서의 십

진식 분류방법을 채택하고, 홀더(Holder)를 사용한 문서편철방식을 사용하였고, 파일링시스템(Filing System)을 채택한 문서의 보관·검색이 용이하도록 하였다.

3) 1978년 : 문서분류체계를 업무기능별 십진분류방법에 따라 전면 개편하였다.

3. 제3기(1984~1991. 9.) : 사무의 기계화·자동화 모색

1984년 말에 『정부공문서규정』을 개정하여, 마이크로필름을 이용한 문서보존관리가 되도록 하고, 모사전송(FAX)에 의한 문서수발제도 등을 채택하였다.

4. 제4기(1991년말~1996. 4.) : 사무관리규정 제정

종전 개별법령에 분산되어 있던 정부공문서 관리, 보고사무, 협조사무, 관인관리 및 서식에 대한 사항과 자료관리, 업무편람, 사무자동화, 사무환경에 관한 사항을 신규제정·추가하여 사무관리규정(1991. 6. 19. 대통령령 제13390)으로 통합하였다.

5. 1996. 5.~1999. 8. : 전산화체제 도입

1) 전자결재제도를 도입하고, 전자문서 유통근거를 마련하였다.
   (1) 전자문서의 성립요건 및 효력발생요건 규정
   (2) 20년 이상 문서는 컴퓨터 파일 및 출력물의 동시 보존
   (3) 전산망 유통문서에는 전자관인을 사용

2) 공문서 보존 및 폐기절차를 체계적으로 정비하였다.
   (1) 준영구 보존기간의 폐지 및 20·30년 보존기간제 도입
   (2) 성수대교 및 삼풍백화점 붕괴 등과 같이 역사적 사건·사고에 관한 문서는 『보존대상기록물』로 지정하여 정부기록보존소에서 영구보존하도록 하였음.

3) 전결권의 대폭적인 하향조정

보조기관 및 보좌기관만 행사하던 전결권을 단순·경미한 사항에 대하여는 업무담당자도 전결권을 행사할 수 있도록 하였다.

4) 행정간행물 발간 및 제출제도의 개선

(1) 행정간행물의 제출기간 단축으로 자료의 적시 확보·활용체계를 확립하였다.

① 발간과는 발간일로부터 1월 이내 자료과 제출⇒10일 이내로 단축

② 자료과는 납본일로부터 2월 이내 중앙자료기관에 제출⇒20일 이내로 단축

③ 발간기관은 발간일로부터 1월 이내 지역대표도서관에 제공⇒10일 이내로 단축

(2) 행정간행물의 민간보급 촉진차원에서 일반 국민에게 판매할 수 있는 근거를 마련하였다.

5) 기관간 업무협조

부처간 이견조정제도를 단계별로 명확히 하여 기관간 업무협조 원활화를 도모하도록 하였다.

(1) 현재 부처간 협조부진시 총리에게 보고하여 소성받던 것을

(2) 관계기관 실·국장, 차관 등의 보조기관회의 또는 장관회의의 의견조정을 받도록 하고,

(3) 최종에는 국무회의 및 총리에게 보고하여 조정을 받도록 함.

6. 1999. 9. ~ 12. : 전자정부구현 기반구축

1) 사무의 인계·인수방법을 구체화하였다.

2) 전자정부의 구현을 위한 기반을 조성하였다.

(1) 전자문서관리체계 구축

(2) 전자문서의 보안 및 전자서명의 인증 도입

3) 공문서관리체계를 개선하였다.

(1) 한글전용과 한자 기타 외국어 병기

(2) 정책실명제 실현을 위해 공문서상에 발의자와 보고자 표시

(3) 기안용지의 확대(간이기안문 법제화)

(4) 후열제도를 폐지하고 사후보고제로 변경

(5) 부재시 보조기관 또는 보좌기관 등의 검토생략 가능

(6) 문서수발업무 및 문서심사업무를 문서과에서 처리과로 이관

4) 관인의 모양을 정사각형 외에 육각형 등으로 다양화하였다.

5) 보고사무를 개선하였다.

행정내부규제를 완화하기 위하여 법령보고의무부과 및 정기보고 지정시 협의제 폐지

6) 행정혁신사무의 근거를 마련하고, 목표관리제를 도입하였다.

7. 2000년 1월 이후 : 기록물 보존

1) 공공기관의 기록물 관리에 관한 법률 제정

(1) 사무관리규정 중 기록물보존에 관한 조항을 삭제하고 동법에 규정

① 문서의 등록·분류·편철·보존·폐기

② 대통령기록물 보존 등

(2) 「공문서분류및보존에관한규칙」 폐지

2) 기록물(문서)의 등록·분류 및 편철의 경과규정

(1) 공공기관의기록물관리에관한법률시행령 및 동법시행규칙 부칙 제2조(경과규정)의 규정에 의하여 기록물(문서)의 등록·분류 및 편철 등에 관한 규정은 2000. 12. 31.까지 종전의 예(사무관리규정 및 동규정시행규칙)에 의하여 기록물(문서)을 등록·분류 및 편철한다.

(2) 공공기관의기록물관리에관한법률시행령중개정령(대통령령제17050호, 2000. 12. 29.)부칙 제2조 및 동법시행규칙중개정령(행정자치부령 제118호, 2001. 1. 5.)부칙 제2조의 경과조치에 의하여 3

년간을 더 연장하여 2003. 12. 31.까지 종전의 예에 의하여 기록물을 등록·분류 및 편철하도록 하였다.

8. 2001. 2. 14. 이후 : 전자관인의 인증 및 인증센터 설치

행정사무처리가 종이문서 기반에서 비대면(非對面) 온라인 방식의 전자문서 기반으로 전환되어 감에 따라 행정기관의 전자문서의 유출·위조·변조 및 훼손 등을 방지하기 위하여 전자문서에 대한 전자관인의 인증체계를 구축하기 위한 제도적인 기반을 마련하였다.

1) 전자문서의 인증범위 확대

행정기관간, 보조(좌)기관간 ⇒ 행정기관과 국민간으로 확대

※ 전자문서의 인증을 암호화방식의 "전자관인"으로 한다.

2) 전자관인의 효력 명시

전자관인은 일반관인(공인)의 효력과 동일한 것으로 간주

3) 용어변경

(현 행)		(개 정)
서 명	⇒	좌 동
전자이미지서명	⇒	좌 동
전자서명 (행정기관간, 행정기관내 보조(보좌)간 전자문서 적용)	⇒	전자관인 (행정기관의 장 명의로 발송하는 모든 전자문서로 확대)
전자관인	⇒	전자이미지관인

※ 전자이미지서명: 자필서명을 전자적 형태로 사용하는 서명

※ 전자서명, 전자관인: 전자문서 작성자의 신원확인과 내용변경여부확인(암호화방식)

※ 전자이미지관인: 일반관인을 전자적 형태로 사용하는 관인

4) 결재수단의 축소

서명, 전자이미지서명, 전자서명⇒ 서명, 전자이미지서명

※ "전자서명"이 "전자관인"으로 용어가 변경됨에 따라 "전자서명"은 결재수단에서 제외됨.

5) 정부전자관인인증센터 설치 근거 마련

(1) 전자공문서의 효율적 유통을 위하여 전자관인의 인증사무 추진에 필요한 정부전자관인인증센터 설치·운영

(2) 정부전자관인인증센터 기능 수행: 정부전산정보관리소

9. 2001. 7. 1. 이후 : 전자관인의 사용 및 인증관리센터

1) 전자관인의 사용

전자공문서에는 전자관인을 사용하고, 조달 EDI 등 전자 거래의 경우 전자서명을 사용할 수 있다.

※ 전자관인의 사용범위 - 행정기관, 보조기관 또는 보좌기관

※ 전자관인을 사용하면 디지털 암호화기법을 이용해 전자문서가 유통되므로 전자문서 위·변조 방지 등의 보안성이 강화됨.

2) 정부전자관인인증관리센터

행정자치부에 정부전자관인인증관리센터를 두되, 정부전산정보관리소가 그 기능을 수행한다.

〈전자관인의 인증업무(전자정부법시행령 제3장)〉

※ 전자정부법시행령: 전자정부구현을위한행정업무등의전자화촉진에관한법률 시행령을 말함.

- 행정자치부에 정부전자관인인증관리센터를 두되, 정부전산정보관리소(GCC)가 그 기능을 수행
- GCC는 전자관인 최상위 인증기관(Root CA) 및 전자서명 공인인증기관과의 연계 방안 마련
- 인증업무의 효율적 운영을 위해 중앙행정기관 또는 지방자치단체에 전자관인 인증업무의 일부를 위탁

10. 2004. 1. 1. 이후 : 전자정부대비 전자문서관리체제 재구축

전자정부에 대비하고 전자문서관리체제를 근본적으로 재구축하기 위해 사무관리규정 등을 전면적으로 개편하였다.

1) 사무관리규정 및 사무관리규정시행규칙 개정 · 공포

사무관리규정 개정(2002. 12. 26.) 및 동시행규칙 개정(2003. 7. 14.)으로 2004. 1. 1.부터 전면적으로 시행한다. 다만, 전자문서시스템 및 행정전자서명의 시범적용을 위하여 2004. 1. 1. 시행 전에 개정된 내용을 적용할 수 있다. 그리고, 공공기관의기록물관리에관한법률시행령 개정(2003. 2. 11.) 및 동법시행규칙 개정(2003. 3. 17.)으로 2004. 1. 1.부터 시행한다.

2) 사무관리규정 개정 주요내용

(1) 문서처리 전 과정을 전자화에 맞도록 재설계

① 활용도가 낮은 절차 및 항목 폐지 또는 개선

○ 문서심사 등 형식적이고 활용도가 낮은 절차 폐지

○ 선람/공람서명, 보고심사/협조심사표시 등 개선

② 기안문과 시행문의 통합 및 기재항목의 간소화

○ 전자문서가 원활히 유통되도록 편지문 형식으로 설계

○ 기재항목 대폭 간소화(기안문 37개, 시행문 39개 ⇒ 19개)

③ 결재단계의 축소

○ 결재단계의 3~4단계 실현을 위해 검토자수가 2인 이내가 되도록 노력의무 부과

(2) 국민편의를 위한 문서처리절차 개선

① 정책결정참여자의 실명 공개확대

○ 기안자, 검토자, 협조자 및 결재자 모두 문서상에 서명 표시

② 기관의 상세한 주소, 홈페이지 및 전자우편주소 표시

○ 주소정보 외에 층수와 호수까지도 표시

○ 행정기관의 홈페이지주소와 공무원의 공식 전자우편주소 표시 신설(행정기관에 대한 전자접근 및 이용활성화)

③ 민원회신문서의 수신자란 기재방법 변경
- ○ 수신자란에 민원인 성명 외에 우편번호, 주소 기재 의무화

(3) 관인등록변경 및 전자이미지관인 관인공고 의무화

① 지금까지 관인을 직근 상급기관에 등록하도록 한 것을 당해 행정기관에 하도록 함.

※ 다만, 3차 소속기관은 직근 상급기관에 등록할 수 있음.

② 전자이미지관인도 관보 등에 공고의무화

(4) 전자문서시스템 · 행정정보시스템 등 도입 및 연계

① 전자문서관리를 위한 전자문서시스템 도입근거 마련

② 지식관리시스템 등 행정정보시스템 도입근거 마련

③ 전자문서시스템과 행정정보시스템간 연계

(5) 전자문서시스템의 시험인증제 도입 및 인증받은 제품 사용
- ○ 전자문서시스템 적합성여부를 검증하기 위해 시험인증제 도입
- ○ 행정기관의 장은 인증을 받은 표준제품만 사용

(6) 행정진단실시 및 행정진단 전문인력 양성 근거마련
- ○ 업무수행방법 등을 재설계하는 능률진단 등 행정진단의 실시 및 인사 · 조직 · 행태 · 문화 등 행정업무 전반에 걸친 혁신진단 기법의 개발 · 보급 및 행정진단 전문인력 양성 근거마련

(7) 전자문서에 사용하는 서명추가
- ○ 전자문서에 사용하는 전자이미지서명 외에 전자문자서명(자동표시), 행정전자서명을 추가함.

(8) 전결(대결) 및 서명표시 방법 변경

- 지금까지는 전결(대결)의 표시를 전결(대결)권자의 서명란에, 서명표시를 기관장란에 하도록 했던 것을, 앞으로는 정책결정 관련자가 누구인지를 곧바로 알 수 있도록 모두 서명란에 표시하도록 함.

(9) 공문서수신자 표시방법 변경

- 공문서를 여러 곳에 보내는 경우에는 수신기관명을 쓰도록 한 것을 수신자의 직위를 쓰도록 일원화하며, 공문서수신처기호를 공문서수신자기호로 변경함.

2
chapter

사무관리의 계획 및 조직

제 1 절 사무의 계획화

1. 사무계획의 의의

계획[1])이란 최적의 수단으로 목표를 달성할 수 있도록 미래의 행동노선을 사전에 준비하는 계속적 과정을 의미하는 것으로 행정활동에서 뿐만 아니라 모든 경영활동에서 중요한 의미를 갖고 있다. 사무계획은 행정이나 기업경영 중에 필요한 사무관리의 목표를 정하고 그것을 효과적으로 달성하기 위하여 필요한 활동의 방향과 지침, 그리고 순서를 정하는 일이

1) 계획을 plan, 기획을 planning이라 하는 것이 일반적이다. 기획과 계획은 상대적인 구분으로서 혼용되는 수도 있지만, '기획'은 광범위하고 장기적·거시적 계획을 지칭할 때가 많으며, 따라서 예견율이 낮다. 이와 같은 설계과정 또는 설계를 위한 선택과 결정의 과정(process) 자체를 기획이라 본다. 이에 대하여 '계획'은 기획에 비하여 보다 세분된 구체적 설계과정 또는 기획에서 얻은 산물(end-results)을 뜻하며, planning(기획)에서 얻어진 것이 plan(계획)이다. 후항의 설명만에 의하면 기획은 설계과정이며, 계획은 그 결과의 산물이다.

라 할 수 있다. 그런데 일반적인 관리계획과 확연히 구별되는 성격을 갖는 어느 특별한 사무계획의 방법이 별도로 존재하는 것은 아니다.[2)]

사무계획을 포함한 계획의 중요성은 다음과 같다.

첫째, **지휘·통제의 수단이 된다.** 계획은 모든 요소들이 소망되는 성과를 이룸에 있어서 조화있게 움직여 나가도록하는 지휘·통제의 수단이 된다.

둘째, **낭비를 최소화할 수 있다.** 장래에 발생하게 될 상황을 미리 예측하고 대비함으로써 자원을 최대한 활용할 수 있고 낭비를 최소화 할 수 있다.

셋째, **효과적 업무측정을 할 수 있다.** 계획은 사무수행의 성과를 증진시키는 데 기여할 뿐만 아니라 성과를 측정하고 비교하는 기준을 마련해 준다.

2. 효과적인 계획화의 필요조건

사무작업을 계획화하려면 다음과 같은 사항들에 관한 조사를 해서 그 자료를 정리·보유하여야 한다.[3)]

첫째, **어떠한 작업을 해야 할 것인가?** 즉 그 작업의 성질, 양, 사용하는 방법, 이를 하기 위해 허용되는 시간 등이다.

둘째, **작업인의 능력,** 이것은 경험과 관찰, 판단 등에서 결정된다. 그러나 가장 요망되는 것은 정확히 결정된 표준에서 오는 능력이다. 이 능력에는 작업의 양과 흐름, 각자가 할 수 있는 일의 종류에 관한 지식도 포함된다.

셋째, **작업의 순서,** 이것은 그 필요도, 작업의 기타 해야 할 일에 대한 관계나 그것이 진행 중인가, 이미 완수되어 있는가를 기초로 하여 정해진다.

---

2) 박연호. (1993). 『사무관리신론』, 서울 : 법문사. pp. 51-52.
3) 한상도. (1993). 『사무관리개론』, 서울 : OA정보사. p. 68.

3. 계획화해야 할 작업

사무작업을 그 성질에 따라서 두 가지로 나눈다면, 가장 반복성이 많은 것과 별로 반복성이 없는 것으로 볼 수 있다.[4)]

첫째, **반복성의 관례적 사무작업은 전부 계획화해야 할 대상이 된다.**

예를 들면 급여지급, 문서 수발, 복사, 기록유지와 같은 것이 여기에 속한다. 이런 반복성 사무활동에 대하여는 항상 분석하여 더 좋은 방법을 적용하도록 연구・검토하여야 한다.

둘째, **비반복적인 것, 새로운 것, 일회나 수회만 하고마는 종류의 사무작업은 원칙적으로는 계획화의 대상이 되지 않는다.**

그러나 새로운 작업이라 할지라도 처음부터 끝까지가 완전히 새로운 것은 아니며, 상당 부분이 과거의 사무와 유사하기 때문에 그 나름대로 계획화할 수 있는 부분이 있다.

4. 사무계획수립의 절차[5)]

1) 목적・목표・방침의 명확화

사무계획을 수립함에 있어서는 우선 계획의 목적, 그 목적을 달성할 수 있다고 생각되는 목표 및 여러 목표간의 우선순위 및 달성수단을 한정할 수 있는 방침 등이 명백히 규정되어야 한다.

흔히 목적(purpose)[6)]과 목표(objectives, goal)[7)]는 혼동되는 경우가

---

4) 조석준. (1991).『현대사무관리론』. 서울 : 박영사. p. 26

5) 박연호. 전게서. pp. 52-54.

6) 목적이란 계획할 문제를 계획하여 실시함으로써 얻어질 수 있는 가치를 뜻한다. 즉 계획을 실행함으로써 얻고자 하는 실현・달성・해결 및 처리하고자 하는 등의 어떤 실현가치를 규정하는 것이 목적에 해당된다.

7) 목표란 도달하고자 하는 표적(target)이며, 다음과 같은 3가지 측면이 있다.
① 양적 목표 - 물량, 인원 수, 금액, 횟수, 조절량, 지출・수입의 한도, 건수 등과 같은 양적 목표, ② 질적 목표 - 품질, 조건, 정도, 수준, 서비스나 용역의 성질

많은데 이 양자는 구별되지 않으면 안 된다. 목표설정에 있어서 각별히 유의하여야 할 점은 목표의 계열구조의 파악과 목표설정의 방법적 요건이다.

첫째, 어느 한 가지 행정목적을 달성하는 데 있어서는 목적과 수단의 연쇄관계가 존재하므로 당연히 목표에 있어서도 상위목표, 중간목표, 하위목표가 존재한다는 사실이다. 이러한 목표 간의 계열구조를 파악한다는 것은 달성해야 할 목표의 발견을 용이하게 하며 또한 여러 가지 행정상의 낭비를 제거한다.

둘째, 목표설정의 구체적·방법적 요건을 들자면 우선 목표기준 자체가 적정한 수준으로 책정되어야 한다. 즉 목표 그 자체가 구체적 달성기준이므로 그것은 일정한 행동력을 전제로 하여 달성될 수 있는 것이 아니면 안 된다.

2) 정보의 수집

사무계획의 전제로 될 수 있는 사실을 조사해서 이에 관련된 정보와 지식을 얻는다는 것은 계획작성에 있어서 매우 중요하다. 즉 현상에 대한 지식없이는 계획을 작성할 수가 없으며 또한 그것의 기초가 되는 자료에 따라 계획안의 양부[8]가 결정되는 것이다. 흔히 과거에 효과를 거둔 경험이라든가 또는 타조직의 유사한 관례라든가 또는 조사·연구·관찰·면접·실험 등을 통하여 획득된 기록이나 자료를 주의깊게 살펴본다는 것은 귀중한 정보를 얻을 수 있는 효과적인 방법이다.

특히 정보수집에 있어서 주의하여야 할 점은 문제점에 대하여 옳게 초점을 맞추는 일이다. 문제와 관계있는 사실을 전부 모집한다고 해서 모두 유용한 것은 아니다.

등의 질적 목표, ③ 시한적 목표 - 일시, 한정시간, 마감기한, 한정일정 등과 같은 일시를 한정하는 목표. 즉 목적은 계획문제 전체의 실현가치이나 목표는 실현가치의 양·질 또는 시한적 도달표적을 설정하는 것이며, 목적에 목표가 구체적으로 더해짐으로써 목적가치는 더욱 명확해지고 도달표적이 뚜렷하여지는 것이다.

8) 양부(良否)란 좋고 나쁨을 말한다.

3) 정보의 분석

현상과 장래에 관련된 정보를 수집하였으면 다음과 같은 관점으로 분석해야 한다. 즉 수집된 사실을 분류·정리하여 관련성이 희박한 것은 제거하며 문제점을 명백히 하여 핵심이 되는 문제점은 무엇인가 하는 것을 목적과 방침에 비춰서 비교·계측한다.

4) 전제의 설정

모집·분석된 정보자료가 완전무결할 수가 없으므로 자연히 전제 또는 가정을 설정할 필요가 있다. 전제는 증거와 논리적 사고로서 뒷받침되어야 한다. 계획작성자는 무엇보다도 자기자신의 편견과 태도에 대한 정확한 인식이 있어야 하며 판단에 있어서는 항상 객관성을 유지하여야 한다. 특히 전제의 설정에 있어서는 계획안을 효과있게 작성하기 위하여 현재나 또는 앞으로 예상되는 요소를 빠짐없이 지적할 수 있어야 한다.

5) 대안의 구상

사실상 한 가지 목표를 달성하는 데는 수개의 달성방안이 존재한다. 그러므로 여러 가지 방안을 모색해 봄으로써 최선의 방안이 무엇인가를 알게끔 한다. 가능한 한 많은 안을 열거하여 각안에 대하여 상호간 이해득실과 장·단점을 검토해 보아야 한다. 특히 여기서 한 가지 유의하여야 할 것은 구상해 내는 모든 대안이 적용가능한 것이어야 한다는 점이다.

6) 최종안의 결정

적용 가능한 수개의 행동방안(대안)에 대하여 충분한 검토를 가한 뒤에는 그 중에서 가장 좋은 것이 선택되어 권위를 부여받게 된다. 최종안을 선택함에 있어서는 다음과 같은 관점에서 평가됨이 중요하다.

첫째, 목적·목표·방침에의 적합성

둘째, 노력·자료·예산의 한계

셋째, 실행의 기술적 가능성

넷째, 조건변화에 응하는 탄력성, 신축성

다섯째, 관계부처나 담당자의 수락용이성

여섯째, 계획 가운데 설정되어 있는 단계적 목표간에 균형이 취하여져 있는가?

일곱째, 작업방법 · 기한 · 달성도의 기준은 적절히 표현되어 있는가?

여덟째, 현행의 법령이나 제도 또는 제관습에 합치되어 있는가?

제 2 절 사무의 조직화

1. 사무조직의 개념

조직(organization)이란 일정한 목적의 달성을 위하여 결합된 인간집단을 의미하며, 사무조직(business organization)이란 사무를 위한 조직을 말한다. 모든 사무조직은 사무기능의 집중과 분산을 중심으로 전개되는 사무집행조직과 사무관리조직의 기능적 균형배합으로 구성된다.

2. 사무조직의 요건

조직이란 본래 개인적인 능력의 한계를 초월하는 어느 커다란 욕망을 달성하고자 하는 경우에 발생하는 것이다. 즉 조직은 일정한 목적의 달성을 위하여 결합된 인간의 집단이므로 그것을 효율적으로 운영하기 위하여는 제도적인 측면과 인간행동적인 측면이 동시에 고려되어야 한다.

조직을 제도적인 면과 인간행동적인 면에서 고찰할 때 그것을 올바로 움직이기 위하여는 최소한 다음과 같은 요건이 갖추어져야 한다.

첫째, 일정한 목적과 양을 가진 업무(작업)가 있어야 한다.
둘째, 그 업무를 담당처리할 직원이 있어야 한다.
셋째, 업무와 업무와의 관계가 분명하여야 한다.
넷째, 직원과 업무와의 관계가 명확하여야 한다.
다섯째, 직원의 희망이나 만족이 조직내에서 또한 조직에 의하여 충족될 수 있어야 한다.

3. 조직의 일반원칙

조직을 효율적으로 관리하기 위하여는 나음과 같이 일반원칙이 준수되어져야 한다.

1) 명령계통의 일원화

조직은 중심부로부터 방사적으로 위임되어 가는 책임과 권한의 계열이므로 그 책임과 권한이 완전하게 행사되기 위하여는 위로부터 아래로 향하는 일련의 계통이 명백히 설정되어야 한다. 즉, 지휘계통이 통일됨으로써 조직의 통제는 가능하며 또한 조직상 각 지위를 점하는 개인간의 알력이나 혼란을 해소시킬 수 있다.

이 원칙을 실제로 적용하기 위하여 다음과 같은 4개의 보조원칙을 활용할 필요가 있다.

① 각 직원의 감독자를 한 사람으로 한정한다.

직원 각자는 자기의 직근 상사에게만 책임을 지고 또한 직근의 상사로부터만 감독을 받는다는 것을 의미한다. 또한 이것은 각급 감독자는 일정수의 부하직원을 갖고 그들의 감독에 관하여 제1차적인 책임을 진다는 것을 뜻한다.

② 직원 각자에게 권한의 계열을 명확하게 주지시켜야 한다.

이는 직원 각자에게 자기의 지위나 또한 상사나 동료직원이 갖는 책임영역을 명확하게 주지시켜야 한다는 것을 뜻한다. 조직체가 효율적으로 운영되기 위하여는 조직체의 각급 감독자를 정점으로 하는 피라미드 구조를 구축해야 한다.

③ 스탭(staff)과 라인(line)간의 권한의 한계를 명확히 하여 서로 침해하는 일이 없도록 한다.

스탭으로서의 지위와 라인 계통상의 지위에 관한 충분한 이해가 없는 경우에는 조직에 중대한 혼란이 야기된다. 스탭은 집행적 권한을 갖고 있는 집행권자에 대하여 보조적 입장에 있으며, 라인은 지휘계통의 선상에 위치하고 있으므로 그들은 하급 감독자에 이르기까지도 자기의 책임하에 행동을 취할 권한을 갖고 있는 것이다.

④ 부문간의 협동관계를 권장하여야 한다.

조직은 명확한 책임과 권한의 체계임과 동시에 동 부문간에도 항상 긴밀한 협력관계가 필요로 하게 된다. 조직체의 지휘계통의 통일만을 너무 지나치게 고집하고 상호협력을 권장하지 않는다면 조직의 효율적 운영에 오히려 해를 미치게 된다.

2) 권한의 위임

권한의 위임(delegation)[9]이란 각급의 계층이 부여된 책임을 완수하기 위하여 필요로 되는 의사결정과 구체적 조치를 취할 수 있는 권한과 작업을 직접 그것이 실시되는 계층(실무자 또는 하위자)으로 가깝게 하강시키는 것을 말한다.

이것을 확보하기 위하여 다음과 같은 보조원칙을 실제적으로 활용하여

---

9) 지휘책임, 감독책임 및 관리책임 등은 위임하지 못한다. 위임에는 권한과 책임이 일치하여야 하며, 책임만 위임하고 권한은 유보해서는 안 된다. 권한상승, 책임하강이란 현상은 책임만 하위에 위임하고, 권한은 상위자가 유보한 현상이다.

야 한다.

① 직원 각자의 책임과 권한의 균형을 도모하여야 한다.

② 실행권한은 가능한 한 실행계층에 가깝게 위임하여야 한다.

이는 작업에 가장 관계가 깊은 자가 그의 능력을 최고도로 발휘하여 일을 완수할 수 있도록 작업실행상에 필요로 하는 권한을 작업실행담당자 또는 직근의 감독자에게 위임한다는 것을 말한다.

③ 실행책임을 지는 계층에서의 중복위임을 제한하여야 한다.

권한의 중복위임을 무제한으로 허용한다면 까다롭고 싫은 일을 모두 조직의 최말단직원의 몫이 되고 말 것이다. 요컨대 권한의 위임은 실행책임을 지는 계층에 제한시킬 것이 요망된다.

④ 권한의 위임자는 수임자를 지원하고 격려하여야 한다.

권한의 위임자는 권한을 하급자에게 위임함으로써 그의 책임으로부터 해방되는 것이 아니다. 즉, 위임자는 수임자의 직책수행을 확인하는 감독의 책임과 권한을 보유하고 있는 것이다. 그러므로 위임자는 수임자의 창의를 유발하고 또한 직책완수를 위한 자발적 의욕의 고취와 나아가서 여러 가지 애로사항 해결에 최대한의 관심을 기울여야 한다.

3) 합리적인 책임할당

책임할당이란 직원 각자에게 책임을 배당하고 그에 의하여 직무체계를 확립한다는 것을 말한다. 책임할당의 합리성을 갖기 위하여는 할당된 직무가 명확하고 특정한 적량일 것이 필요하다.

이러한 기본원칙을 적용하기 위하여는 다음과 같은 보조원칙을 활용하지 않으면 안된다.

① 필요한 업무를 빠짐없이 할당하여야 한다.

조직이 완전한 기능을 수행하기 위하여는 조직체에 있어 필수불가결의 직무는 누군가에 의해서라도 기필코 수행되지 않으면 안 된다.

그 반면 불필요한 직무는 검토를 거쳐 배제되지 않으면 안 된다. 하나의 조직체내에는 환경의 변화와 더불어 새로운 필요성이 나타나기도 하고 또한 아직까지 존재해 오던 것이 불필요하게 되는 수도 있다. 그러므로 직무에 대한 주기적 검토를 통하여 필요, 불필요를 식별함과 아울러 필요한 직무수행을 확보하지 않으면 안 된다.

② 책임의 경합이나 중복을 피하여야 한다.

부문 또는 개인 간의 직무가 중복된다거나 또는 경합되는 경우에는 필연적으로 혼란과 갈등이 일어나고 직원들의 책임감이 저하되어 시간과 노력의 낭비가 초래된다.

③ 책임의 한계를 명백히 하여야 한다.

직원 각자의 책임사항과 그 범위를 명백히 한정시켜 줌으로써 책임의 회피현상이 발생하지 않도록 해야 한다. 그러나 책임할당시 개인의 역량과 경험을 충분히 검토함으로써 무리한 업무책임을 지우지 않도록 유의하여야 한다.

④ 동질적인 책임을 할당하여야 한다.

이는 유사한 직무를 동일의 작업형태에 종합하여 위임한다는 것을 뜻한다. 유사한 직무가 할당되었을 때 부문과 개인은 담당작업에 숙달하기 쉽게 되어 수행능력이 증가되고 또한 직무에 안전성을 갖게 되는 것이다.

⑤ 업무량은 적정량으로 한다.

할당하는 업무량은 부문 또는 개인의 능력에 알맞아야 한다. 즉 다시 말하면 할당된 업무량은 부문 또는 개인이 1일간에 처리할 수 있는 공정한 분량이어야 한다. 적정량의 원칙이 무시된 업무량 할당은 부문 또는 개인에 대하여 무리를 강요하게 되므로 권태감을 일으키게 되고 나아가서는 사기의 저하를 초래하게 된다.

4) 통솔범위의 적정화

이 원칙은 한 사람의 관리자가 직접 감독할 수 있는 부하직원의 수 또는 조직단위의 수는 관리자가 효과적으로 지도·통제할 수 있는 수를 초

월해서는 안 된다는 것을 강조하는 원칙이다. 그러나 공식적 숫자는 존재하지 않는다. 주로 다음과 같은 제요인이 통솔범위의 한계를 결정하는 데 영향을 미친다.

첫째, 감독자의 능력과 근로시간의 한계
둘째, 감독할 업무의 성질
셋째, 부하직원의 능력
넷째, 조직의 제도화 정도 및 전통의 규모
다섯째, 작업장소의 지리적 분산 정도
여섯째, 스탭의 지원능력

요컨대 통솔범위의 한계는 이상과 같은 제요인을 고려하면서 구체적·개별적 특수사정에 따라 결정지을 성질의 것이다.

4. 사무관리조직의 원칙

사무관리의 조직을 위해서는 최소한 다음과 같은 원칙이 준수되어져야 한다.

첫째, 사무관리조직은 경영관리의 하나의 도구로 인식되어야 한다.

둘째, 사무관리조직은 인간을 위해서 있는 것이 아니고, 직업을 위해서 있는 것이다. 그러나 인적배치에 적당한 고려가 필요하다.

셋째, 사무관리조직은 기능적으로 체계있게 분화되어야만 한다. 조직은 상하관계, 상호관계를 명확히 하고 각 부처의 책임과 권한을 분명히 해야 한다.

넷째, 동일 종류의 작업은 될 수 있는 대로 한 곳에 집중해서 조직화한다.

다섯째, 각 부문 상호간의 작업이 동일적·조화적으로 이루어지도록 조정기능을 담당하는 기관이 있어야만 한다.

여섯째, 사무관리조직은 항상 분석·평가되어야 하고, 작업성과 측정도

정기적으로 실시해야 한다.

5. 사무관리조직의 방식

이는 참모인 사무관리자 밑에 사무에 관한 권한을 어떻게 집중 시키는가 또는 그의 통제 하에 얼마나 넣는가의 문제이다. 사무활동은 조직 전체에 미치고 있기 때문에 집중화의 정도를 결정하는 것은 용이하지 않다. 그래서 많은 요인 이전의 것이 결정되기 전에 분석되어야만 한다. 그렇기 때문에 그 결정은 각 기업에 따라 당연히 달라진다.

집중화[10]에는 두 가지 종류, 즉 물리적 집중화와 기능적 집중화가 있다.

1) 물리적 집중화

이는 모든 사무작업(예 : 문서작성작업)을 한 장소에서 하는 것을 말한다. 물론 조직 전체의 사무작업을 한 곳에서 다하고 사무관리자의 감독하에 둔다는 것은 현실에서는 있을 수 없다. 이에 대하여 물리적 분산화는 모든 사무작업을 기능별 발생장소로 완전히 분산시키고, 사무관리자는 두지 않는 것을 의미한다. 이 경우에도 비현실적인 면이 많다. 따라서 현실에서는 물리적 집중과 분산을 절충한 형태의 것이 된다. 물리적 분산은 각 부처마다 중복해서 하는 일이 많아지며 따라서 그에 따른 비용도 많이 든다.

2) 기능적 집중화

이는 사무의 물리적 처리는 그 사무의 발생장소에 위임해서 하고, 다만 사무관리의 전문적 측면에서 보았을 때 유사한 활동만은 1인의 사무관리자 감독하에 두는 제도를 말한다. 예를 들면, 파일링은 사무발생장소에서 하고, 파일링을 하는 여직원의 채용, 훈련, 파일링 원가의 결정, 설비나 수

10) 유사하고 동질성을 가진 사무를 한 곳에 집중시켜 처리하는 것을 집중화(concentration), 분산하여 처리하는 것을 분산화(decentralization)라고 한다.

속의 표준화 등은 사무관리자의 책임으로 하여 그의 간섭을 받게 하는 것이 여기에 속한다.

3) 물리적 집중화의 장 · 단점

물리적 집중화를 한 경우의 장점들은 다음과 같다.

첫째, 사무의 물리적 처리 자체를 한 사람의 사무관리자의 감독하에 두는 것으로 사무집행처리에 대한 감독을 보다 더 철저하게 할 수 있게 된다.

둘째, 이 경우 일반적으로 한 장소에 사무량이 집중되므로, 제한된 인력을 더 효과적으로 활용할 수 있는 장점이 있다. 직원들 간의 휴가, 결근을 적절히 조절할 수 있고, 사무량의 시기적 변화에도 더 잘 대비할 수 있게 된다.

셋째, 사무량이 한 곳에 집중되므로 사무작업계획을 세우기 쉽고, 따라서 각 직원별로 할당량을 줄 수 있으며, 이것을 동기자극 요인으로 하여 생산성을 증대시킬 수 있는 장점이 있다.

넷째, 사무량이 많아지면 자연히 각 직원별로 전문화시킬 수 있으며, 이는 전문적 훈련을 가능케 하므로 전문화를 더욱 가속화시킨다. 이렇게 전문화되면 그 결과로 생산성도 향상된다.

다섯째, 사무량이 한 곳에 집중되므로 사무용 설비나 사무기계를 완전 가동할 수 있고, 대량의 업무를 신속하게 처리할 수 있는 기계를 도입할 수 있게 한다. 따라서 경제성과 생산성이 증가한다.

여섯째, 한 사람이 동시에 잡다한 일들을 한다면 그 사람의 일을 개선하기는 어렵다. 그러나 물리적 집중에 의하여 각자 전문화된 일을 처리한다면 그 사람이 하는 사무작업방법이나 수속을 개선하는 것이 용이해진다. 그 결과로 다시 경제성이나 생산성이 향상된다.

사무의 물리적 집중화에 수반되는 단점들은 다음과 같다

첫째, 타부문에서 사무관리부문으로 사무를 인도하고, 반대로 사무관리부문에서 타부문으로 사무를 인계하는 데 필요한 만큼의 시간은 지연된다고 할 수 있다.

둘째, 사무가 발생하는 타부문 또는 기능부서의 전문적·기술적인 작업이 반영되기 어렵거니와 비밀작업이 유지되지 못할 가능성이 있다.

셋째, 사무관리부문에서 사무를 처리하는 순서에 있어서 획일적으로 되기 쉬워서 각 기능부처별의 중요성이나 긴급성이 감안되지 못하는 단점이 있다.

4) 기능적 집중화의 장·단점

사무의 기능적 집중화에 따른 장점들은 다음과 같다.

첫째, 각 계선과 부처의 반발을 무마하고 이들의 분권적 요구를 어느 정도 충족시켜 준다.

둘째, 사무 자체가 발생장소에 있으므로 사무를 주관하는 기능부서를 위한 별도의 서비스 시간이 필요없어서 시간절약의 효과가 있다.

셋째, 기능 각 부서의 비밀이 유지될 수 있다는 장점이 있다.

기능적 집중화의 단점들은 다음과 같다.

첫째, 사무 자체는 기능부서장의 감독하에 있으므로 사무관리측면에서 하는 전문적인 감독은 완전하지 못하다.

둘째, 최신의 대량처리형 설비나 사무기계의 도입이 늦어진다.

셋째, 사무직원의 전문화나 훈련, 생산성 제고 등이 불리하다.

결론적으로, 가장 확실한 것은 완전한 물리적 집중화는 불가능하다고 보이며 대체적으로 다음과 같은 방침이 필요하다.

가능한 한 많은 사무를 물리적으로 집중화하여 사무관리자 밑에 두도록 하고, 기타는 이를 기능적으로 집중화시키는 것이 필요하다. 그런데 기능적 집중화에 있어서도 사무관리부문에서 계선의 기능부서에 대하여 어느 정도 간섭할 것인가는 그 조직체에 사무관리전문가들이 얼마나 많이 있는가에 따라서 결정해야 한다.

제3절 사무통제

1. 기본 성격

관리의 3대 기능으로서 계획, 조직 및 통제가 있음은 앞에서 언급했다.

관리란 계획된 일이 계획한 목표대로 실시되게끔 보조하고 촉진하는 작용이다. 따라서 계획과 어긋나게 일이 진행될 때에는 그 원인을 제거시키며, 아울러 불필요한 활동은 물론 비능률적인 활동이 일어나지 못하도록 방지한다.[11] 보다 적극적으로 잘못된 것이 시정되도록 시정방안을 제시하여 그 실시에 주력한다. 따라서 통제작용을 기능면에서 보면 사무의 공정관리・품질관리・표준화관리 또는 원가관리에 해당되는 것이라고 볼 수 있다.

2. 계획과의 함수관계

계획과 통제는 다음 도표와 같은 노력량의 함수관계를 형성한다.

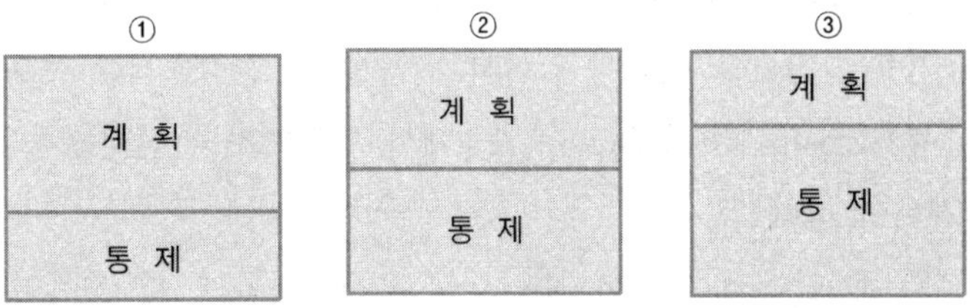

11) Hicks는 통제의 내용을 보다 구체적으로 표현하여 어느 만큼의 작업이 이루어졌느냐 하는 작업량의 확인과, 사무제품의 만족도를 나타내는 작업의 질, 작업소요시간 및 원가와 비교한 사무비용 등에 대하여 주로 착안한 것이라 했다. 그리고 통제의 목적에도 계획목표대로 수행하도록 하는 기능을 가장 큰 목적으로 간주했다. 김태극. (1992). 『사무관리론』. 서울 : 박영사. p. 467.

①은 계획이 충분히 잘 짜여진 때이며, 이 때에는 이에 반비례하여 통제는 적은 노력으로서 쉽게 할 수 있다.

②는 계획이 보통 정도로 되었을 때로서 이 때에는 통제도 보통 정도의 노력이 든다.

③은 계획이 불충분한 때로서 통제가 힘들고 많은 노력이 든다.

이상의 3개 관계는 통제의 노력도 외에 정확도, 난이도, 완전도 및 효율도 등에도 같은 관계가 성립된다. 즉 계획이 ①과 같이 충분히 잘 수립된 경우에는 통제의 정확도가 높아지며, 곤란도가 적어지고 노력이 경감되며, 완전성을 기할 수 있다. 또한 통제의 성과면에서 효율도를 높일 수 있다. ③과 같이 계획이 불충분하고 조잡할 때에는 ①의 경우와 반대의 현상이 생겨난다.

3. 사무통제의 의의

사무통제란 사무집행이 당초 계획한 대로 행하여지고 있는가의 여부를 확인하고 계획과 실시간의 차이를 시정하는 관리활동을 말한다.

이러한 의미의 통제는 계획에 대응하는 것으로서 실시의 단계에 있어서 계획기준과의 부합성을 검증하는 기능이라고 말할 수 있다.

통제라고 할 때 대부분의 사람들은 사후에 행하여지는 통제를 생각하는 경향이 많으나 관리에 있어서의 통제, 즉 관리통제는 사후에 행하여지는 통제가 아니라 일의 진행과정에서 행하여지는 진행통제라는 점에 주의하여야 한다.[12)]

사무에 있어서 진행통제는 사실상 생산관리의 한 분야인 공정관리의 사고방식 및 그 기법을 사무면에 응용한 것이다. 생산에 있어서의 공정관리는 경영의 생산활동을 조직적·전체적으로 관리하기 위하여 기준을 시간에 두고 생산작업의 계획적 추진을 도모하는 생산관리인 것이다. 물론

12) 박연호. (1993). 전게서. pp. 56-73.

이러한 공정관리의 기법을 그대로 행정사무에 도입할 수는 없으나 그 기본적인 사고방식은 충분히 사무관리의 한 분야로서의 진행, 통제, 또는 진행관리에 도입할 수 있다고 생각된다.

4. 사무통제의 절차

통제의 구체적 방법에는 여러 가지가 있을 수 있으나 그러한 방법 간에는 공통된 과정 또는 절차가 존재한다. 여기서는 그것을 네 가지 단계로 구분하여 설명하고자 한다.

1) 통제기준의 설정

이 단계는 엄밀하게 말하자면 기획단계의 문제이다. 여기서는 계획적 또는 비계획적으로 정하여지는 목표의 구체적 분할설정을 통제기준으로 고려하고자 한다.

(1) 통제점 설정

모든 활동에 있어서 각각 존재하는 개별목표는 너무나도 많기 때문에 그것을 전면적으로 통제한다는 것은 지극히 어려울 뿐만 아니라, 또한 그 필요성도 그다지 인식되지 않는다. 따라서 통제를 어디에, 어떻게 집중시킬 것인가를 찾아서 결정하는 것이 중요한데 그것은 기획과 실시를 대조하면서 조절할 수 있는 중요한 점을 구하면 된다.

이러한 통제점을 구하는 데 있어서는 우선 선발된 부분이 일의 전체를 반영하는 것이어야 한다는 것과 또한 책임의 소재를 명백히 하는 것이어야 한다는 점이다.

(2) 양적 설정

통제기준은 가능한 한 구체적 표현성을 가질 것이 요망된다. 그러므로 가능한 데까지 계획적으로 설정하여야 한다. 즉 산출된 물량, 예산, 활동시간 수, 기간목표로서의 소요시간 수 등으로 표시하여야 한다. 그러나 질적인 것은 계량화하기가 대단히 어려운 것이므로 별도의 고려가 필요하지만 품질기준 등은 계량화가 가능하다.

(3) 적정수준 규정

기준이 너무 높아서도 안 되고 또한 너무 낮아서도 안 된다. 일반적으로 이상적 기준은 실시를 담당하는 자가 그의 노력에 의하여도 달성할 수 있는 것이어야 하며, 또한 성취감을 느낄 수 있는 정도로 진보적 수준에서 설정될 것이 요망된다. 이것은 과거의 실적을 참고함과 동시에 과학적 조사에 의하여 설정되지 않으면 안 된다.

2) 현상의 파악

통제에 있어서 둘째 단계는 실시의 현상을 명백히 하는 것이다. 기준의 설정과 현상의 파악은 사실에 의한 통제라는 통제제도 형태의 근간을 이루는 것이다. 사람에 의한 통제는 관리자의 주관적 입장과 판단에 토대를 두는 경우가 많으며, 또한 객관적 기준과 현실의 파악이라는 면에서 빈약하다.

물론 경험과 지식이 풍부하고 재능도 있고 또한 인간적으로 원만・비범한 사람의 경우라면 사람에 의한 통제도 충분한 효과를 발휘할 수 있다. 그러나 관리의 성과는 비범한 사람에게만 의존할 수는 없다. 왜냐하면 비범한 사람의 수는 요구되는 정도로 존재하지 않기 때문이다. 평범한 관리자가 효과적 관리를 행하기 위하여는 역시 사실에 의한 객관적 통제에 의존하는 수밖에 없다. 이러한 의미에 있어서 현상의 파악은 통제의 중요한 기초를 이룩하는 것이다.

현상파악의 방법으로서는 주로 직접적인 관찰, 보고제도, 통제 용도표나 그래프형식의 진행통제반 등이 활용된다.

3) 비교검토와 평가

통제에 있어서 세 번째의 단계는 파악된 현상과 기준과를 비교・검토하고 그 결과를 평가하는 것이다. 다시 말하면 기준과 실시간의 차이를 분석하는 것이다. 실시와의 사이에 차이를 찾을 때 기준만을 비교할 뿐만이 아니라 활동에 필요한 제조건의 불합치도 차이로서 인식되어야 한다. 비교·검토의 착안은 여기에서 두 개의 관점을 나타낸다.

(1) 기준과의 상위점 명확

기준과의 관련에 있어서 발생하는 실시의 결과는 기준대로의 달성, 기준보다 초과달성, 기준미달 등의 세 가지이다. 즉 결과는 필연적으로 이 세 가지 중의 어느 것이 된다. '예상대로 달성되었는가?, 예상보다 불만족스러웠는가? 또는 예상보다 더욱 만족스러웠는가?' 하는 판단은 계량적이 아니라 하더라도 판별 가능한 것이다.

(2) 제조건과의 불합치 분석

어떠한 목적을 막론하고 그것은 일정한 여건하에서 이루어지는 것이므로 기획의 작용은 실현되어야 할 목적과 여건과의 균형을 구하는 것이라고 말할 수 있다. 그런데 설정된 기준달성을 위한 제조건은 항구불변의 것이 아니라 변동되기 쉬운 것이며 그러한 변동은 필연코 기준달성에 여러 가지 영향을 미치게 된다. 예컨대 1개월이면 완성될 수 있을 것으로 예상되었던 조사연구가 조사원의 예기치 못했던 신병 등의 이유로 말미암아 연기되는 경우를 들 수 있다. 이러한 제조건간의 불합치를 예상하여 설정한 조건에 비춰 보면서 검토한다는 것도 이 단계에서 중요한 착안점이 된다.

평가는 이러한 비교·검토를 통해서 이루어진다. 통제는 기본적으로 일의 수행과정에 있어서의 각 단계에서 행정관리자의 평정이라는 의사결정이 중심이 된다.

4) 시정조치

통제의 마지막 절차는 시정조치이다. 즉, 앞에서 설명한 여러 가지 단계가 아무리 훌륭하게 이루어졌다 하더라도 요망되는 시정조치가 이루어지지 않는다면 통제의 기능은 발휘되지 않는다. 이러한 의미에서 볼 때

시정조치에 선행되는 모든 절차는 통제에 있어서 예비적 절차라고 말할 수 있다.

시정조치를 행함에 있어서는 설정된 기준에 도달하지 못하게 한 원인을 확인해서 그것을 제거시키는 데 노력하여야 한다.

시정조치를 하는 데 있어서는 다음과 같은 방법을 고려해 볼 수 있다.

(1) 인적 · 물적 조건의 적정화

비교 · 검토를 통해서 밝혀진 인적 · 물적 조건의 차질에 대해서 적절한 시정책을 강구한다. 대체적으로 어느 활동을 기준미달로 끝나게 하는 요인으로는 작업능력의 부족, 작업능력의 감퇴, 감독의 부적절성 등을 들 수가 있다.

(2) 필요시 계획안 자체 수정

외적 환경의 대부분은 사람이 임의로 좌우할 수 없는 경우가 많은 것이므로 이러한 외적 환경이 많이 변경되면 이에 따라서 계획안도 변경되어야 한다. 또한 정책이 변경된 경우라든가 또는 설정된 기준이 너무 높았던 경우 등에도 계획안의 수정이 필요하게 된다. 따라서 이러한 경우에는 기획 · 집행 · 통제라는 새로운 관리과정의 순환이 이루어지게 된다.

(3) 방법의 개선 도모

실시방법에 대하여 작업기술, 작업동작, 수속절차, 일의 흐름 등 여러 가지 국면에서 분석 · 검토하고 저해요인을 색출해서 이에 대한 적절한 개선책을 강구해야 한다.

5. 사무통제의 수단

사무통제는 사무계획대로 사무처리가 행해지도록 사무작업의 진행을 관리하고 있다.

일정관리는 계획에 대응하여 행하여지는 것인데 통제의 전형적 과정을 갖는 것이다. 사무작업의 진행을 위한 일정계획을 수립할 때에는 작업에 소요되는 시간, 작업을 지연시키는 요인, 담당자의 처리능력 등 여러 조건을 파악해야 한다. 이러한 관계를 분석하여 검토하고 계획대로 실행될 수 있도록 조치를 한다.

양적 또는 단계별 통제의 방법에 따라 실제적으로 일정통제를 행하는 수단에 관해서는 여러 가지를 구상할 수 있으나 일반적으로 사무에 있어서 사용될 수 있는 것으로서 다음과 같은 것을 들 수 있다.

1) 자동독촉제도(come up system)

사무자동화의 한 방법으로서 사무진행의 통제를 전담하는 부서가 처리해야 할 서류를 정리・보관하여 두었다가 처리해야 될 시기에 사무처리 담당자에게 전달해서 자동적으로 독촉하도록 하는 통제이다.

사무를 처리하는 경우 일반적으로 직원들은 무엇을 언제 하는가를 메모해 두는 것이 상례이다. 이것도 복잡한 사무처리나 세부사항에 이르면 곤란하다. 사무가 복잡해짐에 따라 그것을 잊어버릴 위험성은 높아진다.

이러한 문제점에 대한 한 가지 해결책으로서 일반적으로 업무예정표를 게시하여 직원들이 항상 볼 수 있도록 하는 방법이 고안되고 있다. 그러나 이러한 방법도 사무의 주요사항에 관해서는 게시하여 구성원으로 하여금 볼 수 있게 할 수 있지만 세부에 관한 항목까지 게재한다는 것은 곤란하다.

그러므로 분업의 유용성을 활용하여 전담직원을 둠으로써 처리하여야 할 일이 담당직원에게 적시적절하게 자동적으로 흘러가도록 하는 방법을 강구할 수 있다. 즉 사무의 진행을 통제토록 하자는 것이다.[13]

이와 같은 자동독촉제도는 다음과 같은 효과가 있다.[14]

첫째, 일을 자동화할 수 있다.

둘째, 분업의 효과를 기대할 수 있다.

---

13) 오문석・주형근・조선구. (1994). 『사무관리개론』. 서울 : 두남출판사. pp. 67-70.
14) 박연호. 전게서. p. 62.

셋째, 서류보관의 전문화에 의하여 확실히 보관될 수 있다.

넷째, 사무의 표준화가 가능하다.

다섯째, 메모의 폐지에 의하여 낭비를 제거할 수 있다.

여섯째, 사무의 지연을 조기에 발견할 수 있게 된다.

2) 티클러 시스템(tickler system)[15)]

Tickling the memory란 기억을 더듬어 상기한다는 뜻이다. 이 시스템은 사무처리가 미결된 안건에 대하여 관리자나 사무담당자가 항상 그 처리를 기억하게 하는 방법으로 tickling box를 사용한다. 이는 문서의 반환 예정일을 사전에 알 수 있게 함으로써 예정일에 차질없이 문서가 반환되도록 하는 제도이다.

앞에서 설명한 자동독촉제도와 취지는 같으나 독촉 전담자를 두는 대신에 tickling file을 이용한다는 점만 다르다. 즉 매일 처리해야 할 사무작업을 날짜별 색인카드에 끼워두었다가 처리해야 할 시기에 서류를 찾아내어 처리하는 것이다.

구체적으로는 월별의 색인카드와 일별의 folder를 준비하여 그것을 일정한 카드상자에 넣어둔다. 예컨대 4월 10일에 처리하여 할 문서가 4월 3일에 당도되면 현안카드에 문서명과 기타 필요사항을 기재하여 카드상자 안에 있는 10일의 folder에 넣어둔다. 문서는 별도로 보관해 두어도 좋고 담당계원에게 넘겨주어도 좋다.

이렇게 해두면 문서계원은 매일 아침 그 날짜의 folder를 보고 처리를 촉진해 나갈 수 있게 된다. 이러한 방법으로 문서의 처리상황을 항시 추구해 나가는 제도를 추구제도라고도 한다.

---

15) tickler system은 과학적 관리법을 창시한 Taylor에 의하여 시작된 방법이며, 과학적 관리법의 기능적 직장제도 조직편성방식에서 기획부의 수단으로서 중요시된 방법이다. 그 후부터 이 방법의 원리를 적용한 유사한 방법은 모두 tickler system이라 불렀다.

3) 간트차트 이용

간트차트(Gantt chart)[16]는 작업이 진행되는 일정표를 차트화하여 일목요연하게 나타낸 것이다. 작업계획된 예정작업진도와 실제작업진도가 기록·비교되어 만약 차이가 발생하면 그 원인을 밝혀 작업통제에 도움이 되게 하려는 것이다.

제 4 절 표준화(Standardization)[17]

1. 표준화와 표준의 차이

표준화라는 것은 정책, 규격, 방법, 절차 등에 관하여 획일성 또는 통일성을 기하는 것을 말한다. 표준(standards)의 예를 들면 일정시간내의 일정생산량을 정해놓는 것을 들 수 있다. 표준화는 이런 표준을 만들어 내는 작업 또는 수단이라 할 수 있다.

16) 칸트(Gantt, Henry L.)에 의하여 창시되었으며, 그 후 클라크(Clark, W.)에 의해 널리 보급되었으며, 우리 행정기관에서도 이 원리를 응용하여 연도별 기본운영계획의 사업별 진도도표로서 활용하고 있다.

17) 표준화(Standardization)와 간소화(Simplification) 및 전문화(Specialzation)의 3개 원칙은 사무관리의 어떤 부분에도 적용되는 가장 기본적인 원칙이다. 3개 원칙의 영어 두 문자를 따서 3S방법이라 하여 잘 알려진 원칙이다. 그런데 이 3개 원칙은 어느 하나의 원칙만으로는 불충분하다. 표준화는 간소화원칙을 실현해야만 비로소 바른 표준화가 이루어지는 경우가 많다. 또 반대로 간소화는 표준화를 전제하지 않고서는 무의미하다. 그리고 전문화 역시 처리방법에 관한 한 표준화와 간소화를 거친 다음에야 비로소 그 장점을 발휘할 수 있다. 그리고 3개 원칙중 표준화가 기간이 되는 것이 대부분의 경우이다.

2. 표준화의 가치

표준화의 가치 또는 목적은 같다.

첫째, 관리자의 관리활동이 편리해진다. 예를 들면, 어떤 일이 생겼을 때 그것을 어떤 방법으로 처리할 것인가는 표준화에 의하여 곧 답이 나오게 되어 있다.

둘째, 관리자가 직원들에 대한 감독에 있어서 통제를 더욱 철저하게 할 수 있다.

셋째, 용어나 개념상의 통일을 기할 수 있고, 따라서 관련된 사람들끼리의 공동 이해를 촉진시킨다.

넷째, 직원의 생산성을 향상시킨다. 작업의 구성부분이 단순화되고 균일화되기 때문에 이런 효과가 나온다.

다섯째, 통제의 강화 때문에 자연히 낭비가 적어진다.

여섯째, 생산계획이나 통제를 하는 데 도움이 된다. 가령 생산량과 시기의 계획, 집행 스케줄의 작성이 그것이다.

일곱째, 직원들의 사기도 올라갈 수 있다. 왜냐하면 자기의 근무성적에 대하여 불안하던 직원은 그것을 해소시킬 수 있다. 그리고 태만한 직원이 없어진다.

여덟째, 직원들을 그 능력별로 활용하기에 유리하다. 왜냐하면 표준은 보통 이상의 능력을 가진 사람을 기준으로 도출하기 때문에 무능한 직원을 발견하기 쉽고, 이들에 대한 체계적인 훈련계획안을 세울 수 있기 때문이다.

3. 표준화의 대상

1) 정책(policies)

조직의 일반적 목적과 이를 세분한 목적들을 문서화하여 배포하여야 한다. 이렇게 함으로써 하부에서 상부로 자주 조회하는 일이 없어진다.

특히 각 부서들로부터 자주 제기될 만한 의문점에 관해서는 미리 답변서를 만들어 일괄 배포해야 한다. 이제 기업체의 경우를 예를 들면 다음과 같은 각 세부분야별로 정책편람이 작성·배포되어 있어야 한다.

① 관할지역

② 고객에 대한 접대

③ 신용매매

④ 고객불평에 대한 취급

⑤ 부하직원에 대한 상관의 의무

⑥ 결근자에 대한 취급

⑦ 승진관계방침

⑧ 직원들의 고충처리 방침

2) 재료(materials)

여기에 포함되는 것들은 종이, 복사지, 지우개, 클립, 잉크, 연필, 타이프라이터, 스테이플러, 서류보관용 표지 등이다. 이것들은 동일 규격으로 사용할 뿐만 아니라 부서별로 사용량도 표준화시켜야 한다.

3) 기계와 비품

사무용 기계의 브랜드, 재료, 색, 전동식 또는 수동식의 의자, 책상, 선풍기, 칸막이, 조명기구 등에 관하여 통일한다. 이것들을 표준화해 놓으면 사용자에 대한 훈련을 하기도 쉽고, 수리에 드는 비용도 절감된다.

4) 인간(men)

사람에 관해서도 다음과 같은 측면에서 그의 자격 조건을 사전에 규격화해야 한다.

① 교육년한
② 자격증
③ 경험
④ 타자속도
⑤ 속기속도
⑥ 사무기계에 대한 지식
⑦ 필기체의 정도
⑧ 연령
⑨ 시험성적
⑩ 외모 등

5) 금전(money)

이는 주로 원가에 관한 표준이다. 다음과 같은 분야에 관하여 표준이 정하여져 있어야 한다.

① 매 작업단위당 공간원가의 산출
② 매 작업단위당 인건비의 산출
③ 매 작업단위당 재료비의 산출
④ 매 작업단위당 기계 및 비품비의 산출
⑤ 오류의 비용
⑥ 신형기계의 능률향상과 오류발생으로 인한 비용
⑦ 결근으로 인한 비용

이상과 같은 분야에서 표준원가가 산출되면 이를 개인별·부서별로 상호 비교할 수 있을 것이다.

6) 방법(methods)

이것은 주로 작업수행절차와 방법에 관한 표준을 의미한다. 이런 분야의 예를 들면 다음과 같다.

① 문서분류보관방법

② 서식에의 기재방법
③ 문서의 접수와 발송방법
④ 문서의 모집과 배달방법
⑤ 영수증의 처리절차
⑥ 수표의 발행
⑦ 현금의 처리절차
⑧ 급여지급 절차와 급여대장관리
⑨ 보급품의 품목별 관리절차
⑩ 재고관리의 절차와 방법

4. 표준화의 종류

1) 양표준(quantity standards)

이것은 일정 시간내에 생산되는 작업단위의 수를 말한다. 예를 들면 1일 송장승인 240건으로 표기되는 것은 여기에 속한다. 기타 일당 20건, 시간당 2건 등으로 표현되는 것은 전부 양표준이다. 따라서 양표준은 그 속에 시간표준(time standards)을 포함하고 있다.

이는 대체로 주관적 표준, 기술적 표준, 실적표준 및 과학적 표준의 4개 측면을 고려한다.

(1) 주관적 표준(subjective standards)

표준을 작성함에 있어서 그 사무를 맡고 있는 사무담당자나 감독하는 지위에 있는 상위자 또는 관리전담부서의 전문가 등에 의한 자기 나름의 구관에 의한 표준량의 작성이다. 이것은 주관적인 것이기 때문에 객관성을 결여할 가능성이 있다. 특히 과소량 또는 과다량을 책정할 염려가 있으며, 타당성이 결여될 수 있다.

(2) 기술적 표준(engineered standards)

표본조사를 주수단으로 하며, 그 위에 관찰과 기록자료를 참고로 하여 작성하는 방법이다.

주관적 방법에 비하여 어느 정도 객관성을 띨 수 있다. 그러나 표본조사란 확률을 기초로 하는 것이기 때문에, 이와 같은 막대한 노력이 그대로 경주되지 못할 때에는 표준의 타당성과 신뢰도가 적어진다.

(3) 실적표준(production standards)

일정기간의 과거의 실적을 토대로 하여 정하는 방법이다. 이것도 실적자체가 바른 표준량을 정하는 기준이 못되는 경우가 많다.

(4) 과학적 표준(scientific standards)

이것은 위에서 본 세 가지 방법에 기초하여 정확한 수치와 관계자료에 의하여 객관적 표준을 찾기 위한 과학적 수법에 의하는 방법이다. 가장 바람직한 방법이다.

2) 질표준(quality standards)

질표준은 보통 사무작업의 정확도를 말한다. 따라서 작업에 오류가 없을수록 질이 높은 것으로 친다. 질표준은 보통 %로 표시 된다. 예를 들어, 매 20건당 오류가 1건이 있는 경우에는 95%의 정확도가 있다고 표현한다.

3) 양 및 질표준(quantity-quality standards)

이것은 한 사무작업에 위의 양표준과 질표준을 함께 적용한 것을 말한다.

5. 사무표준의 구비조건

사무표준은 다음과 같은 구비조건들을 갖고 있어야 한다.

첫째, 사무표준은 정확해야 한다.

둘째, 사무작업내용과 근무조건을 분석한 다음에 만들어지는 것이어야 한다. 전자에 대해서는 동작연구 또는 사무간소화작업을 해야 한다.

셋째, 유능한 직원을 기준으로 해야 한다. 특히 우수하지도 않고 특히 열등하지도 않은 직원을 유능한 직원이라고 부른다.

넷째, 실제 적용해서 무리가 없고, 또 당사자들인 사무원들도 받아들일 만한 것이어야 한다.

다섯째, 주기적으로 재검토해서 수정해야 한다.

제5절 사무간소화와 작업연구

1. 사무간소화와 동작 및 시간연구의 관계

앞에서 언급하였듯이 사무관리라는 것은 과학적 관리에서부터 발달한 것이다. 과학적 관리는 공장 속의 생산관리를 대상으로 발전하였다. 과학적 관리에서 동작 및 시간 연구계통은 산업공학(industrial engineering)이라 불리고 있다.

산업공학은 토목공학, 기계공학 등에 대칭되는 용어라 할 수 있다. 아무튼 산업공학이라는 것은 생산, 관리, 작업을 설계하고, 개선하고, 결합하기 위하여 과학적 관리, 심리적 자료, 물리적 정보 등을 이용하는 기술이라 할 수 있다. 이것이 사용되는 것은 생산(제품), 질의 통제, 공장배치, 원료취급, 생산계획, 생산통제, 도구의 설계 등의 분야이다. 그리고 이들은 동작·시간연구와 밀접한 관계를 갖고 발전되어 왔다.

사무간소화(work simplifications)라는 것은 사무관리에서만 사용되는 말이다. 그러니까 사무간소화라는 것은 사무실에 적용하는 업무간소화라고 할 수 있고, 그런 의미에서 사무관리에 적용하는 산업공학적 접근이라고 할 수도 있다. 이와 같은 양자의 밀접한 관계에 비추어 이하에서는 사무간소화뿐만 아니라 동작 및 시간연구(motion and time study)에 대해서도 비교적 상세히 언급하고자 한다.

2. 사무간소화의 정의와 대상

1) 정의

사무간소화라는 것은 첫째, 불필요한 작업을 제거하고, 둘째, 남는 작업들을 최선의 순서에 의하여 재배열하고, 셋째, 작업자가 올바른 방법(method)을 적용하도록 하기 위하여 모든 종류의 작업을 체계적으로 분석하는 것을 말한다.

2) 대상

이것의 적용범위는 과거, 현재, 미래의 모든 작업들이며, 1회 이상 발생하는 작업이어야 하고, 어떤 성질의 작업에 대해서도 적용할 수 있다. 그러나 실제로는 다음과 같은 분야의 업무를 대상으로 하게 한다.

첫째, 여러 가지 사무 중에서 비용이 특히 많이 드는 부분이어서, 사무간소화를 하고 나면 그 결과로 상당한 절약이 올 것 같은 작업.

둘째, 그 작업이 타작업에 비하여 소요시간이 특별히 길어서, 사무간소화를 하고나면 시간상의 단축이 특히 많이 있을 것 같은 작업.

셋째, 사무작업들 간에 시간상의 통일이 안 된다든가, 정보의 상호전달이 안 된다든가, 자료의 배분이 잘 안 된다든가, 기타 상호조정 또는 행동통일이나 행동의 체계화가 필요한 분야인데. 실제로는 이것이 지켜지지 않아서 잡음이 발생하는 작업.

넷째, 사무원들 간에 작업방법의 어려움이나 집무환경이나 업무량의 과중이나 기타 이유로 인해서 특히 불평이나 불만의 대상이 되어 있는 작업.

다섯째, 사무원들 간에 일부 직원들은 매우 바쁜데 일부 직원들은 매우

한가하게 지내고 있는 경우에, 이들 간에 업무량을 골고루 배분함으로써 이런 불평등이 없도록 하고자하는 경우.

여섯째, 사무원들이 시간외 근무를 특히 자주 하게 되는 경우, 그런 사무원들이 종사하고 있는 분야의 사무작업을 감축시켜 이를 타직원들에게 분담시키거나 동일인이라도 그 방법을 개선함으로써 시간을 단축시키고자 하는 경우.

3. 사무간소화사업(Work Simplification Program : WSP)

사무간소화사업(WSP)이라는 것은 사무간소화를 한 조직 또는 직장에서 체계적·공개적으로 일정기간 동안 집중적으로 전개하는 특별사업을 말한다. 조직은 평상시에는 사무관리자가 사무의 능률화에 관하여 그 방면의 참모로서 항상 연구하고 개선을 시도하고 추진시키고 있는 것이 이상적이다. 그러나 평소에는 여러 가지 요인 때문에 대규모의 능률화사업을 전개시키기 곤란하다.

따라서 조직은 한편으로 참모인 사무관리자의 노력에도 불구하고, 일정기간이 경과하면 그 운영이 해이해지고 따라서 원가는 상승하고, 기간은 더 걸리게 된다. 바꿔 말하면 낭비적 요소가 구석구석에 스며들게 되는 것이다.

그래서 일정기간마다 주기적으로 사무간소화사업을 대대적으로 벌여야 하는 것이다. 물론 이런 사업을 하려면 다음과 같은 조건 또는 태도가 이 사업을 추진하고 관장하는 사람들에게 필요하다.

첫째, 무엇보다도 최고관리자가 사무간소화사업에 대한 직접책임자가 되어야 한다. 그러기 위해서는 이 문제에 대한 최고관리자의 깊은 이해가 선행되어야 한다. 만일 그가 직접 책임을 지고 추진할 수 없을 때에는 하위자에게 이를 위임하되, 그의 적극적인 지지가 수반되지 않으면 안 된다. 이때 사무관리자는 이 사업의 주된 참모역을 맡을 수도 있고 또 상황에 따라서는 직접책임자가 될 수도 있다. 최고책임자의 이해와 지지가 특히 필요한 것은 사무관리자가 이 사업의 모든 책임을 지고 있는 경우라고 생각한다.

둘째, 이 사무간소화사업을 추진하는 책임자뿐만 아니라 이 사업에 종사하는 모든 사람들, 즉 일선 조사원에 이르기까지 투명성이 전제되어야 한다. 다시 말해서 감추거나 또는 좁은 견해로 임하지 말고 모든 것은 공개하고, 문제파악은 언제나 조직 전체의 입장에서 해야 한다. 이런 태도는 이 사업의 계획단계, 집행단계, 분석과 평가단계, 개선안의 집행단계, 사후평가단계의 모든 과정에서 필요하다.

셋째, 이 사무간소화사업이라는 것은 전조직에 그 영향이 파급된다. 그래서 매우 많은 사무직원들이 이 사업으로 인해서 영향을 받게 된다. 그리고 이들은 자기들이 하고 있는 일을 바꾸기도 하고 없애기도 하는 이 사무간소화사업을 내심으로 싫어하게 된다.

4. 사무간소화사업의 모형

사무간소화사업을 구체적으로 추진할 경우, 그 사업의 추진형태는 여러 가지가 있을 수 있다. 이에는 기본형과 기타형이 있다.[18]

1) 기본형

사무간소화 추진방법의 기본형은 다시 비공식사업과 공식사업으로 나누어진다.

(1) 비공식사업(informal programs)

비공식사업은 다음과 같이 추진한다. 첫째로 직원들에 대하여 일련의 훈련과정을 실시한다. 예를 들면, 사무간소화를 설명한 편람에 대한 교육, 사무간소화를 위한 집단토론, 기타 각종의 전시 등을 통해서 직원들에 대한 재직자교육을 한다. 이 재직자훈련에는 한 회사 또는 한 행정기관의

18) 조석준. 전게서. pp. 162-164.

모든 직원들이 참가하도록 한다.

이런 교육기간이 끝나면 직원들 스스로 사무간소화를 위한 사업을 전개하되 이는 개인별, 계별, 과별로 임의로 전개할 수 있다. 이것을 주관하는 사무관리자와 관리층은 직원들에게 요인요소로서 각종 보상과 기타 인정방법을 내세우도록 한다. 비공식사업의 장점은 다음과 같다.

첫째, 일반직원들 사이에서 흥미를 일으키기에 적합하다.

둘째, 직원들에 의한 사무작업평가를 앞으로 계속적으로 하려고 할 때 이 사업을 통한 교육을 계기로 그에 대한 기반이 제공된다고 할 수 있다.

셋째, 사무간소화안 등의 집행에 있어서 그것이 형식에 그치지 않고 실제로 수행에 옮겨져서 채택되고, 또 집행단계와 그 이후의 추적에 있어서도 형식적 보고가 없기 때문에 추적이 훨씬 더 용이하다.

(2) 공식사업(formal programs)

이것은 관리당국이 이 사업의 처음부터 끝까지를 공식적으로 책임을 지고 하는 것을 말한다. 비공식사업에 비하면 직원들은 아무래도 수동적 입장에 놓이게 된다. 즉 필요한 경우에 선택적으로 이들의 참여를 장려하여야 한다.

그리고 이런 방식의 특색은 때로는 외부로부터 전문가를 초빙하여 그의 권고하에 모든 것을 진행시킨다는 것이다. 또한 비공식사업은 그 효과가 장기적으로 두고 나타날 것을 기대하는 데 반하여 공식사업은 단기간에 끝나는 사업이다. 그래서 미리 일정기간을 정해 놓고 시작하여, 그 기간 동안에 집중적으로 하는 것이다.

2) 기타형

여기서 기타형이라고 하는 것은 사무간소화사업의 전국면이 아니라 일부분만 강조하는 내용의 사업을 말한다. 이에는 다시 다음과 같은 세 가지의 접근법이 있다.

(1) 자발적 접근법(voluntary approach)

이것은 상관인 감독자가 부하들을 데리고 사무간소화사업의 필요성과 방법 등을 설명하는 교육을 하고, 그 이후에는 그 직원들의 자발적인 노력에 기대하는 것을 말한다. 즉, 상관의 교육을 받은 자들이 그대로 하기를 기대하되, 어디까지나 직원들의 자의에 맡기는 방식이다.

(2) 문제해결식 접근법(problem solving approach)

이 방법은 우선 부서의 장이 사무간소화에 대한 훈련을 받는 데서부터 시작된다. 그리고 난 다음에는 자기의 부서가 당면한 사무작업상의 문제점을 자기에게 훈련을 했던 훈련관과 함께 도와주는 방향에서 사무간소화를 추진한다. 따라서 부하, 상관, 훈련관 등이 하나의 문제를 놓고 함께 해결하여 나가는 방식을 택한다.

(3) 순수계선 개발식 접근법(pure line development approach)

이 경우에도 우선 부서장이 사무간소화의 훈련을 받는다. 그런 다음에 그가 자기의 부하를 훈련한다. 이런 과정을 말단의 작업원에 이르기까지 한다. 그리고 난 다음에 실제로 사무간소화를 하는 것은 밑에서 위로 향하여 자발적으로 하는 것에 맡긴다. 이 방법을 사용하면 실제로 그 효과가 나오기까지는 많은 시간이 걸린다는 단점이 있다.

5. 작업연구

1) 작업연구의 의의

단위사무 처리방법의 과정을 구조적으로 개선하고자 연구하는 것이며, 작업분석(job analysis)과 협의의 작업연구(job study, work study)를 합쳐서 보통 작업연구라 한다.[19)]

이 연구는 테일러(Taylor)의 작업의 과학(science of laboring)에서 시

19) 김태극. (1992). 『신사무관리론』. 서울 : 박영사. pp. 261-269.

작된 제 기법을 계승·발전시킨 것으로 경영공학의 주요한 기법의 하나이다.

(1) 목적

작업연구는 위에서 언급한 것같이 원래 제품생산과정의 작업을 대상으로 하여 생산작업의 합리적 능률화를 기하고자 작업과정을 표준화하는 연구였다. 이같은 작업연구를 사무처리과정의 사무작업에 적용하여 사무작업의 개선과 표준화를 도모하고자 하는 것이다.

사무작업의 작업연구 목적은 다음과 같다.

첫째, 간격조정 작업방법을 개선하여 보다 노력이 절감되고 처리가 용이하게 하도록 한다. 즉 작업을 보다 쉽게 하는 방법을 연구하는 것이다(용이화).

둘째, 되도록 작업에 소요되는 시간을 단축하여 보다 빨리 할 수 있도록 작업의 신속화를 연구한다(신속화).

셋째, 작업상의 착오율을 감소시키거나 또는 착오를 전혀 없앰으로써 정확성을 높이며, 작업성과의 질을 향상시키는 데 주력한다(정확화).

넷째, 작업방법의 표준화를 도모하고자 한다(표준화).

다섯째, 작업방법의 표준화와 함께 작업용구 및 각종 재료의 표준화를 연구한다(용구의 표준화).

여섯째, 작업비용의 절감을 연구한다. 비용의 절감을 위하여는 작업방법의 표준화가 서로 유기적 연관성을 지닌다(비용의 경제화).

(2) 작업연구의 내용

첫째, 사무작업을 구조별로 세분 분할하고 적은 단위작업으로 분류한다.
둘째, 작업방법을 검토하여 가장 경제적인 동작요령을 찾아낸다.
셋째, 각 작업동작의 소요시간을 분석하여 최적의 작업표준시간을 정한다.
넷째, 동작의 피로를 덜 하는 여러 조건을 분석·검토한다.

다섯째, 동작에 영향을 주는 환경적·물리적 요인 및 심리적 요인을 제거하기 위한 방안을 연구한다.

이상의 작업연구내용은 작업과정 전반을 분석·검토하는 공정연구 또는 과정연구가 있으며, 다음에 이 과정작업의 요소가 되는 동작을 연구하는 동작연구(motion study)부분이 있다. 그리고 공정연구와 동작연구의 어느 것에도 상관하는 표준시간 책정을 위한 시간연구(time study)가 있다.

따라서 작업연구는 공정연구와 동작연구 및 시간연구의 3개 부분으로 요약될 수 있다.

작업연구 ┌ 공정연구 ┐ 동작연구
　　　　 └ 시간연구 ┘

또는

작업연구 ┌ 공정연구(동작연구)
　　　　 └ 시간연구

2) 동작연구

(1) 기본목적

동작연구란 작업방법에 포함된 모든 동작을 조사하고 이를 분석·검토하여 첫째, 불필요한 동작은 제거시키고, 둘째, 필요한 동작을 가장 쉽고 편하고 힘이 적게 드는 동작으로 개선하며, 셋째, 되도록 동작의 간소화를 도모함을 주요 목적으로 한다.

(2) 연구방법

동작을 연구하는 방법은 다음과 같이 나눌 수 있다.

동작연구
- ① 목시분석
  - 요소동작분석
  - 동소(동작요소)분석(therblig)
- ② 미시분석(필름분석)

① 목시분석

육안으로 볼 수 있는 동작을 대상으로 분석하는 방법이다. 이 속에서도 동소에 속한 몇 가지, 즉 동작을 위한 정신적 준비, 예컨대 '생각하다' 등은 육안으로 볼 수 없는 것이 있기도 하다.

목시분석에 쓰여지는 방법으로서 일반적인 것은 동작전개의 순서에 따라서 다음에 나오는 〈도표 2-1〉을 이용하여 동작의 흐름과 운동(movement)을 일목요연하게 나타낸다.

② 미시분석(film분석)

동작을 고속촬영기로 촬영하여 그 필름을 영사하면서 동작을 연구하는 방법이다. 목시가 불가능한 동작부분도 필름 영사시간을 조절함으로써 천천히 움직이는 과정을 불 수 있는 장점이 있다. 동작을 촬영하는 속도의 가감에 따라서 다른 방법이 있다.

동작분석도표(motion study chart) : 요소동작분석에 사용

앞에서 언급한 것같이 작업분석은 작업하는 자의 동작에 중심방향이 돌려진다.

동작분석을 위한 도표는 여러 가지가 있다. 특히 작업연구가 전문적인 깊이에 들어가면 동작분석은 전문적인 지식과 기술이 없이는 할 수 없는 전문성을 띤다. 따라서 동작분석도표를 이러한 것까지 포함시켜 생각하면 그 수도 많고 전문화된 기술적 부문까지 언급하지 않으면 안 된다. 그런데 여기서는 그러한 전문성 이전의 것으로 일상 감독직에 있는 사무관리자라면 누구나 할 수 있고 또 사무작업의 개선에 적용할 수 있는 일반적인 것에 한하겠다.

▸ 도표작성의 필요성

동작분석도표를 작성하여 그 동작을 분석할 필요가 있는 경우는 다음과 같을 때이다.

첫째, 불필요한 동작이 있어서 제거할 필요성이 생겼을 때
둘째, 때때로 사고의 원인인 동작부분이 있을 때
셋째, 작업의 순서를 바꾸는 경우 동작순서에서 변경 필요성이나 부분생략 또는 통합의 필요성이 있을 때
넷째, 동작에 소요되는 시간을 단축 또는 조절할 때
다섯째, 가장 효율적인 동작방법이 요구되며 이것을 해결하고자 할 때
여섯째, 동작방법을 변경시킬 필요가 있을 때 등

이러한 조건이 생겼을 때에 그 동작부분에 대하여 현재의 모양을 파악하고자 하는 것이 동작분석도표의 목적이다.

▸ 도표작성 요령

첫째, 각개의 동작을 대표적인 성질별로 구분하여 그 각각에 부호를 정하여 둔다.

[예]

① 어떤 일을 운반할 때 ――――――― ○
② 물건을 운반할 때 ――――――――― ●
③ 아무 일도 하지 않고 쉬고 있을 때 ―― □
④ 붙잡고 있거나 누르고 있을 때 ――― △
⑤ 집거나 놓거나 선별할 때 ――――― ◎

이 외에 동작성질에 따라 <도표 2-2> 서블릭기호의 일부를 사용할 수도 있고 또 다른 것을 사용할 수도 있다.

둘째, 매 단위동작을 미리 구분하여 두어야 한다. 이 구분을 다음 도표에서 보여주듯이 동작이 움직여지는 단계가 된다.
셋째, 각 단위동작이 옮겨지는 거리와 소요시간을 측정할 수 있는 준비를 한다. 거리란 대체로 손발의 움직임이 하나의 작업점에서 다음 작업점

으로 옮기는 거리를 말한다. 작업도중 제자리에서 약간씩 움직인다든지 하는 미세한 움직임은 보지 않는다.
(이것은 미세분석연구시는 중요한 표현요소가 된다)

다음은 왼쪽 손과 오른쪽 손의 움직임을 나타내는 도표이다(<도표 2-1> 참조).

〈도표 2-1〉 펜과 잉크를 사용할 때

왼쪽 손동작		부호	소요 시간(초)	소요 거리(m)	소요 거리(m)	소요 시간(초)	부호	오른쪽 손동작	
1	종이를 누른다.	↑			0.2	0.1	◎	펜을 잡다	1
2	계속	↑			0.1	0.1	◎	잉크를 찍다	2
3	계속	↑				60	○	쓰다	3
4	계속	↑			0.3	0.1	◎	잉크를 다시 찍다	4
5	계속	↑				60	○	쓰다	5
6	계속	↑			0.3	0.1	◎	잉크를 다시 찍다	6

* 만일 30분 동안 쓰는 작업을 계속한다면 잉크를 찍으로 갔다 왔다 하는 시간과 거리가 상당히 길 수 있다.

볼펜을 사용할 때

왼쪽 손동작		부호	소요 시간(초)	소요 거리(m)	소요 거리(m)	소요 시간(초)	부호	오른쪽 손동작	
1	종이를 누른다.	↑			0.2	0.1	◎	볼펜을 잡다	1
2	계속	↑					○	쓰다	2
3	계속	↑						계속	3

* 2단계 동작밖에 없으므로 펜과 잉크를 사용할 때에 비하여 쓰는 시간이 길면 길수록 시간과 힘이 절감된다.

▸ 도표분석방법

① 어떤 곳에 비능률적이고 불필요한 동작이 있는가?

② 재조정을 통해 그 동작을 쉽고 경제적으로 할 수 있는가?

③ 어떤 동작을 없애거나 줄일 수 없는가?
④ 어떤 불필요한 지연은 없는가, 그것을 제거할 수 없는가?
⑤ 이동하는 거리는 최소한도인가?
⑥ 한 손이 덜 움직이거나 또는 아무일 없이 멈추고 있거나 쉬고 있는 것은 없는가, 있다면 이것을 없앨 수는 없는가?
⑦ 문서를 정리하거나 관계사항을 찾을 때 필요한 것을 머뭇거림이 없이 즉각 얻을 수 있는가?
⑧ 사무용구사용이 가장 쉽고 편리한 방법으로 하고 있는가?
⑨ 일하는 공간의 이용이 합리적인가?
⑩ 한 손에 한 가지씩 동시에 두 가지 일을 할 수 없는가? 또는 양손의 협동이 결여된 곳은 없는가?
⑪ 동작요령이 습득하기 쉬운가? 그리고 자연스러운가? 또는 동작에서 동작으로, 동작에서 행동으로 옮겨지는 과정이나 모양이 순조로운가?
⑫ 손의 이동거리가 단축될 곳은 어떤 곳이며, 동작의 시간을 보다 절감시킬 수는 없는가?

(3) 동작경제원칙(motion study principle)

다음에 동작을 절감시키는 원칙을 소개한다.[20)]

① 물건을 갈라 놓거나 반대로 양쪽의 것을 한 곳에 모아 놓을 때에는 두 손이 동시에 동작을 시작하여 동시에 동작을 끝내라. 연초공장에서의 손 움직이는 동작이 이것을 예시한다.

② 작업시에는 두 손이 동시에 이완생태에 있어서는 안 된다. 한 손이 주무를 맡아 긴장할 때에는 다른 손은 그 주무를 보조하도록 동작한다.

③ 자재나 도구는 동작의 흐름을 가장 잘 이끌도록 위치시킨다. 예컨대 전화는 왼손으로 사용할 수 있도록 왼손에 놓고, 펜이나 필기도구는

20) 작업개선을 위하여 적용해야 할 원칙으로서 동작경제원칙에 속하는 다음의 원칙이 있다.
① 지능적 태만의 원칙 : 쉬운 방법, 기계화 방법, 동작축소방법 등은 반드시 실현한다. ② 동시동작원칙 : 신체 전체 동작 또는 양손, 양발을 동시 동작케 한다. ③ 피로감소원칙 : 계속 곡선동작, 신체조건에 알맞은 동작, 기구기계 인접배치, 피로조건제거동작 등을 실현한다. ④ 적재적소원칙 : 성별, 연령별, 기능별 또는 임금별로 구분하여 작업시킨다.

오른손 편에 놓는 것이 전화를 받으며 메모를 함에 있어 동작이 절약된다.

④ 손이나 손목의 동작에도 비록 그것이 간단한 동작일 때에라도 어깨까지 움직이는 것이 동작의 확실성을 얻는다.

⑤ 될 수 있으면 동작에 율동을 더하며, 경쾌하게 움직이도록 한다. 이것은 상쾌감을 일으키며 피로를 감할 수 있다.

⑥ 필요한 도구나 자재는 작업자의 근방 또는 옆에 가까이 위치시킨다. 거리가 멀어지면 왕복에 따른 불편함은 물론 주의가 산만하여지며, 사고나 열중하던 과정이 중단되어 다시 시발점에 돌아가는 수가 있기 쉽다. 특히 주의를 집중시키는 일에는 더욱 그러하다. 참고할 서류가 든 캐비닛 같은 것은 앉아 있는 바로 근방에 위치시킴이 필요하다.

⑦ 직선적인 운동은 되도록 곡선이 되게 바꾼다. 예를 들어 ↴ 형태의 등선보다 형태의 ⤼ 형태의 동선이 좋다.

⑧ 양손의 유효 동작거리를 고려하여 작업성질에 따르는 작업위치를 고려한다.

⑨ 손만에 의존하지 말고 발과 간단한 몸의 동작을 절충한다.

⑩ 동작이 주작업인 때에는 책상과 의자 높이를 고려하여 편안한 자세가 되도록 하고, 양손이 너무 높이 들려진 채 일하지 않게 한다.

⑪ 물건의 이동에 있어서도 힘이 많이 소모되는 밑에서 올리는 방법보다는 위에서 아래로 또는 수평상태에서 끌어당기거나 밀어보내는 방법을 쓴다.

⑫ 되도록 동작이 간단히 끝나도록 한다. 많은 것 중에서 집어내어 가져오기보다는 보이는 순서에 따라 끌어오는 것이 편하다.

⑬ 시선이 움직여야 하는 빈도를 줄이며 가능하면 움직이지 않아도 보이는 시야에서 하도록 한다.

(4) 서블릭(therblig)

서블릭이란 동작을 구성하는 최소동작단위의 동작요소의 군을 말하며,

동작연구의 대가인 길브레스(Gilbleth)가 그의 부인과 함께 고안해낸 다음 〈도표 2-2〉와 같은 18개의 동작요소이다.

[도표 2-2] Therblig의 기호

동작구분	번호	기호	약호	명칭	기호의 설명
작용동작	1	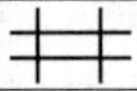	A	조립한다 assemble	조립한 상태
	2	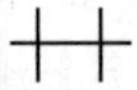	Da	분해한다 disassemble	조립한 상태에서 하나를 빼낸 상태
	3		U	사용한다 use	use의 머리글자 u의 형태
	4		I	조사한다 inspect	렌즈의 형태
운반동작	5		TE	빈손 transport empty	빈 접시의 형태
	6		G	쥔다 grasp	물품을 쥐는 상태
	7		TL	운반한다 transport loaded	접시에 올려 놓은 상태
	8		RL	놓는다 release road	접시를 거꾸로 놓은 상태
보조동작	9		sh	찾는다 search	눈으로 찾는 상태
	10		F	찾아냈었다 find	눈으로 찾아낸 상태
	11		St	선택한다 select	선택한 것을 지시하는 상태
	12		P	위치를 바로한다 position	화물이 손끝에 있는 상태
	13		H	잡아둔다 hold	자석이 물품을 끌어당기는 상태
	14		Pp	준비한다 pre-position	병을 세워 놓은 상태
	15		R	쉬고 있다 rest for over comm-ing fatigue	사람이 의자에 앉은 상태
쉬는 동작	16		Pn	생각한다 plan	머리에 손을 대고 생각하는 상태
	17	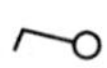	UD	피할 수 없는 지체 unavoidable delay	사람이 넘어지는 상태
	18	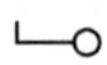	AD	피할 수 있는 지체 avodable delay	사람이 누워있는 상태

3) 시간연구

(1) 시간연구의 의의

시간연구는 스톱워치나 촬영기와 같은 계측기를 이용하여 작업 순환과정을 반복하여 보고, 여기에서 일어나는 모든 사실을 관찰한 결과를 용지에다 기록하여 관찰시간을 산정한다. 그리고 이 관찰시간을 기준으로 하여 순작업시간을 얻고, 여기에다 여유시간을 가산하여 그 표준작업시간을 산출하는 방법이다.

여기서 표준시간이란 그 작업에 대해서 보통의 지식과 숙련도를 갖고 있는 작업자가 표준작업 방법에 따라서, 피로로 인하여 건강을 해치지 않을 정도의 지속적인 노력으로 작업을 수행하는 합리적인 소요시간이다.

표준시간을 결정하기 위해서는 표준화된 작업조건하에서 수행되는 작업을 기준으로 하여 결정된다. 표준작업이란 현재의 기계설비 공구, 작업환경을 전제로 인적·물적인 경제성을 충분히 고려해서 개선한 작업방법으로 다음 사항을 만족하는 것이어야 한다.

첫째, 미리 정해져 있는 품질을 만든다.
둘째, 작업장의 피로를 적게 한다.
셋째, 작업의 절차를 최소가 되게 한다.
넷째, 작업시긴을 짧게 한다.
다섯째, 재료비나 경비를 절감한다.
여섯째, 작업자의 안전을 보장한다

표준시간을 말할 경우에는 그 전제로서 위에 예시한 표준작업조건이 있다는 것을 잊어서는 안 된다. 특히 작업문제에서의 개선활동은 이상적인 표준작업 상태를 추구하는 것이라고 할 수 있다.

(2) 시간연구의 목적

시간연구는 표준시간을 결정하기 위한 것이다. 이와 같은 표준시간을 결정하는 시간연구의 목적은 다음과 같다.

첫째, 무효요소를 제거하거나 감소시킨다.

둘째, 두 가지 이상의 작업방법을 비교·검토하여 우열을 판단하고 개선한다.

셋째, 작업에 필요한 적정한 표준시간을 설정한다.

넷째, 공정한 작업량을 결정할 수 있다.

다섯째, 표준시간 달성을 목표로 하여 작업지도를 할 수 있다.

여섯째, 급여·임금산정의 근거자료로 활용한다

일곱째, 사무자동화의 추진, 적정 인원배치의 계획, 원가계산의 기초자료가 된다.

(3) 표준시간

① 표준시간의 정의

표준시간이란 정해진 1단위의 작업을 정상의 속도로 수행하는 데 필요한 시간이며, 이 시간에는 필요한 각종의 여유가 포함되어 있다. 이것을 구체적으로 살펴보면 다음과 같이 정의할 수 있다.

첫째, 정해진 환경조건하에서

둘째, 정해진 설비와 도구를 사용하여

셋째, 정해진 작업방법에 따라

넷째, 작업에 대한 적정을 유지

다섯째, 작업에 대해 기대되는 보통 정도의 훈련을 갖춘 작업자가

여섯째, 정신적·육체적으로도 무리가 없는 양호한 노력으로

일곱째, 필요한 여유가 포함되어 있다.

② 표준시간의 구성

표준시간은 정미작업시간(정상시간)과 여유시간으로 구성되어 있다.

ⓐ **정미작업시간**

정미작업시간은 매회 또는 일정한 간격을 두고 주기적으로 발생하는 작업요소의 수행시간을 말한다. 정미작업시간이란 평균적인 작업자들을 선정하여 표준화된 방법으로 작업을 수행할 때 소요되는 시간을 측정하

여 평균화한 시간을 말한다. 여기서 평균적인 작업자란 보통의 지식과 숙련도를 갖춘 작업자를 의미하며, 표준화된 방법이란 동작연구와 사무절차 분석을 통하여 실행하는 작업방법을 의미한다.

이러한 정미작업시간은 사무직원의 휴식시간, 생리적 시간 등을 고려하지 않고 전적으로 작업만을 수행하는 경우에 소요되는 시간을 측정한 것이므로 실제로 달성할 수는 없다.

따라서 이 정미작업시간에다 적절한 여유시간을 가산하여야 타당성 있는 표준시간을 결정할 수 있게 된다.

〈도표 2-3〉 표준시간의 목적과 기능

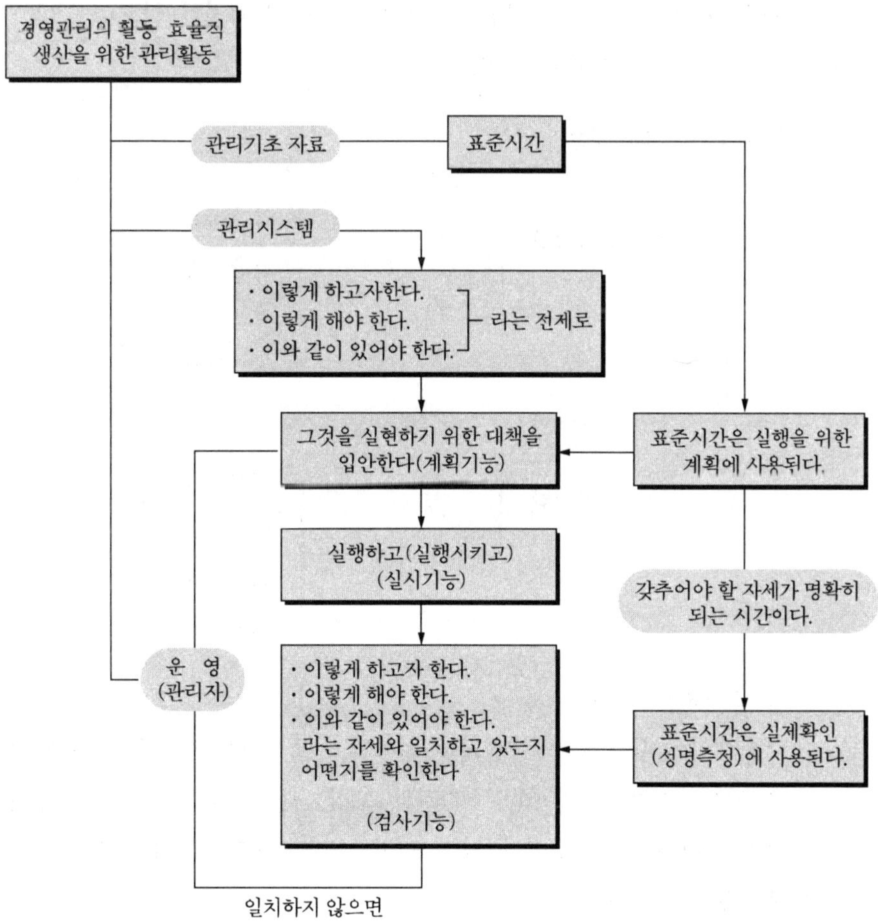

ⓑ **여유시간**

작업자가 작업을 수행함에 있어서 계속 작업만을 수행할 수 없는 생리적 내지는 피로 등에 의한 작업지연과 작업중단을 할 경우가 있다. 이로 인한 소요시간을 여유시간이라고 한다. 여유시간은 작업진행에 있어서 물적 · 인적으로 필요한 요소이기는 하지만, 그것의 발생이 불규칙적이고 우발적이다.

따라서 편의상 이들의 발생률이나 평균시간 등을 조사하여, 이것을 정미작업시간에 가산하여 표준시간을 산출하는 것이 일반적이다. 여유시간의 부여방법은 시간의 형식이 아닌 비율의 형식으로 부여하는데, 이를 여유율이라고 한다. 여유로 인정되는 요소에는 여러 가지가 있으나 일반적으로 다음과 같이 분류할 수 있다.

〈도표 2-4〉 표준시간의 구성

- 표준시간
  - 정미시간
    - 정미작업시간
    - 여유시간
      - 직장여유
      - 작업여유
      - 피로여유
      - 생리여유
  - 준비시간
    - 정미준비시간
    - 여유시간
      - 직장여유
      - 작업여유
      - 피로여유
      - 생리여유

㉠ 직장여유

각종의 작업대기나 혹은 관리상 발생하는 불가피한 지연을 말하는 것으로 사무실관리 · 조회 · 회의 · 기기의 고장 · 사무연락 등 직장 특유의 원인으로 인한 여유시간이다. 보통 작업의 경우 작업시간의 3~5%를 직장여유율로 부여한다.

㉡ 작업여유

작업의 일부이나 불규칙적으므로 정규의 작업으로서는 다룰 수 없는 지연이다. 이러한 지연은 작업의 종류나 관리상태에 따라 다르다. 여유율을 대체로 작업시간에 대하여 3~5%를 부여한다.

㉢ 피로여유

작업으로 인한 피로회복을 위하여 소요되는 작업지연을 말한다. 이는 작업의 난이도와 복잡성, 그리고 노동의 강도에 따라 다르기 때문에 측정이 매우 어렵다. 일반적으로 중노동의 경우는 20~30%, 경노동의 경우는 5~10%를 피로여유율로 부여한다.

㉣ 생리여유

작업 중 작업자가 필요로 하는 용변·물마시기·땀 씻기 등의 생리적 여유를 말한다. 사무실 환경이나 사무실 배치에 따라서 다소 차이가 있는데, 일반적으로 3~5%를 부여한다.

③ 표준시간의 선정

표준시간은 정상시간에다 여유시간을 더한 것으로서, 여유시간은 보통 정상시간에 대한 여유율로서 표시한다.

> 표준시간 = 정상시간+여유시간
>
> = 정상시간(1+여유율)
>
> $$\text{여유율}(\%) = \frac{\text{여유시간}}{\text{정상시간}} \times 100 = \frac{\text{여유시간}}{\text{총시간} - \text{여유시간}} \times 100$$
>
> **표준시간(standard time)**
>
> 한 작업에 관하여 일정한 작성(aptitude)[21]과 기능(skill)[22]을 가진 자가 일정한 조건[23]하에서 특정의 방법[24]을 사용하여 일정시간[25] 내에 일정한 속도로서, 한 작업단위(a unit of work)를 신체상의 장해를 초래하지 않을 정도[26]로 최선을 다하여 성취하기에 필요한 시간의 양.

21) 일반적으로 정신적인 것보다 육체적인 것을 말함. 그것은 사무작업 가운데 특히 표준시간 설정을 요하는 것은 본질적으로 반복성 업무이기 때문.

22) 일반적으로 그것을 소유한 자가 더 많이 가지고 있을수록 작업속도가 빨라진

제6절 사무환경

1. 사무환경관리의 의의

1) 사무환경과 사무능률과의 관계

행정의 생산성을 높이기 위해서는 사무처리의 간소화 · 표준화 · 과학화 등의 사무관리활동에 못지않게 사무실에서 근무하는 공무원들이 심리적으로 안정되고 생리적으로 쾌적한 상태에서 일할 수 있는 적절한 사무실 환경을 조성할 필요가 있다. 사무실에서 일하는 공무원들은 육체적 · 정신적으로 사무실의 환경에 영향을 받게 되므로 사무실환경은 사무능률과 밀접한 관련이 있다고 할 것이다.

2) 사무환경의 의미

이와 같이 사무환경관리란 공무원의 건강보호와 사무능률의 향상을 위한 쾌적한 사무환경의 조성에 필요한 여러 가지 물적 관리를 의미한다.

3) 사무환경관리의 대상

사무환경관리의 대상은 사무수행에 영향을 미치는 모든 주변환경이 되

다. 여기서의 기능은 일반적으로 그런 종류의 작업에 요구되는 최소한도 이상의 수준.

23) 작업조건, *ex*) 열, 조명, 기계, 먼지, 소음 등. 이들을 총칭하여 직무곤란 요소(job difficulty factors)라 부른다.

24) 동작연구나 사무간소화에 의해 설정한 절차와 방법, 이는 표준화된 것이기 때문에 언제나 일정해야 함.

25) 이는 1일 중의 대표적인 기간. *ex*) 하루 중 출근 직전의 것은 포함하지 않음.

26) 이는 육체적 · 정신적 장해로서 같은 근무일 중에 회복이 불가능한 것을 말함. 따라서 여러 날 걸려서 회복되는 것은 명백히 신체상의 장해 속에 들게 된다.

겠으나, 주로 사무실의 면적산정 · 배치 · 사무집기 및 빛 · 온도 · 공기 · 소음 등의 물리적 환경을 들 수 있다.

4) 지식오피스로서의 사무환경

21세기 지식 · 정보화사회에서는 개인의 창조적인 능력발휘가 한층 더 요구되고 있다. 이에 따라 "사무실"도 단순히 일을 하는 "물리적인 장소"가 아니라 개인의 창조력을 발휘하는 "자아 실현의 장"이며, 지식을 창출하는 "지식 오피스"로서 한층 더 중요해지고 있다. 그러나, 아직도 공공기관을 비롯한 많은 기관에서는 효율적이고 쾌적한 사무환경을 갖추지 못하고 있는 것이 현실이다.

따라서, 각급 행정기관의 장은 21세기 무한경쟁 시대에 쾌적한 사무환경 조성을 효율적으로 대응할 수 있도록 노력하여야 한다. 그리고, 행정기관의 장은 사무환경을 사무능률의 향상과 공무원의 건강보호를 기할 수 있도록 조성 · 관리하여야 한다.

2. 사무실의 면적

1) 일반사무실의 면적산정기준

사무실 면적은 업무의 성격 · 직위 및 직급별 근무인원 · 집기 및 장비와 방문객의 규모 등을 고려하여 산정하되, 정부청사관리규정시행규칙(행정자치부령)[별표 1]에서 정한 사무실 면적의 일반적 기준을 준수해야 한다.

〈도표 2-5〉 사무실 면적 기준

계급별	구 분	일반사무실(㎡)	단독사무실(㎡)	비 고
장관급	장관실 · 장관급기관 장실 위원실		165 99	집무실 · 접견실 · 비서실 집무실 · 비서실
차관급	차관실 · 처의 차장실 청장실 차관급 기관장실 위원실		99 99 99 66	집무실 · 비서실 집무실 · 비서실 집무실 · 비서실 집무실 · 비서실
차 관 보 급 1 급	차관보실 기획관리실장실 청의 차장실 기관장실 위원실		50 50 66 66 33	집무실 집무실 집무실 · 비서실 집무실 · 부속실 집무실
2 · 3급	국장실 · 담당관실 기관장실 위원 3급과장	 17 17	33 50	집무실 집무실 · 부속실 집무면적 집무면적
4 급	국장 · 과장 서기관 기관장실	17 7	 33	집무면적 집무면적 집무실 · 부속실
5 급	과 장 사무관 기관장실	17 7	 17	집무면적 집무면적 집무실
6 급 이하	과 장 일반직원 기관장	10 7 17		집무면적 집무면적 집무면적

※ 업무의 특수성이 있는 기관의 사무실과 위 표에 열거되지 아니한 청사시설에 대하여는 행정자치부장관이 그 기준을 따로 정할 수 있다.

2) 보조시설 면적산정기준

정부청사관리규정시행규칙 별표 1의 "참고" 규정에 의한 상황실, 기타 특수업무용 보조사무실의 기준면적은 다음과 같다.

〈도표 2-6〉 특수업무용 보조사무실 면적산정기준

구 분	면 적 산 정 기 준
상황실 1. 장관급기관 2. 차관급기관	 165㎡ 132㎡
회의실	50㎡+0.7㎡(정원-20인), 20인 이하는 50㎡
식당 (주방 포함)	정원 × 1/3 × 1.5㎡
창고·문서고	순사무실 면적 × 7% ※ 일반용도용 창고 및 문서고를 말하며, 특수용도의 창고는 기관별 기준 적용 가능
수위실	근무자수 × 3㎡
당직실	당직자수 × 10㎡
차고	대형차 20㎡/대 중형차 15㎡/대 + 출입할 수 있는 면적 소형차 13.2㎡/대
운전원 대기실	1인당 1.65㎡

3. 사무실의 배치

1) 사무실배치의 의의

사무실의 배치는 다음과 같은 두 가지 측면으로 크게 구분할 수 있다.

(1) 각 부서(실·국·과)의 실 배치

일정한 건물 안에서 각 실·국·과 등의 단독사무실과 일반사무실을 비롯하여 회의실·상황실·당직실·문서보존실·물품보관창고 등 각종 사무실을 어떻게 배치하여야 할 것인가 하는 문제를 말한다.

(2) 사무실 내의 좌석 및 사무집기 등 배치

배정된 각종 사무실 내에서 책상배열은 어떠한 형태로 하며, 기타 사무용 집기·비품·기기 등을 어떻게 배치할 것인가 하는 문제를 말한다.

2) 배치를 위한 검토요소

사무실 배치는 우선 각 실·국·과 등의 단독사무실과 일반사무실, 회의실, 당직실 등 사무실을 먼저 배치하고, 그 다음에 각 사무실의 실내배치를 실시한다.

① 건물상황 : 건물내부의 모양·기둥·계단·승강기·식당·화장실·방화 및 소화 시설 등

② 조직·임무 : 실·국·과의 편제와 수, 관리자의 직급 및 수와 인원 및 분장업무 등

③ 업무흐름 : 업무의 내용과 서류의 접수·전달·보관 및 업무상 관련이 깊은 실·국·과의 상호관계, 조직의 발전성 등

④ 사무기기와 집기·비품 : 현재 사용하고 있는 사무기기·집기·비품의 종류 및 소요면적과 장래에 도입될 사무기기 및 비품 등

⑤ 회의상황 및 시설 이용 : 회의의 성질·참석인원·사용 빈도수와 방문객의 종류·인원·방문시간·접객방법 등

⑥ 사무환경 : 업무성격에 따른 사무실의 조명·온도·습도·색채·환기·소음상태 등

3) 사무실배치 요령

(1) 실·국·과의 실배치

① 대사무실주의(大事務室主義)채택

사무실은 지나치게 세분하여 면적이 좁은 사무실로 사용할 것이 아니라, 여러 과를 국(局)단위 정도로 한 곳에 집중시킴으로써 넓은 사무실을 그대로 사용하는 것이 바람직하다.

② 대사무실주의의 장점

첫째, 실내의 공간이용도를 높일 수 있으므로 <그림 1>과 같이 여러 사무실로 나누어서 사용하지 않고, <그림 2>와 같이 가・나・다・라의 4개 사무실을 한 곳에 집중시키면 약 20~30% 정도의 사용면적 증대효과를 가져올 수 있다.

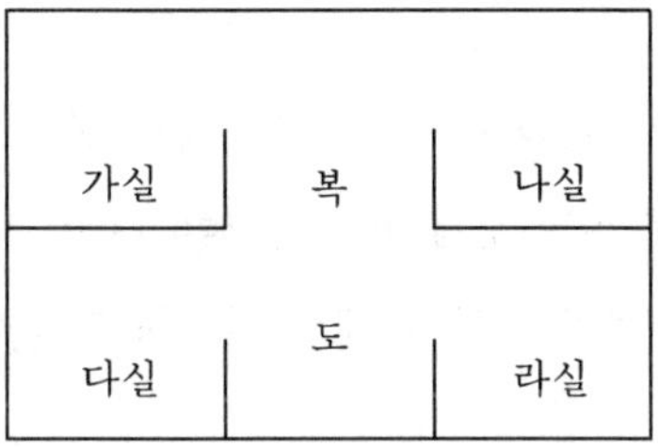

<그림 1>

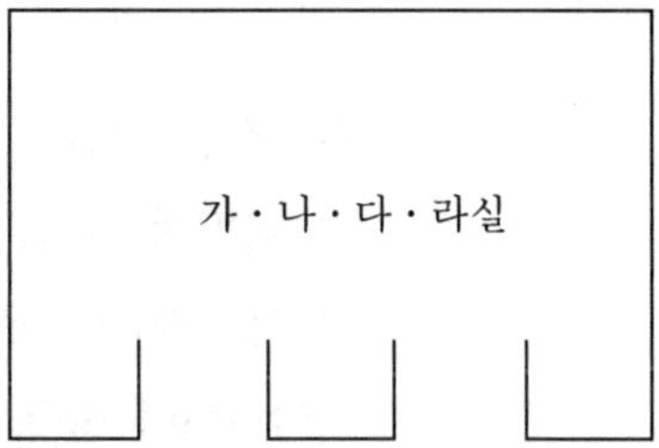

<그림 2>

둘째, 문서의 접수・발송 등과 같은 각 과의 공통적인 업무를 집중관리하기에 용이하고 사무기기 및 용품의 이용도도 높일 수 있다.

셋째, 실내조명, 온・습도 조절, 환기 기타 실내환경 관리를 일원화할 수 있어서 관리비가 절감된다.

넷째, 상급자의 입장에서는 감독이 용이할 뿐만 아니라 감독범위도 넓어진다.

다섯째, 과별로 직원들간에 행동비교가 이루어지게 되므로 잡담이나 자리이탈 등을 스스로 억제하게 되어 자율적인 근무자세가 이루어진다.

여섯째, 다른 과의 직원과 상면하는 기회가 자연적으로 많아지기 때문에 상호간에 친숙도를 높이고 업무협조에도 도움을 준다.

일곱째, 작은 사무실로 세분화함으로써 생길 수 있는 업무의 경직가능성을 배제할 수 있고, 업무처리의 흐름을 직선화하는데 편리하다.

(2) 업무처리 흐름의 직선화

① 업무처리의 흐름이 일정방향으로 계속 이동할 수 있도록 사무실을 배치함으로써 업무가 되돌아오거나 Z자형(지그재그식)으로 교차하지 않도록 하는 것이 필요하다.

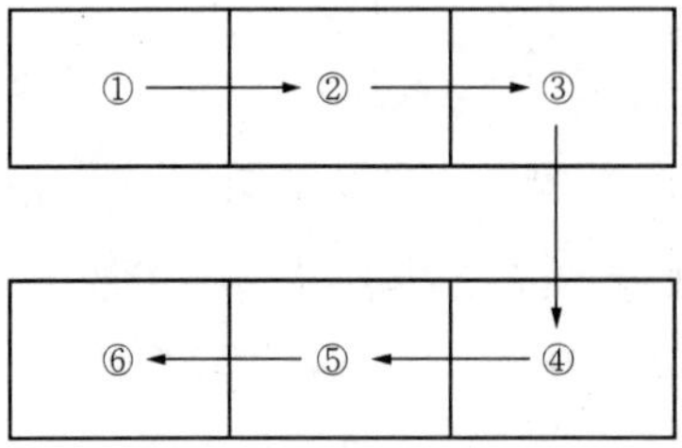

직선형

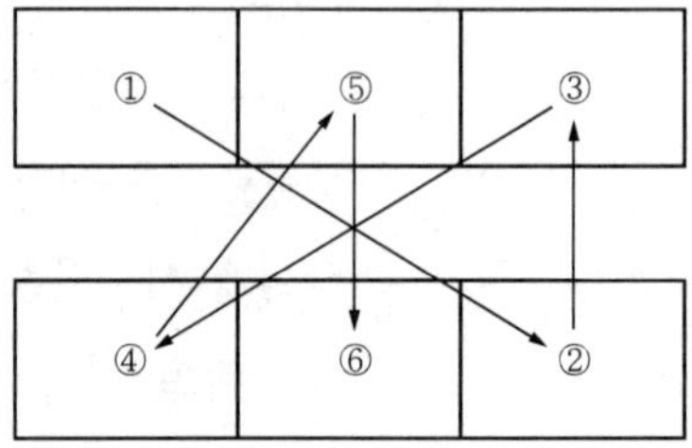

Z자형

② 사무실을 직선적으로 배치하기 위해서는 사무실에서 작성되는 문서가 어떻게 흐르고 있는가를 명백하게 파악하여야 하며, 그 외에도 각 국·과간에 교환되는 문서의 종류와 매일 발생하는 문서의 양도 파악하여야 한다.

③ 관련부서의 인접배치

업무진행상 관련이 많은 국·과는 서로간의 업무연락과 업무처리상의 시간절약을 위하여 근접배치하는 것이 효율적이다. 회의실은 그 사용빈도가 높은 부서 옆에 배치하고, 서류보관실·전자계산실·테렉스실 등 중앙집중서비스 부서도 그것을 이용하는 빈도가 높은 사무실 근처에 배치하도록 한다.

④ 사무기계화의 고려

현대사회에서는 각종 정보량이 날이 갈수록 증가하고 있으므로 이러한 대량의 정보를 신속하게 처리하기 위한 각종 사무기기의 도입을 염두에 두고 사무실을 배치한다. 즉, 사무기계화가 예상되는 사무실은 기계설치에 필요한 공간을 확보할 수 있도록 외부의 여유공간이 있는 사무실에 배치하는 것이 좋다.

⑤ 내방객이 많은 사무실의 배치

민원인 내방객의 출입이 잦은 사무실은 다른 사무실에 영향을 주지 않으면서 이들 방문객들이 이용하기에 편리한 건물의 출입구 근처에 배치하여 내방객들이 건물 깊숙이 출입함으로써 소음이 발생하거나 근무자의 주의를 분산시키지 않도록 하는 것이 바람직하다.

예를 들면 민원실·면회실·전시실·홍보실 등은 건물의 1층 출입구 근처에 배치하는 것이 좋다.

〈민원실 배치시 고려사항〉

① 편의시설

대기의자·필기대·필기구·음료수(자동판매기)·휴지통·흡연실·공중전화·냉난방시설 등

② 장애인 시설

경사로·전용출입구, 화장실 및 공중전화

③ 민원장비

복사기·인증기·팩시밀리·컴퓨터 등

④ 환경조성

항상 정리·정돈하여 청결을 유지하도록 하고 화분·꽃병 등을 배치하여 쾌적하고 산뜻한 분위기를 조성한다.

⑤ 기타사항

각종 신간간행물을 비치하여 대기시간을 지루하게 느끼지 않고 즐겁고 유익하게 보낼 수 있도록 하고, 기타 우체국분국·증지판매소·자동판매기·VTR 등은 각 기관의 실정에 따라 설치하는 것이 좋다.

〈기획실·연구실 등의 배치시 고려사항〉

① 기획·연구·계산·조사·정밀작업 등을 주로 하는 부서는 성질상 조용한 분위기가 요구되므로 단독사무실에 배치하되, 단독사무실 배치가 어려울 경우에는 건물의 상층·후면 등에 별도의 사무실을 배치하거나 완전한 칸막이로 분리시키는 것이 좋다.

② 직급이 낮은 직원이 정신력의 집중을 요하는 직무에 종사하는 경우 청사시설 기준상 단독사무실 배치가 어렵지만 이 경우에도 시설기준보다는 업무처리의 능률에 중점을 두고 칸막이를 설치하는 등 독립된 사무공간을 배치하는 것이 바람직하다.

(3) 책상 및 사무집기 배치

① 책상배치

책상배치는 '일중심'의 합리적인 배치가 되도록 한다.

ⓐ **관리자의 배치**

과장 등 관리자의 좌석은 일반직원과 대면하는 것보다는 후면에 위치하도록 함으로써 직원의 근무상태를 확인·감독하기가 쉽도록 한다. 이것은 책상의 동일방향 배치와 관련되는 것으로서, 특히 다음과 같은 경우에는 그 필요성이 크다.

첫째, 직원의 사무처리내용이 대부분 표준화되어 있을 때,

둘째, 연구·조사·기획·정밀계산 등과 같이 주의, 집중도가 높은 사무일 때,

셋째, 결재·의사결정의 통보·개별적 면담·통신연락 등의 용무가 비교적 많은 사무일 때.

ⓑ **일반직원의 배치**

일반직원의 책상배열은 사무실의 구조, 업무의 특성·흐름·협조관계 등을 고려하여 배치하며 업무의 성질이나 기타 필요에 따라 아래 그림과 같이 다양하게 배치할 수 있다.

〈도표 2-7〉 책상배치 요령 예시

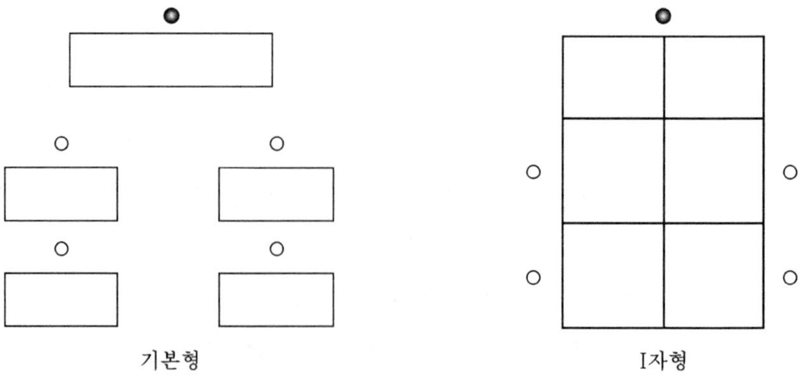

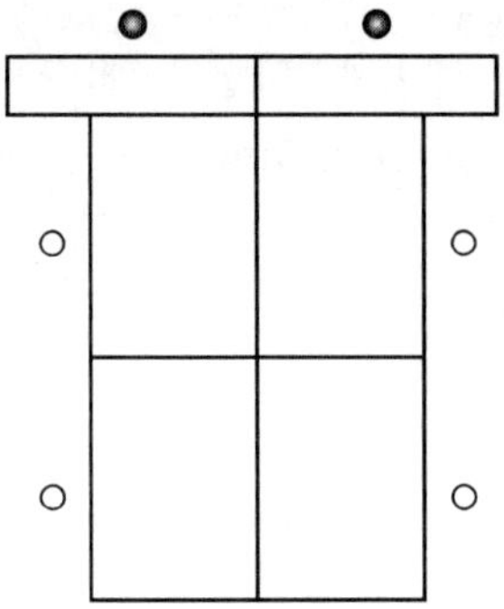

T자형

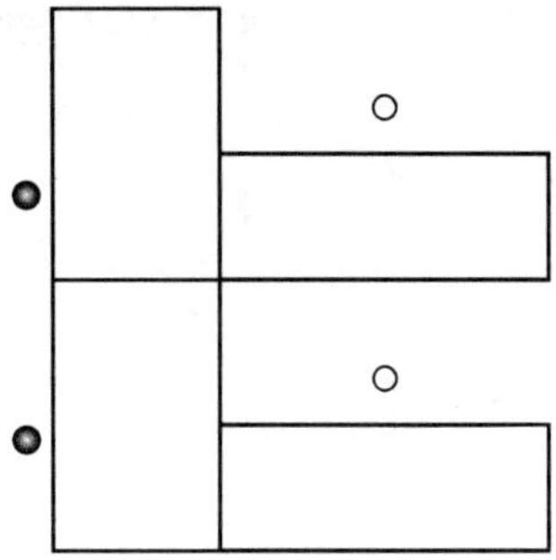

L자형

ⓒ **방문객이 많은 직원의 배치**

업무수행상 내방객의 접대가 많은 직원과 외래방문자가 비교적 많은 과장 등 관리자의 좌석도 출입구 근처에 배치하는 것이 다음과 같은 점에서 바람직하다.

첫째, 방문자의 잦은 출입으로 인한 소음을 최소화할 수 있으며,

둘째, 면담에서 생기는 대화로 인한 다른 직원의 주의집중 방해를 제거할 수 있고,

셋째, 방문객의 출입편의를 도모할 수 있는 장점이 있다.

② 사무집기 등의 배치

첫째, 어느 한 방향으로 사무집기의 배치가 집중되지 않도록 한다. 즉, 어느 한쪽에는 넓은 공간을 사용하는 데 반하여 다른 한쪽은 너무 비좁아서 공간여유가 없는 것은 좋지 않다.

둘째, 크고 작은 규격 및 각종 색깔의 비품이 불규칙적으로 여기저기에 산재하여 비치되지 않도록 한다.

셋째, 주위의 벽을 이용한 각종 게시물의 크기·모양·색채·게시위치 등이 아무런 기준이나 조화감 없이 각양각색으로 게시되지 않도록 한다.

넷째, 사무기기는 업무처리 및 기기이용 등을 고려하여 배치하되, 소음 등이 직원에게 미치는 영향을 감안하여 집중배치하거나 칸막이 등을 사용하여 업무수행에 지장을 주지 않도록 한다.

다섯째, 비품 기타 각종 사무용품은 사용자의 좌석근처에 가까이 두고, 여러 직원이 공동으로 사용하는 캐비닛·파일링 캐비닛·책장 등은 사용빈도를 고려하여 가장 가깝고 편리한 장소에 배치하도록 한다.

4. 사무용 집기

1) 집기의 규격

(1) 규격의 종류

〈도표 2-8〉 규격의 종류

종 류	내 용	규격제정·선정기관
정부규격	정부 각 기관에서 공통적으로 사용하는 물품의 규격	조달청장
부처규격	중앙행정기관 및 그 소속기관에서만 사용하는 물품의 규격	중앙행정기관의 장
대표규격	정부규격 또는 부처규격을 정할 수 없는 물품의 규격	중앙행정기관의 장 조달청장
산업표준규격	산업표준화법에 의하여 산업표준이 정해진 규격	산업자원부장관

근거 : 물품관리법, 산업표준화법

※ 중앙행정기관의 장과 조달청장은 산업표준화법에 의하여 산업표준이 제정된 물품에 관하여는 부처규격 또는 정부규격을 별도로 정하지 아니하거나 필요한 사항만을 보완하여 적용할 수 있다.

(2) 규격의 제정·변경·폐지

① 정부규격·부처규격·대표규격

ⓐ 제정

첫째, 사무용 집기의 규격은 당해 물품의 수요시기·품질 등을 감안하여 늦어도 그 적용 30일 전까지 제정 또는 선정하여야 한다.

둘째, 중앙관서장이 부처규격을 정한 때에는 지체없이 그 규격서를 조달청장에게 제출하여야 하며, 조달청장이 정부규격을 정한 때에는 규격의 내용·시행일시 기타 필요한 사항을 고시하여야 한다.

ⓑ **변경·폐지**

첫째, 중앙행정기관의 장 및 조달청장은 3년마다 물품규격을 확인하여 부적당하다고 인정되는 것이 있는 때에는 이를 변경·폐지하되, 물품 규격의 적용상의 문제점이 있거나 공업기술의 향상 등으로 인하여 필요하다고 인정될 때에는 수시로 이를 변경·폐지할 수 있다.

둘째, 중앙행정기관의 장이 부처규격을 변경·폐지한 때에는 이를 조달청장에게 통보하되, 규격을 변경할 때에는 변경된 규격서를 함께 제출하여야 한다.

※ 행정자치부장관이 지정하는 사무용 집기의 규격

조달청장은 행정자치부장관이 지정하는 사무용집기의 정부규격을 제정·변경하고자 할 때에는 미리 행정자치부장관과 협의하여야 하며, 행정자치부장관으로부터 정부규격의 제정 또는 변경요청이 있을 때에는 이에 필요한 조치를 하여야 한다.

② 산업표준규격

ⓐ **제정**

산업표준규격은 산업자원부장관이 산업표준심의회의 심의를 거쳐 정하되, 산업표준의 제정에 관하여 이해관계가 있는 자는 산업표준안을 작성하여 산업자원부장관에게 제정을 신청하고, 산업자원부장관은 이를 심의회에 회부한다.

ⓑ **변경·폐지**

산업자원부장관은 제정된 산업표준을 그 제정한 날로부터 5년마다 심의회에 회부하여 심의를 거쳐 적부를 확인하고, 필요하다고 인정할 때에는 그 산업표준을 변경 또는 폐지할 수 있다. 다만, 산업자원부장관은 국제규격의 제정 또는 변경이나 공업기술의 향상으로 기존규격의 변경 또는 폐지가 필요하다고 인정하는 때에는 5년 이내라도 심의회에 회부하여 이를 변경 또는 폐기할 수 있다.

2) 집기의 구매 · 사용

사무용 집기류는 물품관리법 또는 산업표준화법에 의하여 제정된 규격품이 있는 경우에는 이를 우선적으로 사용하여야 한다.

※ 산업표준화법 제32조 (규격준수) 및 제33조 (표시품의 우선 구매)

제32조 (규격준수) 국가 · 지방자치단체 · 정부투자기관 · 공공단체의 물자 및 용역의 조달 · 생산관리 및 시설공사등에 있어서는 이 법의 규정에 의한 규격을 준수하여야 하며 규격이 없는 경우에는 제28조의 규정에 의한 단체표준을 존중하여야 한다.

제33조 (표시품의 우선구매) 국가기관 · 지방자치단체 · 정부투자기관 및 공공단체가 물품을 구매하고자 할 때에는 제11조제1항 · 제12조제1항 및 제13조제1항의 규정에 의하여 표시를 한 제품 또는 제28조제4항의 규정에 의한 단체표준인증표시제품으로서 산업자원부령이 정하는 기준에 해당하는 우수한 단체표준제품을 우선적으로 구매하여야 한다.〈개정 1999.2.5〉

5. 물리적 사무환경

1) 조명

(1) 좋은 조명의 요건

첫째, 사무내용 · 사무실의 사용목적 등에 따라 조명도가 충분하도록 하여야 한다.

둘째, 빛이 눈에 자극을 주어 눈을 피로하게 하거나 두통을 일으키지 않도록 하여야 한다.

셋째, 광원(光源)과 작업면과의 위치를 적절하게 조절하여 명암의 대비가 적당하도록 하여야 한다

넷째, 광원의 종류와 채광방법에 따라 쾌적한 분위기를 느끼도록 하여야 한다.

(2) 사무실의 조도

첫째, 사무실의 조도는 주로 작업면(일반적으로 사무실 바닥에서부터 85㎝ 정도)에 있어서의 수평조도를 나타내며, 설계·제도·정밀계산 등의 작업을 할 경우에는 국소조명(局所照明)을 병용하는 것이 바람직하다.

둘째, 사무실의 조도는 산업발전과 생활수준의 향상에 따라 상승하고 있는 데, 관계법령에서 정한 사무실의 용도에 따른 최저조도기준은 다음과 같다.

〈도표 2-9〉 산업보건기준에관한규칙(제265조)

구 분	조 도
초 정 밀 작 업	750lux 이상
정 밀 작 업	300lux 이상
보 통 작 업	150lux 이상
그 밖의 작 업	75lux 이상

2) 색채

(1) 색채조절대상

색채조절이란 색이 가지고 있는 물리적 성질과 색이 사람에게 주는 생리적·심리적 효과를 활용함으로써 사무능률을 촉진하고자 하는 것으로, 건물의 외부는 물론 사무실의 천정·벽·바닥·비품의 표면 등이 그 대상이 된다.

(2) 색채조절요령

첫째, 책상·천정·벽·바닥 및 사무용품의 색채선정은 다음의 색채심리작용표를 참작하여 결정하는 것이 바람직하다.

둘째, 색의 경중감각을 이용하여 사무실의 안정감을 높이기 위하여 사무실의 아래부분은 명도가 낮은 색으로, 윗부분은 명도가 높은 색으로 하되, 명도의 차이가 너무 심하지 않은 것이 좋다.

셋째, 색이 자극정도를 이용하여 자주 접촉하는 책상·사무용품 또는 벽 등은 되도록 자극이 적은 색을 사용하고 단조롭고 정적인 사무를 처리하는 사무실은 활기를 조장하기 위하여 비교적 명쾌한 자극성이 높은 색을 사용하는 것이 필요하다.

〈도표 2-10〉 색채심리작용표

속성	감 각	상 징	색 (예시)	감 정	자극 정도	침착 정도	진정 정도
색상	따뜻한 색	적극적 활동적	적 색	용기, 권한, 격정, 분노, 환희, 흥분, 열성	대	소	소
			황적색	기쁨, 활발, 원기, 쾌락	대		소
			황 색	희망, 유쾌, 향상, 활동, 광명, 명랑	대		소
	중 성 색	중 용 평 정 평 범	녹 색	안식, 평화, 진정, 위안, 관대	중		대
			자 색	엄숙, 신비, 불안	중		중
	차가운 색	냉 정 소극성 침착성	청록색	안식, 청량, 우울, 순정	소	중	대
			청 색	침착, 소극, 비애, 진실	소	중	중
			청자색	신비, 숭고, 고독	소	대	소
명도	밝 음	양 기 명 랑	백 색	순결, 결백, 존경	대	소	
	중 간	침 착	회 색	침울, 억울	중	대	소
	어두움	음 기 중 후	흑 색	음침, 불안, 엄격	소	중	
채도	높 음	신 선 발 랄	자주색	열렬, 정열	대		
	중 간	관 대 온 화	핑크색	애정, 부드러움	중	중	
	낮 음	침 착 정 숙	다 색	침착, 고요	소	대	대

3) 온 · 습도

(1) 실내기후에 영향을 주는 요인

사무실 내의 온도와 습도는 사무능률과 공무원의 건강에 미치는 영향이 크므로 다음과 같은 요인을 참작하여 조절하는 것이 필요하다.

첫째, 실내공기의 온도 · 습도 · 기류 · 주위의 벽에서 나오는 표면온도

둘째, 건물의 방향

셋째, 태양광선의 직사여부

넷째, 실내조명의 열량 발산 정도

다섯째, 사무실 근무인원수와 그들이 발신하는 열량정도

여섯째, 건물의 구조와 양식

일곱째, 건물 주위의 환경

(2) 온 · 습도 관리기준

4계절을 통하여 사무실 안의 적절한 온도 · 습도 · 기류 및 유효온도의 객관적 · 생리적 적정기준은 학자들의 실험 · 연구 결과에 따라서 조금씩 차이가 있으나 일반적 기준은 다음과 같다.

〈도표 2-11〉 온 · 습도 일반적 기준

세 설	온도 (℃)	습도 (%)	유효온도 (℃)
봄 · 가을	22~23	50~70	19.4 ~ 20.1
여 름	25		21.1 ~ 22.8
겨 울	20		17.8 ~ 18.3

자료 : 산업보건기준에 관한 규칙 제109조(구법 제17조) 참조.

4) 공기

(1) 실내공기의 오염원인

실내공기를 항상 완전무결하게 청결한 상태로 유지하기는 어려우나, 다음과 같은 오염발생요인을 고려하여 실내환기에 노력하여야 한다.

첫째, 호흡에서 생기는 탄산가스의 증가와 산소의 감소

둘째, 신체의 발열에 의한 온도의 상승

셋째, 증발에 의한 습도의 증가

넷째, 신체에서 발산되는 체취

다섯째, 실내흡연으로 인한 공기 오염

여섯째, 의복 등에 의한 먼지의 산포(散布)

일곱째, 각종 기계류에 의한 발열

여덟째, 근무자의 보행으로 인한 먼지발생 등

(2) 공기오염 관련기준

① 산업보건기준에 관한 규칙 제46조(용어의 정의)

ⓐ "사무실"이라 함은 중앙관리방식의 공기정화설비 등을 갖추고 근로자가 업무를 수행하는 실내공간과 그 부속시설인 휴게실·식당·화장실·회의실·강당·보건의료시설·복도·계단 등의 공간을 말한다.

ⓑ "사무실오염물질"이라 함은 법 제24조제1항의 규정에 의한 분진·가스·증기 등과 곰팡이·세균·바이러스 등 사무실의 공기 중에 떠다니면서 근로자에게 건강장해를 유발할 수 있는 물질을 말한다.

ⓒ "공기정화설비 등"이라 함은 사무실오염물질을 바깥으로 내보내거나 바깥의 신선한 공기를 실내로 끌어들이는 급·배기장치, 오염물질을 제거 또는 감소시키는 여과제 또는 온도·습도·기류 등을 조절하여 공급할 수 있는 냉·난방장치, 그 밖의 이에 상응하는 장치 등을 말한다.

② 산업보건기준에 관한 규칙 제47조(공기정화설비 등의 가동)

사업주는 사무실오염을 방지하기 위하여 다음과 같이 공기정화설비 등을 가동하여야 한다.

ⓐ 사업주는 사무실에 근로자를 종사하도록 하는 때에는 사무실오염을 방지할 수 있도록 공기정화설비 등을 적절히 가동하여야 한다.

ⓑ 사업주는 공기정화설비 등에 의하여 사무실로 들어오는 공기가 근로자에게 직접 접촉되지 아니하도록 하고 기류속도는 매 초당 0.5미터 이하가 되도록 하여야 한다.

③ 산업보건기준에 관한 규칙 제48조(공기정화설비 등의 유지관리)

사업주는 제47조의 규정에 의한 공기정화설비 등에 대하여는 수시로 점검하여 필요시 청소, 개·보수 등 적절한 조치를 하여야 한다.

④ 산업보건기준에 관한 규칙 제49조(사무실 공기 기준의 준수 등)

사업주는 사무실 오염물질로 인한 근로자의 건강장해를 예방하기 위하여 도표 2-12에서 정하는 기준에 따라 사무실 공기를 관리하여야 한다.

〈도표 2-12〉 사무실 공기 관리기준

항목	기준
호흡성분진	150㎍/㎥
일산화탄소	10ppm 이하
이산화탄소	1,000ppm 이하
포름알데히드	0.1ppm 이하

주) 1일 8시간 시간가중평균농도를 기준으로 한다.

⑤ 산업보건기준에 관한 규칙 제50조(사무실 공기 평가)

사업주는 근로자 건강장해 방지를 위하여 필요한 경우에는 당해 사무실의 공기를 측정·평가하고 그 결과에 따라 공기정화설비 등을 설치 또는 개·보수하는 등 필요한 조치를 하여야 한다.

⑥ 산업보건기준에 관한 규칙 제57조(유해성 등의 주지)

사업주는 공기정화설비 등의 청소, 개·보수 작업에 근로자를 종사하도록 하는 때에는 다음 각호의 사항을 근로자에게 알려야 한다.

ⓐ 발생되는 사무실 오염물질의 종류 및 유해성

ⓑ 사무실 오염물질 발생을 억제할 수 있는 작업방법

ⓒ 착용하여야 할 보호구 및 착용방법

ⓓ 응급조치요령

ⓔ 그밖에 근로자의 건강장해의 예방에 관한 사항

⑦ 산업보건기준에 관한 규칙 제52조(미생물오염 관리)

사업주는 미생물로 인한 사무실 공기오염을 방지하기 위하여 다음 사항의 조치를 하여야 한다.

ⓐ 누수 등으로 미생물의 생장을 촉진할 수 있는 곳을 주기적으로 검사하고 보수하여야 한다.

ⓑ 미생물이 증식된 곳은 즉시 건조·제거 또는 청소하여야 한다.

ⓒ 건물 표면 및 공기정화설비 등에 오염되어 있는 미생물은 제거하여야 한다.

⑧ 산업보건기준에 관한 규칙 제53조(건물 개·보수시 공기오염관리)

사업주는 건물 개·보수 중 사무실 공기질이 악화될 우려가 있을 때에는 그 작업내용을 근로자에게 알리고 공사장소의 격리, 사무실오염물질의 억제 및 청소 등 적절한 조치를 하여야 한다.

⑨ 산업보건기준에 관한 규칙 제19조(환기 등)

사업주는 밀폐공간에 근로자를 종사하도록 하는 때에는 작업시작 전 및 작업 중에 당해 작업장을 적정한 공기상태로 유지되도록 환기하여야 한다. 다만, 폭발 또는 산화 등의 위험으로 인하여 환기할 수 없거나 작업의 성질상 환기가 현저히 곤란하여 근로자에게 송기마스크 등을 지급하여 착용하도록 하는 때에는 그러하지 아니하다.

⑩ 산업보건기준에 관한 규칙 제262조(공기의 체적 및 환기)

사업주는 근로자가 상시 작업에 종사하는 옥내 작업장에 대하여는 공기의 체적(공기의 부피)과 환기를 다음 각 호의 기준에 적합하도록 하여야 한다.

ⓐ 바닥으로부터 4미터이상 높이의 공간을 제외한 나머지 공간의 공기의 체적은 근로자 1인에 대하여 10세제곱미터 이상으로 한다.

ⓑ 직접 외기를 향하여 개방할 수 있는 창을 설치하고 그 면적은 바닥면적의 20분의 1이상으로 한다(근로자의 보건상 충분한 환기를 할 수 있는 설비를 한 때에는 그러하지 아니함).

ⓒ 기온이 섭씨 10도 이하인 상태에서 환기를 하는 때에는 근로자가 매초 1미터 이상의 기류에 접촉되지 않도록 한다.

⑪ 산업보건기준에 관한 규칙 제275조(환기장치의 가동)

사업주는 쾌적한 사무환경을 위하여 다음과 같이 환기장치를 가동하여야 한다.

ⓐ 사업주는 분진 등을 배출하기 위하여 국소 배기장치 또는 전체 환기장치를 설치한 때에는 당해 분진 등에 관한 작업을 하는 동안 당해 장치를 정상적으로 가동하여야 한다.

ⓑ 사업주는 국소 배기장치 또는 전체 환기장치를 설치한 때에는 조정판을 설치하여 환기를 방해하는 기류를 배제하는 등 당해 장치를 충분히 가동하기 위하여 필요한 조치를 하여야 한다.

5) 소음

(1) 소음의 영향

사람은 너무 조용한 곳에서는 심리적으로 불안하게 될 수도 있으나 조용한 사무실이 능률적인 업무처리를 위하여 바람직하다. 따라서 사무실 내외의 지나친 소음으로 업무수행에 방해받지 않도록 조치하는 것이 필요하다.

(2) 소음방지 요령

① 불필요한 잡담을 억제하며 필요한 대화는 되도록 서로 접근하여 목소리를 작세 한나.

② 사무실 내에서의 보행시나 집기의 사용할 때에는 소리를 내지 않도록 주의하고, 소음이 많이 발생하는 사무기기는 칸막이를 이용하여 소음을 줄인다.

③ 사무실 내의 바닥은 되도록 탄력성 있는 재료를 사용하여 소리가 나지 않도록 한다.

④ 외부 방문객은 사무실 안까지 깊숙이 출입하지 않도록 별도의 공용 응접실을 마련한다.

⑤ 소음이 발생하는 탁상용기기의 책상에 닿는 접촉부분에는 고무제품을 사용토록 한다.

⑥ 사무실배치를 합리적으로 하여 불필요한 보행이나 큰소리가 발생하지 않도록 한다.

⑦ 천정이나 벽 등에 흡음재・방음재를 사용하여 실내소음을 줄인다.

6) 사무환경과 OA

(1) OA증상

① OA증상이란 사무자동화의 진전에 따라 종래의 사무작업형태인 수작업에서 점차 정밀・고도화된 자동화기기 특히 개인용 컴퓨터를 이용하는 작업형태로 바꿈에 따라 이에 대응하지 못하는 개인의 과잉반응 또는 기피현상 등을 말한다.

② 모니터의 계속적인 주시로 인한 눈의 피로, 각종 기기에서 연속적으로 발생하는 소음에 의한 신경피로 및 정신집중방해, 계속되는 고정・반복동작으로 인한 어깨・목・허리・팔 등 신체 각 부위의 피로도 가중 등이 그 대표적인 OA증상이다.

(2) OA증상의 예방대책

① 모니터 화면의 높이를 눈높이보다 약간 낮게 조정하여 뒤쪽으로 10~20도 기울어지도록 하는 것이 좋다.

② 키보드의 높이는 어깨의 힘을 뺀 상태에서 손가락 끝을 키보드에 가볍게 올려 놓았을 때 팔꿈치의 각도가 90도가 되도록 한다.

③ 눈에서 모니터 화면까지의 거리는 40~50cm를 유지한다.

④ 직사광선을 차단하고 자연광에 가까운 조명으로 대체하는 것이 좋다.

⑤ 섬광을 방지하기 위하여 보안경을 사용하도록 하되 화면의 휘도(輝度: 쏘는 빛)가 너무 떨어지지 않도록 한다.

⑥ 연속적인 작업에 종사할 경우 작업시간 중에 적정한 휴식시간을 갖도록 한다.

3
chapter

자료관리 운영

제1절 자료관리 일반

1. 자료의 의의

자료는 정보의 소재(素材)이며, 정보는 여러 자료를 처리하여 얻어지는 것이다. 협의의 자료는 어떤 사실 또는 그것을 나타내기 위하여 만들어진 문헌을 말하며, 광의로는 처리 가능한 형식으로 기록된 모든 문헌을 말하는 것이다. 보존문서라든가 각종 통계자료 · 연구보고서 · 논문 · 도면 등은 모두 그 자체로서 자료이다. 그러나 어떤 목적을 염두에 두고 그 중에서 필요한 부분을 선택, 분석 또는 평가하여 그 목적에 유용한 지식을 얻었을 때 그 지식이 비로소 정보가 되는 것이다.

자료와 정보라는 용어는 흔히 상호교환적으로 사용되지만 자료는 정보를 제공하는 원자재에 해당되며 정보는 특정한 의사결정의 상황에서 가치를 갖는다는 점에서 차이가 있다.

사무관리규정 제3조에서 자료를 '행정기관이 생산 또는 취득하는 각종 기록물(공문서를 제외한다) 중 행정기관에서 상당기간에 걸쳐 이를 보존 또는 활용할 가치가 있는 도서·사진·디스크·테이프·필름·슬라이드 기타 각종 형태의 기록물'이라고 정의하여 행정기관이 관리하는 자료는 활용가치와 관리능률을 고려하여 그 대상을 상당히 제한하고 있다.

2. 자료관리기능

자료관리에는 자료의 ① 수집, ② 분류, ③ 편목, ④ 축적, ⑤ 검색, ⑥ 제공 등의 기능이 있는데 이러한 기능들이 유기적으로 결합하여 운영되어질 때 효과적인 자료의 이용 및 관리가 가능한 것이다(〈도표 3-1〉 참조).

〈도표 3-1〉 자료관리의 일반적 기능

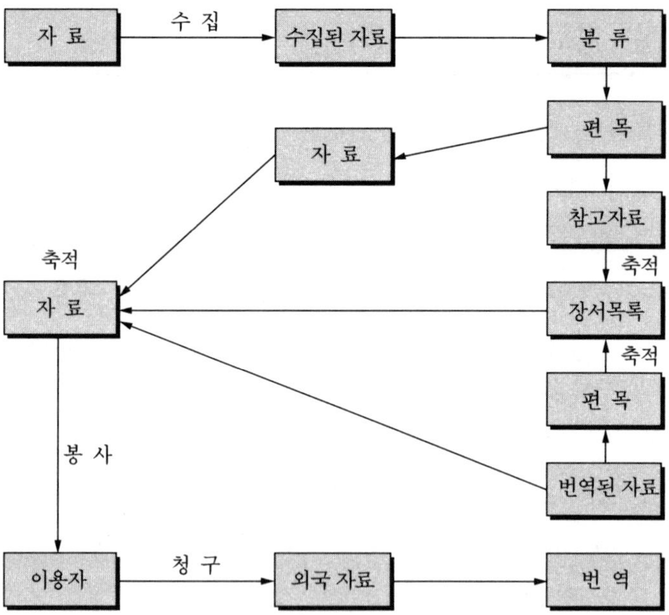

1) 자료의 수집

문서의 경우 업무수행과정에서 자연적으로 생성·축적되겠으나 자료는 보다 계획적이고 적극적인 수집활동이 필요하다. 필요한 자료를 모두 확보하여 이용자의 다양한 요구에 최대한의 정보는 제공하여야 하겠으나 이는 불가능한 일이므로 이용집단의 요구, 활용도, 수용공간 등을 고려하여 그 이용자들에게 가장 유용한 것을 선택하는 경제적인 수집활동을 하여야 할 것이다.

2) 자료의 분류

자료분류는 일반적으로 자료의 주제나 형식의 유사 정도에 따라 체계적으로 조직하는 것을 말하며, 자료의 체계적인 조직은 자료분류표에 의하여 형성된다. 이는 필요한 자료를 신속·정확하게 검색하여 효과적으로 이용하기 위한 것이다.

3) 자료의 편목

자료의 편목은 원자료를 보지 않더라도 그 내용을 알 수 있도록 초록한다든가, 자료목록이나 카드를 작성하여 어떠한 방법으로든지 필요한 자료를 쉽게 찾을 수 있도록 하는 일을 말한다. 이용자들이 해당자료를 찾을 때 사용할만한 단서를 표목으로 하여 목록 속에 표시함으로써 그들이 서고에 가지 않고서도 장서에 포함된 필요한 자료를 지적(知的)으로 접근할 수 있게 하는 것이다. 다시 말하면 분류는 장서에 대하여 독자가 서가에서 직접적(물리적)으로 실물에 접근할 수 있도록 편의를 마련하는 일이며, 편목은 목록을 통하여 간접적인 접근을 할 수 있도록 편의를 마련하는 일이다.

4) 자료의 축적

서가에 배열된 장서나 카드함 등에 배열된 목록을 독자들이 이용하기 편리하고 계속 유용하도록 유지하기 위하여 행하는 일련의 활동을 축적이라고 한다. 축적은 개정판을 수집하는 등 장서의 내용이 계속 유용성을 유지하도록 하는 지적(知的) 측면과 파손된 책자를 고치는 일과 같이 장서의 외형적 상태에 유의하는 물리적 측면이 있다.

5) 자료의 검색

자료의 검색이란 축적된 자료 중에서 필요로 하는 자료를 찾아내는 기술이다. 검색의 효율성은 자료의 분류 및 가공과 밀접한 관련이 있으며 컴퓨터를 이용할 경우 아주 쉽게, 빨리 검색할 수 있다.

6) 자료의 제공

자료의 제공에는 입수한 자료의 목록이나 요지 등의 새로운 정보를 정기적인 속보나 회보 등으로 알리든가, 잡지 등의 목차를 복사·배포하는 것과 같은 적극적인 정보제공방법과 이용자의 요구에 의하여 필요한 자료를 찾아내어 그 자료를 제공하는 수동적인 정보제공이 있다.

3. 자료의 종류

자료의 종류는 그 기준에 따라 여러 가지로 나눌 수 있으나, 행정기관에서는 관리방법상의 필요에 따라 행정간행물, 행정자료 및 일반자료의 3종류로 나누고 있다(규정 제78조).

〈도표 3-2〉 자료의 종류

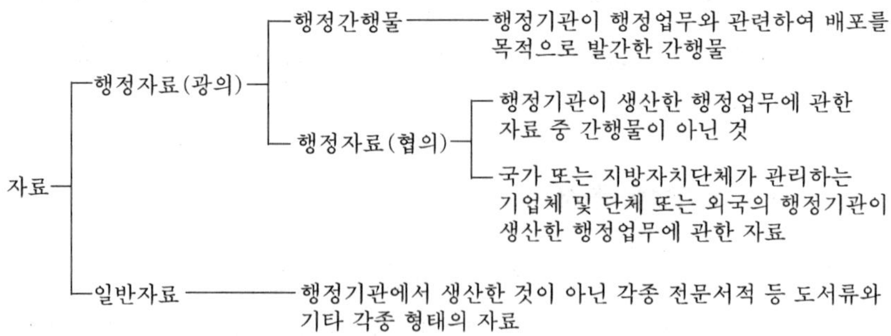

일반자료와 다른 두 종류의 자료 구분은 출처(出處)에 따라 구분한 것이다. 즉, 행정업무와 관련하여 행정기관에서 생산한 자료와 행정기관 외

의 자가 생산한 자료 중 행정업무와 관련되어 행정기관에서 수집한 각종 자료의 두 가지로 크게 구분하고 있다.

전자를 광의의 행정자료라 한다면, 이를 다시 생산목적 또는 유통 여부에 따라 배포를 목적으로 발간한 행정간행물과 당해 기관내부에서 참고로 활용하기 위하여 생산한 각종 자료, 즉 협의의 행정자료로 나누고 있다. 이 행정자료에는 행정목적의 수행을 위하여 정부 또는 지방자치단체가 관리하는 기업체 및 단체와 외국정부의 간행물을 포함한다.

일반자료가 주로 업무수행에 필요한 지식과 교양을 제공한다면 정부간행물 등의 행정자료는 대체로 행정업무 수행에 있어 의사결정에 필요한 정보를 제공한다고 볼 수 있다.

정부간행물과 행정간행물의 비교

정부간행물이라 함은 일반적으로 행정기관이 발간한 간행물(즉, 사무관리규정에서 말하는 행정간행물)뿐만 아니라, 국가 또는 지방자치단체가 관리하는 기업체 및 단체가 발간한 간행물과 외국의 행정기관이 발간한 간행물을 포함한다. 따라서 행정간행물은 정부간행물의 일부분이라 할 수 있다. 한편 정부간행물 중 행정간행물을 제외한 나머지를 사무관리규정에서는 행정자료로 분류하고 있으나 발간등록 및 납본 등 유통단계를 제외하고는 행정간행물과 동일하게 취급·관리한다.

또한, 정부간행물은 광의의 행정자료와 그 범위가 유사하나, 광의의 행정자료는 정부간행물뿐만 아니라 행정기관이 생산한 자료 중 간행물이 아닌 것도 포함되므로 정부간행물보다는 넓은 개념이다. 이를 그림으로 나타내면 다음과 같다

[도표 3-3] 자료의 종류

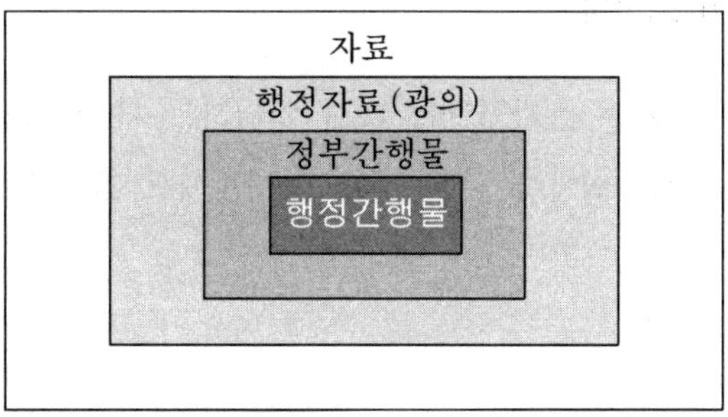

4. 자료관리단위(기관)

행정기관의 자료는 중앙자료관리기관, 자료과 및 처리과(자료책임자) 단위로 관리한다(규정 제79조).

1) 중앙자료관리기관

중앙자료관리기관은 정부기록보존소가 되며, 여기서는 각급 행정기관에서 발간하는 모든 행정간행물을 수집·관리하는 정부행정자료실을 운영할 뿐만 아니라, 행정기관이 소장하고 있는 자료에 대한 목록을 반기 1회 통보받아 종합자료목록집을 발간하고 이를 각급 기관의 자료실 등에 배포하여 이용자에게 필요한 정부를 제공하는 등 정부자료센터로서의 기능을 수행한다.

2) 자료과

자료과는 각급 행정기관의 자료관리에 관한 사무를 주관하는 과, 담당관 등을 말한다.

자료과는 당해 기관의 공동활용자료를 관리하기 위하여 자료실을 운영하고 행정간행물의 등록업무를 담당하며, 그 기관의 자료실 및 처리과의 소장자료에 대한 목록을 작성하여 이용자에게 정보를 제공하는 등 당해 기관의 자료센터의 역할을 담당한다.

3) 처리과

처리과는 소관업무를 직접 처리하는 과, 담당관 등을 말하는데 처리과는 자료책임자를 두어 당해 처리과에서 필요로 하는 자료를 수집·관리하는 자료관리단위가 된다.

5. 자료실의 설치 · 운영

첫째, 행정기관은 자료실을 설치 · 운영한다. 다만, 4급 또는 이에 상당하는 공무원이 장으로 되어 있거나 소장자료의 양이 적은 기관은 자료실을 설치하지 아니할 수 있다.

둘째, 둘 이상의 행정기관이 동일한 청사를 이용하는 경우에는 협의에 의하여 협동자료실을 설치 · 운영할 수 있다.

셋째, 자료실에는 자료목록 및 열람 · 이용안내물 등을 비치하고 열람용 탁자 · 의자 및 복사기를 준비하여 열람이 용이하도록 한다.

6. 자료관리의 3가지 방식

행정자료는 크게 3가지 방식으로 나누어 관리할 수 있다. 즉 행정자료를 일반자료와 별도의 장서로 취급하는 분리식, 행정자료를 다른 자료와 똑같이 취급하는 통합식, 그리고 두 가지 방식의 장점을 따르는 절충식이다.

1) 분리식

(1) 의의

대개 일반자료의 경우 그 형태나 규격이 일정하며 내용이 대체로 어떤 주제 하에 체계적으로 다루어진 것인데 비하여 행정자료는 그 발행기관 및 발행목적에 따라 각기 다르며, 또한 이 행정자료들은 지식체계내의 한 범주에 반드시 속한다고 볼 수 없으므로 행정자료의 조직에 있어서는 다른 정보원들과는 구별되는 이러한 특성들을 충분히 고려하여 이에 적합한 정리방법과 어느 정도의 다른 관리방법이 요구된다.

행정자료는 분류방식에 있어 도서관에서의 일반자료에 대한 분류방식인 주제분류와는 근본적으로 다를 뿐만 아니라 행정자료가 가지는 상호연관성, 발간, 유통 및 색인방법에 있어서도 일반자료와는 다르며 그 양과 질에 있어서 중요성이 크므로 이들을 별개의 부류로 분리시키자는 것이 분리방식의 내용이다.

(2) 관리방식

분리방식에서는 행정자료를 마치 희귀장서나 전문장서와 같이 공간적으로 독립시키며, 일반자료와는 다른 특수한 분류방식을 따르고 카드목록 작성은 필요에 따라 최소한의 작업을 할 뿐 행정자료목록으로 대신 이용한다. 행정자료목록은 생산기관에 준한 분류방식으로 배열되므로 실제에 있어 자료관리기관의 분류목록작업을 거의 생략할 수 있다.

(3) 장 · 단점

분리식의 장점은 자료처리과정의 간소화로 인한 경제성과 열람의 신속화에 있다. 또한 행정자료실의 경우 주된 이용자료는 바로 행정자료이므로 이에 대하여 중점적으로 관리하여야 할 것이 아울러 필요하다.

그러나 분리식은 물리적 분리현상 그 자체가 문제일 수 있다. 분리된 두 종류의 장서를 이용해야 하는 불편 외에도 이용자가 행정자료를 별도로 구분하여 다른 장소에 둔 것을 알지 못하고 이용하는 위험도 있고, 동일 주제의 자료가 분산되므로 주제 접근이 어려운 점이 있다.

2) 통합식

(1) 의의

통합방식은 행정자료를 특수하게 취급하여 독특한 분류방식에 의하거나 처리방식을 일반자료와 달리하는 것이 아니라, 이미 확립된 도서관의 자료관리방식에 따라 주제분류 및 카드목록작성을 하는 등 일반자료와 마찬가지로 취급하는 것을 말한다.

(2) 관리방식

어떤 이유에서든지 자료를 구분 · 관리하는 것은 결과적으로 이용자가 접근하여 활용하는데 있어 차질을 초래하기 쉽다. 따라서 통합방식은 원칙적으로 모든 행정자료의 처리과정에 특정 자료관리기관의 정책이나 목록규칙 등을 일반자료와 마찬가지로 적용하여 관리한다.

(3) 장 · 단점

원래의 통합식은 자료에 대한 주제분석과 주제접근을 가장 중요한 장점으로 한다. 그러나 상당량의 행정자료는 주제접근이 불가능할 뿐 아니라, 총서류의 분류에 따라 개별자료의 주제가 희생되는 경우마저 빈번한다. 행정간행물의 대부분은 그 내용의 주제가 매우 다양하기 때문이다.

이와 같이 통합식의 제일 장점인 주제분석은 내용에 있어 적지 않은 문제를 갖고 있으므로 그 자체가 커다란 약점이 되기도 하는 것이다. 또한 통합방식이 가지는 커다란 단점은 막대한 양의 행정자료를 정리하는데 소요되는 막내한 경비지출에 있다. 일반자료와 비교하여 정리작업이 더욱 복잡하여 비용이 많이 소요되는데 이것은 결과적으로 자료처리상의 시간적 지연을 초래할 수 있다.

3) 절충식

(1) 의의

이것은 분리식과 통합식의 장점을 따르는 방식이다. 즉 분리식의 경제성과 통합식의 주제접근을 중심으로 하되, 도서관의 필요에 따라 다른 장점들을 활용하기도 하므로 자료조직의 양상은 여러 형태로 존재한다.

(2) 관리방식

정통적 운영방식은 정부간행물 전용 색인에서 적절하게 수록되고 있는 자료와 이용빈도가 높은 자료는 분리식으로 처리하고, 지방자치단체의 자료 등 기타 행정자료는 일반자료와 같이 분류 · 목록하는 것이다. 이 경우 분리된 자료에 관한 편목업무 등은 분리방식의 경우와 같이 거의 생략되며, 일반자료로 취급되는 나머지 자료들에 대해서는 통합방식과 같이 한정된 편목업무를 한다.

(3) 장 · 단점

이러한 절충식이 다소 자료처리비용을 절감시키고 동시에 자료의 주제

접근을 가능케하는 면이 있으나 가장 합리적인 해결책이라고 단정할 수만은 없다. 운영이 비합리적일 경우 오히려 양방식의 단점을 동시에 지닐 수도 있는 것이다.

4) 행정자료실의 경우

이상의 3가지 자료관리방식은 각각 장·단점이 있으므로 이를 고려하여 행정기관의 특성에 따라 관리방식을 채택하여야 할 것이나 행정기관의 자료실은 대체로 분리식이 적합하다.

통합식은 특별한 사전조치를 필요로 하지 않으므로 자료관리기관이 손쉽게 채택할 수 있는 반면, 자료처리의 신속성과 경제성에 있어 많은 제약이 따르게 되며, 행정자료 이용자의 대부분은 주제별 이용보다는 출처에 의한 기능별 이용을 압도적으로 많이 이용하므로 특히 행정자료실의 경우는 적합하지 않다고 할 수 있다.

그러므로 주제 접근이 곤란하고 동일주제의 자료가 분리되는 등 여러가지 취약점에도 불구하고 행정자료실의 경우는 양과 질에서 주된 관리대상이 행정자료라는 점과 처리과정의 경제성 그리고 정보의 신속한 이용이라는 점에서 분리식이 적합하다고 할 수 있다.

한편, 행정기관에 따라서는 절충식을 택할 수도 있겠으나 행정자료는 유기체의 산물로서 상호관련성이 매우 높으므로 관련자료가 분리될 수 있는 이러한 방식의 채택은 신중히 고려되어야 할 것이다.

제2절 행정간행물의 유통체계

1. 행정간행물의 발간등록

행정간행물 발간등록제도는 행정기관이 간행물을 발간하고자 하는 때에는 사전에 당해기관의 자료과에 등록하여 등록번호를 부여받고 이를 간행물에 표시하여 발간하도록 하는 제도이다.

이것은 행정기관에서 발행하는 간행물의 전체적인 체계를 사전에 파악하여 비슷한 내용의 간행물을 중복 발간하는 것을 방지하고, 각급 기관의 자료수집을 용이하게 하는 등 행정간행물을 계획적이고 합리적으로 관리할 수 있도록 하려는 것이다(〈도표 3-4〉 참조).

1) 발간등록 신청

행정기관이 행정간행물을 발간하고자 하는 때에는 담당처리과에서(규칙 제40호서식에 의하여)그 기관의 자료과에 등록을 신청한다.

(1) 등록내용

① 간행물 제목
② 발행기관
③ 기능분류번호
④ 편집기관
⑤ 종별
⑥ 규격
⑦ 간별
⑧ 면수
⑨ 발행부수
⑩ 배포범위 및 용도 등
⑪ 발행년월일

〈도표 3-4〉 행정간행물 유통체계도

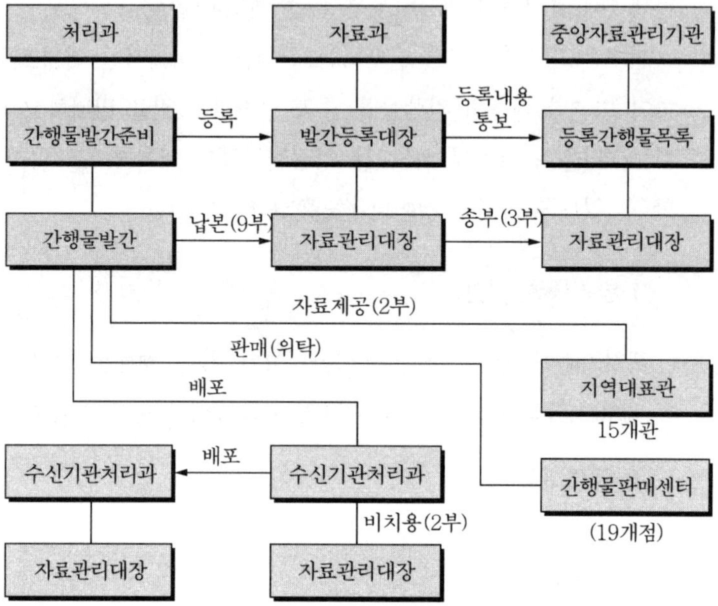

(2) 종별 및 간별 구분

등록내용 중 종별 및 간별의 구분(규칙 [별표 26])은 다음과 같다.

번호	종 별	번호	간 별
0	백서	0	일간(격일 또는 주 3회 이상 발행을 포함한다)
1	법령 · 제도 · 예규집	1	주간(주 2회 또는 월 2회 이상 발행을 포함한다)
2	통계집 · 연보 등 통계류	2	월간
3	홍보 · 안내물	3	격월간
4	일반교양 · 잡지류	4	계간
5	조사 · 연구보고서	5	연 2회간
6	편람 · 업무지침서	6	연간
7	논문 · 과학기술서	7	부정기간행물
8	사료 · 연혁집	8	간행물이 아닌 행정자료
9	연설문 등 기타	9	기타(사진, 필름, 테이프 등 시청각기록물 포함)

(3) 등록내용의 변경신고 및 재등록

① 정기간행물의 경우, 등록 후 등록내용에 변경이 있거나 휴간 또는 폐간하는 때에는 다음 발행주기를 경과하기 전에 자료과에 통보한다.

② 폐간한 정기간행물을 복간하는 때에는 재등록한다.

(4) 발간등록제외대상 간행물

① 보안업무규정 및 동 규정 시행규칙에 의하여 비밀 또는 대외비로 분류된 간행물

② 공문서인 간행물

③ 일시적이거나 단순한 안내·홍보·참고자료 등 장기간 활용할 가치가 없는 간행물

④ 기타 행정자치부장관이 정하는 간행물

2) 발간등록 및 등록사항 통보

① 자료과는 처리과의 발간등록 신청내용을 행정간행물발간등록대장(규칙 별지 제41호 서식)에 등록하되, 정기간행물과 부정기간행물을 별도로 구분하여 등록한다.

② 등록대장에 의하여 결재를 받은 다음 등록결과를 신청부서에 지체없이 통보한다(통보서식 : 규칙 제42호 서식).

③ 매분기마다 그 기간 동안 등록된 사항을 다음 분기가 시작되는 날부터 10일 이내에(별지 제41호 서식)에 준하여 작성(또는 행정간행물발간등록대장의 해당 부분을 복사)하여 중앙자료관리기관(정부기록보존소)에 통보한다.

3) 발간등록번호의 구성 및 표시

(1) 발간등록번호의 구성

행정간행물발간등록번호는 기관번호, 기능분류번호, 형식구분번호 및 등록일련번호로 구성한다. 이 번호 중 등록일련번호를 제외하고는 자료분

류번호와 동일하게 구성하여 간행물에 표시된 발간등록번호를 자료의 분류에도 활용할 수 있도록 하였다.

① 기관번호

발행기관을 나타내는 번호(행정전산망 공통행정코드)

② 기능분류번호

정부공문서분류표의 해당번호

③ 형식구분번호

간행물의 종류 및 발간주기 등에 따라 종별 번호 및 간별 번호로 구성

(※ 종별 및 간별 구분은 시행규칙 별표 26 참조)

④ 등록일련번호

행정간행물의 발간등록 순서에 따라 번호부여

▸ 정기간행물 : 누년일련번호(예 : 23)

▸ 부정기간행물 : 연도표시 일련번호(예 : 9902)

(※ 연도표시와 일련번호는 각각 2자리수로 표시)

(2) 발간등록번호의 표시

간행물표지의 왼쪽 위에 각 항목의 번호를 붙임표로 연결하여 표시

예 총무처에서 1999년에 발간한 사무관리실무편람의 예

07000-12300-67-9902

- 9902 — 1999년 2번째 등록
- 67 — 형식(편람+부정기간행물)
- 12300 — 기능분류(사무관리)
- 07000 — 기관번호(총무처)

행정간행물등기번호
07000-12300-67-9902
사무관실무편람

2. 행정간행물의 납본 및 제공

① 처리과는 등록한 행정간행물을 발간한 때에는 발간일부터 1달 이내에 당해 자료를 등록한 자료과에 그 간행물 9부를 납본한다.

② 자료과는 20일 이내에 납본받은 자료 중 3부를 중앙자료관리기관에 송부한다.

③ 행정기관이 등록한 행정간행물을 발간한 때에는 발간일부터 10일 이내에 도서관진흥법에 의한 지역대표도서관에 그 간행물 2부를 제공한다.

3. 행정간행물의 배포 · 수집

① 행정간행물은 수신기관의 자료과를 통하여 배포한다.

② 자료과는 수령한 간행물 중 2부를 그 기관의 자료실에 우선 비치하여 공동활용할 수 있도록 한다.

4. 자료의 수집방법

1) 자료의 납본

자료과는 자체기관에서 발간한 모든 간행물을 6부씩 납본(자료제출)받아 수집할 수 있다. 그 중 3부는 중앙자료관리관(정부기록보존소)에 송부하여야 하므로 정부기록보존소는 이를 통하여 행정기관이 발간한 모든 행정간행물을 3부씩 수집할 수 있게 된다.

2) 자료의 구입

다른 행정기관, 외국기관 또는 민간부문에서 생산하여 판매하는 각종 자료는 수요조사에 의하여 필요한 자료를 구입한다.

3) 자료수집과제 부여

외국의 자료는 국외여행을 하는 공무원에 대하여 자료수집과제를 부여하여 수집할 수 있다.

① 중앙자료관리기관 또는 자료과의 장은 행정기관의 비용으로 국외여행을 하는 공무원에 대하여 외국자료의 수집에 관한 과제를 부여(규칙 제44호 서식)할 수 있다. 다만, 중앙자료관리기관은 미리 해당기관의 장에게 협조를 요청하여야 하며, 협조를 요청받은 기관의 장은 특별한 사유가 있는 경우를 제외하고는 이에 응하여야 한다.

② 자료수집에 필요한 경비는 자료수집과제를 부여한 기관에서 지급한다.

③ 자료수집과제를 부여받은 공무원은 귀국한 날부터 15일 이내에 그 과제를 부여한 자료관리기관의 장에게 자료수집의 결과를 보고(규칙 제45호 서식)하고 수집한 자료를 제출한다.

4) 자료의 교환

① 행정기관의 장은 외국기관 또는 국내 민간기관과 자료의 상호교환에 관한 약정을 체결하여 자료를 수집할 수 있다.

② 교환에 필요한 자료는 중앙자료관리기관의 경우 그 자료를 생산한 기관에, 자료과의 경우는 그 자료를 생산한 처리과에 대하여 제출을 요청하여 확보할 수 있다.

③ 교환에 필요한 자료의 제출을 요청받은 기관은 특별한 사유가 있는 경우를 제외하고는 이에 응하여야 한다.

제3절 자료의 등록

① 자료는 입수된 순서에 따라 자료관리대장에 등록한다.

■행정간행물 ┐
　　　　　　 ├ 행정간행물 및 행정자료관리대장(규칙 제46호 서식)
■행정자료　 ┘

■일반자료 —— 일반자료관리대장에 기재(규칙 제47호 서식)

② 자료의 등록에 필요한 등록인 · 장서인 · 측인 등의 각종 도장 및 찍는 방법은 각급자료 관리기관의 장이 정하여 사용하되, 처리과는 가급적 처리과 명칭 이외에는 표시하지 아니한다.

제4절 자료의 분류 및 서가배열

자료분류란 지료를 주제나 형식, 기능, 기타 어떤 개념의 유사성에 따라 체계적으로 배열하고, 그 분류표에 의해 자료를 특정한 장소에 배정하는 것을 말한다.

자료분류표는 여러 가지가 있으나 우리 나라에서는 주로 한국십진분류법(Korean Decimal Classification : KDC), 듀이십진분류법(Dewey Decimal Classification : DDC), 국제십진분류법(Universal Decimal Classification : UDC) 등이 쓰이고 있다.

그러나, 정부간행물 등 각종 행정자료는 그 내용이 포괄적이고 다양하여 마땅한 주제를 설정하기가 곤란하고, 그 생성과정에 있어서도 저자의 의도된 주제하에 생산된 일반자료와는 달리 행정기관의 활동과정에서 파생된 자료라는 점 등 일반자료와는 다른 여러 가지 특성이 있기 때문에 주제분류법인 KDC 등은 행정자료의 분류에 적합하지 않다고 할 수 있다.

따라서, 행정기관에서는 일반자료의 분류는 도서관에서와 마찬가지로 KDC 등을 사용하고 행정간행물 및 행정자료의 분류에는 기관번호, 기능분류번호, 형식구분번호 등으로 구성되는 특수한 방식을 택하고 있다.

1. 행정자료의 분류

행정자료(행정간행물 포함)는 기관번호, 기능분류번호 및 형식구분번호 등으로 구성하되, 각 번호는 다음과 같은 요령으로 결정한다.

1) 기관번호

기관번호는 당해 자료를 발행 또는 생산한 기관을 나타내는 번호를 말하며, 그 번호는 행정사무의 표준화를 위하여 행정자치부장관이 정한 행정전산망 공통행정코드 중 기관코드의 해당번호로서 표시한다.

예 정부기관코드 구성체계(총무처 중앙공무원교육원의 경우)

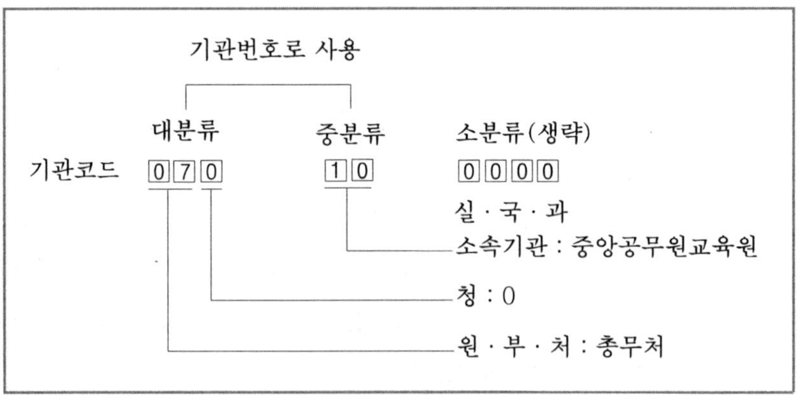

※정부명의로 발행한 자료는 편찬 또는 편집한 기관의 기관번호를 부여

이 기관코드는 9자리수로 구성된 10진식 종속코드체계인데 중앙행정기

관에서 각급기관의 최하부 보조기관까지를 총망라하고 있다.

그러나, 자료분류에 사용될 기관번호는 보조기관은 필요하지 않으므로 소속기관(지방자치단체의 경우 시·군·구, 교육행정기관의 경우는 교육청)까지를 나타내는 5자리수만 활용한다.

2) 기능분류번호

① 기능분류번호는 '정부공문서 분류 및 보존에 관한 규칙'의 별표에서 정한 공문서 분류번호를 활용한다. 이 공문서 분류번호는 정부기능을 10진식으로 분류한 것으로서 그 구성체계는 다음 예시와 같다.

② 자료의 내용이 여러 가지 기능으로 이루어진 경우에는 2기능까지는 그 가운데 가장 많은 부분을 다룬 기능에 분류하고 3기능 이상인 경우에는 그 상위기능에 분류한다.

예 기능분류번호(공문서 분류번호)의 구성

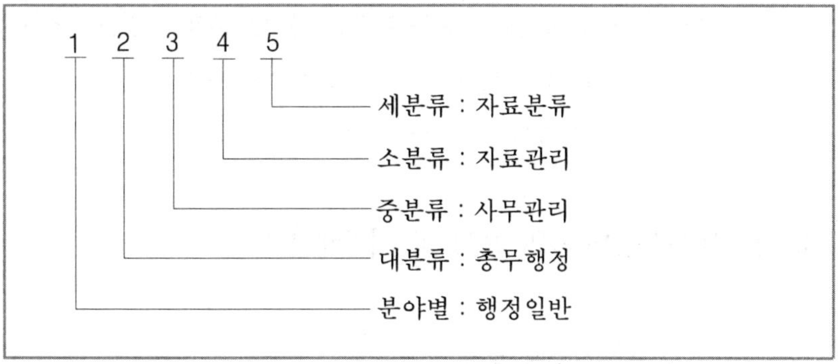

3) 형식구분번호

형식구분번호는 자료의 형식이나 성격에 의한 종별 번호(10종류)와 발간주기 등에 의한 간별 번호(10종류)의 해당번호를 합쳐서 사용한다.

<table>
<tr><th rowspan="2">자료명</th><th colspan="2">형 식 구 분</th><th rowspan="2">형식구분 번호</th></tr>
<tr><th>종별(번호)</th><th>간별(번호)</th></tr>
<tr><td>총무처연보</td><td colspan="2">통계류(2)</td><td>26</td></tr>
<tr><td>사무관리실무편람</td><td colspan="2">편람(6)</td><td>67</td></tr>
<tr><td>행정과 전산</td><td colspan="2">과학기술서(7)</td><td>74</td></tr>
</table>

4) 연도 또는 권차

행정자료는 이상의 3가지 요소로 분류하도록 하고 있으나 연속간행물의 경우는 발행년도 또는 권차 등을 덧붙여 쓸 수도 있다.

2. 일반자료의 분류

일반자료는 한국십진분류법(KDC)에 의하여 분류한다. KDC는 주류(主類), 강목표(綱目表), 요목표(要目表) 및 본표(本表)로 구성되어 있다. 소장자료량이 적은 자료실에서는 본표까지 분류할 필요는 없으며 100단위로 된 요목표로서도 충분할 것이다.

3. 청구기호(분류번호)의 표시 및 서가배열

1) 청구기호의 표시

자료는 서가에 배열되어 이용되기 위하여 사전에 청구기호를 표시하여야 한다. 청구기호는 다음 예시와 같이 자료의 철해진 부분의 측면(책등) 아래에서부터 1~2cm 되는 곳에 라벨(label)을 만들어 붙이거나, 직접 페인트나 잉크 등으로 쓴다.

예 행정자료(사무관리실무편람 : 총무처)의 경우

분류기호 : 07000-12300-67

(라벨)	
0 7 0 0 0	기관기호
1 2 3 0 0	기능분류번호
6 7	형식구분번호

일반자료(조직경영론 : 김세익)의 경우

(라벨)	
0 2 3	분류번호
김 6 3 ㄷ	저자기호
1 9 8 8	발행년도

2) 청구기호에 의한 서가배열

자료의 배열은 입구에서부터 분류번호(청구기호)순으로 배열하는 것이 좋으나 자료실의 구조상 곤란할 경우에는 서가배치를 고려하여 분류번호가 왼쪽에서 시작되도록 한다.

서가배열의 순서는 첫 번째 서가의 제1단의 왼쪽에서 오른편으로, 다음에 제2단의 왼편에서 오른편으로 다음에 제3단, 제4단… 이렇게 하여 제1서가의 배열이 끝나면 제2서가의 제1단에서 다시 시작된다. 서가배열에서는 앞으로 수집하여 배가될 자료를 생각하여 적당한 공간을 두는 것이 좋다.

(1) 행정자료의 서가배열

행정자료를 많이 소장하고 있는 자료실에서는 기관번호·기능분류번호

의 순으로 자료를 배열하여야 하겠으나 대부분의 자료실은 소장자료가 그다지 많지 않을 뿐만 아니라 그 행정기관의 기능과 관련되는 분야의 자료가 많은 비중을 차지하므로 기능분류번호·형식구분번호의 순으로 자료를 배열하여 비슷한 기능의 자료는 한 곳에 모이도록 한다. 처리과의 경우도 같다.

(2) 일반자료의 서가배열

일반자료는 분류번호·저자기호 순으로 배열하되, 처리과에서는 분류번호만을 활용하여도 충분할 것이다.

제5절 자료목록관리

1. 자료목록의 통보

① 처리과는 당해기관이 자료과에, 자료과(자료실을 설치·운영하는 기관에 한함)는 중앙자료관리기관에 각각 신규·수집이관 및 폐기한 자료의 목록을 통보한다(규칙 제48호 서식).

② 통보는 반기 1회, 즉 1월~6월까지의 자료목록은 7월중에, 7월~12월까지의 자료목록은 이듬해 1월 중에 통보한다.

③ 발간등록된 행정간행물은 자료 자체가 납본되므로 신규수집 자료목록 통보에서 제외한다.

2. 자료목록집의 작성·비치

① 중앙자료관리기관은 당해 기관의 수집자료와 각 자료과에서 통보받은 자료목록을 취합하여 종합자료목록집을 작성·비치하여 이용자의 편의를 제공하는 한편 각 중앙행정기관 및 시·도의 자료실에 배포하여 비

치·활용토록 한다.

② 자료과는 당해 기관내의 소장자료에 대한 목록집을 작성·비치하고 필요시 각 처리과 또는 유관기관에 배포하여 활용토록 한다.

③ 자료목록집의 목록분류는 기관번호·기능분류번호의 순으로 분류한 목록과, 기능분류번호·형식구분번호의 순으로 분류한 목록을 함께 작성하며, 필요시에는 형식구분번호에 의한 목록을 작성·활용할 수도 있다.

제6절 자료의 열람·복사 및 대출

1. 열람방식

열람방식은 크게 서고(자료)와 열림실을 따로 분리시키는 폐가식(閉架式)과 자료와 열람실이 함께 있는 개가식(開架式)의 2가지로 나눌 수 있다. 이들은 각각 상반되는 장·단점을 가지고 있는바 행정기관의 자료실은 이용자가 직접 자료를 선택할 수 있으며, 출납수속이 간편하고, 관련 자료를 용이하게 열람할 수 있는 개가식으로 운영하는 것이 바람직하다.

2. 자료의 열람·복사

① 자료실에서 관라하는 자료는 누구든지 이용할 수 있도록 한다. 다만, 비밀·대외비 및 열람제한자료와 기타 특별한 사유가 있는 경우로서 열람을 제한할 필요가 있다고 자료관리기관의 장이 인정하는 자료에 대하여는 열람 또는 복사를 제한할 수 있다.

② 일반인이 자료를 열람 또는 복사하고자 하는 때에는 수수료를 납부하게 할 수 있다. 이 경우 수수료의 금액은 다른 법령에 특별한 규정이 있는 경우 외에는 당해 행정기관의 장이 정한다.

3. 열람제한

1) 열람을 제한할 수 있는 자료

① 다른 법령에서 비공개할 것으로 규정된 내용이 포함된 자료

② 공개할 경우 사회·경제질서 유지에 큰 혼란이 초래될 우려가 있는 자료

③ 공개할 경우 개인의 명예나 사적 비밀을 침해할 우려가 있는 자료

④ 개인 또는 기업의 영업상의 기밀에 속하는 사항으로 공개할 경우 당사자에게 불이익을 줄 우려가 있는 자료

⑤ 기타 공개하는 경우 행정업무의 적절한 수행에 중대한 지장이 초래될 우려가 있는 자료

2) 열람제한의 표시

열람제한자료는 당해 자료표시의 윗부분 가운데에 다음과 같이 열람제한의 표시를 하고, 표지 다음면의 여백에 열람제한의 범위 및 기간 등을 명시한다.

■ 열람제한의 표시

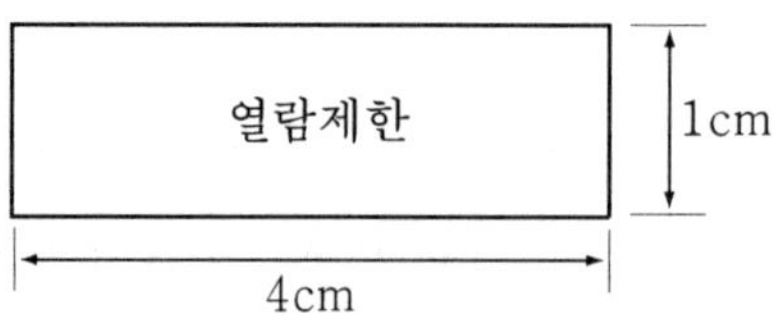

■ 열람제한 및 기간 등의 표시

열람제한범위	
열람제한기간	까지
열람제한사유	

3) 열람제한자료의 관리

열람제한자료의 자료관리대장의 비고란에 '열람제한'이라고 쓰고 다른 자료와는 구분하여 별도의 서가에 관리하거나 서류보관함 등에 넣어 특별히 관리한다.

4. 자료의 대출

행정기관의 자료는 대출하지 아니한다. 다만, 복분(복제·복사본을 포함)의 경우에는 10일의 범위내에서 대출을 허가할 수 있다.

제7절 자료의 점검·폐기 및 이관

1. 자료의 점검

① 자료관리기관은 연 1회 이상 소장자료에 대한 점검을 실시한다.

② 점검내용

▸자료의 보존상태 점검

▸폐기대상자료의 색출

▸대출자료의 회수

▸자료실의 청소 등 환경정비

2. 자료의 폐기

자료의 점검결과 다음에 해당하는 자료는 그 자료관리기관의 장이 폐기할 수 있다. 다만, 처리과의 장이 소장자료를 폐기하는 때에는 사전에 당해기관 자료과의 장과 협의하여야 한다.

1) 폐기대상자료

① 자료로서의 가치가 떨어져 더 이상 관리할 필요가 없게 된 자료
② 2본 이상의 복본을 소장하고 있는 자료로서 열람빈도가 적어 복본을 소장할 필요가 없게 된 자료
③ 심한 훼손으로 더 이상 활용이 곤란하게 된 자료
④ 기타 당해 자료관리기관의 장이 소장할 필요가 없다고 인정하는 자료

3. 자료의 이관

폐기대상자료 중 역사자료로서의 보존가치가 있다고 인정되는 자료는 이를 폐기하지 아니하고 처리과는 당해기관의 자료과에, 자료과는 중앙자료관리기관에 이관한다.

자료를 이관한 때에는 자료관리대장의 당해자료의 분류번호 빛 제목을 2줄로 삭제하고, 비고란에 '이관' 표시를 한 후 그 일자를 기재하여야 한다.

제 8 절 컴퓨터프로그램 저작권[1)]

1. 의의

컴퓨터프로그램보호법(법률 제8032호 일부개정 2006.10.4)은 컴퓨터프로그램을 하나의 저작물로 보고 있다.

동법은 특정한 결과를 얻기 위하여 컴퓨터 등 정보처리능력을 가진 장치안에서 직접 또는 간접으로 사용되는 일련의 지시·명령으로 표현된

1) 정쾌영. (2002). 『최신전자거래법』. 서울 : 무역경영사. pp. 204-212.

창작물을 컴퓨터프로그램저작물이라 정의하고, 이에 대하여 프로그램저작권을 인정하고 있다(컴퓨터프로그램보호법 제2조 1호).

2. 프로그램저작자

프로그램저작자는 컴퓨터프로그램저작물을 창작한 자로서 프로그램저작권을 가진다.

프로그램저작자의 추정은 원 프로그램이나 그 복제물에 또는 프로그램을 공표함에 있어서 프로그램저작자의 성명 또는 널리 알려진 아호·약칭 등이 일반적인 방법으로 표시된 자는 프로그램저작자로 추정한다(컴퓨터프로그램보호법 제4조 1항). 프로그램저작자의 표시가 없는 프로그램의 경우에는 그 공표자 또는 발행자가 프로그램저작권을 가진 것으로 추정한다(컴퓨터프로그램보호법 제4조 2항).

국가·법인·단체 그 밖의 사용자(이하 이 조에서 "법인 등"이라 한다)의 기획 하에 법인 등의 업무에 종사하는 자가 업무상 창작한 프로그램은 계약이나 근무규칙 등에 달리 정함이 없는 한 그 법인 등을 당해 프로그램의 저작자로 한다(컴퓨터프로그램보호법 제5조 1항). 외국인의 프로그램저작권은 대한민국이 가입 또는 체결한 조약에 따라 보호를 받는다(컴퓨터프로그램보호법 제6조).

프로그램을 2인 이상이 공동으로 창작하고 각자가 이바지한 부분을 분리하여 이용할 수 없는 프로그램의 저작권은 공동으로 창작한 자의 공유로 하며, 그들의 공유지분은 공동저작자간에 특약이 없는 한 균등한 것으로 본다(컴퓨터프로그램보호법 제11조 1항).

3. 프로그램의 등록

프로그램저작자는 프로그램의 명칭 또는 프로그램저작자의 국적·실명 및 주소, 프로그램의 창작연월일, 프로그램의 개요, 프로그램의 공표연월일(프로그램저작자가 외국인인 경우에는 프로그램이 대한민국에서 발행된 연월일), 그 밖에 프로그램저작권의 보호 및 공정한 이용과 관련하여 대통령령으로 정하는 사항 등을 정보통신부장관에게 등록할 수 있다(컴퓨터프로그램보호법 제23조 1항).

등록은 프로그램저작자가 사망한 경우에는 프로그램저작자의 특별한 의사표시가 없는 한 그의 유언으로 지정한 자 또는 상속인이 제1항의 규정에 의한 등록을 할 수 있다(컴퓨터프로그램보호법 제23조 2항).

4. 프로그램저작권의 내용

1) 개설

프로그램저작자는 자신이 창작한 프로그램에 대하여 공표권과 성명표시권, 동일성유지권, 프로그램 배타적 발행권, 설정권 등의 권리와 프로그램을 복제, 개작, 번역, 배포, 발행 및 전송할 권리를 가진다. 프로그램저작권은 프로그램이 창작된 때부터 발생하며 어떠한 절차나 형식의 이행을 필요로 하지 아니한다(컴퓨터프로그램보호법 제7조 2항).

2) 공표권

프로그램저작자는 그 프로그램을 공표하거나 공표하지 아니할 것을 결정할 권리(공표권이라 함)를 가진다(컴퓨터프로그램보호법 제8조 1항). 여기서 말하는 공표는 프로그램을 발행하거나 이를 특정인 또는 불특정 다수인에게 제시하는 행위이다. 그러나 프로그램저작자가 공표되지 아니한 프로그램을 양도 또는 대여하거나 사용허락을 한 경우에는 특약이 없는 한 프로그램저작자가 그 상대방에게 프로그램의 공표를 동의한 것으로 본다(컴퓨터프로그램보호법 제8조 2항).

또한 프로그램이 공표되지 아니한 경우에 원 프로그램저작자의 동의를 얻어 창작된 개작프로그램이 공표된 때에는 개작에 원용된 원 프로그램의 부분에 한하여 공표된 것으로 본다(컴퓨터프로그램보호법 제8조 3항).

3) 성명표시권

프로그램저작자는 프로그램이나 그 복제물 또는 프로그램의 공표를 함에 있어서 실명 또는 이명을 표시할 권리(성명표시권이라 함)를 가진다(컴퓨터프로그램보호법 제9조 1항). 프로그램을 사용하는 자는 그 프로그램저작자의 특별한 의사표시가 없는 한 프로그램저작자가 실명 또는 이명을 표시한 바에 따라 이를 표시하여야 한다(컴퓨터프로그램보호법 제9조 2항).

4) 동일성유지권

프로그램저작자는 그의 프로그램의 제호·내용 및 형식의 동일성을 유지할 권리(동일성유지권이라 함)를 가진다. 또한 프로그램저작자는 특정한 컴퓨터 외에는 사용할 수 없는 프로그램을 다른 컴퓨터에 사용할 수 있도록 하기 위하여 필요한 범위 안에서의 변경하거나, 프로그램을 특정한 컴퓨터에 보다 효과적으로 사용할 수 있도록 하기 위하여 필요한 범위 안에서의 변경하거나, 프로그램의 성질 또는 그 사용목적에 비추어 부득이하다고 인정되는 범위 안에서의 변경하는 경우를 제외하고는 그의 프로그램의 제호·내용 및 형식의 동일성을 유지할 권리를 가진다(컴퓨터프로그램보호법 제10조).

5) 프로그램의 복제·배포·전송 등에 관한 권리

프로그램저작자는 프로그램을 복제·개작·번역·배포·발행 및 전송할 권리를 가진다(컴퓨터프로그램보호법 제7조 제1항). 복제라 함은 프로그램을 유형물에 고정시켜 새로운 창작성을 더하지 아니하고 다시 제작하는 행위이다. 개작이라 함은 원 프로그램의 일련의 지시·명령의 전부 또는 상당부분을 이용하여 새로운 프로그램을 창작하는 행위를 말한다. 공표라 함은 프로그램을 발행하거나 이를 공중에게 제시하는 행위를 말한다. 배포라 함은 원 프로그램 또는 그 복제물을 공중에게 대가를 받거나 받지 아니하고 양도 또는 대여하는 행위를 말한다. 발행은 공중의 수요에 응하기 위하여 프로그램을 복제·배포하는 행위를 말한다. 마지막으로 전송이라 함은 공중이 수신하거나 이용할 수 있도록 하기 위하여 정보통신의 방법에 의하여 프로그램을 송신하거나 이용에 제공하는 행위를 말한다(컴퓨터프로그램보호법 제2조 제7호).

6) 프로그램의 사용허락권

프로그램저작권자는 다른 사람에게 그 프로그램의 사용을 허락할 수 있다(컴퓨터프로그램보호법 제17조 제1항).

제1항의 규정에 의하여 프로그램의 사용을 허락받은 자는 허락된 사용방법 및 조건의 범위 안에서 당해 프로그램을 사용할 수 있으며 프로그램저작권자의 동의 없이는 사용할 권리를 제3자에게 양도할 수 없다(컴퓨터프로그램보호법 제17조 제2항).

5. 프로그램저작권의 양도와 입질

프로그램저작권자는 프로그램저작권의 전부 또는 일부를 양도하거나 질권의 목적으로 할 수 있다. 프로그램저작권의 양도와 프로그램저작권에 대한 질권의 설정과 변경, 소멸 또는 처분제한은 이를 등록하지 아니하면 제3자에게 대항할 수 없다(컴퓨터프로그램보호법 제26조 제1항).

질권의 목적으로 된 프로그램저작권은 질권 설정행위에 특약이 없는 한 프로그램저작권자가 이를 행사한다(컴퓨터프로그램보호법 제21조 제1항). 프로그램저작권을 목적으로 하는 질권은 그 프로그램저작권의 양도, 프로그램의 양도 또는 대여나 사용허락에 따라 프로그램저작권자가 받을 금전 그 밖의 물건에 대하여도 이를 행사할 수 있다. 다만, 그 금전의 지급 또는 물건의 인도전에 지급될 금전이나 물건을 압류하여야 한다(컴퓨터프로그램보호법 제21조 제2항).

6. 프로그램의 배타적 발행권

프로그램저작권자는 다른 사람에게 그 저작물에 대하여 독점적으로 복제하여 배포 또는 전송할 수 있도록 하는 배타적 권리(프로그램배타적발행권이라 함)를 설정할 수 있다(컴퓨터프로그램보호법 제16조 제1항). 프로그램배타적발행권 등의 설정을 받은 자(프로그램배타적발행권자 등이라 함)는 그 설정행위로 인한 범위 안에서 프로그램배타적발행권 등을 행사할 권리를 가진다(컴퓨터프로그램보호법 제16조 제2항).

프로그램저작권자는 그 프로그램의 복제권을 목적으로 하는 질권이 설정되어 있는 경우에는 그 질권자의 동의가 있어야 프로그램배타적발행권 등을 설정할 수 있다(컴퓨터프로그램보호법 제16조 제3항). 프로그램배타적발행권자 등은 프로그램저작권자의 동의 없이 프로그램배타적발행권 등을 목적으로 하는 질권을 설정하거나 제3자에게 프로그램 배타적 발행권 등을 양도할 수 없다(컴퓨터프로그램보호법 제16조 제4항). 또한 프로그램배타적발행권 등은 그 설정행위에 특약이 없는 때에는 3년간 존속한다(컴퓨터프로그램보호법 제16조 제5항).

7. 프로그램저작권의 침해에 대한 구제

1) 프로그램저작권 침해행위

누구든지 정당한 권원(權原(title))[2] 없이 다른 사람의 프로그램저작권을 복제·개작·번역·배포·발행 및 전송의 방법으로 침해하거나 다른 사람의 프로그램배타적발행권 등을 복제·배포 및 전송의 방법으로 침해하여서는 아니 된다(컴퓨터프로그램보호법 제29조 제1항). 또한 정당한 권원없이 프로그램저작자의 실명 또는 이명을 변경 또는 은닉하거나 프

2) 어떤 법률적 또는 사실적으로 하는 행위를 정당화시키는 법률상의 원인.

로그램의 명칭 또는 제호를 변경하여서는 아니 된다(컴퓨터프로그램보호법 제29조 제2항).

프로그램저작권의 침해가 되는 프로그램을 국내에서 배포할 목적으로 수입하는 행위와 프로그램저작권을 침해하여 만들어진 프로그램의 복제물(수입 프로그램을 포함한다)을 그 사정을 알면서 취득한 자가 이를 업무상 사용하는 행위와 정당한 권한 없이 고의로 권리관리정보를 제거 또는 변경하거나 그 사실을 알면서 원 프로그램 또는 그 복제물을 배포하거나 배포할 목적으로 수입 또는 전송하는 행위는 해당 프로그램저작권을 침해하는 것으로 본다(컴퓨터프로그램보호법 제29조 제4항).

2) 저작권 침해자에 대한 프로그램저작권자의 권리

(1) 침해의 정지 및 예방청구권

프로그램저작권자 또는 프로그램배타적발행권자 등은 그의 권리를 침해하는 자 또는 침해할 우려가 있는 자에 대하여 침해의 정지 또는 예방을 청구할 수 있다(컴퓨터프로그램보호법 제31조 제1항).

프로그램 저작권자 또는 프로그램 배타적발행권자 등이 상기 규정에 의한 청구를 하는 경우에는 침해행위에 의하여 만들어진 물건의 폐기와 침해행위에 제공된 도구 등의 폐기나 기타 침해를 예방하는 데 필요한 조치를 할 것을 함께 청구할 수 있다(컴퓨터프로그램보호법 제31조 제2항).

공동저작프로그램의 각 저작자 또는 각 저작권자는 다른 저작자 또는 다른 저작권자의 동의없이 침해의 정지 또는 예방청구를 할 수 있다(컴퓨터프로그램보호법 제33조).

(2) 손해배상청구권

프로그램저작권자 또는 프로그램배타적발행권자 등은 고의 또는 과실로 그의 권리를 침해한 자에 대하여 손해배상을 청구할 수 있다(컴퓨터프로그램보호법 제32조 제1항). 다른 사람의 등록된 프로그램저작권 또는 프로그램배타적발행권 등을 침해한 자는 그 침해행위에 있어서 과실이 있는 것으로 추정한다(컴퓨터프로그램보호법 제32조 제2항).

손해액의 산정에 있어서는 프로그램저작권 또는 프로그램배타적발행권 등을 침해한 자가 침해행위에 의하여 얻은 이익액은 프로그램저작권자가 입은 손해액으로 추정한다(컴퓨터프로그램보호법 제32조 제3항). 프로그램저작권자 또는 프로그램배타적발행권자 등은 손해배상을 청구할 때 그 배상액으로서 손해액 또는 그 권리의 행사로 통상 얻을 수 있는 금액에 상당하는 액을 손해액으로 하여 그 배상을 청구할 수 있다(컴퓨터프로그램보호법 제32조 제4항).

8. 프로그램저작권의 소멸

프로그램저작권은 그 프로그램이 공표된 다음 연도부터 50년간 존속한다. 다만, 창작 후 50년 이내에 공표되지 아니한 경우에는 창작된 다음 연도부터 50년간 존속한다(컴퓨터프로그램보호법 제7조 3항). 프로그램배타적발행권 등은 그 설정행위에 특약이 없는 때에는 3년간 존속한다(컴퓨터프로그램보호법 제16조 제5항).

그러나 프로그램저작권자가 상속인 없이 사망하여 그 권리가 「민법」 기타 법률의 규정에 의하여 국가에 귀속되는 경우나 프로그램저작권자인 법인 또는 단체가 해산되어 그 권리가 「민법」 기타 법률의 규정에 의하여 국가에 귀속되는 경우에는 프로그램저작권이 소멸된다(컴퓨터프로그램보호법 제22조).

4
chapter

사무작업관리

제 1 절 EDI

1. EDI의 정의

EDI는 Electronic Data Interchange의 약자로 거래상대방 간에 상호 합의된 메시지를 컴퓨터 간에 상호 교환함으로써 거래업무에 따르는 문서처리업무를 자동화한다.

EDI는 지금까지 사람이나 팩시밀리, 우편 등에 의존하던 기업 간 종이 서류 대신 컴퓨터가 서로 읽을 수 있는 표준화된 자료(전자문서)를 컴퓨터의 통신망을 통해 컴퓨터까지 교환하는 부가가치통신(VAN)서비스를 말한다.

최근 들어 EDI서비스가 정부와 기업들로부터 부쩍 각광을 받는 이유는 업무자동화를 통한 비용절감과 생산성 향상 및 신속한 의사결정으로 국제경쟁력 향상에 보탬이 되기 때문이다. 또 많은 투자비용과 시간이 드는 사회간접자본에 대한 투자부담을 최소화할 수 있다는 장점도 작용한 것으로 보인다.

현재 우리나라에서 EDI서비스를 제공하는 부가가치통신업체는 데이콤을 비롯 LG그룹의 STM, 한국무역정보통신, 삼성데이터시스템 등이다.

2. EDI와 종이서류거래방식, 온라인과의 차이

EDI개념은 종이서류거래방식 및 온라인방식, E-mail과의 차이에서 보다 분명해진다. EDI는 기존의 기업(기관) 거래정보 처리과정에서 필연적인 것으로 간주되어온 상업용 거래문서(또는 행정문서)의 출력, 전달, 재입력 과정을 줄이고 종이 없는 거래(paperless trading)를 실현시켰다.

〈도표 4-1〉 EDI와 종이서류거래방식

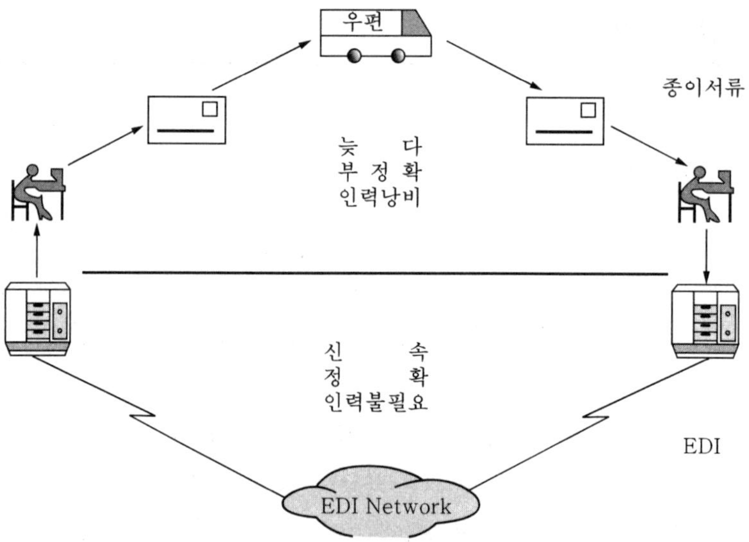

첫째, EDI는 양쪽 당사자 간에 독립된 응용(application)을 가지고 있다는 점이 온라인과 다르다.

둘째, EDI는 서로 독립된 기업이 서로 독립된 DB를 가지게 한다.

셋째, EDI는 쌍방의 자주성과 독립성을 보장한다.

넷째, EDI와 E-mail은 서로 유사한 전자적 전송방식이다. 그러나 이 두 가지 방식은 메시지 형태와 데이터 처리방식이 다르다.

EDI는 표준양식으로 구조화된 데이터를 전송하여 수신측의 컴퓨터가 직접 처리할 수있는 반면, E-mail은 구조화되지 않은 데이터를 전송하여 사람이 이를 재입력해야 한다.

〈도표 4-2〉 온라인 방식과 EDI의 차이

	온라인	EDI
당사자 간의 관계	주전산기(HOST)와 단말기(terminal)	대등한 응용 대 응용 대등한 DB 대 DB
응용 · DB의 유무	주전산기(HOST)를 가진 쪽에만 있음	양쪽 모두 독자적인 응용과 DB를 가지며, 로그온(log-on)이 불가능하므로 시스템보호가 가능
거래 상대방이 다변화할 경우	주종 관계가 형성되므로 참여에 한계가 있음	참여자가 얼마든지 확대 가능함

EDI는 사무 생산성 향상을 위한 서류없는 거래(paperless trade)로서 다음과 같이 이용된다.

첫째, EDI는 송장(invoice), 구매, 주문서, 전표 및 통관 등과 같은 일반적인 상거래의 데이터교환과 전자자금이송(electronic funds transfer) 등과 같은 특정 목적을 가진 상거래상의 데이터교환에 이송.

둘째, CAD, CAM 등과 같이 디자인, 엔지니어링 등에 이용되는 기술적인 데이터 교환에 이용.

3. EDI의 구분

EDI는 축적전송(store-and-forward)방식을 이용한 일괄처리형태(batch)가 일반적으로 많이 이용되고 있다. 다양한 경쟁자들과 보다 신속하고 신뢰성 있는 거래를 확보하고자 하는 많은 조직에서는 기존의 일괄처리방식보다도 더욱 신속한 거래업무처리가 가능한 EDI방식을 요구하는데 이러한 요구에 근거해서 실시간에 처리하는 대형화 EDI가 등장하고 있다.

1) 일괄처리(Batch)방식 EDI

(1) 특징

첫째, 일반적으로 메시지의 전송속도가 타방식에 비해 늦다.
둘째, 수신된 메시지를 즉시 처리할 필요가 없다.
셋째, 거래 상대방 간에 직접 통신을 할 필요가 없다.
넷째, VAN을 이용한 축적전송방식이 많이 사용된다.
다섯째, 송신자는 송신시에만, 수신자는 수신을 위해서만 통신을 접속해도 된다.
여섯째, EDI메시지 표준의 인터체인지 프로토콜은 사용상 문제가 되지 않는다.
일곱째, 한 이터체인지 봉투(interchange envelope) 안에 여러 가지 메시지를 전송한다.
여덟째, 송신 또는 수신 그 자체로 한쪽의 트랜잭션(transaction)처리가 끝난다.

2) 즉시응답(immediate response/fast batch)방식 EDI

일괄처리방식 EDI에서는 수신자가 수신한 사실에 대한 응답메시지나 확인메시지를 반드시 즉시 보낼 필요가 없다. 그러나 거래문서의 접수 확인이 신속·정확해야 하거나 응답사항이 신속히 전달될 필요가 있는 업무에서는 수신자가 일괄처리방식보다 신속한 메시지처리와 응답메시지 전송을 처리해야 한다.

이때는 즉시 응답 EDI방식을 사용한다.

(1) 특징

첫째, 송신자는 짧은 시간안에 응답 또는 확인메시지를 수신 받는다.
둘째, 두 거래상대방은 직접 연결할 수도 있고 VAN을 사용할 수도 있다.

셋째, 한 인터체인지 안에서 관계없는 메시지를 함께 보내지 못한다.
넷째, 한 인터체인지 안에서는 적은 수의 메시지만을 전송한다.
다섯째, EDI메시지 프로토콜은 사용상 문제가 되지 않는다.
여섯째, 송·수신시 관련된 응용시스템은 기능적으로 연결되어 있으나 상대방의 응답이 실시간으로 처리돼야 하는 것은 아니다.

3) 대화형(interactive)방식 EDI

대화형 방식의 EDI는 앞의 EDI 유형과는 근본적인 차이를 갖는다. 대화형 EDI는 거래상대방의 응용시스템들이 질의와 응답으로 구성된 두 개 이상의 짧은 메시지를 한번의 접속상태에서 주고받음으로써 트렌잭션을 종료한다.

따라서 앞의 두 형태와는 다른 형태의 통신방법이 요구되며 실질적인 실시간처리가 이루어져야 한다.

(1) 특징

첫째, 거래상대방들의 응용시스템이 중추적 역할을 수행하며, 응답시간은 1초 이내로 신속히 처리해야 한다.
둘째, 거래상대방들의 응용시스탬 간에 상호작용이 이뤄져야 하며, 응용시스탬들은 동등한 수준에서 역할을 수행하며(peer-to-peer) 대회형데이다.
셋째, 사용되는 메시지들은 전송되는 데이터 양이 적다.
넷째, 메시지의 설계시 효율성이 중요하다.
다섯째, 메시지 설계시 전송을 위한 인터체인지의 오버해드(overhead)가 적어야 한다.
여섯째, 교환되는 각각의 정보는 반드시 관련성의 있어야 한다.
일곱째, 거래상대방 간의 양방향통신을 이용한다.

〈도표 4-3〉 처리유형별 분류

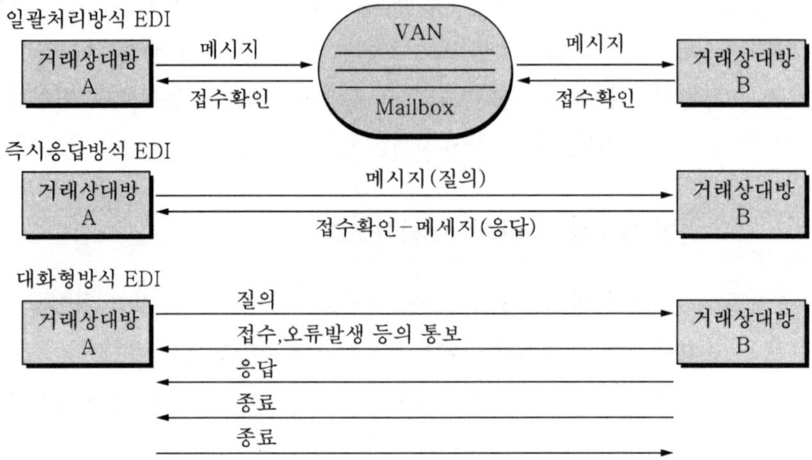

효 과	설 명
거래시간의 단축	우편배달과 거래정보테이터의 재입력에 수반되는 시간지연을 제거한다 .
업무처리 오류 감소	데이터의 재입력의 따르는 오류를 제거한다.
비용의 감소	단순직업에 소요되는 인력이 줄어들어 생산성을 향상시켜 비용이 감소된다.
불확실성의 감소	종이문서를 사용하는 경우에는 문서의 접수와 처리 여부에 대해 확신을 가질 수 없다. EDI는 거래정보데이터의 전달 및 접수 여부를 자동적으로 확인하는 기능이 있다.

4. EDI의 구현방법

1) 1단계

현업부서에 대한 조사・검토후 기업 외부의 EDI환경 및 기업내의 컴퓨터통신 환경을 조사・검토한다.

(1) EDI도입을 위한 사전 조사 대상

① 현업환경

② 컴퓨터 시스템 이용환경

③ 기업외부환경

2) 2단계

실제적인 EDI구현 계획안을 마련하기 위한 task force team을 구성한다

(1) task force team의 역할

기초보고서의 내용을 폭넓게 재검토해 이를 보다 치밀하고 구체적인 계획으로 발전시킨다.

3) 3단계

EDI구현 계획서가 확정되면 EDI도입을 추진, 관리하는 프로젝트팀을 구성한다.

(1) 프로젝트팀의 역할

EDI시스템의 설계와 구축에 이어 파일럿 프로그램 진행에 이르는 전과정을 담당한다.

(2) EDI시스템의 원칙

① 범용성
② 표준성
③ 확장성
④ 신뢰성
⑤ 보안성
⑥ 간결성
⑦ 사용자 편리성
⑧ 내부시스템의 독자성

4) 4단계

설계 후 구현 및 테스트 등을 진행하고 최종목표는 기업업무의 창조적 활용에 있다.

(1) EDI기술의 기초

표준양식과 기업내부 응용프로그램 간의 변환이다.

5. EDI시스템의 구성요소

조직에서 업무처리의 새로운 혁신적인 방법으로 EDI를 전략적으로 도입하지만 운영측면에서는 기존의 문서위주의 시스템과 유사하다고 할 수 있다.

EDI를 통해 자료를 송 · 수신하기 위해서는 다음과 같은 3가지 필수적인 요소들이 필요하다.

① EDI 문서표준

② 변환 소프트웨어

③ 통신네트워크

1) EDI 문서표준

기존의 조직내 혹은 조직 간 통신방법의 주가 되었던 문서에 근거한 방식은 전달한 문서를 상대방이 받아서 자신의 회사에 맞게 문서내의 내용을 다시 재입력하는 과정을 거쳐 작성하였다. 그러나 EDI에서는 인간에 의한 재입력 과정이 배제되므로 사람들 간에 주고받는 문서나 자료들을 컴퓨터가 직접 인식할 수 있는 공통의 표준안을 마련해야 한다. 이러한 교환을 지속시키기 위해서는 문서양식과 문법에 대한 규칙이 필요하게 된다.

EDI표준은 양식표준과 통신표준으로 구분된다.

(1) 양식표준(formatting standard)

EDI를 통한 문서는 다음과 같은 양식표준의 기준 항목들에 따라 정해지게 된다.

첫째, 전자적으로 전송될 문서의 종류

둘째, 각 전송문서에 포함되어야 하는 정보

셋째, 각 정보들이 조직의 업무처리에서 쓰이는 용도

넷째, 계산이 필요한 것인지 또는 제목인지를 구분

다섯째, 사용되어지는 정보의 형태(숫자, 코드, 문자)

여섯째, 각 정보가 의미하는 것이 무엇인가 하는 것 등이다.

(2) 통신표준(communication standard)

문서위주의 시스템에서 거래당사자 간에 문서가 물리적으로 어떻게 전달될 것인지 결정되어 있는 것처럼 EDI에서도 각 산업에서 또는 산업 간 통용될 수 있도록 만든 전송방법에 대한 규정이 있다.

통신표준을 정하는 기준의 되는 항목들은 다음과 같다.

첫째, 전송문서의 구성형태

둘째, 전송속도와 전송방법

셋째, 통신에 쓰이는 프로토콜의 종류

넷째, 통신링크의 종류(공용회선 또는 개인회선)

이와 같은 기준에 의해 정해지는 EDI표준은 크게 사적 표준(proprietary standard)과 공통표준(comon standard)으로 나눌 수 있다. 사적 표준은 초기에 주로 쓰이는 방법으로 한 기업과 거래상대방으로 제한되어 이용하는 표준이다. 공통표준은 한 산업내에서의 통용되거나 산업 간 사용자들에 의해 수용되는 표준이다. 통용되는 표준의 대표적인 예는 다음과 같다.

① 산업별(industry-specific)표준 : 특정 산업분야의 공통표준이다.

- ▸운송사업 : TDCC(Transportation Date Coordination Committee)
- ▸잡화업계 : UCS(Uniform Communication Standard)
- ▸창고업계 : WINS(Warehouse Information Network Standard)

② 산업간(cross-industry)표준 : 여러 산업분야의 공통표준이다.

ANSI(American National Standards Institute)

약칭은 ASA이다. 공업제품의 통일을 위한 규격표시에 사용되며, 표준화 정책 결정에 영향력을 행사한다. 조직에는 이사회, 위원회, 자문위원회 등이 있다. 이 규격은 1967년에 'USA Standards' 또는 'USAS'라 부르기 시작하였고, 조직은 USASI(United States of America Standards Institute)로 변경하였다. 다시 1969년부터 조직은 ANSIInc.(American National Standards Institute Incorporated)로 변경하고 규격도 ANSI로 바꾸었다.

ISO(International Organization for Standardization : 국제표준화기구)의 회원으로 가입하였으며, IEC(International Electrotechnical Commission : 국제전기표준화기구)의 일원이다. 특히 한국에서는 사진필름의 감도 규격표시로 널리 알려졌다. 2000년 현재 1,000여 개 단체가 회원으로 가입하였으며, 본부는 미국 워싱턴에 있다.

③ 국제(world-widely)표준

UN/EDIFACT(EDI For Administration, Commerce and Transport),

TDI(Trade Data Interchange)

2) EDI 통신네트워크

EDI 소프트웨어와 EDI표준을 이용하여 조직은 자사의 데이터베이스로부터 정보를 추출하여 주문서, 송장 등과 같은 문서를 준비하고 이를 거래상대방에게 전송하기 위하여 표준 포맷으로 변환시킨다.

변환된 문서는 통신네트워크를 통해 전송하게 되는데 EDI 네트워크는 크게 두 가지 방법으로 나뉘어질 수 있다.

(1) 직접방식 네트워크

전화선 등을 통하여 한 컴퓨터에서 다른 컴퓨터로 전자적으로 전송하는 것으로 대부분 dial-up 모뎀을 이용하여 접속된다. 이 방식은 쌍방간에 직접 연결을 행하므로 제한된 조직간의 통신에는 효과적인 방식이라 할 수 있으나 EDI가 실질적으로 활성화될 경우, 거래상대방의 수가 증가함에 따라 많은 기술적 문제점 및 관리상의 어려움이 발생하게 된다. 따라서 초기의 EDI 실행 조직들은 직접방식을 행하는 경우가 많았으나, 전문

VAN 사업자들이 양질의 EDI 서비스를 제공함으로써 직접방식에 의한 접속은 조직의 특성에 따라 다르긴 하지만 일반적으로 장점보다 단점이 더 많다고 할 수 있다.

직접방식의 네트워크는 다음과 같은 문제점을 가진 것으로 나타난다.

첫째, 많은 거래상대방들과 접속을 위한 회선비용의 증가

둘째, 거래업무량이 많을 경우 송·수신 시간조절이 불가능

셋째, 각 거래상대방들과의 보안관리가 힘들다.

넷째, 각 거래상대방에 맞는 프로토콜을 구현하기 어렵다.

(2) 간접방식 프로토콜

이 방식은 거래상대방과 간접적으로 접속이 행해지며 흔히 VAN으로 잘 알려져 있다. VAN은 EDI에서는 문서위주의 시스템에서 우체국과 같은 기능을 수행한다고 할 수 있다. 이는 직접방식과 달리 한 조직이 VAN 사업자와 한 개의 접속만을 행하며 VAN 사업자를 통해 송신한 자료를 수신하고자 하는 상대방에게 전달하는 방식이다. VAN은 많은 조직과의 접속을 통하여 EDI 서비스뿐만 아니라 부가적인 서비스도 제공한다. 그러나 VAN은 정해진 표준 포맷으로만 송신이 가능하며 앞서의 변환 소프트웨어의 기능을 대행해 주는 서비스를 하기도 한다.

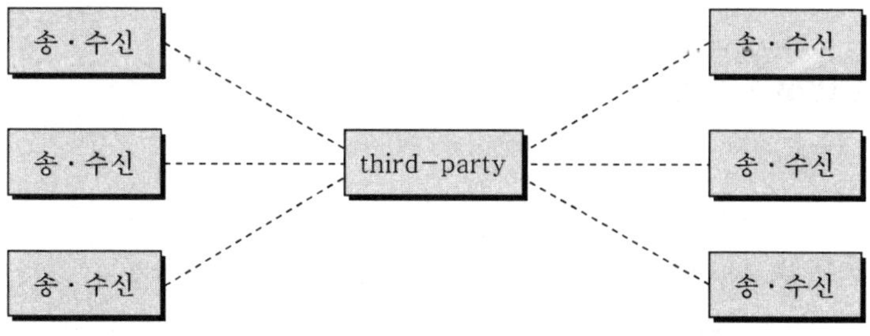

초기의 EDI 시스템에서는 한 조직과 제한된 수의 거래상대방과의 직접 접속에 의한 전자적 송·수신 형태였으나 많은 거래대상이 생겨남으로 인해 회선접속 및 프로토콜 차이에 따른 문제점이 생겨나고 있다. 이러한 문제들을 해결하기 위한 것이 VAN 또는 third-party를 이용한 간접방식

의 네트워크이다.

초기의 네트워크로부터 VAN 또는 third-party로 전환되어 가고 있다.

간접방식의 전송시스템의 가장 발전된 형태는 다음과 같은 일 대 다중(one-to-many)접속방식이다.

3) 변환소프트웨어

EDI표준은 소프트웨어적으로 변환되어 처리되는데, 송신자로부터 수신자에게 전송하는 과정에서 파일변환 및 표준변환소프트웨어가 송신자와 수신자 사이의 문서교환을 위해 중요하다.

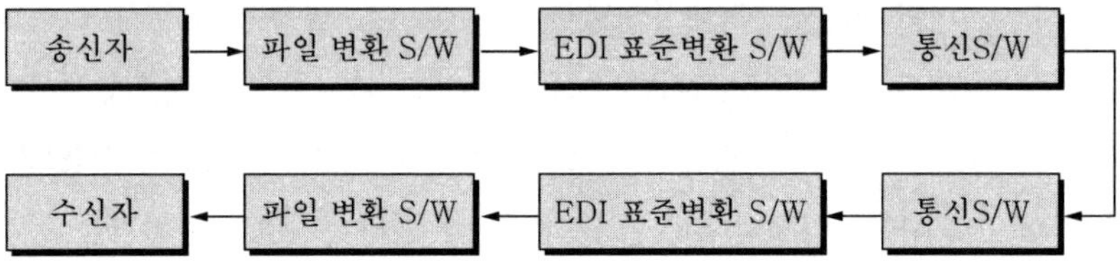

제 2 절 EDIFACT

1. EDIFACT의 정의

EDI는 본질적으로 컴퓨터기술과 전자통신의 급속한 발전에 따라 형성된 데이터통신망을 이용하여 제반서류를 전자적으로 교환하는 것을 의미하는 것인 반면 EDIFACT(Electronic Data Interchange for Administration, Commerce and Transport)는 전세계적으로 상거래에 이용되는 제반서류를 EDI를 활용하여 거래당사자 상호 간에 교환할 수 있도록 UNECE에서 연구 · 개발한 EDI표준을 의미한다.

EDIFACT란 제조업자, 수출자, 도매상인, 소매업자, 브로커, 운송 주선업자, 송화인, 수화인, 운송회사, 은행 그리고 정부기관 사이에 거래 데이터의 국제적 전자교환을 용이하게 하는 원칙들의 집합이다. 즉 UNECE 주관으로 개발된 물품 또는 용역과 관련된 데이터의 전자교환에 다음과 같은 표준지침서 및 디렉토리의 집합을 총칭하는 말이다. EDIFACT는 UN 산하의 유럽경제위원회를 주축으로 제정되어 국제상공회의소, 민간항공기구, 관세협력기구 등 각 관련 국제기구의 협력과 각국의 EDI표준화 관련단체의 지원에 힘입어 ISO(International Standardization Organization : 국제표준화기구)에 의해 국제표준으로 승인받았다.

2. EDIFACT의 특징

EDIFACT는 공간적인 거리에 관계없이 문자, 음성, 데이터 또는 영상 등의 정보를 효과적으로 송·수신할 수 있는 단말기, 교환설비 및 전송설비로 구성되어 있는 VAN 또는 ISDN등의 데이터통신망을 이용한 효율적인 상거래상의 서류교환을 위한 하나의 표준이라 할 수 있다.

무역절차의 간소화를 위한 UN작업부는 EDI에 적합한 데이터 엘리먼트, 코드 및 인덱스를 포함한 본질적인 표준을 10여년 이상 연구·개발하고 있고, 그 결과가 EDIFACT이다.

구체적인 특징으로는 다음과 같다.

첫째, 기존의 서류를 전자파일로 대체시킴

둘째, 국제표준에 따라 작성된 메시지를 통일적으로 제공함

셋째, 경쟁력을 향상시킴

넷째, 개방통신을 통하여 어플리케이션을 실현시킴

다섯째, 정보흐름을 가속시켜 거래를 원활하게 함

여섯째, 현대적 네트워크 및 서비스를 최대한 이용할 수 있게 함

일곱째, 행정, 상업 및 운송업무를 지원함

여덟째, 세계적인 승인과 국제적인 지원으로 무역 간소화를 증진시킴

제 3 절 CALS(Commerce at Light Speed) : 광속상거래

1. CALS의 정의

흔히 광속거래라고 정의되는 CALS(Commerce at Light Speed)는 제조업의 모든 상품, 즉 주요장비 또는 다양한 제품 등을 획득하기 위한 설계, 생산과정 또는 보급, 조달 등과 이를 운영하는 운용지원 과정을 연결시키고, 이들 과정에서 사용되는 문자(text)와 그래픽(graphic)정보의 표준을 통해 디지털(digital)화하여 종이 없이 컴퓨터를 통합하여 자동화시키는 개념으로서 미 군수지원전산화에서 유래되었다.

즉, CALS는 시스템(system)이나 사업(project)이 아닌 고도의 경영철학이자 전략이라고 할 수 있으며, 시스템의 획득 및 운용지원 과정에서 디지털기술정보를 이용하게 하는 자동화된 환경을 제공함으로써 업무의 과학적·효율적 수행 그리고 정확하고 신속한 정보공유 및 유통체제를 통해 시스템 획득 및 운용비용의 절감(cost reduction), 획득 및 운용지원 시간의 단축(time reduction), 그리고 품질경영의 능력을 향상시키는 고도화된 경영전략이다.

CALS의 약어는 그 적용 범위 및 개념 확대에 따라 다음과 같이 변천해 왔다.

[도표 4-4] CALS의 개념의 변천과정

업무영역 / CALS 어원	부품/소모품의 보급	자재조달 (구매)	제품개발, 설계 및 제조	상거래, 물류, 자금결제
Computer- Aided Logistic Supports(1985) 컴퓨터에 의한 병참지원	■			
Computer-Aided Acquisition and Logistic Supports(1988) 컴퓨터에 의한 조달 및 병참지원	■	■		
Computer Acquisition and Life-Cycle Supports(1993) 지속적인 조달과 제품의 라이프 사이클지원	■	■	■	
Commerce-At Light Speed(1994-현재) (전자거래 및 결제의 속도화/효율화)	■	■	■	■

2. CALS의 발전배경

CALS의 개념이 처음으로 등장했던 시기는 1985년으로, 미 국방성의 군비예산 절감을 위한 기초연구조사가 그 배경이 되었다. 예산의 지출내용을 분석한 기초보고서는 미국의 무기체계 획득과 운용·보수 관련업무에 너무나 많은 인력이 종사하고 있다는 사실을 지적하였으며, 그 원인은 무기체계 획득과 운용·보수에 관계되는 문서 등이 거의 종이로 되어 있기 때문이었다. 일례로, B-1 폭격기의 매뉴얼은 비행기 중량 87톤보다도 무겁다고 한다. 그리고 이러한 매뉴얼 내용의 20-30%가 매년 변경되어 인건비, 교육비, 관리비 등의 부담이 계속적으로 가중되고 있었다.

실질적으로 주요 무기체계에 관련된 서류들의 획득과 보관, 변경관리에 드는 비용은 국방부 기준으로 100억 달러 이상이며, 해군에서 관리하는 기술서류에 대한 유지비용만 해도 40억 달러에 이르렀다. 이 비용은 국방부 전체 예산의 상당한 부분에 해당하며 더욱 심각한 것은 향후 추가 무기획등과 관련해 국방부는 더욱 많은 경비를 지출할 수 밖에 없다는 것이다.

따라서 CALS의 태동에는 국방비 삭감에 대한 사회적 환경과 서류 위주의 업무관리의 한계가 중요한 동기가 되었다.

이러한 문제점들의 해결을 가능하도록 한 것은 무엇보다도 정보기술의 급속한 발달이라고 볼 수 있다. 1948년 트랜지스터가 개발된 이래 컴퓨터의 발전은 급속히 진전되어 1970년대 중대현 컴퓨터의 보급, 1980년대의 클라이언트-서버 분산처리 워크스테이션과 개인용 컴퓨터의 보급에 이르기까지 비약적인 발전을 하게 되었다. 또한 컴퓨터 간의 통신에서도 근거리는 물론 광역에 이르기까지 초고속광통신망이 구축되는 등 괄목할 만한 발전을 보여 왔다. 소프트웨어 측면에서도 복잡한 설계업무에 컴퓨터를 이용하게 되었고, 모든 문서는 거의 워드프로세서에 의해 작성되며 얻어진 데이터는 데이터베이스에서 관리된다. 이렇게 빠르게 발전하고 있는 컴퓨터 하드웨어와 소프트웨어기술은 정보유통에 새로운 장을 열어 주고 있다.

미 국방부는 국방전산망(DDN : Defence Data Network)을 통해 국방부내의 이용자 간 데이터통신망을 실용화하기에 이르렀으며, 컴퓨터를 중심으로 한 정보기술의 급속한 발전은 국방비의 삭감 여론과 서류 위주의 무기체계관리의 한계에 대한 충분한 해결책을 제시하였다.

결국 CALS의 태동에는 비용절감(국방예산 삭감)이라는 사회적 요구와 서류 위주의 문서관리체계에 대한 한계 인식, 그리고 눈부신 정보기술의 발전이 그 주요 배경이 되고 있음을 알 수 있다.

3. CALS의 기본구조

구 조	내 용
통제구조	· CALS 구축을 위한 관리적 관심 · 관리구조 및 전략계획에 관한 내용
정보구조	· 사용자 또는 관리자의 전문적 관점 · 기능 활동간의 관계 정의 · 프로세스 모델 정의
컴퓨터 시스템 구조	· 하드웨어와 소프트웨어 구성요소 정의 · 개방형 시스템 구축을 위한 표준 구현

4. 국내 추진현황

1) 정부부문의 CALS 추진현황

국내 CALS 활성화를 위한 정부의 정책은 각 부처의 소관업무 특성에 따라 개별적으로 추진되고 있다. 산업자원부는 민간의 CALS 도입 및 산업별 응용을 지원하고 있으며, 정보통신부는 기술기반구축 및 공급시장 조성 정책을 추진하고 있다.

또한 국방부, 건설교통부 등은 내부업무에 CALS를 적용하는 사업을 추진중에 있다.

2) 민간부문의 CALS 추진 현황

CALS가 실현되면 기업내뿐만 아니라 각 기업 간에서도 이전과는 비교가 되지 않을 만큼 견고한 관계를 구축할 수 있게 된다. 현재 국내 민간부문의 CALS 추진은 주로 대기업을 중심으로 이루어지고 있으나 CALS는 소규모 기업에 더 적합하다.

CALS를 추진하기 위해서는 각 단계별로 고려해야 할 사항에 대한 정확한 지식과 분석이 필요하다.

1단계 개념인식 및 추진방법 선정	2단계 시스템분석 및 설계화	3단계 설계 적용 및 개선방안 도출
· CALS의 개념, 용어 · CALS의 해당 체계 · CALS의 기업에 대한 영향력과 대비방법 · 해당 기업의 CALS 전략 및 구상방법	· 본격적인 CE 추진방법 · PDM/CE 설계/도입방법 · CALS 관점의 그룹웨어의 도입방법	· CALS관점의 리엔지니어링방법 · CALS 관점의 프로세스 실행방법 · CALS 관련 표준과 정보기술의 이용방법 · Global level의 가상기업체에 대한 검토방법

5. CALS의 장점

1) 종이 없는 업무수행체제 구현

CALS의 적용은 상품이나 시스템의 라이프 사이클에 대한 기술정보를 디지털화하여 온라인시키고, 이들 정보를 공유·교환할 수 있게 한다. 즉, 설계와 동시에 운용지원 요소까지를 동시에 고려하는 동시공학 절차를 용이하게 제공하며, 이러한 절차의 기능적 요소를 수행할 때, 데이터의 공유를 통해서 개발, 엔지니어링, 그리고 생산 및 운용지원을 위해 수없이 많이 상호간에 전자적으로 데이터의 접근을 가능하도록 하기 위한 환경을 제공한다. 따라서 서류 중심의 업무처리방식에서 과감히 탈피하여 연계된 업무처리체계를 전산화, 자동화함으로써 기술정보의 효과적인 관리와 즉각적인 자원, 일관성 있는 정보유지, 보다 많은 정보의 관리 등을 실현할 수 있게 해준다.

2) 시스템 획득 및 개발기간의 단축

CALS의 적용목표는 설계, 생산, 지원자료체계의 통합, 제품설계변경에 따른 관련 정보의 효과적인 관리, 데이터베이스의 효율적인 유지 및 관리

등을 이용한(기술) 교육훈련자료 작성, 분배자동화, 물류정보화 등의 자동화를 통한 동시공학 구현, 생산기술의 고도화 및 지능화, 시스템최적화 등이라 할 수 있다. CALS가 구현되면 통합된 데이터베이스를 이용하여 각종 제품 및 장비의 성능, 제원의 신속한 검색이 가능해지고 개발 및 지원 관리업무의 전산화로 인하여 업무량을 감소시킴과 동시에 장비획득 및 운용지원 소요시간을 단축시킬 수 있다.

3) 인력 및 비용의 절감

CALS의 적용은 제품 및 설비, 운용상태 등에 대한 정확한 정보제공을 가능하게 해준다. 따라서 적절한 설계 및 운영, 유지방안을 제시함으로써 수명주기비용을 최소화할 수 있다. 또한 서류에 의한 업무절차의 중복을 방지하기 위하여 자동화 및 통합화를 통하여 기존의 비효율적인 업무요소를 제거함으로써 소요시간과 비용의 감소, 품질의 향상은 물론 효율적인 업무진행과 인력절감을 이룰 수 있다. 특히 데이터관리의 효율성 제고를 통하여 데이터 개발 및 유지, 분배비용 등을 획기적으로 절감할 수 있다.

4) 종합적 품질향상

CALS는 CAD/CAM/CIM 절차와 데이터베이스를 직접적으로 연결함으로써 장비설계의 신뢰성과 정비성을 향상시킴은 물론 계획, 획득, 훈련 그리고 정비를 지원하기 위한 기술정보의 품질을 향상시킬 수 있다. 또한 데이터의 부정확, 누락, 불일치 요소들을 제거하여 데이터의 품질과 업무의 질을 향상시킬 수 있다.

5) CALS의 목표

제품의 라이프 사이클에 수반되는 업무처리를 정보시스템으로 처리토록 함으로써 제품의 질을 높이고, 고객이 요구하는 제품을 보다 저렴한 가격으로 보다 빨리 공급할 수 있도록 하는 것이 기본적 목표라 할 수 있다.

지금까지의 정보화전략이나 방법이 업무의 기능단위 접근이라면 CALS는 제품의 라이프 사이클을 연계한 새로운 업무처리 모델에 기초한 통합구도라는 면에 근원적인 차이가 있다.

종래의 기능단위의 조직을 바탕으로 한 업무처리방법은 BPR(Business Process Reengineering)[1]을 통해 조정하고, 동시공학적 구도로 새롭게 설계하여 다양한 정보를 디지털화한다. 이러한 정보는 각각 표준화를 통해 통합 DB에서 서로 공유·교환된다. 그리고 각 정보는 기업내 뿐만 아니라 제품을 생산, 유통, 판매하는 모든 과정에 참여하는 거래기업까지도 정보가 상호 공유되고 전송되도록 하며, 궁극적으로는 글로벌 시장에서 가장 최선의 요소(공개시장에서 독립된 기업, 기술, 업무처리기능 등)로의 변화를 최후의 목표로 추구한다.

CALS의 목표	제품의 생산에서부터 폐기에 이르는 전 과정을	단계		결과
		① 비즈니스 리엔지니어링을 통해 조정하고,	➡	정보의 공유와 전자적인 정보의 교환을 통하여 이러한 개념을 기업내 뿐만 아니라 제품을 생산, 유통, 판매하는 거래기업까지 확산하고, 궁극적으로는 글로벌시장에서 가장 최선의 요소들이 결합하는 가상기업(VE : Virtual Enterprise)으로의 변화를 추구
		② 동시공학적 업무처리과정으로 연계하여,		
		③ 다양한 정보를 표준화에 의해 디지털화하여 통합DB에 저장·활용		

1) 수익률과 고객만족도 향상이라는 목표를 달성하고자 업무내용과 그 흐름을 분석하고 재설계한 바탕 위에 실제로 업무내용과 조직을 변경하거나 사업분야의 리스트럭처링을 실시하는 것으로 1990년 초반에 미국에서 제창되었다.

6. CLAS의 추진 목적

1) 국제적으로 통용될 수 있는 국제표준의 적용을 통해 기술적 블록 극복

제품의 수명주기 동안에 관리되어야 할 정보의 양은 상상하기 힘들 정도로 다양한 종류와 많은 양을 나타내고 있다. 특히 단순소비재가 아닌, 자본재나 내구재 등의 제품과 관련해서는 그 심각성이 더욱 크다고 할 수 있다. 이와 같은 연유에서 세계의 모든 국가들은 표준 제정의 필요성을 절실히 느끼게 되었다. 이러한 필요성에 의하여 제정된 표준은 자연스럽게 국가간 상호교역에서 무역 또는 기술장벽의 역할을 하는 도구로 등장하였으며, 특히 근래에는 환경친화적인 제품에 대한 요구가 많아지면서 그야말로 제품의 수명주기에 대한 관리의 필요성이 더욱 커졌다.

지구촌 전체가 국경이 없는 하나의 거대한 시장으로 연결된 상황에서는 국제표준을 준수하여 생산된 제품, 국제표준을 준수하고 관리되고 있는 시스템 운영만이 생존할 수 있게 되었다.

CALS가 지향하고 있는 가상기업의 실현과 범지구촌적인 경쟁의 도래는 역설적인 상황을 초래하였다. 다시 말하면, 정보화 수준에서 앞서가던 기존의 기업이나 국가의 경우, 만약 그 내용이 국제표준과 배치된다면 차라리 정보화되지 않았던 것만 못한 상황이 될 수도 있다는 이야기다. 즉, 기존의 정보화는 오히려 글로벌시장에 참여하는데 장애물로 작용할 수도 있기 때문이다(이와 같은 문제를 CALS에서는 legacy data problem이라 함). 따라서 국제표준을 잘 준수하여 국제적인 기술 블록에 효과적으로 대응하면서, 이미 도입·채택되었거나 운용되고 있는 기존의 정보를 잘 활용하여 시스템 전체의 효율 제고에 힘써야 한다.

2) 인터넷의 이용기술을 기업활동 영역에 접목시켜 시너지효과 창출

CALS와 관련하여 오늘날 등장한 또 하나의 용어는 인터넷이라 할 수 있다. 만약 인터넷이 보편화되지 않았다면 CALS의 실현은 기술적으로는 물론이고 사회적으로 성숙되지 못했을 것이다. 인터넷으로 등장하여 저가에 양질의 정보를 풍부하게, 그리고 실시간으로 획득하는 것이 가능해졌기 때문이다. 인터넷이 등장하기 전에는 특정 정보는 해당 분야의 소수의 전문가에게만 접근 가능한 것이었다. 그것이 전자적인 정보이든, 기존의 문헌과 같은 정보이든, 정보의 검색 또한 제한될 수밖에 없었다. 그러나 인터넷의 등장으로 이제 전문정보조차도 모든 일반 대중에게 완전히 개방된 상태다. 이와 같은 상황에서는 기업활동의 패턴 또한 변화해야 할 필요가 있다. 무엇보다도 개방화, 신속화 그리고 정확성 등이 뒤따르지 못하는 기업은 무차별로 도태될 것이다. 역으로 생각하면 이와 같은 특성을 달성하기 위해서 인터넷을 적극적으로 활용해야 한다는 얘기도 될 수 있다. 무한한 정보의 보고를 효율적으로 검색하여 기업활동에 유익한 정보를 얻기 위한 가장 값싸고 막강한 무기로서 인터넷의 시너지적인 활용을 채택해야 한다.

3) BPR, EDI 등의 영역을 통합하여 기업 전영역에 폭넓게 적용

기업 자체의 경쟁력 확보를 위하여 정보화 마인드가 배제되거나 부족한 업무 관행 및 프로세스에 대하여는 과감하고도 신속한 정리와 개혁이 뒤따라야 한다. 이는 정보화로 대변되는 시대에는 곧 기업의 사활과도 직결되는 문제이기 때문이다. 따라서 기업은 리엔지니어링을 통하여 끊임없이 체질개선과 작고 효율적인 규모를 유지해야 한다. 또한 동시공학의 기업을 이용하여 시장의 상황 변화에 신속하고도 탄력적으로 대응해야 한다. 타기업 및 산업계, 사회 전반의 CALS 구축에도 상응하여 기업을 운영해야 하며, 특히 각종 기술표준을 적극적이고 발전적으로 채택하여 기술 블록에 대응할 수 있는 높은 경쟁력을 확보해야 한다.

4) 고품질, 저가격, 빠른 납기로 인한 산업경쟁력 획득

소비자와 생산자가 하나의 네트워크상에 존재하는 CALS 개념상에서,

소비자의 다양한 욕구를 반영한 신제품개발, 신속한 생산체제구축, 국제적인 생산기반 확보, 정확한 납기 준수 등과 같은 일들이 필수적으로 요구되고 있다. 이는 곧 글로벌시장에서 기업의 경쟁력과도 직결되는 사안들이다. 특히 CALS표준을 잘 준수함으로써 규모의 경제에 의한 효과를 누릴 수 있으며, 이는 곧 저비용, 고품질의 제품생산으로 이어진다.

5) 기업간 통합, 가상기업의 실현으로 21세기 글로벌 환경에 대응

CALS에서 추구하는 궁극적인 목표인 가상기업의 실현은 글로벌체제의 무한경쟁을 전제로 하고 있다. 따라서 전세계를 하나로 엮어주는 네트워크상에서 최적화의 개념이 기업경쟁에도 도입되어야 한다. 이는 곧 특정 업종내에서 최고의 경쟁력을 매개로 하여 기업간 통합이 이루어지는 것을 전제로 하기 때문에, 기업은 특화된 분야에서 첨예한 기술 경쟁력을 확보하도록 노력해야 한다.

CALS의 추진 목적
▸국제적으로 통용될 수 있는 국제표준의 적용을 통해 기술적 블록 극복
▸인터넷의 이용기술을 기업활동 영역에 접목시켜 시너지효과 창출
▸BPR, 동시공학, EDI 등의 영역을 통합하여 기업 전영역에 폭넓게 적용
▸고품질, 저가격, 빠른 납기로 인한 산업경쟁력 획득
▸기업간 통합, 가상기업의 실현으로 21세기 글로벌 환경에 대응

5
chapter

문서관리

제 1 절 문서관리의 개설

1. 공문서의 의의

1) 행정상 공문서의 의의

행정상 공문서라 함은 행정기관 또는 공무원이 직무상 작성하고 처리한 문서를 말한다. 사무관리규정 제3조제1호에는 "공문서라 함은 행정기관 내부 또는 상호간이나 대외적으로 공무상 작성 또는 시행되는 문서(도면 · 사진 · 디스크 · 테이프 · 필름 · 슬라이드 · 전자문서 등의 특수매체기록을 포함한다. 이하 같다) 및 행정기관이 접수한 모든 문서를 말한다" 라고 규정하고 있다. 각급 행정기관의 의사표시는 공문서로 나타나며, 행정활동과정에서 생산된다. 따라서 행정기관의 행정활동과정에서 생산되는 공문서가 유효하게 성립되기 위한 일반적 요건은 다음과 같다.

첫째, 당해기관의 의사표시가 명확하게 표시될 것

둘째, 위법 · 부당하거나 시행 불가능한 사항이 없을 것

셋째, 당해기관의 권한내의 사항 중에서 작성될 것

넷째, 법령에 규정된 절차에 따라 형식이 정리될 것

(1) 용어의 정의(사무관리규정 제3조)

① 공문서 : 행정기관 내부 또는 상호간이나 대외적으로 공무상 작성 또는 시행되는 문서(도면 · 사진 · 디스크 · 테이프 · 필름 · 슬라이드 · 전자문서 등의 특수매체기록을 포함) 및 행정기관이 접수한 모든 문서를 말한다.

② 문서과 : 행정기관 내의 공문서의 분류 · 배부 · 수발업무지원 및 보존 등 문서에 관한 사무를 주관하는 과 · 담당관 또는 계를 말한다.

③ 처리과 : 문서의 수발 및 사무처리를 주관하는 과 · 담당관 또는 계를 말한다.

④ 자료 · ⑤ 자료과 : 삭제(1999. 12. 7.)

⑥ 정보통신망 : 전기통신설비를 활용하거나 전기통신설비와 컴퓨터 및 컴퓨터의 이용기술을 활용하여 정보를 수집 · 가공 · 저장 · 검색 · 송신 또는 수신하는 정보통신체제를 말한다.

⑦ 전자문서 : 컴퓨터 등 정보처리능력을 가진 장치에 의하여 전자적인 형태로 작성, 송 · 수신 또는 저장된 문서를 말한다.

⑧ 서명 : 기안자 · 검토자 · 협조자 · 결재권자 또는 발신명의인이 공문서(전자문서 제외)상에 자필로 자기의 성명을 다른 사람이 알아볼 수 있도록 한글로 표시하는 것을 말한다(2002. 12. 26. 개정).

⑧의2 전자문자서명 : 기안자 · 검토자 · 협조자 · 결재권자 또는 발신명의인이 전자문서상에 전자적 결합으로 자동 생성된 자기의 성명을 전자적인 문자 형태로 표시하는 것을 말한다(2002. 12. 26. 신설).

⑨ 전자이미지서명 : 전자문서를 기안자 · 검토자 · 협조자 · 결재권자 또는 발신명의인이 전자문서상에 전자적인 이미지 형태로 된 자기의 성명을 표시하는 것을 말한다(2002. 12. 26. 개정).

⑩ 행정전자서명 : 기안자 · 검토자 · 협조자 · 결재권자 또는 발신명의인의 신원과 전자문서의 변경여부를 확인할 수 있도록 당해 전자문서에 첨부되거나 논리적으로 결합된 전자적 형태의 정보로서 인증을 받은 것을 말한다(2002. 12. 26. 신설).

⑪ 전자이미지관인 : 관인의 인영을 컴퓨터 등 정보처리능력을 가진 장치에 전자적인 이미지 형태로 입력하여 사용하는 관인을 말한다(2002. 12. 26. 개정, 2001. 2. 14.부터 "전자관인"이 "전자이미지관인"으로 용어가 변경됨).

⑫ 전자문서시스템 : 문서의 기안 · 검토 · 협조 · 결재 · 등록 · 시행 · 분류 · 편철 · 보관 · 보존 · 이관 · 접수 · 배부 · 공람 · 검색 · 활용 등 문서의 모든 처리절차가 전자적으로 처리되는 시스템을 말한다(2002. 12. 26. 신설).

⑬ 행정정보시스템 : 행정기관이 행정정보를 생산 · 수집 · 가공 · 저장 · 검색 · 제공 · 송신 · 수신 및 활용하기 위한 하드웨어 · 소프트웨어 · 데이터베이스와 처리절차 등을 통합한 시스템을 말한다(2002. 12. 26. 신설).

(2) 용어의 정의(사무관리규정시행규칙 제2조)

① 기관번호 : 행정사무의 표준화를 위하여 행정자치부장관이 정한 행정전산망 공통행정코드 중 기관별 코드번호를 말한다.

② 누년 일련번호 : 연도구분과 관계없이 누년 연속되는 일련번호를 말한다.

③ 연도별 일련번호 : 연도별로 구분하여 매년 새로 시작되는 일련번호로서 연도표시가 없는 번호를 말한다.
④ 연도표시 일련번호 : 연도표시와 연도별 일련번호를 붙임표(-)로 이은 번호를 말한다.
⑤ 결재권자 : 행정기관의 장, 규정 제16조제2항의 규정에 의하여 행정기관의 장으로부터 결재권을 위임받은 자 및 규정 제16조제3항의 규정에 의하여 대결하는 자를 말한다.

2) 법률상의 공문서의 의의

(1) 형법상의 공문서의 개념

형법에서 말하는 "공문서"라 함은 공무소 또는 공무원이 그 명의로써 권한 내에서 소정의 형식에 따라 작성한 문서를 말하며, 공문서위조·변조, 허위공문서 등의 작성 및 행사 등 공문서에 관한 죄(제225조 내지 제230조, 제235조 및 제237조)를 규정하여 공문서의 진정성(眞正性)을 보호하고 있는 데, 일반적으로 공문서에 관한 죄는 사문서에 관한 죄보다 무겁게 처벌되고 있다.

(2) 민사소송법상의 공문서의 개념

민사소송법은 "문서의 방식과 취지에 의하여 공무원이 직무상 작성한 것으로 인정한 때에는 이를 진정한 공문서로 추정한다"(제327조)라고 규정하여 공문서는 그 방식·취지에 의하여 공무원이 직무상 작성한 것으로 인정되는 때에는 진정한 공문서로 추정하여 증거능력을 부여하고 있다.

(3) 형사소송법상의 공문서의 개념

형사소송법은 "호적의 등본 또는 초본, 공정증서등본, 기타 공무원 또는 외국 공무원의 직무상 증명할 수 있는 사항에 관하여 작성한 문서 등은 당연히 증거능력이 있는 서류(제315조)로서 증거로 할 수 있다"고 규정하고 있다.

또한, 동법 제147조의 규정에 의하면 공무원 또는 공무원이었던 자를 증인으로 직무상의 비밀에 관한 사항을 심문할 경우에는 법원은 당해 관청 또는 감독관청의 승인을 얻도록 규정하고 있다.

2. 문서의 필요성

"모든 행정사무는 문서에서 시작하여 문서로 끝난다"고 할 수 있다. 행정사무는 대부분 문서로 이루어진다. 문서는 인체의 혈액처럼 행정사무를 수행하는 과정에서 필수적인 요소이다. 문서의 주요기능은 의사전달과 의사보존이라고 할 수 있으며, 일반적으로 다음과 같은 경우 문서가 필요하다.

첫째, 내용이 복잡하여 문서가 없이는 당해 업무의 처리가 곤란할 때
둘째, 사무처리 결과의 증빙자료로서 문서가 필요한 때
셋째, 사무처리의 형식상 또는 체제상 문서의 형식이 필요한 때
넷째, 사무처리에 대한 의사소통이 대화로는 불충분하여 문서에 의한 의사소통이 필요한 때
다섯째, 사무처리의 결과를 일정기간동안 보존할 필요가 있을 때 등

3. 문서처리의 원칙

(1) 즉일처리의 원칙

문서는 내용 또는 성질에 따라 그 처리기간이나 방법이 다를 수 있으나, 효율적인 업무수행을 위하여 그 날로 처리하는 것이 바람직하다.

(2) 책임처리의 원칙

문서는 정해진 사무분장에 따라 각자가 직무의 범위 내에서 책임을 가지고 관계규정에 따라 신속·정확하게 처리하여야 한다.

(3) 적법처리의 원칙

문서는 법령의 규정에 따라 일정한 형식 및 요건을 갖추어야 함은 물론 권한있는 자에 의하여 작성·처리되어야 한다.

(4) 전자처리의 원칙

문서는 전자처리가 원칙이다. 즉 문서의 기안·검토·협조·결재·등록·시행·분류·편철·보관·보존·이관·접수·배부·공람·검색·활용 등 문서의 모든 처리절차가 전자문서시스템에서 전자적으로 처리되도록 하여야 한다.

4. 문서의 종류

1) 작성주체에 의한 구분

(1) 공문서

행정기관 또는 공무원이 그 직무상 작성한 문서 또는 시행되는 문서 및 접수한 문서를 말한다.

(2) 사문서

사문서는 개인이 사적(私的)인 목적을 위하여 작성한 문서를 말한다. 그러나, 사문서도 각종 신청서 등과 같이 행정기관에 제출하여 접수가 된 것은 사문서가 아니고 공문서로 된다. 따라서, 공문서에 관한 제 규정에 따라 취급되며 그 문서를 제출한 사람도 접수된 문서를 임의로 회수하여 갈 수는 없다.

2) 유통대상여부에 의한 구분

(1) 내부결재문서

행정기관 내부적으로 계획을 수립하거나 처리방침을 받거나 보고 또는 검토하기 위하여 결재를 받는 문서를 말한다. 내부적으로 결재를 받는 문서이므로 발신하지 않는다.

(2) 대내문서

당해 기관내부에서 보조기관 또는 보좌기관 상호간 협조를 하거나 보고 또는 통지를 위하여 수발하는 문서를 말한다.

(3) 대외문서

국민이나 단체 또는 다른 행정기관간(소속기관 포함)에 수발하는 문서를 말한다. 이와 같이 내부결재문서, 대내문서 및 대외문서로 나누는 것은 발신명의 · 형식 · 결재방법 및 처리절차 등을 달리 해야 할 필요가 있기 때문이다.

(4) 수신자와 발신자 명의가 같은 문서

합의제행정기관 또는 행정기관의 장이 당해 행정기관 또는 행정기관의 장에게 자신의 명의로 발송하고 자신의 명의로 수신하는 문서를 말한다. 즉 수신자 명의와 발신자 명의가 같은 문서이다.

(5) 전자문서

컴퓨터 등 정보처리능력을 가진 장치에 의하여 전자적인 형태로 작성, 송 · 수신 또는 저장된 문서를 말한다.

3) 문서의 성질에 의한 분류

사무관리규정 제7조에는 문서의 성질에 따라 법규문서 · 지시문서 · 공고문서 · 비치문서 · 민원문서와 일반문서의 6종으로 구분하고 있다.

(1) 법규문서

주로 법규사항을 규정하는 문서로서 헌법 · 법률 · 대통령령 · 총리령 · 부령 · 조례 및 규칙 등을 말한다.

(2) 지시문서

행정기관이 그 하급기관 또는 소속공무원에 대하여 일정한 사항을 지시하는 문서로서 훈령 · 지시 · 예규 및 일일명령 등을 말한다. 지시문서는 행정법에서는 행정규칙 또는 행정명령이란 용어로 사용하고 있다.

① 훈령 : 상급기관이 하급기관 또는 소속공무원에 대하여 상당한 장기간에 걸쳐 그 권한의 행사를 일반적으로 지시하기 위하여 발하는

명령을 말한다.

② 지시 : 상급기관이 직권 또는 하급기관의 문의에 의하여 하급기관에 개별적 · 구체적으로 발하는 명령을 말한다.

③ 예규 : 행정사무의 통일을 기하기 위하여 반복적 행정사무의 처리기준을 제시하는 법규문서 외의 문서를 말한다.

④ 일일명령 : 당직 · 출장 · 시간외근무 · 휴가 등 일일업무에 관한 명령을 말한다.

(3) 공고문서

행정기관이 일정한 사항을 일반에게 알리기 위한 문서로서 고시 · 공고 등이 이에 해당된다.

① 고시 : 법령이 정하는 바에 따라 일정한 사항을 일반에게 알리는 문서로서 일단 고시된 사항은 개정이나 폐지가 없는 한 효력이 계속된다.

② 공고 : 일정한 사항을 일반에게 알리는 문서로서 그 내용의 효력이 단기적이거나 일시적인 것을 말한다.

(4) 비치문서

행정기관이 일정한 사항을 기록하여 행정기관 내부에 비치하면서 업무에 활용하는 비치대장 · 비치카드 등의 문서를 말한다.

(5) 민원문서

민원인이 행정기관에 허가 · 인가 · 기타 처분 등 특정한 행위를 요구하는 문서 및 그에 대한 처리문서를 말한다.

(6) 일반문서

위 각 문서에 속하지 않는 일반적으로 처리되는 문서를 말한다. 다만, 일반문서 중 특수한 것으로서 회보 및 보고서가 있다.

① 회보 : 행정기관의 장이 소속공무원 또는 하급기관에 업무연락 · 통보 등 일정한 사항을 알리기 위한 경우에 사용하는 문서로서 행정기관 단위로 회보사항을 일괄 수록하여 지역교육청 등에서 발행한다.

② 보고서 : 특정한 사안에 관한 현황 또는 연구·검토결과 등을 보고하거나 건의하고자 할 때 작성하는 문서를 말한다.

5. 문서의 작성형식

① 법규문서 : 조문 형식, 누년 일련번호 사용(예: 법률제1234호)
② 훈령 : 조문 형식 또는 시행문 형식, 누년 일련번호 사용(예: 훈령제5호)
③ 지시 : 시행문 형식, 연도표시-일련번호 사용 (예: 지시제2004-5호)
④ 예규 : 조문 형식 또는 시행문 형식, 누년 일련번호 사용(예: 예규제5호)
⑤ 일일명령 : 시행문 형식 또는 회보 형식, 연도별 일련번호 사용
⑥ 고시 : 연도표시-일련번호 사용(예: 고시제2004-5호)
⑦ 공고 : 연도표시 일련번호 사용(예: 공고제2004-5호)
⑧ 일반문서 : 기안문(시행문) 또는 서식 형식, 등록번호 사용(예: 행정능률과-123)
⑨ 회보 : 회보 형식(사무관리규정시행규칙 별지 제2호서식), 연도별 일련번호 사용(예: 회보제5호)
⑩ 보고서 : 일반기안문 또는 간이기안문 형식, 등록번호 사용

6. 문서의 성립과 효력발생

1) 문서의 성립

(1) 성립시기

다른 법령에 특별한 규정이 있는 경우를 제외하고는 당해 문서에 대한 결재권자[1]의 서명(전자문자서명·전자이미지서명 및 행정전자서명을 포

1) 행정기관의 장, 위임전결규정(사무전결처리규칙)에 의하여 행정기관의 장으로부

함함)에 의한 결재가 있음으로써 성립한다.

(2) 성립요건

① 정당한 권한이 있는 공무원이

② 직무의 범위 내에서 공무상 작성하고

③ 결재권자의 결재가 있어야 한다.

2) 효력발생시기

① 일반문서 : 수신자에게 도달된 때에 효력이 발생한다.

② 공고문서 : 고시 또는 공고가 있은 후 5일이 경과한 날에 효력이 발생한다. 다만, 효력발생 시기가 법령에 규정되어 있거나, 공고문서에 특별히 명시되어 있는 경우는 그에 의한다.

③ 전자문서 : 수신자의 컴퓨터파일에 기록된 때에 효력이 발생한다.

7. 행정전자서명의 인증 및 효력

1) 행정전자서명의 인증

(1) 인증권자 및 기능 수행권자

행정자치부장관은 행정전자서명에 대한 인증업무를 행하되, 전자정부구현을위한행정업무등의전자화촉진에관한법률시행령 제11조의 규정에 의한 정부전자관인인증관리센터가 그 기능을 수행한다.

(2) 행정전자서명의 효력 및 전자문서의 추정

인증을 받은 행정전자서명이 있는 경우에는 사무관리규정 제3조제8호의 규정에 의한 서명이 있는 것으로 보며, 당해 전자문서는 행정전자서명이 된 후에 그 내용이 변경되지 아니하였다고 추정한다.

터 결재권을 위임받은 자 및 규정 제16조제3항의 규정에 의하여 대결하는 자를 말한다(사무관리규정시행규칙 제2조).

(3) 인증업무의 위탁

행정자치부장관은 위의 인증업무 중 행정자치부장관이 지정하여 고시하는 중앙행정기관 · 지방자치단체 또는 그 소속기관에 대한 인증업무를 당해 중앙행정기관 · 지방자치단체 또는 그 소속기관에 위탁한다.

8. 문서수발의 원칙

① 문서는 직접 처리하여야 할 행정기관에 발신한다. 다만, 필요한 경우에는 행정조직상의 계통에 따라 발신한다.

② 하급기관에서 직근 상급기관 이외의 상급기관(당해 하급기관에 대한 지휘 · 감독권을 갖고 있는 기관을 말함)에 발신하는 문서 중 필요하다고 인정되는 문서는 그 직근 상급기관을 경유하여 발신한다.

③ 상급기관에서 직근 하급기관 외의 하급기관에 문서를 발신하는 경우에도 전항과 같이 경유하여 발신한다(☞ 경유문서 처리 요령 참조).

9. 각종 대장·서식의 전자관리

각종 대장 · 서식 등은 특별한 사유가 없는 한 전산화 · 자동화가 용이하도록 전자문서시스템 등으로 관리하여야 한다.

10. 문서관계규정

1) 사무관리규정

제정 1991. 6. 19. 대통령령 제13390호
개정 1993. 3. 6. 대통령령 제13870호(상공자원부와그소속기관직제)
개정 1994. 7. 23. 대통령령 제14339호(도서관및독서진흥법시행령)
개정 1994. 12. 23. 대통령령 제14438호(재정경제원과그소속기관직제)

개정 1996. 5. 3. 대통령령 제14989호

개정 1996. 6. 29. 대통령령 제15063호(총무처와그소속기관직제)

개정 1997. 10. 21. 대통령령 제15498호(공공기관의정보공개에관한법률시행령)

개정 1998. 7. 1. 대통령령 제15823호

개정 1999. 8. 7. 대통령령 제16521호

개정 1999. 12. 7. 대통령령 제16609호(공공기관의기록물관리에관한법률시행령)

개정 2001. 1. 29. 대통령령 제17115호(교육인적자원부와그소속기관직제)

개정 2001. 2. 14. 대통령령 제17129호

개정 2001. 6. 30. 대통령령 제17271호(전자정부구현을위한행정업무등의전자화촉진에관한법률시행령)

개정 2001. 8. 25. 대통령령 제17344호(정보통신망이용촉진및정보보호등에관한법률시행령)

개정 2002. 12. 26. 대통령령 제17811호

개정 2004. 5. 24 대통령령 제18392호

개정 2005. 3. 24 대통령령 제18746호

개정 2006. 3. 29 대통령령 제19413호

개정 2006. 6. 12 대통령령 제19513호

개정 2007. 4. 4 대통령령 제19985호

개정 2007. 7. 18 대통령령 제20171호

2) 사무관리규정시행규칙

제정 1991. 9. 30. 총리령 제395호

개정 1992. 12. 31. 총리령 제415호

개정 1996. 5. 28. 총리령 제570호

개정 1997. 11. 11. 총리령 제659호(공공기관의정보공개에관한법률시행규칙)

개정 1999. 9. 2. 행정자치부령 제64호

개정 1999. 12. 30. 행정자치부령 제78호(공공기관의기록물관리에관한법률시행규칙)

개정 2001. 2. 14. 행정자치부령 제125호

개정 2003. 7. 14. 행정자치부령 제203호

개정 2004. 5. 24 행정자치부령 제228호

개정 2006. 3. 29 행정자치부령 제324호

개정 2007. 4. 5 행정자치부령 제380호

3) 공공기록물 관리에 관한 법률

제정 1999. 1. 29 법률 5709호 공공기관의기록물관리에관한법률

전부개정 2006. 10. 4 법률 제8025호 공공기록물 관리에 관한 법률 〈법명변경〉

개정 2007. 4. 27 법률 제8395호

4) 공공기록물 관리에 관한 법률 시행령

제정 1999. 12. 7 대통령령 제16609호 공공기관의기록물관리에관한법률시행령

개정 2000. 12. 29 대통령령 17050호

개정 2002. 8. 8 대통령령 제17698호

개정 2003. 2. 11 대통령령 17901호

개정 2004. 3. 17 대통령령 제18312호

개정 2004. 5. 24 대통령령 제18392호

개정 2004. 8. 14 대통령령 제18518호

개정 2004. 11. 3 대통령령 18580호

개정 2005. 7. 22 대통령령 제18953호

개정 2006. 6. 12 대통령령 제19513호

개정 2007. 3. 27 대통령령 제19963호

전부개정 2007. 4. 4 대통령령 제19985호 공공기록물 관리에 관한 법률 시행령 〈법명변경〉
개정 2007. 7. 18 대통령령 제20171호
개정 2007. 7. 26 대통령령 제20191호

5) 공공기록물 관리에 관한 법률 시행규칙

제정 1999. 12. 30 행정자치부령 78호
개정 2001. 1. 5 행정자치부령 118호
개정 2003. 3. 17 행정자치부령 제197호
개정 2007. 4. 5 행정자치부령 제380호
전부개정 2007. 4. 5 행정자치부령 제380호 공공기록물 관리에 관한 법률 시행규칙 〈법명변경〉

제 2 절 문서작성의 일반사항

1. 용지의 규격

용지의 규격은 문서의 작성 · 처리 · 보관 · 보존에 있어서 매우 중요한 사항 중의 하나이다. 문서의 규격을 표준화함으로써 문서의 작성 · 분류 · 편철 · 보관 · 보존이 용이하게 되는 것이다. 문서작성에 쓰이는 용지의 기본규격은 도면, 증표류 기타 특별한 형식의 문서를 제외하고는 가로 210mm, 세로 297mm(A4용지)로 한다(필요한 경우에는 그 용도에 적합한 규격을 정하여 사용할 수 있다).

2. 용지의 여백

문서의 여백
- 위로부터 3cm
- 왼쪽으로부터 2cm
- 오른쪽으로부터 1.5cm
- 아래로부터 1.5cm

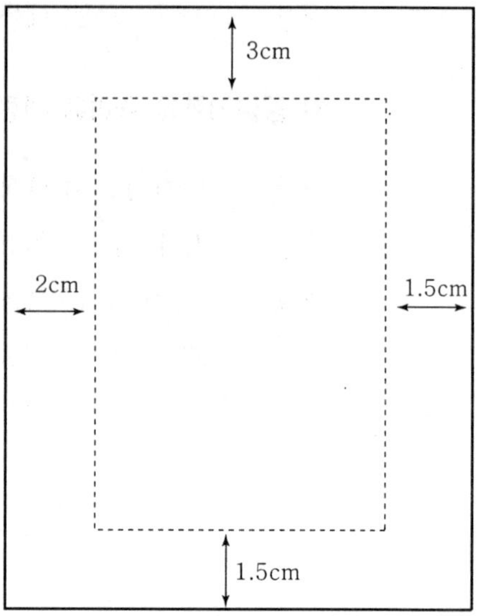

※ 문서의 편철위치나 용도에 따라 각 여백을 달리 할 수 있다.

3. 문서의 용어

1) 글자

문서는 문화예술진흥법 제7조의 규정에 의한 어문 규범에 맞게 한글로 작성하되, 쉽고 간명하게 표현하고, 뜻을 정확하게 전달하기 위하여 필요한 경우에는 괄호 안에 한자 그 밖의 외국어를 넣어 쓸 수 있으며, 특별한 사유가 있는 경우를 제외하고는 가로로 쓴다[2002. 12. 26. 개정].

〈예시〉 법규문서는 조문형식(條文形式)에 의하여---

2) 숫자 : 아라비아 숫자로 쓴다.

3) 연호 : 서기연호를 쓰되, "서기"는 표시하지 않는다.

4) 날짜 : 숫자로 표기하되 년, 월, 일의 글자는 생략하고 그 자리에 온점을 찍어 표시한다. 〈예시〉 2004. 8. 15.

5) 시분 : 24 시각제에 따라 숫자로 표기하되, 시 · 분의 글자는 생략하고 그 사이에 쌍점(:)을 찍어 구분한다.

〈예시〉 오후 3시 20분 → 15:20

4. 문서의 전자적 처리

행정기관의 장은 문서의 기안 · 검토 · 협조 · 결재 · 등록 · 시행 · 분류 · 편철 · 보관 · 보존 · 이관 · 접수 · 배부 · 공람 · 검색 · 활용 등 문서의 모든 처리절차가 전자문서시스템상에서 전자적으로 처리되도록 하여야 한다.

5. 검토 · 협조 및 결재중인 전자문서의 열람체계 구축

행정기관의 장은 검토 · 협조 및 결재중인 전자문서를 검토자 · 협조자 및 결재권자가 동시에 볼 수 있도록 전자문서의 열람체계를 구축할 수 있다.

6. 용지 및 글자의 색채

1) 용지 : 흰색

2) 글지 : 검은색 또는 푸른색

※ 다만, 도표의 작성이나 수정 · 주의환기 등 특별한 표시를 할 때에는 다른 색을 사용할 수 있다. 그러나, 황색계통이나 보라색 · 담홍색 등은 복사 및 모사전송에 의한 문서발송시 글자가 잘 나타나지 아니하므로 사용하지 않는 것이 좋다.

7. 문서의 수정

1) 문서의 일부분을 삭제 또는 수정하는 경우

① 원안의 글자를 알 수 있도록 삭제 또는 수정하는 글자의 중앙에 가

로로 두 선을 그어 삭제 또는 수정하고,

② 삭제 또는 수정한 자가 그곳에 서명 또는 날인한다.

③ ①, ②의 내용에 불구하고 필요에 따라 글자의 중앙에 가로로 두 선을 긋지 아니하고, '□□━□□', '□□━□□' 등 특수한 기호로 삭제 또는 수정할 수 있다.

2) 문서의 중요한 내용을 삭제 또는 수정하는 경우

문서의 여백에 삭제 또는 수정한 자수를 표시하고 서명 또는 날인한다.

〈예시〉 기안문 3자 삭제(서명 또는 날인)

〈예시〉 기안문 3자 수정(서명 또는 날인)

3) 시행문을 정정하는 경우

문서의 여백에 정정한 자수를 표시하고 관인으로 날인한다.

〈예시〉 시행문 3자 삭제(관인으로 날인)

〈예시〉 시행문 3자 수정(관인으로 날인)

4) 전자문서를 수정하는 경우

▸수정한 내용대로 재작성하여 시행하되,

▸수정전의 문서는 기안자 · 검토자 또는 결재권자가 보존할 필요가 있다고 인정하는 경우에는 이를 보존하여야 한다.

8. 항목의 구분

1) 문서의 내용을 2 이상의 항목으로 구분하여 작성하고자 할 때에는 다음과 같이 나누어 표시한다.

※ 기안문 작성시에 하나의 항목만 있을 경우에는 항목구분을 생략한다.

※ 부분적으로 필요한 경우에는 □, ○, -, ·등과 같은 특수한 기호로 표시할 수 있다.

〈도표 5-1〉 항목부호

구 분	항 목 부 호
첫째 항목	1., 2., 3., 4., · · ·
둘째 항목	가., 나., 다., 라., · · ·
셋째 항목	1), 2), 3), 4), · · ·
넷째 항목	가), 나), 다), 라), · · ·
다섯째 항목	(1), (2), (3), (4), · · ·
여섯째 항목	(가), (나), (다), (라), · · ·
일곱째 항목	①, ②, ③, ④, · · ·
여덟째 항목	㉮, ㉯, ㉰, ㉱, · · ·

※ 둘째, 넷째, 여섯째, 여덟째 항목의 경우에 하., 하), (하), 이상 더 계속되는 때에는 거., 거), (거), 너., 너), (너), · · · 로 이어 표시한다.

2) 각 항목의 표시위치 및 띄우기

① 첫째 항목부호는 제목의 첫 글자와 같은 위치에서 시작한다.

② 첫째 항목 다음 항목부터는 바로 앞 항목의 위치로부터 1자(2타)씩 오른쪽에서 시작한다.

③ 항목부호와 그 항목의 내용사이에는 1타를 띄운다.

〈예시〉

수신자×○○○장관(○○○과장)
제목×문서작성요령

1.*첫째 항목 ○○○○○○○○○○○○
×가.*둘째 항목 ○○○○○○○○○○○○
××1)*셋째 항목 ○○○○○○○○○○○○
×××가)*넷째 항목 ○○○○○○○○○○○○
××××(1)*다섯째 항목 ○○○○○○○○○○○○
×××××(가)*여섯째 항목 ○○○○○○○○○○○○

※ ×표시는 한글 1자(2타), *표시는 숫자 1자(1타)를 띄움.

3) 하나의 본문 아래 항목 구분

하나의 본문 아래 항목 구분은 주의를 요한다. 특히, 하나의 본문 아래 항목의 순서를 첫째 항목(1. 2. 3.---)으로 할 것인지, 아니면 둘째 항목(가. 나. 다.---)으로 할 것인지가 대단히 중요하다. 예시와 같이 첫째 항목(1. 2. 3.--- 등)부터 시작한다.

〈예시〉

수신자×○○○장관(○○○과장)
제목×문서관리교육 실시

×××문서관리교육을 다음과 같이 실시하오니 참석하여 주시기 바랍니다.
×××1.*일시: ○○○○○
×××2.*장소: ○○○○○
×××3.*참석대상: ○○○○○.×끝.

9. 문서의 "끝" 표시

1) 본문이 끝났을 경우: 1자(2타)를 띄우고 "끝"자를 쓴다.

〈예시〉 ---- 주시기 바랍니다. ×끝.

※ ×는 1자(2타) 표시이다.

2) 붙임물이 있는 경우

- 붙임의 표시를 한 다음에 1자(2타)를 띄우고 "끝"자를 쓴다.

〈예시〉 붙임 1. 서식승인 목록 1부.
2. 승인서식 2부.×끝.

3) 본문 또는 붙임의 표시문이 오른쪽 한계선에서 끝났을 경우

- 다음 줄의 왼쪽 기본선에서 1자를 띄우고 "끝"자를 표시한다.

〈예 시〉 붙임 ------------------------------- 1부.

×끝.

4) 연명부 등의 서식을 작성하는 경우

(1) 기재사항이 서식의 중간에서 끝나는 경우

- 기재사항의 마지막 다음 줄에 "이하빈칸"이라고 표시한다.

응시번호	성 명	주민등록번호	주 소
10	김길동	560223-1120813	도봉구 번동 413-58
33	홍기용	550415-1020813	종로구 청운동 30-5
		이 하 빈 칸	

(2) 기재사항이 서식의 마지막 칸까지 작성되는 경우

- 서식의 칸 밖 다음 줄의 왼쪽 기본선에서 1자를 띄우고 "끝"자를 표시한다.

응시번호	성 명	주민등록번호	주 소
10	김길동	560223-1120813	도봉구 번동 413-58
33	홍기용	550415-1020813	종로구 청운동 30-5

×끝.

5) 전자문서의 일괄기안의 경우

각 안마다 위의 요령에 따라 표시한다.

10. 붙임물의 표시

1) 본문이 끝난 다음 줄에 붙임의 표시를 한다.
2) 붙임물이 두 가지 이상인 때에는 항목을 구분하여 표시한다.

〈예시〉

(본문) ---------------------- 하시기 바랍니다. 붙임×1.*○○○계획서 1부. 2.*○○○서류 1부.×끝.

11. 금액의 표시

유가증권 및 문서에 금액을 표시할 때에는 다음과 같이 한다.

〈예시〉 금15,790원 (금일만오천칠백구십원)
※ 다른 법령에 표시방법이 따로 있는 경우 그 법령에 따른다.

12. 문서의 면표시

1) 문건별 면표시는 중앙하단에, 문서철 단위 면표시는 우측하단에 표기한다(1999. 12. 31.까지는 본문과 붙임의 면표시는 각각 달리하였으나, 2000. 1. 1.부터 본문과 붙임은 하나의 문건으로 보고 계속 이어서 면표시를 한다).

2) 양면에 기재된 문서는 양면에 모두 표시한다.

3) 기록물철의 면표시는 편철순서대로 맨 위로부터 아래로 일련번호로 부여하되, 표지와 색인목록은 제외하고 본문(붙임포함)부터 면표시 시작

한다.

4) 동일 기록물철을 2권 이상으로 나누어 편철시 2권 이후부터 철단위 면표시는 전권의 마지막 쪽수 다음부터 시작한다. 이 경우에도 표지와 색인목록은 면표시를 제외한다.

5) 기록물 철단위 면표시는 최초에는 연필로 했다가 기록물 정리가 끝나면 비로소 잉크 또는 넘버링기기로 확정하여 표시한다(공공기관의기록물관리에관한법률시행규칙의 부칙 제5조의 규정에 의하여 사무관리규정 시행규칙 제7조의 규정이 개정되었다).

13. 문서에 로고·상징·마크 또는 홍보문구 등을 표시한다.

기안문 및 시행문에는 가능한 한 행정기관의 로고·상징·마크 또는 홍보문구 등을 표시하여 행정기관의 이미지를 높일 수 있도록 하여야 한다. 로고는 왼쪽 상단(2cm × 2cm 범위 내에서 시작부분은 왼쪽기본선이며, 높이부분은 행정기관명임)에, 상징은 오른쪽 상단(2cm × 2cm 범위 내에서 끝나는 부분은 오른쪽 한계선이며, 높이부분은 행정기관명임)에, 홍보문구는 행정기관명 바로 위에 표시한다.

제3절 문서의 구성체제

1. 문서의 구성

- 문서의 구성
  - 두 문
    - 행정기관명
    - 수신자
    - (경유)
  - 본 문
    - 제목
    - 내용
    - 붙임
  - 결 문
    - 발신명의
    - 기안자 · 검토자 · 협조자 · 결재권자의 직위 또는 직급 및 서명
    - 생산등록번호와 시행일자
    - 접수등록번호와 접수일자
    - 행정기관의 우편번호 · 주소 · 홈페이지 주소 · 전화번호 · 모사전송번호
    - 공무원의 공식 전자우편주소
    - 공개구분

* 전자문서인 경우에는 본문은 제목 및 내용으로 할 수 있다.
* 서명에는 전자문자서명 · 전자이미지서명 및 행정전자서명을 포함한다.

1) 기안문의 종류별 구성요소

기안문의 종류별 구성요소는 다음과 같다.

(1) 일반기안문(시행문 겸용)(별지 제1호의2서식)

일반기안문(시행문 겸용)을 두문·본문 및 결문(또는 두문·본문·결문 및 붙임)으로 구성한다(전자문서인 경우에는 본문은 제목·내용 및

붙임으로 하거나 제목 및 내용으로 할 수 있다).

(2) 전자기안문(시행문 겸용)(별지 제3호의2서식)

전자기안문(시행문 겸용)은 표제부와 본문부로 나누며, 서로 다른 파일 또는 같은 파일로 구성하되, 표제부는 두문, 본문의 제목 및 결문으로, 본문부는 제목·내용 및 붙임으로 구성할 수 있다.

(3) 간이기안문(별지 제3호의3서식)

왼쪽 상단에 위치한 문서등록의 표시(등록번호, 등록일자, 결재일자 및 공개구분), 오른쪽 상단에 위치한 결재란의 표시(기안자, 검토자, 협조자, 결재권자), 제목, 요약설명문의 표시, 작성기관의 표시(아래 중앙)로 구성한다. 작성일자는 작성기관의 바로 윗부분에 표시한다.

① 일반기안문, 전자기안문, 간이기안문의 사용상 차이점을 알아둔다.

▸일반기안문과 전자기안문은 둘 다 내부결재문서, 대내문서, 대외문서, 수신자와 발신자 명의가 같은 문서 등 모든 문서에 사용한다. 다만, 간이기안문은 내부결재문서에만 사용한다.

▸일반기안문과 간이기안문은 종이문서와 전자문서에 모두 사용하며, 전자기안문은 전자문서에만 사용한다.

② 특히 일반기안문과 전자기안문은 다음 내용을 잘 구분하여 사용하는 것이 능률적이다.

▸문서작성시 표(박스), 특수기호가 많은 경우에는 전자기안문을 사용하는 것이 문서유통상(호환상) 안전하다. 왜냐하면, 본문내용이 표제부에 있지 않고 본문부(붙임 형식)에 기재되므로, 문서호환시 깨지지 않는다.

▸문서작성내용이 적은 경우(1쪽 이내)에는 일반기안문을 사용하고, 많은 경우(2쪽 이상)에는 전자기안문 또는 일반기안문을 사용한다.

2. 문서의 등록번호

문서의 등록번호는 처리과별로 기록물등록대장(기본등록사항)에 등록된 순서에 따라 일련번호를 부여한다.

1) 전자문서시스템과 기록물등록대장상 등록번호

문서의 등록번호는 처리과기관코드와 연도별 등록일련번호로 구성한다.

6010509 — 35

35 → 연도별 등록일련번호

6010509 → 처리과기관코드

2) 문서(기안문과 시행문, 각종 법령서식)상 등록번호

문서의 등록번호는 처리과명과 연도별 등록일련번호로 구성한다. 여기서 처리과명은 처리부서명(담당부서명)을 말하며, 처리과명이 없는 행정기관은 행정기관명을 표시하되, 10자가 넘는 경우에는 10자 이내의 행정기관명의 약칭을 표시한다.

〈처리과가 있는 경우〉

행정능률과 — 35

35 → 연도별 등록일련번호

행정능률과 → 처리과명

〈처리과가 없고 행정기관명이 10자 이내인 경우〉

울산애니원고등학교 — 45
→ 연도별 등록일련번호
→ 행정기관명

〈처리과가 없고 행정기관명이 10자가 넘는 경우〉

상주출장소 — 55
→ 연도별 등록일련번호
→ 행정기관명 약칭(대구국도유지건설사무소상주출장소의 약칭)

3. 수신자의 표시

1) 문서의 두문 중 수신자란의 표시방법은 다음과 같다.

(1) 독임제기관의 장 또는 합의제기관의 장의 권한인 경우에는 수신자란에 당해 기관의 장의 직위(수신자명)를 쓰거나 수신자기호를 먼저 쓰고, 이어서 ( )안에는 처리할 보조기관 또는 보좌기관의 직위가 분명한 경우에는 그 직위를 쓰되, 그 직위가 분명하지 않는 경우에는 ○○업무담당과장 등으로 표시한다.

(예시 1) 수신자 행정자치부장관(○○과장), 문화관광부장관(○○과장)

(예시 2) 수신자 중앙인사위원회위원장(○○과장), 행정자치부장관(○○과장)

(예시 3) 수신자 정부혁신·지방분권위원회위원장(○○팀장)

(예시 4) 수신자 가49(정보공개업무담당과장), 가52(정보공개업무담당과장), 나01(정보공개업무담당과장), 다01(정보공개업무

담당과장)

(2) 합의제기관의 권한인 경우에는 수신자란에 당해 기관의 명칭을 표시하거나 수신자기호를 표시한다.

(예시 1) 수신자 중앙인사위원회(○○과장), 국민고충처리위원회(○○과장)

(예시 2) 수신자 정부혁신·지방분권위원회(○○팀장)

(예시 3) 수신자 국민고충처리위원회(○○과장)

(예시 4) 수신자 가14(○○과장), 가15(○○과장)

(3) 민원회신문서에는 수신자란에 먼저 민원인의 성명을 쓰고(예: 홍길동 귀하), 이어서 ( )안에는 우편번호와 주소를 쓰되, 전자문서시스템에서 우편번호는 검색이 용이하도록 하여야 한다.

(예시) 수신자 홍길동 귀하(우110-035 서울특별시 종로구 옥인동 178-99)

(4) 수신자가 많아 본문의 내용을 기재할 난이 줄어들어 본문의 내용을 첫 장에서 파악하기 곤란한 경우에는 두문의 수신자란에 "수신자 참조"라고 쓰고, 결문의 발신명의 밑의 왼쪽기본선에 맞추어 수신자란을 설치하여 수신자명 또는 수신자기호를 표시한다.

* (두문) 수신자 수신자 참조 (문서관리업무담당과장)

(결문) 수신자 가, 나, 다, 라, 마, 법원행정처장, 국회사무처장,--------------------------

(5) 내부결재문서는 수신자란에 "내부결재"라고 표시한다.

(예시) 수신자 내부결재

2) 수신자기호의 제정

(1) 행정자치부장관: · 중앙행정기관(합의제행정기관 포함)
· 서울특별시 · 광역시 · 도
· 서울특별시 · 광역시 · 도교육청
· 정부투자기관관리기본법에 의한 정부투자기관 등

(2) 상급기관의 장: 소속기관

(3) 당해 행정기관의 장: 행정기관내의 보조기관 · 보좌기관

3) 수신자기호와 기관번호(행정표준코드)의 연계

행정기관의 장은 행정기관간의 전자문서의 원활한 유통을 위하여 수신자기호와 기관번호(행정표준코드)를 연계하고, 기관번호의 생성, 폐지, 변경 등의 이력이 관리되도록 하여야 하며, 그 기관번호를 정부디렉토리시스템에 반영하여야 한다.

▸행정표준코드: 행정자치부 홈페이지(http://mogaha.go.kr)의 행정표준코드 참조

▸행정표준코드관리시스템 홈페이지: http://code.gcc.go.kr:7001/code/

4. 제목의 표시

제목은 그 문서의 내용을 함축하여 나타내는 문구로서 문서의 내용을 쉽게 알 수 있도록 쉬운 말로 간단하고 명확하게 표시한다.

5. 발신명의의 표시

1) 독임제기관의 장 또는 합의제기관의 장의 권한인 경우에는 당해 기관의 장의 명의로 발신한다.

(예시: ○○장관, ○○시장, ○○군수, ○○위원장 등)

2) 합의제기관의 권한에 속하는 사항은 당해 기관의 명의로 발신한다. (예시: ○○위원회)

3) 법령에 의하여 행정권한이 위임·위탁된 경우에는 그 위임 또는 위탁을 받은 자의 명의로 발신한다.

4) 행정기관내 보조기관 및 보좌기관 상호간에 발신하는 문서는 당해 보조기관 또는 보좌기관의 명의로 발신한다.
 (예시: ○○과장, ○○실장, ○○담당관 등)

5) 내부결재문서는 발신명의를 표시하지 아니한다(사무관리규정 제13조제3항 참조).

제 4 절 문서의 기안

1. 기안의 일반사항

1) 기안의 의의

기안이라 함은 행정기관의 의사를 결정하기 위하여 문안을 작성하는 것을 말한다. 기안에는 기안문 서식을 사용하는 ① 일반기안, ② 간이기안, ③ 일괄기안(전자기안), ④ 공동기안, ⑤ 수정기안이 있으며, 기안문 서식을 사용하지 아니하는 ⑥ 서식에 의한 처리 등이 있다.

2) 기안자의 자격

① 기안자의 범위에 관하여는 아무런 제한이 없다. 공무원이면 누구든지 기안자가 된다.

② 사무관리규정 제5조의 규정에 의하여 분장 받은 업무에 대하여 그 업무를 담당하는 자는 직급 등에 관계없이 기안할 수 있다.

③ 또한 접수문서를 공람하는 결재권자는 동 규정 제23조제4항의 규정에 의하여 그 처리담당자를 따로 지정할 수 있으므로 이 경우의 지정된 자도 기안자가 된다.

3) 기안의 요인

기안은 접수한 문서를 처리하기 위한 경우, 상급자의 지시 사항을 처리하기 위한 경우, 순수한 자기발안의 경우, 법령이나 훈령·예규 등의 근거에 의하여 하는 경우 등이 대부분이다.

4) 기안의 원칙

문서의 기안은 전자문서로 함을 원칙으로 한다. 다만, 업무의 성격 기타 특별한 사정이 있는 경우에는 종이문서로 기안할 수 있다.

5) 기안문의 형식

사무관리규정 제14조는 문서의 기안은 정기보고 또는 수시보고, 경미한 사항의 허가·인가·증명서 교부, 기타 관례적인 사무에 관한 문서 및 비치문서 등을 제외하고는 일정한 형식의 기안문 서식에 의하도록 하고 있으며, 그 서식의 종류는 다음과 같다.

① 일반기안문(별지 제1호의2서식): 내부결재문서, 대내문서, 대외문서, 수신자와 발신자 명의가 같은 문서 등 모든 문서에 사용한다. 그리고 종이문서와 전자문서에 모두 사용한다.

② 전자기안문(별지 제3호의2서식): 내부결재문서, 대내문서, 대외문서, 수신자와 발신자 명의가 같은 문서 등 모든 문서에 사용한다. 그리고 전자문서에만 사용한다.

③ 간이기안문(별지 제3호의3서식): 내부결재문서에만 사용한다. 그리고 종이문서와 전자문서에 모두 사용한다.

④ 대통령결재용 기안문(별지 제4호서식): 가)와 같다.

⑤ 대통령결재용 간이기안문(별지 제4호의2서식): 나)와 같다.

⑥ 관계서식이 개별법령에 따로 있는 경우에는 그 내용을 관계서식에 기입하는 방법으로 할 수 있다.

⑦ 별지 제3호의3서식(간이기안문) 및 별지 제4호의2서식(대통령결재용 간이기안문)은 보고서·계획서·검토서 등 내부결재문서에 한하며, 시행문으로 변환하여 시행할 수 없다(시행을 전제로 한 문서는 반드시 별지 제1호의2서식, 별지 제3호의2서식 또는 별지 제4호서식을 사용하여야 한다).

⑧ 대통령의 결재를 받아야 하는 경우에 사용하는 기안문은 별지 제4호서식 또는 별지 제4호의2서식에 의한다. 이 외에 특별한 결재절차에 사용하기 위한 기안문 서식이 필요한 경우에는 서식을 따로 정하여 사용할 수 있다.

6) 기안의 준비

① 기안자는 기안에 앞서 안건에 관련된 문제를 파악하고 관계규정 및 과거 행정선례를 숙지하고 있어야 한다.

② 당해 사항을 기안하는 목적과 필요성을 파악하고 자료를 수집·분석하며 필요한 경우에는 설문조사, 실태조사, 회의 등을 통하여 의견을 청취하여야 한다.

③ 기안의 방법 등을 결정하여 복잡한 기안의 경우에는 폐지(廢紙) 등에 초안을 작성하여 논리의 일관성을 해치는 내용이나 빠지는 사항이 없도록 검토한 다음 작성한다.

④ 기안자는 당해 업무에 대한 책임의식을 가지고 기안하고 당해 기관과 수신자와의 관계 및 입장을 고려하여야 한다.

7) 기안문상 발의자 및 보고자 표시

정책실명제를 실현하기 위하여 1998. 7.에 기안문에 발의자 및 보고자를 표시하도록 하였다.

(1) 발의자 및 보고자의 의의

기안문에는 발의자와 보고자를 알 수 있도록 표시하여야 한다. 여기서 발의자란 기안하도록 지시한 자 또는 지시자가 없는 경우 스스로 입안한 자를 말하며, 보고자란 결재권자에게 직접 보고하는 자를 말한다(지시여부는 기안내용의 구체성 여부를 감안하여 결정한다).

(2) 발의자 및 보고자의 표시기호

발의자의 표시기호는 '★'표시로, 보고자의 표시기호는 '⊙'표시로 한다(발의자와 보고자가 동일인인 경우에는 ★, ⊙를 함께 표시한다).

(3) 전자문서인 경우에 발의자의 표시방법

전자문서인 경우에는 발의자는 해당란에 '★'표시를 하거나 발의자가 누구인지를 검색할 수 있도록 기안자·검토자 또는 결재권자의 직위 또는 직급란에 발의자 항목을 추가할 수 있다(발의자의 표시가 전자문서시스템에서 검색이 가능하도록 발의자(★)의 표시를 하거나 발의자 항목을 추가하여야 한다).

(4) 발의자 및 보고자의 표시기호 생략 가능 문서

① 검토 및 결정을 요하지 아니하는 문서

② 제증명 발급, 회의록, 기타 단순사실을 기록한 문서

③ 일상적·반복적인 업무로서 경미한 사항에 관한 문서

(5) 발의자 및 보고자의 표시기호 위치

발의자 및 보고자의 표시기호는 기안문의 해당 직위 또는 직급의 앞 또는 위에 한다.

(6) 전자문서로 결재하거나 결재권자에게 직접 보고하지 아니하는 경우에는 보고자 표시를 생략한다.

8) 기안문 작성시 유의사항

(1) 정확성(바른 글)

① 6하 원칙에 의하여 작성한다.

② 애매한 표현이나 과장된 표현을 피한다.

※ 애매한 문장의 사례

『광복절기념행사에 직원 2명을 참석하도록 하시기 바랍니다.』

〈의문사항〉

- ▸직원 2명의 성별 및 직급불분명
- ▸각과에서 2명인지, 국 전체에서 2명인지 불분명
- ▸직원 2명이 참석자인지, 행사지원요원인지 불분명

(2) 신속성(이해가 빠른 글)

① 문장은 짧게 끊어서 개조식으로 쓴다.

② 가급적 먼저 결론을 쓰고 그 다음에 이유 또는 설명을 쓴다.

(3) 용이성(쉬운 글)

① 읽기 쉽고 알기 쉬운 말을 쓴다.

② 한자나 어려운 전문용어는 피한다. 한자 또는 전문용어를 쓸 필요가 있을 때에는 ( )를 하여 한자를 쓰거나 용어의 해설을 붙인다.

③ 받는 사람의 이해력과 독해력을 고려하여 쓴다.

④ 다루기 쉽게 1건 1매주의(1매 BEST)로 한다.

(4) 경제성(효율성이 있는 글)

① 일상 반복적인 업무는 표준 기안문을 활용한다.

② 용지의 규격·지질을 표준화한다.

③ 서식을 통일한다.

④ 문자를 부호화하여 활용한다.

(5) 성실성(호감이 가는 글)

① 적절한 경어를 사용한다.

② 감정적·위압적인 과격한 표현을 쓰지 않는다.

2. 기안문의 검토 및 협조

1) 일반사항

(1) 기안자는 기안문에 대한 형식·내용을 최종적으로 확인한 후 결재권자의 결재를 받기 전에 보조기관 또는 보좌기관의 검토를 받는다(전자문서인 경우 결재 후에는 수정이 불가능함으로 결재 전에 형식·내용 등을 반드시 확인하여야 한다).

① 총괄 책임자가 기안하는 경우

ⓐ 업무분담자의 의견을 들은 후 보조기관 또는 보좌기관의 검토·결재 등을 받아야 한다.

ⓑ 총괄책임자는 기안자란에, 업무분담자는 검토자란에 서명한다. 기안자 및 검토자란 용어는 생략하며, 협조자란 용어는 표시한다. 예시는 다음과 같다(총괄책임자와 업무분담자의 직급은 온전하게 쓴다).

(예시)
행정주사 김갑순 행정사무관 김삿갓 행정능률과장 김홍도 행정혁신국장 전결 10/20 김홍도
협조자 행정제도과장 김갑돌

② 업무분담자가 기안하는 경우

ⓐ 총괄책임자[2]의 검토를 거친 후 보조기관 또는 보좌기관의 검토·결재 등을 받아야 한다.

ⓑ 업무분담자[3]는 기안자란에, 총괄책임자는 검토자란에 서명한다. 기안자 및 검토자란 용어는 생략하며, 협조자란 용어는 표시한다. 예시는 다음과 같다.

(예시)
행정주사 김삿갓 행정사무관 김갑순 행정능률과장 김홍도 행정혁신국장 전결 10/20 김홍도
협조자 행정제도과장 김갑돌

(2) 보조기관, 보좌기관 및 총괄책임자의 출장 등의 사유로 검토를 받을 수 없는 경우에는 검토를 생략하되, 검토자의 서명란에 출장 등의 사유를 명시하여야 한다.

(예시)
행정주사 김삿갓 행정사무관 병가 행정능률과장 출장 행정혁신국장 전결 10/20 김홍도
협조자 행정제도과장 김갑돌

(3) 기안문의 내용이 다른 보조기관 또는 보좌기관이나 다른 행정 기관의 업무와 관련이 있는 때에는 그 기관의 협조를 받는다.

① 협조의 내용이 간단한 경우에는 기안문의 협조자란을 이용한다.

(예시)
행정주사 김삿갓 행정사무관 병가 행정능률과장 출장 행정혁신국장 전결 10/20 김홍도
협조자 행정제도과장 김갑돌

2) 업무분장상 수 개의 단위업무를 총괄하는 책임자(직제상 직위가 없는 자임)를 말한다.

3) 업무분장에 의하여 직접 업무를 담당하는 자를 말한다. 업무분장을 보조(좌)기관이 아닌 자(직위가 없는 자)에게 각각 분장한 경우에는 모두가 업무분담자이다(담당자, 실무자, 담당 등). 이 경우에는 총괄책임자란 용어를 쓰지 않는다.

② 내용이 복잡하여 충분한 검토를 요하는 때에는 사무관리규정 제7장의 기관간 업무협조에 관한 규정에 따라 처리한다.

(4) 기안문의 검토 및 협조의 일반적인 절차[4]는 다음과 같다.

〈기안문의 검토 및 협조 절차〉

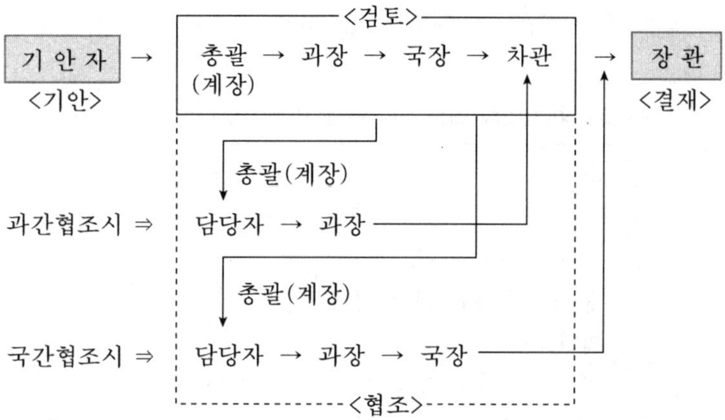

2) 다른 의견의 표시

(1) 기안문의 내용에 대하여 검토 또는 협조과정에서 기안자·검토자·협조자 상호간에 의견이 다를 경우 가능한 한 의견을 조정하여 합의하도록 노력하여야 하며, 합의가 가능한 때에는 수정하거나 재작성하면 되므로 의견의 표시는 불필요한 것이다.

(2) 기안문을 검토 또는 결재함에 있어서 기안내용의 일부를 수정 또는 변경하고자 하는 때에는 원래의 기안문에 수정·변경사항을 기재하여 그대로 검토·결재를 함으로써 불필요하게 같은 문서를 여러 번 작성하

4) 협조순서는 두 가지가 가능하다. 기안부서의 총괄(계장) ⇒협조부서의 총괄(계장) ⇒기안부서의 과장 ⇒ 협조부서의 과장의 순서 또는 기안부서의 총괄(계장), 과장⇒협조부서의 총괄(계장), 과장의 순서이다.
협조에 있어 과장·국장 등의 협조가 필요한 경우 과·국장은 업무를 총괄하고 있으므로 실질적인 세부업무에 대한 협의는 해당업무담당자 또는 총괄(계장)담당자와 사전 협의를 한 후 과·국장의 협조서명을 받는 것이 좋다.

지 않도록 한다.

(3) 기안문의 내용에 대하여 검토 또는 협조한 자가 다른 의견을 표시한 때에는 당해 문서 본문의 마지막 또는 별지에 그 의견을 표시하여 결재권자가 결재를 함에 있어 또는 향후 그 업무를 담당하는 자로 하여금 참고하도록 한다. 표시방법은 해당 직위 또는 직급 다음에 "(의견있음)"이라고 표시하고 해당 서명란에 서명하여야 한다. 다만, 전자기안문(별지 제3호의2서식)인 경우에는 다른 의견을 표제부에 표시한다.

〈본문의 마지막에 다른 의견을 표시한 경우〉

----------------------(본 문)----------------------------------
----------------. 끝.
(본문내용에 대한 의견있음)
1. 의견내용
2. 의견을 표시한 자의 소속, 직위(직급) 및 성명

〈별지에 다른 의견을 표시한 경우〉

본문내용에 대한 의견있음
1. 의견내용
2. 의견을 표시한 자의 소속, 직위(직급) 및 성명

〈전자기안문에 다른 의견을 표시한 경우〉

1. 의견내용
2. 의견을 표시한 자의 소속, 직위(직급) 및 성명

3) 기안자 · 검토자 · 협조자의 표시

(1) 문서를 기안한 자는 그 기안문의 기안자란에 직위 또는 직급을 온전하게 쓰고 서명란에 서명한다.

(2) 기안문의 내용에 대하여 검토 또는 협조한 자는 그 기안문의 검토자 또는 협조자란에 직위 또는 직급을 온전하게 쓰고 서명란에 서명한다.

4) 검토자의 검토사항

(1) 형식면

① 법령의 형식요건을 구비하고 있는가?
② 소관사항임에 틀림없는가?
③ 결재권자의 표시는 적정한가?
④ 협조부서의 합의는 거쳤는가?
⑤ 사무의 절차는 잘못이 없는가?
⑥ 수신자 및 발신자 등의 표시는 착오가 없는가?

(2) 내용면

〈법률적 검토〉

① 허가 · 인가 · 승인 등에 대한 법정요건은 무엇이며 그 요건을 충족하고 있는가
② 의결기관의 의결사항은 아닌가 또는 의결을 거쳤는가
③ 법정의 경유기관은 거쳤는가
④ 법정의 기한, 조건 등이 붙어 있지 않은가 또는 그 기한, 조건 등을 충족하고 있는가
⑤ 시효와의 관계는 어떤가
⑥ 법령 · 예규 · 지시 등에 위배되지 않는가

〈행정적 검토〉

① 공공복지와의 관계는 어떤가
② 재량의 적부범위는 적합한가
③ 여론에 대한 영향은 어떤가
④ 관례나 선례는 어떻게 되어 있는가
⑤ 처리는 지연되지 아니 하였는가

⑥ 경과조치가 필요한 사항이 아닌가
⑦ 필요한 사항이 빠져 있지 않은가

〈경제적 검토〉
① 과다한 경비투입을 요하는 사항이 아닌가
② 예산상의 조치가 필요한 것이 아닌가
③ 경비를 보다 절약할 수 있는 다른 대안은 없는가

5) 검토자의 수 제한

행정기관의 장은 결재권자의 결재에 이르기까지 검토자의 수가 2인을 넘지 않도록 노력하여야 한다. 이는 결재단계가 3단계 이내가 되도록 행정기관의 장에게 노력의무를 부과하기 위한 것이다.

3. 기안의 방법

1) 일반기안

(1) 의의

일반기안이라 함은 어떤 하나의 안건을 처리하기 위하여 정해진 기안문에 문안을 작성하는 것을 말한다. 기안문 서식은 일반기안문, 전자기안문, 간이기안문의 3가지가 있다.

(2) 기안문의 서식

① 일반기안문[규칙 별지 제1호의2서식]

행 정 기 관 명

수신자 (   )
(경유)
제목

발 신 명 의

기안자(직위/직급) 서명 검토자(직위/직급) 서명 결재권자 (직위/직급) 서명
협조자(직위/직급) 서명

시행 처리과명-일련번호 (시행일자) 접수 처리과명-일련번호 (접수일자)

우 주소 / 홈페이지 주소
전화 ( ) 전송 ( ) / 공무원의 공식 전자우편주소 / 공개구분

〈처리요령〉

(이 란은 서식에 포함하지 아니함)

1. 행정기관명: 그 문서를 기안한 부서가 속한 행정기관명을 기재한다.
2. 수신자 ( ): 수신자명 또는 수신자기호를 먼저 쓰고, 이어서 괄호 안에는 처리할 자(보조기관 또는 보좌기관을 말한다)의 직위를 쓰되, 처리할 자의 직위가 분명하지 아니한 경우에는 ○○업무담당과장 등으로 쓰며, 수신자가 많아 본문의 내용을 기재할 란이 줄어들어 본문의 내용을 첫 장에서 파악하기 곤란한 경우는 두문의 수신자란에 "수신자 참조"라고 쓰고, 결문의 발신명의 밑의 왼쪽 기본선에 맞추어 수신자란을 설치하여 수신자명 또는 수신자기호를 표시한다.
3. (경유): 경유문서인 경우에 (경유)란에 "이 문서는 경유기관의 장은 ○○○(또는 제1차 경유기관의 장은 ○○○, 제2차 경유기관의 장은 ○○○)이고, 최종 수신기관의 장은 ○○○ 입니다."라고 표시하고, 경유기관의 장은 제목란에 "경유문서의 이송"이라고 표시하여 순차적으로 이송하여야 한다.
4. 제목: 그 문서의 내용을 쉽게 알 수 있도록 간단하고, 명확하게 기재한다.
5. 발신명의: 합의제 행정기관 또는 행정기관의 장의 명의를 기재하고, 보조기관 또는 보좌기관 상호간에 발신하는 문서는 그 보조기관 또는 보조기관의 명의를 기재한다.
6. 기안자·검토자·협조자·결재권자의 직위/직급: 직위가 있는 경우에는 직위를 온전하게 쓰고, 직위가 없는 경우에는 직급을 온전하게 쓴다. 다만, 기관장과 부기관장의 직위는 간략하게 쓴다.
7. 시행 처리과명-일련번호 (시행일자) 접수 처리과명-일련번호 (접수일자): 처리과명(처리과가 없는 행정기관은 10자 이내의 행정기관명의 약칭)을 기재하고, 일련번호는 연도별 일련번호를 기재하며, 시행일자와 접수일자란에는 연월일을 각각 온점(.)을 찍어 숫자로 기재한다. 다만, 민원문서인 경우로서 필요한 경우에는 시행일자와 접수일자란에 시·분까지 기재한다.
8. 우 주 소: 우편번호를 기재한 다음, 행정기관이 위치한 도로명 및 건물번호 다음에 괄호하여 주소를 기재하고, 사무실이 위치한 층수와 호수를 괄호안에 기재한다. (예) 우110-034 서울특별시 종로구 효자로 39(창성동 117) (2층 208호)
9. 홈페이지 주소: 행정기관의 홈페이지 주소를 기재한다. (예) www.mogaha.go.kr
10. 전화 ( ) 전송 ( ): 전화번호와 모사전송번호를 각각 기재하되, ( )안에는 지역번호를 기재한다. 기관 내부문서의 경우는 구내 전화번호를 기재한다.
11. 공무원의 공식 전자우편주소: 행정기관에서 공무원에게 부여한 전자우편주소를 기재한다.
12. 공개구분: 공개·부분공개·비공개로 구분하여 표시한다. 부분공개·비공개인 경우에는 공공기관의기록물관리에관한법률시행규칙 제16조의 규정(별표 11)에 의한 공개여부 구분번호를 선택하여 ( )안에 표시한다.
13. 관인생략 등 표시: 발신명의의 오른쪽에 관인생략 또는 서명생략을 표시한다.

※ 기안자·검토자 및 결재권자 (직위/직급) 서명: "기안자·검토자 및 결재권자"의 용어는 표시하지 아니하고, 기안자·검토자 및 결재권자의 직위/직급을 쓰고 서명한다.
※ 협조자(직위/직급) 서명: "협조자"의 용어를 표시한 다음, 이어서 직위/직급을 쓰고 서명한다.
※ 전결 및 서명표시 위치: 사무관리규정 제16조제2항 및 동규정시행규칙 제19조제1항의 규정에 의하여 결재권이 위임된 사항을 전결하는 경우에는 행정기관의 장의 결재란을 설치하지 아니하고 전결하는 자의 서명란에 "전결"표시를 한 후 서명한다.
※ 전결·대결 및 서명표시 위치: 사무관리규정 제16조제3항 및 동규정시행규칙 제19조제2항의 규정에 의하여 위임전결사항을 대결하는 경우에는 행정기관의 장의 결재란을 설치하지 아니하고 전결하는 자의 서명란에 "전결"표시를 한 후 대결하는 자의 서명란에 "대결"표시를 하고 서명하며, 위임전결사항이 아닌 사항을 대결한 경우에는 행정기관의 장의 결재란을 설치하지 아니하고 대결하는 자의 서명란에 "대결"표시를 하고 서명한다.
※ 발의자(★)·보고자(◉)의 표시는 직위 또는 직급 앞 또는 위에 한다.
※ "수신자"는 "받는 자"로 사용할 수 있다.

[통합서식] 사례 1 (일반문서, 전결문서) 〈생산된 기안문〉

행정자치부

수신자 수신자 참조
(경유)
제목 공인공람제 폐지

1. 사무관리규정 제41조의 규정에 의하여 지방자치단체의 공인에 관하여는 사무관리규정 제3장(관인관리)의 규정에 불구하고 당해 지방자치단체의 조례가 정하는 바에 의하도록 되어 있습니다.

2. 따라서, 지방자치단체가 공인을 신규 제작 또는 제 제작하거나 폐기하는 경우에는 그 인영을 시·도 및 시·군·구에 알려 주고 있으나, 형식적인 절차로 인하여 행정적인 낭비만 초래하고 있다는 일부 의견이 있어 다음과 같이 통보하오니 조치하여 주시기 바랍니다.

가. 지방자치단체의 공인 조례에 시·도 및 시·군·구에 그 인영을 통보하여야 한다는 규정이 있는 경우에는 동 조례를 개정하여 삭제하도록 하시고, 이에 대한 교육을 실시하여 주시기 바라며,

나. 지방자치단체의 공인 조례에 그 근거가 없는 경우에는 이를 통보하는 일이 없도록 하시기 바람. 끝.

행정자치부장관

수신자 서울특별시, 부산광역시, (중간 생략), 제주도

행정사무관 **정상봉** 행정능률과장 전결 6/25 이영환
협조자
시행 행정능률과-308 (2003. 6. 25.) 접수 ( )
우 110-760 서울시 종로구 세종로 55(세종로1가 77-6) /www.mogaha.go.kr
전화 (02)3703-4684 전송 (02)3703-5532 / hernam59@mogaha.go.kr / 공개

[통합서식] 사례 2 (일반문서, 전결문서) 〈접수된 시행문〉

행정자치부

수신자 수신자 참조
(경유)
제목 공인공람제 폐지

1. 사무관리규정 제41조의 규정에 의하여 지방자치단체의 공인에 관하여는 사무관리규정 제3장(관인관리)의 규정에 불구하고 당해 지방자치단체의 조례가 정하는 바에 의하도록 되어 있습니다.

2. 따라서, 지방자치단체가 공인을 신규 제작 또는 제 제작하거나 폐기하는 경우에는 그 인영을 시·도 및 시·군·구에 알려 주고 있으나, 형식적인 절차로 인하여 행정적인 낭비만 초래하고 있다는 일부 의견이 있어 다음과 같이 통보하오니 조치하여 주시기 바랍니다.

가. 지방자치단체의 공인 조례에 시·도 및 시·군·구에 그 인영을 통보하여야 한다는 규정이 있는 경우에는 동 조례를 개정하여 삭제하도록 하시고, 이에 대한 교육을 실시하여 주시기 바라며,

나. 지방자치단체의 공인 조례에 그 근거가 없는 경우에는 이를 통보하는 일이 없도록 하시기 바람. 끝.

행정자치부장관 [인]

수신자 서울특별시, 부산광역시, (중간 생략), 제주도

행정사무관 **정상봉** 행정능률과장 전결 6/25 이영환
협조자
시행 행정능률과-308 (2003. 6. 25.) 접수 총무과-23 (2003. 6. 26.)
우 110-760 서울시 종로구 세종로 55(세종로1가 77-6) /www.mogaha.go.kr
전화 (02)3703-4684 전송 (02)3703-5532 / hernam59@mogaha.go.kr / 공개

[통합서식] 사례 3 (일반문서) 〈수신자가 다수인 경우〉

※ 전자문서시스템에서는 결재일자・시행일자 및 접수일자 중 월일의 자리수가 하나(9이하)인 경우에는 다음과 같이 월일의 자리수 앞에 숫자 "0"을 추가할 수 있다.

행정자치부

수신자 수신자 참조

(경유)

제목 사무관리규정 및 동시행규칙 개정에 따른 준비사항 통보

1. 정부는 행정기관의 사무관리에 관하여 규정한 사무관리규정 개정(대통령령제17811호, 2002. 12. 26.)에 이어서 사무관리규정시행규칙 개정(행정자치부령제203호, 2003. 7. 1 4.)을 완료하여 2004. 1. 1.부터 전면 시행하게 되었습니다.

2. 본 규정 및 시행규칙의 시행에 앞서서 준비할 사항을 붙임과 같이 통보하오니 이행에 철저를 기하여 주시기 바라며, 각 중앙행정기관의 장 및 시・도지사(시・도교육감)는 당해 소속기관 및 직속기관에도 전파하여 주시기 바랍니다.

붙임 사무관리규정 및 동시행규칙 개정에 따른 준비사항 1부. 끝.

행정자치부장관

수신자 기획예산처장관(총무과장), 교육인적자원부장관(총무과장), 통일부장관(총무과장), (중간 생략), 제주도지사(총무과장)

행정사무관 **정상봉** 행정능률과장 전결 09/01 이영환

협조자

시행 행정능률과-854 (2003. 09. 02.) 접수 ( )

우110-760 서울시 종로구 세종로 55(세종로1가 77-6)(11층 1115호) / www.mogaha.go.kr

전화 (02)3703-4684 전송 (02)3703-5532 / hernam59@mogaha.go.kr / 공개

[통합서식] 사례 4(내부결재문서)

행정자치부

수신자 내부결재
(경유)
제목 사무관리실무편람 발간 및 배부

『사무관리규정』(2002. 12. 26.)과 『사무관리규정시행규칙』(2003. 7. 14.)이 개정·공포됨에 따라 개정내용을 반영하여 「사무관리」에 대한 체계적인 해설을 제공하고, 행정실무에 필요한 사례를 제시하여 공무원들에게 실질적인 도움이 되도록 하기 위하여 『사무관리실무편람』을 다음과 같이 발간·배부하고자 합니다.

1. 발간부수: 3,800부
2. 배부처: 붙임과 같음
3. 발간내용: 붙임과 같음
4. 소요예산액: 금2,500만원 정도
   가. 인쇄비: 금2375만원(3,800부×6,250원)
   나. 운송료: 금125만원(200박스×6,250원)

붙임 1. 사무관리실무편람 원고 1부.
　　 2. 사무관리실무편람 발간 및 배부계획 1부.
　　 3. 인쇄사양서 및 견적서 각 1부. 끝.

행정사무관 정상봉 행정능률과장 이영환 행정혁신국장 전결 12/24 강기창

협조자

시행 행정능률과-1690 (2003. 12. 24.) 접수 ( )
우110-760 서울시 종로구 세종로 55(세종로1가 77-6) (11층 1115호) / www.mogaha.go.kr
전화 (02)3703-4684 전송 (02)3703-5532 / hernam59@mogaha.go.kr / 공개

[통합서식] 사례 5(일반문서, 대결문서) 〈생산된 기안문〉

행정자치부

수신자 수신자 참조

(경유)

제목　공인공람제 폐지

1. 사무관리규정 제41조의 규정에 의하여 지방자치단체의 공인에 관하여는 사무관리규정 제3장(관인관리)의 규정에 불구하고 당해 지방자치단체의 조례가 정하는 바에 의하도록 되어 있습니다.

2. 따라서, 지방지치단체가 공인을 신규 제작 또는 세 제삭하거나 폐기하는 경우에는 그 인영을 시·도 및 시·군·구에 알려 주고 있으나, 형식적인 절차로 인하여 행정적인 낭비만 초래하고 있다는 일부 의견이 있어 다음과 같이 통보하오니 조치하여 주시기 바랍니다.

가. 지방자치단체의 공인 조례에 시·도 및 시·군·구에 그 인영을 통보하여야 한다는 규정이 있는 경우에는 동 조례를 개정하여 삭제하도록 하시고, 이에 대한 교육을 실시하여 주시기 바라며,

나. 지방자치단체의 공인 조례에 그 근거가 없는 경우에는 이를 통보하는 일이 없도록 하시기 바람.　끝.

행정자치부장관

수신자 서울특별시장(총무과장), 부산광역시장(총무과장),(중간 생략),
제주도지사(총무과장)

행정사무관　정상봉　　행정사무관 대결 6/25 유택영　　행정능률과장　전결

협조자

시행　행정능률과-308 (2003. 6. 25.)　　접수　　　　(　　　　)

우110-760　서울시 종로구 세종로 55(세종로1가 77-6) (11층 1115호) / www.mogaha.go.kr

전화 (02)3703-4684　전송 (02)3703-5532　/ hernam59@mogaha.go.kr / 공개

[통합서식] 사례 6(일반문서, 대결문서) 〈접수된 시행문〉

행정자치부

수신자 수신자 참조
(경유)

제목 공인공람제 폐지

1. 사무관리규정 제41조의 규정에 의하여 지방자치단체의 공인에 관하여는 사무관리규정 제3장(관인관리)의 규정에 불구하고 당해 지방자치단체의 조례가 정하는 바에 의하도록 되어 있습니다.

2. 따라서, 지방자치단체가 공인을 신규 제작 또는 제작하거나 폐기하는 경우에는 그 인영을 시·도 및 시·군·구에 알려 주고 있으나, 형식적인 절차로 인하여 행정적인 낭비만 초래하고 있다는 일부 의견이 있어 다음과 같이 통보하오니 조치하여 주시기 바랍니다.

가. 지방자치단체의 공인 조례에 시·도 및 시·군·구에 그 인영을 통보하여야 한다는 규정이 있는 경우에는 동 조례를 개정하여 삭제하도록 하시고, 이에 대한 교육을 실시하여 주시기 바라며,

나. 지방자치단체의 공인 조례에 그 근거가 없는 경우에는 이를 통보하는 일이 없도록 하시기 바람. 끝.

행 정 자 치 부 장 관 [인]

수신자 서울특별시장(총무과장), 부산광역시장(총무과장), (중간 생략),
제주도지사(총무과장)

행정사무관 정상봉 행정사무관 대결 6/25 유택영 행정능률과장 전결

협조자
시행 행정능률과-308 (2003. 6. 25.) 접수 총무과-22(2003. 6. 27.)
우110-760 서울시 종로구 세종로 55(세종로1가 77-6) (11층 1115호) / www.mogaha.go.kr
전화 (02)3703-4684 전송 (02)3703-5532 / hernam59@mogaha.go.kr / 공개

[통합서식] 사례 7 (민원회신문서)

행정자치부

수신자 홍길동 귀하 (우110-135 서울특별시 종로구 옥인동 177-22)
(경유)

제목 민원사항 회신

1. 안녕하십니까? 귀하께서 우리 부에 요청하신 민원 사항에 대하여 다음과 같이 회신합니다.

가. 민원 요청 내용

대통령령 제16,521호로 개정된 사무관리규정이 공포된 후 시·군·구·동 단위 일선(一線) 행정기관이 공문서에 한자 병기(倂記)가 시행되고 있는지 여부와 가능하면 공문서 사본(寫本)을 첨부(添附)하여 주기를 요청합니다.

나. 회신 내용

붙임 공문서 사본과 같이 공문서를 작성하는 경우에 올바른 뜻의 전달을 위하여 필요한 경우에는 괄호 안에 한자 기타 외국어를 넣어 사용하고 있습니다.

2. 위 사항과 관련하여 궁금한 사항은 아래 담당자에게 연락하여 주시면, 성실히 안내하여 드리겠습니다.

붙임 공문서 사본(한자 병기 사례) 1부. 끝.

행정자치부장관 [인]

행정사무관 정상봉 행정사무관 대결 6/25 유택영 행정능률과장 전결

협조자

시행 행정능률과-14 (2004. 9. 7.) 접수 ( )
우110-760 서울시 종로구 세종로 55(세종로1가 77-6) (11층 1115호) / www.mogaha.go.kr
전화 (02)3703-4684 전송 (02)3703-5532 / hernam59@mogaha.go.kr / 공개

② 전자기안문 [규칙 별지 제3호의2서식]

(표제부)

행 정 기 관 명

수신자　　　　　　　　　　(　　　　　　　　　　　　　)

(경유)

제목 ____

※ 본 서식은 표제부입니다.
본문 내용은 본문부(별도화일)를 이용하시기 바랍니다.

본문 내용에 대한 의견이 있는 경우에만 아래에 기재합니다.

1. 의견내용
2. 의견을 표시한 자의 소속, 직위(직급) 및 성명

발 신 명 의

기안자(직위/직급) 서명 검토자(직위/직급) 서명 결재권자 (직위/직급) 서명
협조자(직위/직급) 서명

시행 처리과명-일련번호 (시행일자) 접수 처리과명-일련번호 (접수일자)
우 주 소 / 홈페이지 주소
전화 ( ) 전송 ( ) / 공무원의 공식 전자우편주소 / 공개구분

(본문부)

제목

(본문 내용)

붙임

[전자기안문 사례]

(표제부)

행정자치부

수신자 수신자 참조

(경유)

제목 『행정자치부 정책평가위원회』 전체회의 개최

※ 본 서식은 표제부입니다.
본문 내용은 본문부(별도화일)를 이용하시기 바랍니다.

행정자치부장관

수신자 중앙공무원교육원장(교육총괄과장), 정부청사관리소장(관리총괄과장), 정부기록보존소장(행정과장), 정부전산정보관리소장(정보유통과장), 국가전문행정연수원장(총무과장)

행정주사 **정광근** 행정사무관 **조홍남** 행정관리담당관 전결 9/1 한경호

협조자

시행 행정관리담당관-1348 (2003. 9. 1.) 접수 행정능률과-866 (2003. 9. 2.)
우110-760 서울특별시 종로구 세종로 55(세종로1가 77-6) (14층 1415호) / www.mogah.go.kr
전화 (02)3703-4335 전송 (02)3703-5506 / jkk0816@mogaha.go.kr / 공개

(본문부)

제목『행정자치부 정책평가위원회』전체회의 개최

1. 행정관리담당관-1332(2003. 8. 30.)호와 관련됩니다.

2. 국무조정실의 하반기 중앙행정기관 평가에 대비하고, 주요정책과제의 시행·평가계획 및 하반기 평가방향에 대한 실질적인 토론으로 개혁과제의 효율적인 추진 방안을 모색하기 위하여『행정자치부 정책평가위원회』전체회의를 붙임과 같이 개최하오니, 정책과제 소관 실·과에서는 회의에 참석하여 주시기 바라며,

3. 아울러, 소관 실·과에서 이미 작성한 2003년도 주요업무 시행·평가계획을 다음과 같이 보완하여 2003. 9. 16.(화)까지 제출하여 주시기 바랍니다.

가. 평가계획서 작성 당시와 비교하여 행정환경 변화 등으로 계획내용이 변경된 경우 수정·보완하고, 계획 달성이 어려운 경우 일정 조정

나. 평가계획서 내용에는 없으나, 평가과제와 관련되는 성과가 있는 부분 등은 내용을 추가하여 정책성과가 극대화될 수 있도록 내용 보강

다. 행정관리담당관-1330(2003. 8. 30.)호로 이미 통보된 "주요정책 국민만족도" 제고 대책 중 사이버 토론회 내용 등 여론수렴, 홍보계획을 포함·반영하여 충실하게 보완 작성

4. 특히, 각 실·국에서는 회의 당일(9. 26.) 오전 중에 소위원회를 반드시 개최하고, 전체회의시에 소위원회별로 1차 심의 결과를 분과위원장이 핵심사항위주로 보고 될 수 있도록 사전 준비에 만전을 기해 주시기 바랍니다.

5. 참석대상자는 다음 서식에 의하여 2003. 9. 16.(화)까지 제출하여 주시기 바랍니다.

행정기관명	부서명	직위(직급)	성명

붙임 행정자치부 정책평가위원회 전체회의 개최계획 1부. 끝.

③ 간이기안문 [규칙 별지 제3호의3서식]

등록번호	
등록일자	
결재일자	
공개구분	

협조자			

(제 목)

※ 필요한 경우 보고근거 및 보고내용을 요약하여 기재할 수 있음.

○ ○ ○ ○ 부 ○ ○ ○ ○ 부
(처 · 청 또는 위원회 등) 또는 (처 · 청 또는 위원회 등)
○ ○ ○ ○ 국 ○ ○ ○ ○ 과

〈처리요령〉

비 고(이 란은 서식에 포함하지 아니함) 1. 이 서식은 보고서·계획서·검토서 등 내부적으로 결재하는 문서에 한하여 사용하며, 시행문으로 변환하여 사용할 수 없다. 2. 등록번호란: 처리과기관코드[처리과명(처리과가 없는 행정기관은 10자 이내의 행정기관명의 약칭)을 말한다]와 연도별 일련번호를 기재한다. 3. 공개구분란: 공개, 부분공개, 비공개로 구분하여 표시한다. 부분공개, 비공개인 경우에는 공공기관의기록물관리에관한법률시행규칙 제16조의 규정(별표11)에 의한 공개여부 구분번호를 선택하여 ( )안에 표시한다. 4. 기안자, 검토자, 협조자, 결재권자의 직위/직급: 직위가 있는 경우에는 직위를 온전하게 쓰고, 직위가 없는 경우에는 직급을 온전하게 쓴다. 다만, 기관장과 부기관장의 직위는 간략하게 쓴다. 5. 발의자(★), 보고자(◉)표시: 해당 직위 또는 직급의 앞 또는 위에 한다. 6. 전결 및 서명표시 위치: 사무관리규정 제16조제2항 및 동규정시행규칙 제19조제1항의 규정에 의하여 결재권이 위임된 사항을 전결하는 경우에는 행정기관의 장의 결재란을 설치하지 아니하고 전결하는 자의 서명란에 "전결"표시를 한 후 서명한다. 7. 전결·대결 및 서명표시 위치: 사무관리규정 제16조제3항 및 동규정시행규칙 제19조제2항의 규정에 의하여 위임전결사항을 대결하는 경우에는 행정기관의 장의 결재란을 설치하지 아니하고 전결하는 자의 서명란에 "전결"표시를 한 후 대결하는 자의 서명란에 "대결"표시를 하고 서명하며, 위임전결사항이 아닌 사항을 대결한 경우에는 행정기관의 장의 결재란을 설치하지 아니하고 대결하는 자의 서명란에 "대결"표시를 하고 서명한다. 8. 보조기관 또는 보좌기관의 전결사항이 아닌 결재사항인 경우에는 검토자는 해당란에 서명을 하고, 보조기관 또는 보좌기관은 그 보조기관 또는 보좌기관의 직위를 쓰고, 해당란에 서명한다. 9. 크기 및 결재란 수는 조정하여 사용할 수 있다.

[간이기안문 사례 1]

등록번호	행정능률과-624
등록일자	2003. 7. 29.
결재일자	2003. 7. 29.
공개구분	공개

행정주사	행정사무관	행정능률과장	행정혁신국장
김은이	김준희	이영환	전결 7/29 강기창
협조자			

2003년도 기관별 목표관리제시행계획서
검토보고

2003. 7.

행정자치부
행정관리국

[간이기안문 사례 2]

등록번호	행정능률과-844
등록일자	2003. 8. 30.
결재일자	2003. 8. 30.
공개구분	공개

행정주사	행정사무관	행정능률과장	행정혁신국장
전인철	휴가	이영환	전결 8/30 강기창
협조자			

정부지식관리 용역연구사업비 전용검토

2003. 8.

행정자치부
행정관리국

2) 전자문서의 일괄기안

(1) 의의

일괄기안이라 함은 서로 관련성이 있는 2개 이상의 안건을 동시에 일괄하여 기안하는 것을 말한다. 일괄기안은 전자문서에 한한다.

(2) 작성 및 시행방법

① 작성방법

ⓐ 일괄기안은 각각의 기안문에 작성한다. 이 경우 각각의 기안문에는 두문, 본문 및 결문(또는 두문, 본문, 결문 및 붙임)에 들어갈 각각의 구성요소가 모두 포함되어야 한다.

ⓑ 각각의 기안문에는 제1안 · 제2안 · 제3안 · 제4안 등의 용어를 쓰지 않는다.

ⓒ 전자문서시스템에서 일괄기안은 한 번의 지정(확인)으로 각각의 기안문에 기안자 · 검토자 · 협조자 · 결재권자의 정보가 동시에 생성되도록 하여야 한다.

② 제목은 각 안의 내용 및 성격에 따라 다르게 설정이 가능하다.

③ 특별한 사유가 있는 경우를 제외하고는 각각 다른 생산등록번호를 사용하여 같은 일시에 시행하여야 한다.

④ 외부에 발송할 것을 전제로 하는 기안문(제2안)이 제1안 내부결재의 내용과 동일한 경우에는 내부결재 안건의 별도 작성을 생략한다.

⑤ 기존의 일괄기안의 방식으로는 발신명의가 같은 경우에는 맨 마지막 안에만 발신명의를 표시할 수 있었으나, 앞으로는 각각의 기안문에 반드시 모두 표시해야 한다. 발신명의가 같더라도 각각의 기안문에 모두 표시하여야 한다. 왜냐하면, 기안문과 시행문이 하나의 서식으로 통합됨에 따라 발신명의를 생략하게 되면, 발신명의 없이 그대로 시행되어 형식상 흠이 있어 공문서의 효력문제가 발생하기 때문이다.

〈일괄기안의 예시〉

[제1안] ⇐ 실제는 표시하지 않음.

행정자치부

수신자 내부결재
(경유)
제목 사무관리규정 개정내용 설명회 개최

금번 사무관리규정 및 동 시행규칙의 전면개정에 따라 각급 행정기관의 교육수요에 대비하고 개정내용을 학계 등에 전파하기 위하여 (사)○○협회 소속 사무관리 또는 행정학 교수대상으로 붙임과 같이 설명회를 개최하고자 합니다.

붙임 사무관리규정 개정내용 설명회 개최 계획 1부. 끝.

행정사무관 **정상봉** 행정능률과장 **이영환** 행정혁신국장 전결 09/08 **강기창**

협조자

시행 행정능률과-902 (2003. 09. 08.) 접수
우 110-760 서울특별시 종로구 세종로 55(세종로1가77-6) (11층 1115호)/www.mogaha.go.kr
전화 (02)3703-4682 전송(02)3703-5532 / hernam59@mogaha.go.kr / 공개

[제2안] ⇐ 실제로 표시하지 않음.

행정자치부

수신자 수신자 참조
(경유)
제목 사무관리(기록물관리) 법령 개정내용 설명회 개최 통보

1. 금번 사무관리(기록물관리) 법령의 전면 개정에 따라 각급 행정기관의 교육수요에 대비하기 위하여 (사)○○협회 소속 사무관리 또는 행정학 교수대상으로 개정내용에 대한 설명회를 붙임과 같이 개최하오니,

2. 동 설명회에 관련업무(기록물관리 또는 전자문서시스템 활용방법)에 대해 설명할 공무원을 선정하여 설명준비 및 참석에 차질이 없도록 준비하여 주시기 바랍니다.

붙임 사무관리(기록물관리) 개정내용 설명회 개최 계획 1부. 끝.

행 정 자 치 부 장 관

수신자 정부기록보존소장(행정과장),정부전산정보관리소장(정보유통과장)

행정사무관 **정상봉** 행정능률과장 전결 09/08 **이영환**

협조자

시행 행정능률과-903 (2003. 09. 08.) 접수
우 110-760 서울특별시 종로구 세종로 55(세종로1가 77-6) (11층 1115호)/ www.mogaha.go.kr
전화(02)3703-4682 전송(02)3703-5532/hernam59@mogaha.go.kr/공개

[제3안] ⇐ 실제로 표시하지 않음.

행정자치부

수신자 (사) ○○협회장
(경유)
제목 사무관리규정 개정내용 설명회 개최 계획 통보

1. 금번 사무관리규정의 전면 개정에 따라 개정내용에 대한 설명회를 갖고자 붙임과 같이 개최 계획을 통보하오니,

2. (사)○○협회 소속 사무관리 또는 행정학 교수들이 설명회에 많이 참석하도록 협조하여 주시기 바랍니다.

붙임 사무관리(기록물관리) 개정내용 설명회 개최 계획 1부. 끝.

행정자치부장관

행정사무관 정상봉 행정능률과장 전결 09/08 이영환

협조자

시행 행정능률과-904 (2003.09.08.) 접수
우 110-760 서울특별시 종로구 세종로 55 (세종로1가 77-6) (11층 1115호) / www.mogaha.go.kr
전화 (02)3703-4682 전송 (02)3703-5532/hernam59@mogaha.go.kr/공개

[제4안] ⇐ 실제로 표시하지 않음.

행정자치부

수신자　수신자 참조
(경유)
제목　회의장소 사용 및 통신장비 설치협조

사무관리 개정내용에 대한 설명회를 다음과 같이 개최하오니 회의장소 사용 및 통신장비 설치 등을 요청하오니 협조하여 주시기 바랍니다.

1. 정부청사관리소 소관
   가. 2003. 9. 19.(금) 11:00-18:00 정부중앙청사 회의실(8층 810호) 사용
   나. 회의참석자 책상 및 의자: 35명
   다. 배석자 의자: 5명 ※ 회의장 배치도 추후통보 예정
2. 정부전산정보관리소 소관
   가. 파워포인트 강의가 되도록 준비: 빔 프로젝트, 스크린, 랜 포트 등
   나. 음성이 나오도록 PC에 부착할 수 있는 소형 스피커
   다. 마이크시설 등

붙임　사무관리(기록물관리) 개정내용 설명회 개최계획 1부.　끝.

행정자치부장관

수신자 정부청사관리소장(관리총괄과장),정부전산정보관리소장(행정망운영과장)

행정사무관　**정상봉**　행정능률과장 전결 09/08
이영환

협조자

시행 행정능률과-905 (2003.09.08.) 접수

우 110-760 서울특별시 종로구 세종로 55(세종로1가 77-6) (11층 1115호)/www.mogaha.go.kr
전화 (02)3703-4682 전송 (02)3703-5532/hernam59@mogaha.go.kr/공개

3) 공동기안

(1) 의의

공동기안이라 함은 2이상의 행정기관의 장의 결재를 받아 공동의 명의로 시행하는 문서를 말한다.

(2) 작성 및 시행방법

① 공동기안 문서의 처리를 주관하는 기관에서 기안하여 먼저 당해 기관의 장의 결재를 받은 후 관계 행정기관의 장의 결재를 받는다.

② 관계기관의 장의 결재를 받는 형식

ⓐ 관계기관이 2개 기관인 경우

- 결재란을 나누어 주관기관의 자체 결재절차를 마친 다음 관계기관의 장의 결재를 받는다.

(예) 행정자치부와 외교통상부가 공동기안 하는 경우의 결재

[일반기안문 및 전자기안문의 경우 표시방법]

: 상하 또는 좌우로 구분(선과 박스가 없음)

행정자치부장관 9/3 김행정

외교통상부장관 9/4 박외교

또는

행정자치부장관 9/3 김행정 외교통상부장관 9/4 박외교

[간이기안문의 경우 표시방법]: 좌우로 구분

행정자치부장관	외교통상부장관
김 행 정 9/3	박 외 교 9/4

※ 주관: 행정자치부인 경우임.

ⓑ 관계기관이 3이상인 경우

- 별지에 기안용지의 결재란에 준하여 필요한 수만큼 결재란을 만들어 첨부하여 결재를 받는다.

(예)

행정자치부장관	김 행 정 9/3
교육인적자원부장관	박 교 육 9/4
○ ○ 청 장	○ ○ ○ 9/4
○ ○ 청 장	○ ○ ○ 9/5

또는

행정자치부장관	교육인적자원부장관	○ ○ 청장	○ ○ 청장
김행정 9/3	박교육 9/4	○○○ 9/4	○○○ 9/5

③ 공동기안문의 발신명의 표시

ⓐ 당해 문서의 처리를 주관하는 행정기관의 장의 명의를 맨 위에 표시하고,

ⓑ 관계행정기관의 장의 명의를 그 밑에 표시하되,

- 관계행정기관의 장이 동일 직위일 때에는 부 · 처 · 청의 순위에 따라 표시하고,
- 관계행정기관의 장이 동일 직위가 아닌 때에는 상위직위의 행정기관의 장의 명의부터 표시하여 공동명의로 시행한다.

(예) 행 정 자 치 부 장 관(관인)
교 육 인 적 자 원 부 장 관
○ ○ 청 장
○ ○ 청 장

④ 공동기안문서는 당해 문서의 처리를 주관하는 행정기관의 기록물 등록대장에 등록하고 그 등록번호를 부여하는 등 주관기관의 문서 처리절차에 따른다.

4) 수정기안

(1) 의의

수정기안은 수신한 문서 그 자체에 간단한 수정을 하거나 필요한 사항을 추가하여 기안에 갈음하는 기안방법이다.

(2) 작성 및 시행방법

① 수신한 문서의 내용을 알아 볼 수 있도록 수정하는 글자의 중앙에 가로로 선을 긋고 그 위의 여백에 수신한 문서와 다른 색깔의 글자로 수정 또는 기입한다. 이 경우 수신한 문서의 관인에도 중앙에 가로로 선을 긋는다.

② 공람을 받을 필요가 없는 문시를 수정기안하는 경우

- 접수문서에 수정기안하는 사항을 사전에 모두 수정 또는 기입한 후에 기안자·검토자·협조자 및 결재권자의 직위(직급) 및 서명란을 수정하여 그 위의 여백에 결재를 받거나 적당한 여백에 간이결재인을 찍어 결재를 받고,
- 문서를 시행할 때에는 수정기안문을 복사한 후 관인을 날인하여 시행한다.

③ 공람을 받은 문서를 수정기안하여 시행하고자 하는 때에도 위의 동일한 절차를 받는다.

(3) 수정기안의 활용

2004. 1. 1.부터는 기안문과 시행문이 하나의 서식으로 통합되어 시행하는 때에 변환없이 기안문을 복사하여 관인을 찍어 그대로 시행되므로, 접수된 시행문을 수정기안하는 경우 발신한 행정기관의 결재정보 및 관인정보와 수신한 행정기관의 공람정보, 결재정보 및 관인정보 등이 혼합되어 공문서를 해독하는 데 혼동을 줄 우려가 있으므로, 가능한 한 수신한 시행문 자체를 수정기안하는 것보다 별도로 기안문을 작성하여 시행하는 것이 좋다고 본다.

5) 서식에 의한 처리

생산등록번호란 · 접수등록번호란 · 수신자란 등이 설계된 서식으로 작성한 문서는 별도의 기안문을 작성하지 아니하고 별표4(간이결재인)의 표시를 하여 결재함으로써 기안에 갈음할 수 있다.

간이결재인 (사무관리규정시행규칙 별표 4)

※ 결재란의 수는 기관에 따라 적적하게 조정하여 사용한다.
※ 기재요령 : 위 칸에는 기안자 · 검토자 또는 결재권자의 직위 또는 직급을 표시하고, 아래 칸에는 서명을 표시한다.

제5절 결재

1. 결재의 의의

결재란 넓은 의미로 당해 사안에 대한 행정기관의 의사를 결정할 권한이 있는 자가 그 의사를 결정하는 행위를 말한다.

2. 결재의 종류

결재의 종류에는 좁은 의미의 결재, 전결, 대결이 있다. 1984. 11. 23. 전까지는 결재의 종류로 후결이 있었다. 그 당시 후결도 문서의 성립 또는 효력에 영향을 주는 결재행위의 하나였으나, 선(先) 행정행위(대결)와 후(後) 행정행위(후결) 사이에 법적 안정성을 해친다는 문제점이 발생하여 1984. 11. 23.에 후결제도를 폐지하고 후열로 명칭을 변경하였다. 그 후 1999. 9. 1.에 후열제도를 폐지하고 사후보고로 명칭을 변경하였다. 따라서, 현행 사무관리규정상 후결제도와 후열제도는 없다.

① 결재(좁은 의미)는 법령의 규정에 의하여 소관사항에 대한 행정기관의 의사를 결정할 권한을 가진 자(주로 행정기관의 장)가 직접 그 의사를 결정하는 행위를 말한다.

② 전결이라 함은 행정기관의 장으로부터 사무의 내용에 따라 결재권을 위임받은 자가 행하는 결재를 말하며, 그 위임전결사항은 당해 기관의 장이 훈령(위임전결규정) 또는 지방자치단체의 규칙(사무전결처리규칙)으로 정한다.

③ 대결이라 함은 결재권자가 휴가·출장 기타의 사유로 결재권자의 사정에 의하여 결재할 수 없는 때에 그 직무를 대리하는 자가 행하는 결

재를 말한다.

3. 결재의 효과

문서는 다른 법령에 특별한 규정이 있는 경우를 제외하고는 당해 문서에 대한 결재권자의 서명(전자문자서명·전자이미지서명 또는 행정전자서명을 포함)에 의한 결재가 있음으로써 성립한다(사무관리규정 제8조 제1항). 따라서, 결재는 문서가 성립하기 위한 최종적이며 절대적인 요건이다.

4. 결재의 표시

결재권자(행정기관의 장)가 결재하는 경우에 결재의 표시방법은 다음과 같이 행정기관의 장의 직위를 직위란에 간략히 표시하고 서명란에 서명한다.

〈예시〉 장관이 결재하는 경우 결재의 표시방법

① 결재일자를 표시하지 아니한 경우

조직정책과장 박영생 행정혁신국장 신천국 차관 이구원 장관 홍자복
협조자 행정능률과장 강찬미 인사국장 박생명 기획관리실장 조찬양

② 결재일자를 표시한 경우

조직정책과장 박영생 행정혁신국장 신천국 차관 이구원 장관 9/22 홍자복
협조자 행정능률과장 강찬미 인사국장 박생명 기획관리실장 조찬양

5. 전결 및 대결의 표시

1) 전결의 표시

(1) 전결 및 서명 표시 방법

사무관리규정 제16조제2항 및 동규정시행규칙 제19조제1항의 규정에 의하여 결재권이 위임된 사항을 전결하는 때에는 행정기관의 장의 결재란을 설치하지 아니하고 전결하는 자의 서명란에 "전결"표시를 한 후 서명한다.

(2) 전결문서의 결재일자 표시 위치

이 경우 전결권자가 결재일자를 기재하지 않고 서명란에 전결하는 때에는 "전결"표시 다음에 바로 이어서 서명하고, 결재일자를 기재하고자 하는 경우에는 서명란 중 상단에 "전결" 표시 후 결재일자(연도는 생략하고 월/일만)를 기재하고, 하단에 서명한다.

〈예시 1〉 국장이 전결하는 경우의 표시(결재일자가 없는 경우)

행정사무관 **김철수** 행정능률과장 **박문서** 행정혁신국장 전결 홍길동
협조자 행정제도과장 **강만수**

〈예시 2〉 국장이 전결하는 경우의 표시(결재일자가 있는 경우)

행정사무관 **김철수** 행정능률과장 **박문서** 행정혁신국장 전결 9/22
홍길동
협조자 행정제도과장 **강만수**

〈예시 3〉 기안자가 전결하는 경우의 표시(결재일자가 없는 경우)

행정주사 전결 홍길동
협조자

〈예시 4〉 기안자가 전결하는 경우의 표시(결재일자가 있는 경우)

행정주사 전결 9/22
홍길동

협조자

(3) 전결문서 시행시 표시방법

전결한 문서를 시행하는 때에는 전결권자의 직위 또는 직급 및 서명이 표시된 기안문을 그대로 복사한 후 관인을 날인하여 시행한다. 전자문서는 전결표시한 그대로 전자문서시스템에서 전자이미지관인을 날인하여 시행한다.

〈예시1〉 국장이 전결하는 경우의 표시

① 결재일자를 표시하지 않는 경우

행정사무관 **김철수** 행정능률과장 **박문서** 행정혁신국장 전결 홍길동

협조자 행정제도과장 **강만수**

② 결재일자를 표시한 경우

행정사무관 **김철수** 행정능률과장 **박문서** 행정혁신국장 전결 9/22
홍길동

협조자 행정제도과장 **강만수**

〈예시2〉 기안자가 전결하는 경우의 표시

① 결재일자를 표시하지 않는 경우

행정주사 전결 홍길동

협조자

② 결재일자를 표시한 경우

행정주사 전결 9/22
홍길동

협조자

(4) 행정기관 외의 자에게 문서시행시 전결의 표시

행정기관 외의 자(민원인, 법인, 단체, 헌법기관, 사법기관 등)에게 시행하는 문서와 서식에 의하여 처리하여 시행하는 문서에는 2003. 12. 31.까지는 전결의 표시를 생략하였으나, 2004. 1. 1.부터는 전결의 표시를 하여 시행한다. 이렇게 전결표시를 하도록 한 이유는 실제로 결재를 한 자가 누구인지를 알도록 하여 행정의 책임성과 투명성을 높여 정책실명제를 강화하기 위함이다.

〈예시〉 국장이 전결하는 경우의 표시

① 결재일자를 표시하지 않는 경우

행정사무관 **김철수** 행정능률과장 **박문서** 행정혁신국장 전결 홍길동
협조자 행정제도과장 **강만수**

② 결재일자를 표시한 경우

행정사무관 **김철수** 행정능률과장 **박문서** 행정혁신국장 전결 9/22 홍길동
협조자 행정제도과장 **강만수**

2) 내결의 표시

(1) 대결 및 서명 표시방법

사무관리규정 제16조제3항 및 동규정시행규칙 제19조제2항의 규정에 의하여 위임전결사항을 대결하는 때에는 행정기관의 장의 결재란을 설치하지 아니하고 전결하는 자의 서명란에 "전결"표시를 한 후 대결하는 자의 서명란에 "대결"표시를 하고 서명하며, 위임전결사항이 아닌 사항을 대결한 경우에는 행징기관의 장의 결재란을 설치하지 아니하고 대결하는 자의 서명란에 "대결" 표시를 하고 서명한다.

(2) 대결문서의 결재일자 표시위치

이 경우 대결권자가 결재일자를 기재하지 않고 대결하는 때에는 "대결"표시 다음에 바로 이어서 서명하고, 결재일자를 기재하고자 하는 경우에는 서명란 중 상단에 "대결" 표시 후 결재일자(연도는 생략하고 월/일만)를 기재하고, 하단에 서명한다.

〈예시 1〉 기관장 부재 중 직근 하급자가 대결하는 경우의 표시

① 결재일자를 표시하지 않는 경우

행정사무관 **허서식** 조직정책과장 박문서 행정혁신국장 **홍길동** 차관 대결 명왕성
협조자 조직관리과장 **김천석**

② 결재일자를 표시한 경우

행정사무관 **허서식** 조직정책과장 박문서 행정혁신국장 **홍길동** 차관 대결 9/22 명왕성
협조자 조직관리과장 **김천석**

〈예시 2〉 전결사항을 결재할 자(전결권자)가 부재 중인 경우의 표시

① 국장 부재 중 국장 전결사항을 직무대리자인 과장이 대결한 경우

㉮ 결재일자를 표시하지 아니한 경우

행정사무관 **허서식** 조직정책과장 대결 **정보수** 행정혁신국장 전결
협조자 행정제도과장 강만수

㉯ 결재일자를 표시한 경우

행정사무관 **허서식** 조직정책과장 대결 9/22 정보수 행정혁신국장 전결
협조자 행정제도과장 강만수

② 차관 전결사항을 직무대리자인 국장이 대결하는 경우

㉮ 결재일자를 표시하지 아니한 경우

행정사무관 **허서식** 인사과장 **박문서** 인사국장 대결 **정보수** 차관 전결
협조자 교육훈련과장 **이천국**

㉯ 결재일자를 표시한 경우

행정사무관 **허서식** 인사과장 **박문서** 인사국장 대결 9/22 정보수 차관 전결
협조자 교육훈련과장 **이천국**

③ 과장 전결사항인 문서를 그 직무를 대리하는 자(보조기관 또는 보좌기관이 아닌 자)가 대결하는 경우

㉮ 결재일자를 표시하지 아니한 경우

행정주사 **김철수** 행정사무관 대결 **허서식** 행정능률과장 전결
협조자

㉯ 결재일자를 표시한 경우

행정주사 **김철수** 행정사무관 대결 9/22 허서식 행정능률과장 전결
협조자

④ 총괄책임자(보조기관 또는 보좌기관이 아닌 자) 전결사항인 문서를 그 직무를 대리하는 자(보조기관 또는 보좌기관이 아닌 자)가 대결하는 경우

㉮ 결재일자를 표시하지 아니한 경우

행정주사 대결 **허서식** 행정사무관 전결
협조자

㉯ 결재일자를 표시한 경우

행정주사 대결 9/22 **허서식** 행정사무관 전결
협조자

(3) 대결문서 시행시 표시방법

대결한 문서를 시행하는 때에는 대결권자의 직위 또는 직급 및 서명이 표시된 기안문을 그대로 복사한 후 관인을 날인하여 시행한다. 전자문서는 대결표시한 그대로 전자문서시스템에서 전자이미지관인을 날인하여 시행한다.

〈예시 1〉 차관 전결사항을 직무대리자인 국장이 대결하는 경우의 표시

① 결재일자를 표시하지 않는 경우

행정사무관 **김철수** 인사과장 **박문서** 인사국장 대결 **홍길동** 차관 전결
협조자 교육훈련과장 **강만수**

② 결재일자를 표시한 경우

행정사무관 **김철수** 인사과장 **박문서** 인사국장 대결 9/22 홍길동 차관 전결
협조자 교육훈련과장 **강만수**

〈예시 2〉 총괄책임자 전결사항을 담당자가 대결하는 경우의 표시

① 결재일자를 표시하지 않는 경우

행정주사 대결 홍길동 행정사무관 전결
협조자

② 결재일자를 표시한 경우

행정주사	대결 9/22 홍길동	행정사무관 전결
협조자		

(4) 행정기관 외의 자에게 문서시행시 대결의 표시

행정기관 외의 자(민원인, 법인, 단체, 헌법기관, 사법기관 등)에게 시행하는 문서와 서식에 의하여 처리하여 시행하는 문서에는 2003. 12. 31.까지는 대결의 표시를 생략하였으나, 2004. 1. 1.부터는 대결의 표시를 하여 시행한다. 이렇게 대결표시를 하도록 한 이유는 실제로 결재를 한 자가 누구인지를 알도록 하여 행정의 책임성과 투명성을 높여 정책실명제를 강화하기 위함이다.

※ "직무대리(법정대리, 지정대리)", "권한대행" 등은 대리행위이므로 이들이 결재하는 문서는 "대결"로 표시한다. 직무대리 또는 권한대행에 있어 여러 가지 표시행위 중 문서에는 "대결"로 표시하여 대리행위를 하였다는 표시로 한 것이다.

6. 대결문서의 사후보고

대결한 문서 중 그 내용이 중요한 문서에 대하여는 결재권자에게 사후에 보고(구두보고, 메모보고 등)하여야 하며, 이 경우 원 결재권자가 보고를 받았다는 뜻으로 서명을 할 필요가 없다. 앞에서 설명하였듯이 후결제도나 후열제도는 폐지되었으므로, 후결 또는 후열을 받아서는 되지 않는다.

핵심 정리

- 기안자, 검토자 및 결재권자의 용어는 생략하고, 기안자, 검토자 및 결재권자의 순서대로 직위(직급)를 온전하게 쓰고, 서명하도록 변경되었으며, 협조자란에는 협조자란 용어를 쓴 후 이어서 협조자의 직위(직급)을 쓰고 서명한다.
- 기안문과 시행문에 기안자, 검토자 및 결재권자의 직위(직급)을 온전하게 표시하고 서명을 그대로 표시하도록 한 것은 정책결정(의사결정)이 어떻게 이루어지고, 관련자가 누구인지를 알도록 하여 행정의 책임성과 투명성을 제고하여 정책실명제의 실현을 위한 것이다. 다만, 기관장과 부기관장의 직위는 간략히 쓴다.
- 위임된 사항을 전결하는 경우에는 행정기관의 장의 결재란을 설치하지 아니하고 전결하는 자의 서명란에 "전결"표시를 하고 서명한다.
- 결재권이 위임된 사항을 대결하는 경우에는 행정기관의 장의 결재란을 설치하지 아니하고 전결하는 자의 서명란에 "전결"표시를 하고, 대결하는 자의 서명란에 "대결"표시를 하고 서명한다.
- 위임전결사항이 아닌 사항을 대결한 경우에는 행정기관의 장의 결재란을 설치하지 아니하고, 대결하는 자의 서명란에 "대결"표시를 하고 서명한다.
- 행정기관 외의 자에게 시행하는 문서, 사무관리규정 제14조제2항 단서의 규정에 의하여 관계서식에 기입하여 처리하거나 사무관리규정시행규칙 제16조의 규정에 의하여 서식으로 작성하는 문서를 시행하는 경우에도 전결 또는 대결의 표시방법은 위의 표시방법과 같다.

7. 결재문서의 간인

1) 간인의 의의

간인은 2장 이상으로 이루어지는 중요문서의 앞장의 뒷면과 뒷장의 앞면에 걸쳐 찍는 도장 또는 그 행위를 말한다.

2) 간인 대상문서

① 전후관계를 명백히 할 필요가 있는 문서
② 사실 또는 법률관계의 증명에 관계되는 문서
③ 허가, 인가, 등록 등에 관계되는 문서
④ 기타 결재권자가 중요하다고 인정하는 문서

3) 간인의 방법

① 기안문 : 먼저 기안문을 복사한 다음에 원 기안문에 관인관리자가 관인으로 간인한다.

② 시행문 : 기안문을 복사한 복사물(시행문)에 관인관리자가 관인으로 간인한다. 이 때 기안문을 복사하지 않고 원 기안문을 복사한 후에 간인하게 되면 관인이 색깔이 검정색으로 나오므로 주의를 요한다.

③ 민원서류 발급 : 간인에 갈음하여 천공방식으로 할 수 있다.

④ 전자문서 : 행정자치부령(사무관리규정시행규칙)이 정하는 면표시 또는 발급번호 기재 등의 방법으로 할 수 있다.

ⓐ 면표시 : 제증명 발급문서를 제외한 문서는 사무관리규정시행규칙 제7조의 규정을 준용한다.

ⓑ 발급번호 기재 : 제증명 발급문서는 왼쪽 기본선 아래에서 시작하여 기재하되, 단말번호-출력년월일/시·분·초-발급일련번호-쪽번호로 표시한다.

제6절 문서의 등록

행정업무추진과정에서 생산·접수·입수된 모든 종류의 기록물을 등록하여야 한다. 전자문서시스템에 의하여 기록물을 기록물등록대장에 등록하여야 한다. 종이문서는 도면·카드·시청각기록물·첨부물까지 전자문서시스템에 전산으로 등록하여야 한다. 2004. 1. 1.부터 새로운 전자문서시스템에서는 한번의 등록으로 생산·색인목록·보유목록의 작성, 기록물철 등록부의 작성 등이 자동적으로 처리되도록 하였다.

1. 문서등록요령

① 행정기관이 생산(접수)한 문서는 당해 문서에 대한 결재(접수)가 끝난 즉시 결재(접수)일자순에 따라 반드시 각 처리과별로 전산으로 기록물등록대장(공공기관의기록물관리에관한법률시행규칙 별지 제1호서식)에 등록하여 관리한다.

기록물등록대장

(처리과기관코드 : 연도 :)

기본등록사항												
등록구분	생산(접수)등록일자	생산(접수)등록번호	첨부번호	제목	쪽수	결재권자	기안자(업무담당자)	시행* 일자	수신자*(발신자)	문서과 배부번호	생산기관 등록번호	전자 기록물 여부
①	②	③	④	⑤	⑥	⑦	⑧	⑨	⑩	⑪	⑫	⑬

분류등록사항					시청각기록물추가등록사항	
분류 번호	특수 기록물*	공개 여부	공개제한 부분표시*	특수 목록*	내용요약	기록물 형태*
⑭	⑮	⑯	⑰	⑱	⑲	⑳

비고: * 표시는 동일 건에 대하여 2건 이상 복수등록이 가능한 항목임.

〈기입요령〉

① 등록구분 : 기록물의 등록종류(1. 일반문서류 생산·발송 2. 일반문서류 접수 3. 도면류 생산·발송 4. 도면류 접수 5. 사진·필름류 6. 녹음·동영상류 7. 카드류 생산·접수 8. 카드류 이첩발송)를 선택하여 기입한다. 첨부물이 본문과 형태 또는 종류가 상이(예: 본문은 전자문서로 작성되었으나 첨부물은 전자문서가 아닌 경우, 일반문서에 도면, 카드, 시청각기록물 등과 같은 기록물이 첨부물로 되어 있는 경우 등)하여, 본문에서 분리하여 별도의 등록관리가 필요한 경우에는 첨부등록 해당여부를 추가로 선택하여 기입한다.

② 생산(접수)등록일자 : 생산 또는 접수 기록물의 등록 일자를 기입한다(예: 2002. 6. 4.). 다만, 민원 문서 등 시·분까지 기입이 필요한 경우에는 시·분까지 기입한다(예: 2002. 6. 4. 14:00).

③ 생산(접수)등록번호 : 처리과기관코드와 연도별 일련번호를 기입한다(행정자치부 정부기록보존소 행정과의 예: 1310092-1). 다만, 외관상 처리과를 바로 알 수 있도록 처리과명과 연도별 일련번호가 동시에 연계되도록 하여야 한다(예: 행정과-1).

※ 카드류는 등록번호를 부여한 후, 이를 해당 카드류에 반드시 연필로 표기한다. 생산한 카드류를 이첩하는 경우에는 시행일자와 수신자란에 이첩발송일과 받은 기관명을 기입하여야 한다. 다른 기관에서 이첩받는 경우에는 이전 기관에서 표시한 생산등록번호를 지우고, 접수 기관의 접수등록번호를 표기하여 관리한다.

④ 첨부번호 : 첨부물이 본문과 형태 또는 종류가 상이하여 본문에서 분리하여 별도의 등록관리가 필요한 경우에 첨부물 분리등록의 방법을 사용하여 본문의 생산·접수등록번호에 첨부일련번호를 추가한 번호를 기입한다(예: 1310092-1-1).

⑤ 제　　목 : 기록물의 제목을 기입한다. 다만, 첨부등록의 경우에는 본문에 기재되어 있는 첨부제목을 기입한다.

⑥ 쪽　　수 : 기록물의 총쪽수(분리등록하는 첨부물이 있는 경우를 제외하고, 첨부물의

쪽수까지 포함된 총쪽수)를 기입하며, 사진·필름류는 총매수를 기입하지 않고, 녹음·동영상류 시청각기록물은 수록된 분량을 시간(분단위)으로 환산하여 기입한다(예: 녹음테이프가 10분짜리 분량일 경우 "10분"으로 기입).

⑦ 결재권자 : 결재권자의 직위(직급)명칭을 기입한다.

⑧ 기안자(업무담당자) : 생산문서의 경우에는 기안자의 성명을, 접수문서의 경우에는 해당 업무담당자의 성명을 기입한다.

⑨ 시행일자 : 기록물의 시행일자를 기입한다(예: 2002. 6. 4.).

⑩ 수신자(발신자) : 독임제 행정기관의 권한인 경우에는 당해 행정기관의 장의 직위를, 합의제 기관의 권한인 경우에는 당해 기관의 명칭을, 합의제 기관의 장의 권한인 경우에는 당해 기관의 장의 직위를 기입한다.

⑪ 문서과 배부번호 : 문서과에서 접수하여 배부한 경우에는 문서과의 기록물배부대장에 기재된 해당 기록물의 배부번호를 기입한다.

⑫ 생산기관 등록번호 : 접수된 기록물에 표기되어 있는 생산기관에서 부여한 등록번호를 기입한다.

⑬ 전자기록물여부 : 해당 기록물의 전자기록여부를 전자, 비전자 중 하나를 선택하여 기입한다.

⑭ 분류번호 : 해당 기록물이 편철되는 기록물철의 분류번호(처리과기관코드+단위업무코드+연도별 기록물철 등록연번)를 선택하여 기입한다.

※ 기록물등록대장에 분류번호를 선택·기입하기 위하여는 기록물철이 먼저 기록물철등록부에 등록되어 있어야 한다.

⑮ 특수기록물 : 대통령관련 기록물, 비밀기록물, 개별관리기록물, 저작권보호기록물, 특수규격기록물의 해당여부를 선택하여 기입하며, 2가지 이상에 해당되는 경우에는 복수로 선택하여 기입해야 한다.

⑯ 공개여부 : 공개, 부분공개, 비공개 중 하나를 선택하여 기입하되, 부분공개 또는 비공개의 경우에는 "부분공개(　　)" 또는 "비공개(　　)"로 표시하여 괄호안에 별표 11의 규정에 따라 비공개 대상정보의 구분번호를 선택하여 기입한다. 2가지 이상에 해당하는 경우에는 복수로 선택하여 기입하여야 한다.

⑰ 공개제한부분표시 : 부분공개기록물로 선택된 기록물은 반드시 공개가 제한되어야 할 부분의 범위를 기입한다(예: 3쪽부터 4쪽까지만 비공개일 경우 3~4).

⑱ 특수목록 : 기록물분류기준표에 특수목록이 지정되어 있는 경우에는 지정된 항목의 목록을 기입한다.

※사진·필름류, 녹음·동영상류 기록물의 경우에는 다음과 같은 사항을 추가로 기입한다.

⑲ 내용요약 : 사진·필름류 시청각기록물의 경우에는 촬영일시, 촬영장소와 내용에 대한

간단한 설명을 기입하고, 사진상의 주요인물 성명과 직위, 위치정보(예: "앞열 좌측에서 4번째", "두번째 줄의 중앙", "맨 뒷줄 왼쪽에서 3번째")를 기입한다. 녹음·동영상류 시청각기록물의 경우에는 녹음 또는 촬영일시와 수록내용을 요약하여 기입하되, 내용 중에 등장하는 주요인물의 성명, 직위와 위치 정보를 반드시 기입한다.

⑳ 기록물형태 : 사진·필름류 시청각기록물의 경우에는 사진, 필름, 슬라이드 중 해당 사항을 선택하여 기입하되, 2종 이상인 경우(예: 사진과 필름이 모두 있는 경우)에는 해당 항목을 모두 복수로 선택하여 기입한다. 녹음·동영상류 시청각기록물의 경우에는 녹음테이프카세트, 녹음테이프 릴, 녹음테이프 카트리지, 음반SP, 음반LP, 음반CD, 음반LD, 음반DAT 등 중에서 하나를 선택하여 기입한다.

② 처리과별로 기록물등록대장에 생산문서·접수문서를 통합하여 등록번호를 부여·관리한다. 등록번호는 처리과기관코드와 연도별 등록일련번호로 구성한다.

6010509 — 35

35 → 연도별 등록일련번호

6010509 → 처리과기관코드

③ 내부결재문서는 기록물등록대장의 수신자란에 "내부결재"라고 표시한다(사무관리규정시행규칙 제22조 참조).

④ 문서등록의 표시가 없는 결재(접수)문서는 문서의 표시 왼쪽 상단에 문서등록의 표시(공공기관의기록물관리에관한법률시행규칙 별표1)를 한 후 기록물등록대장에 등록한다.

2. 등록대상문서

1) 공문서, 조사·연구·검토서, 회의록, 시청각기록물

① 당해 부서에서 기안하여 결재를 받은 모든 문서

② 기안문형식 외의 방법으로 작성하여 결재권자의 결재를 받은 문서

③ 접수한 모든 문서

2) 대통령, 국무총리 · 중앙행정기관의 장 등 주요 직위자의 업무노트, 일정표, 방문객 명단 등

3) 결재 또는 검토과정에서 반려 또는 수정된 주요 원본문서

4) 공공기관의 주요 행사 · 사업에 관한 시청각기록물

5) 주요업무와 관련된 보존가치가 있는 모든 기록물

6) 붙임물(첨부물)

* 본문과 형태나 규격이 다른 기록물(예: VTR, CD-ROM, 녹음테이프, 첨부도면 등)이 첨부된 경우 본건에 붙임물(첨부물)번호를 추가하여 함께 등록한다.

3. 등록시기 및 등록항목

1) 등록시기

① 일반문서는 결재 또는 보고 종료시, 수정 또는 반려시, 접수시

② 사진, 필름류 시청각기록물은 보존기록물로 선정시

③ 녹음 · 동영상 · 비디오 등 시청각기록물은 편집 등 작품 완성시

2) 등록항목

① 기본등록사항

기록물 기본정보로서 모든 종류에 적용되는 공통 등록사항(등록구분, 생산(접수)등록일자, 생산(접수)등록번호, 첨부번호, 제목, 쪽수, 결재권자, 기안자(업무담당자), 시행일자, 수신자(발신자), 문서과 배부번호, 생산기관 등록번호, 전자기록물여부 등 13개 항목)

등록구분	생산(접수) 등록일자	생산(접수) 등록번호	첨부번호	제목	쪽수	결재권자	기안자(업무담당자)	시행* 일자	수신자* (발신자)	문서과 배부번호	생산기관 등록번호	전자기록물 여부

② 분류등록사항

분류번호(기록물철 분류번호), 특수기록물 유형, 공개여부, 공개제한 부분표시, 특수목록에 관한 사항 등 5개 항목

분류번호	특수 기록물*	공개 여부	공개제한 부분표시*	특수 목록*

③ 시청각기록물 추가등록사항: 내용요약과 기록물의 형태 등 2개 항목

내용요약	기록물 형태*

4. 등록번호 표기

1) 생산문서의 생산등록번호의 표기방법

① 기안문·시행문 등: 생산등록번호란 또는 문서번호란에 생산등록번호를 표기한다.

② 카드·도면·보고서류: 좌측상단에 공공기관의기록물관리에관한법률시행규칙 별표 1의 표시를 하여 생산등록번호를 표기한다.

③ 사진 또는 필름류: 사진 뒷면이나 당해 사진·필름 등을 넣은 봉투 또는 당해 사진·필름 등을 부착한 종이의 좌측 상단의 여백에 공공기관의기록물관리에관한법률시행규칙 별표 1의 표시를 하여 생산등록번호를 표기한다.

④ 테이프·디스크·디스켓류: 당해 기록물과 그 보존용기에 공공기관의기록물관리에관한법률시행규칙 별표 1의 표시를 하여 생산등록번호를 표기한다.

⑤ 기타 기록물의 재질 또는 규격상 기록물 자체에 생산등록번호를 표

기하기 곤란한 기록물: 당해 기록물을 넣은 봉투 또는 보존용기에 공공기관의기록물관리에관한법률시행규칙 별표 1의 표시를 하여 생산등록번호를 표기한다.

2) 접수문서의 접수등록번호의 표기방법

① 시행문 서식 또는 접수인(사무관리규정시행규칙 별표 11)에 의하여 접수된 기록물: 접수번호란에 생산등록번호를 표기한다.

② 시행문 서식 또는 접수인(사무관리규정시행규칙 별표 11)에 의하여 접수된 기록물외의 접수기록물: 우측 상단의 여백에 공공기관의기록물관리에관한법률시행규칙 별표 1의 표시를 하여 생산등록번호를 표기한다. 접수한 기록물은 처리과의 접수번호가 접수등록번호(처리과기관코드+연도별 등록일련번호)이다.

5 첨부물의 분리 등록방법

① 일반문서에 첨부된 녹음테이프, 큰 도면 등 기록물 종류나 규격이 달라 함께 관리가 곤란한 첨부물은 별도로 등록한다.

② 첨부물 분리 등록시 등록번호는 본문과 동일한 등록번호에 첨부 일련번호를 추가로 부여한다. 예를 들면, 「국무회의록」 문건에 첨부된 발언록테이프는 녹음테이프만 떼어내 첨부등록하고, 「농지전용허가서」에 첨부된 지적도면은 도면만 따로 떼어내 첨부등록한다. 이를 구성요소별로 살펴보면, 처리과기관코드 + 연도별 등록일련번호 + 첨부일련번호이다. 예를 들면, "6010509-35-1"이다.

6. 등록사항의 삭제 또는 수정방법

① 기본등록사항을 삭제하고자 하는 때에는 기록물관리책임자의 확인하에 기록물등록대장 중 당해 기록물철에 편철된 것으로 표기된 분류번호로 먼저 수정하고, 수정일자 및 조치사항을 전자적으로 관리하여야 한다.

② 기본등록사항(기록물배부대장의 경우에는 접수사항을 말한다)을 삭제 또는 수정하고자 하는 때에는 1)의 방법에 따라 당해 등록사항 전체를 삭제한 후 수정된 내용으로 등록한다.

③ 기본등록사항(기록물배부대장의 경우에는 접수사항을 말한다)외의 등록사항을 삭제 또는 수정하고자 하는 때에는 삭제일자 또는 수정일자 및 조치사항을 전자적으로 관리하여야 하며 등록사항만을 수정된 내용으로 등록한다.

7. 등록시 유의사항

① 새로운 전자문서시스템에서는 기록물 등록시 사전에 분류·편철 정보를 지정하지 않으면 기록물을 생산 또는 접수시 기록물등록대장에 등록할 수 없다.

② 따라서, 단위업무별로 보존기간별로 기록물철을 사전에 분류·편철한 다음에 결재를 올리거나 접수된 문서를 등록할 수 있다. 생산문서 또는 접수문서에 대해 사전에 단위업무별로 보존기간별로 기록물철을 분류·편철하지 않으면 전자문서시스템상에서 결재를 올리거나 접수를 할 수 없으므로, 이 점을 특히 유의해야 한다. 이렇게 전자문서시스템을 설계한 이유는 기록물의 유실방지 및 기록물 보존관리의 효율화를 위한 것이다.

③ 분류 및 편철은 종전의 분류기호 및 보존기간을 지정하는 것과 동일한 기능으로 전자문서시스템에서 해당 기록물의 단위업무 및 기록물철

을 지정하는 작업이다.

8. 등록순서

① 생산문서의 등록순서는 다음과 같다.

기안(기안자) ⇨ 분류 및 편철 ⇨ 검토 및 협조 ⇨ 결 재 ⇨ 등 록

② 접수문서의 등록순서는 다음과 같다.

접수(등록, 접수자) ⇨ 담당자 지정 ⇨ 분류 및 편철 ⇨ (공람)

9. 등록파일의 관리

① 기록물등록파일은 매년 기록물관리기관으로 제출한다.

② 한번의 전자등록으로 기록물등록대장, 생산기록물목록, 기록물철 색인목록, 이관기록물목록, 보존기록물목록 등이 자동 처리된다.

③ 기록물 한건이라도 멸실된 경우 매년 제출한 전산등록파일을 통해 전산추적이 가능하므로, 기록물 등록파일은 임의로 삭제 또는 수정이 불가하며, 삭제 또는 수정시는 본래의 내용도 남아 있게 해야 한다.

제7절 문서의 시행

1. 시행의 일반사항

1) 문서시행의 의의

문서 시행이라 함은 내부적으로 성립한 행정기관의 의사를 외부로 표시하는 단계로서 문서의 효력을 발생케 하는 절차를 말한다.

2) 문서시행의 방법

① 문서시행의 방법으로는 일반적으로 문서발송의 방법이 있다. 여기에는 주로 인편에 의한 발송, 우편에 의한 발송, 모사전송에 의한 발송, 정보통신망에 의한 발송의 방법이 있다.

② 단순사항을 전자게시판 또는 홈페이지에 게시하는 방법도 시행방법의 하나이다. 구체적으로 설명하면, 행정기관의 장이 소속공무원 또는 소속기관에 단순업무에 관한 지시, 단순한 자료요구·업무연락·통보, 공지사항, 일일명령 등의 시행문을 전자문서시스템의 전자게시판 또는 행정기관의 홈페이지 등에 게시한 때에는 당해 문서를 시행한 것으로 본다. 보조기관·보좌기관간 상호간에 발신하는 문서에도 위 내용을 준용한다.

③ 전자우편주소와 홈페이지주소를 이용한 방법도 시행방법이다. 2004. 1. 1.부터는 전자문서의 경우 공무원의 공식전자우편주소(행정기관이 공무원에게 부여한 전자우편주소를 말한다)를 이용한 발송, 행정기관의 홈페이지를 이용한 발송의 방법도 문서의 발송방법으로 인정된다. 이 경우는 행정기관 외의 자에게 발송하는 경우에 한한다.

④ 관보게재의 방법도 시행방법의 하나이다. 관보로 게재할 때에는 본문의 마지막에 "이 내용에 관한 시행문은 따로 보내지 아니함"이라고 쓴다.

⑤ 관보 또는 신문 등에 공고·고시하는 방법도 시행방법의 하나이다.

⑥ 증명서를 교부하는 방법도 시행방법의 하나이다. 주민등록법, 호적법 등 개별법령에 의하여 각종 증명서를 교부하는 것이 그 예이다.

3) 문서시행의 원칙

문서의 시행은 전자문서로 함을 원칙으로 한다. 다만, 업무의 성격 기타 특별한 사정이 있는 경우에는 종이문서로 시행할 수 있다.

2. 시행문의 작성

2004. 1. 1.부터 기안문과 시행문이 하나의 서식으로 통합됨에 따라 별도의 시행문을 작성하지 않는다. 다만, 결재가 끝난 이후에 종이문서의 경우에는 기안문을 복사하여 관인을 찍으면 시행문이 되고, 전자문서의 경우에는 전자문서시스템에서 전자이미지관인을 찍으면 시행문이 된다. 엄격히 말하면, 별지 제1호의2서식 또는 별지 제3호의2서식이 기안문 서식이고 동시에 시행문 서식이므로, 기안문에 관인을 찍는다는 말이나 시행문에 관인을 찍는다는 말은 같은 의미이다. 별도의 기안문 및 시행문을 작성하지 아니하고 서식 자체를 기안문 및 시행문으로 갈음할 수 있도록 설계된 서식도 시행문의 작성방법은 같다. 시행문의 작성 대상문서와 제외문서는 다음과 같다.

1) 대상문서

시행문 작성대상문서는 인편·우편·모사전송·정보통신망·전자문서시스템의 전자게시판·공무원의 공식 전자우편주소·행정기관의 홈페이지·관보에 의한 방법으로 발송하는 문서이다.

2) 제외문서

시행문을 작성하지 않는 문서는 전신 · 전신타자 · 전화로 발신하는 문서이다. 시행문을 작성하지 아니하나, 시행문 작성형식으로 발신한다.

3) 시행문의 서식

시행문의 서식은 두 가지이다. 즉 일반시행문(별지 제1호의2서식)과 전자시행문(별지 제3호의2서식)이 그것이다. 일반기안문과 일반시행문의 서식은 동일한 서식이다. 그리고, 전자기안문과 전자시행문도 동일한 서식이다.

4) 수신자가 행정기관이 아닌 경우와 기타 특별한 사유가 있는 때에는 문서접수란을 설치하지 아니할 수 있다.

5) 사무관리규정 제73조제2항, 동시행규칙 제16조 및 제23조제3항의 규정에 의한 문서(기안문 및 시행문 서식이 아닌 서식으로 작성한 문서)를 시행하는 때에는 시행문을 따로 작성하지 아니하고 당해 문서의 발신명의란에 관인(전자이미지관인 포함)을 찍거나 행정기관의 장이 서명(전자문자서명 및 행정전자서명 제외)하여 시행할 수 있다.

[일반시행문 서식] (규칙 별지 제1호의2서식)

행 정 기 관 명

수신자 ( )
(경유)
제목

발 신 명 의 인

기안자(직위/직급) 서명 검토자(직위/직급) 서명 결재권자 (직위/직급) 서명
협조자(직위/직급) 서명

시행 처리과명-일련번호 (시행일자) 접수 처리과명-일련번호 (접수일자)

우 주소 / 홈페이지 주소
전화 ( ) 전송 ( ) / 공무원의 공식 전자우편주소 / 공개구분

〈처리요령〉

(이 란은 서식에 포함하지 아니함)

1. 행정기관명: 그 문서를 기안한 부서가 속한 행정기관명을 기재한다.
2. 수신자 ( ): 수신자명 또는 수신자기호를 먼저 쓰고, 이어서 괄호 안에는 처리할 자(보조기관 또는 보좌기관을 말한다)의 직위를 쓰되, 처리할 자의 직위가 분명하지 아니한 경우에는 ○○업무담당과장 등으로 쓰며, 수신자가 많아 본문의 내용을 기재할 란이 줄어들어 본문의 내용을 첫 장에서 파악하기 곤란한 경우는 두문의 수신자란에 "수신자 참조"라고 쓰고, 결문의 발신명의 밑의 왼쪽 기본선에 맞추어 수신자란을 설치하여 수신자명 또는 수신자기호를 표시한다.
3. (경유): 경유문서인 경우에 (경유)란에 "이 문서는 경유기관의 장은 ○○○(또는 제1차 경유기관의 장은 ○○○, 제2차 경유기관의 장은 ○○○)이고, 최종 수신기관의 장은 ○○○ 입니다."라고 표시하고, 경유기관의 장은 제목란에 "경유문서의 이송"이라고 표시하여 순차적으로 이송하여야 한다.
4. 제목: 그 문서의 내용을 쉽게 알 수 있도록 간단하고, 명확하게 기재한다.
5. 발신명의: 합의제 행정기관 또는 행정기관의 장의 명의를 기재하고, 보조기관 또는 보좌기관 상호간에 발신하는 문서는 그 보조기관 또는 보좌기관의 명의를 기재한다.
6. 기안자·검토자·협조자·결재권자의 직위/직급: 직위가 있는 경우에는 직위를 온전하게 쓰고, 직위가 없는 경우에는 직급을 온전하게 쓴다. 다만, 기관장과 부기관장의 직위는 간략하게 쓴다.
7. 시행 처리과명-일련번호 (시행일자) 접수 처리과명-일련번호 (접수일자): 처리과명(처리과가 없는 행정기관은 10자 이내의 행정기관명의 약칭)을 기재하고, 일련번호는 연도별 일련번호를 기재하며, 시행일자와 접수일자란에는 연월일을 각각 온점(.)을 찍어 숫자로 기재한다. 다만, 민원문서인 경우로서 필요한 경우에는 시행일자와 접수일자란에 시·분까지 기재한다.
8. 우 주 소: 우편번호를 기재한 다음, 행정기관이 위치한 도로명 및 건물번호 다음에 괄호하여 주소를 기재하고, 사무실이 위치한 층수와 호수를 괄호안에 기재한다.
   (예) 우110-034 서울특별시 종로구 효자로 39(창성동 117) (2층 208호)
9. 홈페이지 주소: 행정기관의 홈페이지 주소를 기재한다. (예) www.mogaha.go.kr
10. 전화 ( ) 전송 ( ): 전화번호와 모사전송번호를 각각 기재하되, ( )안에는 지역번호를 기재한다. 기관 내부문서의 경우는 구내 전화번호를 기재한다.
11. 공무원의 공식 전자우편주소: 행정기관에서 공무원에게 부여한 전자우편주소를 기재한다.

12. 공개구분: 공개 · 부분공개 · 비공개로 구분하여 표시한다. 부분공개 · 비공개인 경우에는 공공기관의기록물관리에관한법률시행규칙 제16조의 규정(별표 11)에 의한 공개여부 구분번호를 선택하여 ( )안에 표시한다.
13. 관인생략 등 표시: 발신명의의 오른쪽에 관인생략 또는 서명생략을 표시한다.

※ 기안자 · 검토자 및 결재권자 (직위/직급) 서명: "기안자 · 검토자 및 결재권자"의 용어는 표시하지 아니하고, 기안자 · 검토자 및 결재권자의 직위/직급을 쓰고 서명한다.
※ 협조자(직위/직급) 서명: "협조자"의 용어를 표시한 다음, 이어서 직위/직급을 쓰고 서명한다.
※ 전결 및 서명표시 위치: 사무관리규정 제16조제2항 및 동규정시행규칙 제19조제1항의 규정에 의하여 결재권이 위임된 사항을 전결하는 경우에는 행정기관의 장의 결재란을 설치하지 아니하고 전결하는 자의 서명란에 "전결"표시를 한 후 서명한다.
※ 전결 · 대결 및 서명표시 위치: 사무관리규정 제16조제3항 및 동규정시행규칙 제19조제2항의 규정에 의하여 위임전결사항을 대결하는 경우에는 행정기관의 장의 결재란을 설치하지 아니하고 전결하는 자의 서명란에 "전결"표시를 한 후 대결하는 자의 서명란에 "대결"표시를 하고 서명하며, 위임전결사항이 아닌 사항을 대결한 경우에는 행정기관의 장의 결재란을 설치하지 아니하고 대결하는 자의 서명란에 "대결"표시를 하고 서명한다.
※ 발의자(★) · 보고자(⊙)의 표시는 직위 또는 직급 앞 또는 위에 한다.
※ "수신자"는 "받는 자"로 사용할 수 있다.

[전자시행문 서식](규칙 별지 제3호의2서식)

(표제부)

행 정 기 관 명

수신자 ( )
(경유)
제목

※ 본 서식은 표제부입니다.
본문 내용은 본문부(별도화일)를 이용하시기 바랍니다.

본문 내용에 대한 의견이 있는 경우에만 아래에 기재합니다.
1. 의견내용
2. 의견을 표시한 자의 소속, 직위(직급) 및 성명

발 신 명 의 (인)

기안자(직위/직급) 서명 검토자(직위/직급) 서명 결재권자 (직위/직급) 서명
협조자(직위/직급) 서명
시행 처리과명-일련번호 (시행일자) 접수 처리과명-일련번호 (접수일자)
우 주 소 / 홈페이지 주소
전화 ( ) 전송 ( ) / 공무원의 공식 전자우편주소 / 공개구분

(본문부)

제목

(본문 내용)

붙임

3. 관인날인 및 인영인쇄 사용

1) 행정기관의 장의 명의로 발신하는 문서의 시행문, 게시판 등에 고시 또는 공고하는 문서, 임용장·상장 및 각종 증명서에 속하는 문서에는 관인(전자이미지관인 포함)을 찍거나 행정기관의 장이 서명(전자문자서명 및 행정전자서명 제외)한다.

※ 행정기관의 장이 직접 결재한 문서는 관인날인 대신 행정기관의 장이 시행문과 상장 등에 직접 서명하여 시행·교부할 수 있다.

2) 보조기관 또는 보좌기관의 명의로 발신하는 종이문서의 시행문에는 발신명의 표시의 마지막 글자 위에 보조기관 또는 보좌기관이 서명(전자문자서명·전자이미지서명 및 행정전자서명 제외)하여 시행하되, 필요한 경우에는 소속공무원으로 하여금 발신명의자의 서명표시인을 찍어 시행하게 할 수 있다. 다만, 전자문서는 서명표시인을 사용하지 않고 전자이미지서명 또는 전자문자서명이 자동적으로 생성되도록 하여 시행하여야 한다.

3) 군의 상호간에 발신하는 문서 중 경미한 내용의 문서는 일반행정을 담당하는 참모 또는 기관의 장이 따로 지정하는 자의 서명에 의하여 발신할 수 있다.

4) 전신·전신타자 또는 전화로 발신하는 문서나 관보·신문 등에 게재하는 문서에는 관인 또는 서명 생략을 한다.

5) 관인생략 또는 서명생략의 표시위치는 발신명의의 오른쪽이며, 관인생략 또는 서명생략의 결정은 기안자가 한다.

6) 경미한 내용의 문서로서 일일명령 등 단순 업무처리에 관한 지시문서와 행정기관 또는 행정기관내 보조(보좌)기관간의 단순한 자료요구·업무연락·통보 등을 위한 문서의 경우에는 다음의 요령에 따라 관인날인 또는 서명을 생략할 수 있다.

〈관인날인 생략의 표시〉 → 행정기관 또는 행정기관의 장의 명의로 시행하는 문서에 한한다.

○ 사무관리규정시행규칙 별표 9의 관인생략 표시인

관 인 생 략

○ 표시위치: 기안문 및 시행문의 발신명의의 오른쪽

○ 관인날인생략의 결정: 기안자

〈서명날인 생략의 표시〉 → 대내문서에 한한다.

사무관리규정시행규칙 별표 9의 서명생략 표시인

서 명 생 략

○ 표시위치: 기안문 및 시행문의 발신명의의 오른쪽

○ 서명생략의 결정: 기안자

7) 관인 인영의 인쇄사용 〈제5장(관인관리)참조〉

① 관인을 찍어야 할 문서로서 다수의 수신자에게 동시에 발신 또는 교부하는 문서는 관인날인에 갈음하여 관인의 인영을 그 문서에 인쇄하여 사용할 수 있다.

② 관인의 인영을 인쇄하여 사용하고자 할 때에는 처리과의 장은 당해 기관의 장의 승인을 얻기 전에 당해 관인을 관리하는 부서의 장과 협의하여야 한다.

③ 관인의 인영을 인쇄하여 사용하는 경우 문서의 크기나 용도에 따라 인영의 크기를 적절하게 축소 인쇄하여 사용할 수 있다.

4. 문서의 발송

1) 발신원칙

① 문서는 처리과에서 발송하여야 한다.

② 처리과의 문서수발업무를 담당하는 자(문서과의 지원을 받아 문서를 발송하는 경우에는 문서과의 문서수발업무를 담당하는 자를 말한다)는 발송할 문서와 기록물등록대장의 기재사항을 확인한 후 발송하여야 한다.

③ 문서는 정보통신망을 이용하여 발신함을 원칙으로 한다. 다만, 업무의 성격 기타 특별한 사정이 있는 경우에는 인편·우편·모사전송·전신·전신타자·전화 등으로 발신할 수 있다.

④ 내용이 중요한 문서는 인편·등기우편 기타 발송사실을 증명할 수 있는 특수한 방법으로 발송한다.

⑤ 전자문서는 행정기관의 홈페이지 또는 공무원의 공식 전자우편주소(행정기관이 공무원에게 부여한 전자우편주소를 말한다)를 이용하여 행정기관 외의 자에게 발송할 수 있다.

⑥ 인편(문서사송)에 의하여 문서를 발송하는 때에는 기안문의 적당한 여백에 수신기관의 수령자의 소속과 수령일자를 표시하고 서명(전자문자서명·전자이미지서명 및 행정전자서명 제외) 또는 날인을 받아야 한다.

⑦ 인편(문서사송) 또는 우편으로 발송하는 문서는 문서과의 지원을 받아 발송할 수 있다.

⑧ 전자문서 중 정보통신망을 이용하여 발송할 수 없는 문서는 이를

출력하여 발송할 수 있다.

⑨ 우편에 의하여 발송하는 때에는 행정자치부장관이 정하는 행정사무용 봉투에 넣어 발송하여야 한다.

⑩ 행정기관의 장은 공문서를 수발함에 있어서 문서의 보안유지와 분실·훼손 및 도난방지를 위한 적절한 조치를 강구하여야 한다.

⑪ 관인을 찍어 시행하는 문서는 관인관리자가 관인을 찍은 후 처리과에서 발송하고, 전자이미지관인을 찍어 시행하는 문서는 처리과의 문서수발업무를 담당하는 자가 전자이미지관인을 찍은 후 처리과에서 발송하여야 한다.

2) 문서발송의 일반절차

행정기관의 장은 공문서를 수발함에 있어 문서의 보안유지와 분실·훼손 및 도난방지를 위하여 적절한 조치를 강구하여야 한다.

문서발송의 일반적 절차는 다음과 같다.

① 전자결재문서를 정보통신망을 이용하여 발송하는 경우

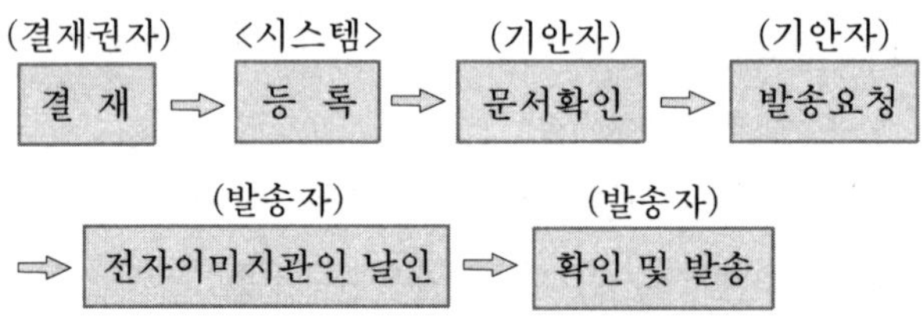

※ 관인생략 또는 서명생략문서에는 "관인생략" 또는 "서명생략"표시를 한다.

② 전자결재를 하여 전자이미지관인을 날인한 후 정보통신망이 아닌 수단을 이용하여 발신하는 경우

(결재권자) 결 재 ⇨ <시스템> 등 록 ⇨ (기안자) 문서확인 ⇨ (기안자) 발송요청

⇨ (발송자) 전자이미지관인 날인 ⇨ (발송자) 출 력 ⇨ (발송자) 확인 및 발송

③ 전자결재를 하였으나, 전자이미지관인을 날인하지 않고 출력하여 정보통신망이 아닌 수단을 이용하여 발신하는 경우

(결재권자) 결 재 ⇨ <시스템> 등 록 ⇨ (기안자) 문서확인 ⇨ (기안자) 발송요청

⇨ (발송자) 출 력 ⇨ (발송자) 관인 날인 ⇨ (발송자) 확인 및 발송

④ 일반결재문서(종이문서결재)를 시행하는 경우

(결재권자) 결 재 ⇨ <시스템> 등 록 ⇨ (기안자) 문서확인 ⇨ (기안자) 발송요청

⇨ (발송자) 문서인수 ⇨ (발송자) 관인 날인 ⇨ (발송자) 확인 및 발송

※ 관인생략문서는 처리과에서 "관인생략" 표시 후 발송한다.

3) 발신방법의 지정

전신 또는 정보통신망으로 시행할 문서의 내용이 비밀이거나 비밀이 아니라도 누설될 경우 국가안전보장, 질서유지, 경제안정 기타 국익을 해칠 수 있는 사항은 결재권자가 그 발신방법을 기안문 본문의 마지막에 "암호" 또는 "음어"로 지정한다.

4) 전신 또는 정보통신망 등에 의한 문서의 취급

① 모사전송 또는 전신 등의 방법으로 발신하는 경우 통신보안에 필요한 조치를 하여야 한다.

② 비밀로 분류된 문서를 암호 또는 음어로 송수신할 경우에는 반드시 송수신자 사이에 서로 응답이 있는 경우에 한하여 송신하여야 한다.

③ 전화로 문서를 수발하는 경우 당해 문서의 아래 여백에 송·수신자의 직급·성명과 또는 송·수신시간 등을 기록하여야 한다.

④ 모사전송으로 발송한 문서의 원본은 기안문과 함께 보존하여야 한다.

5) 비밀번호 및 전자이미지서명 등록

① 행정기관의 장은 보유하고 있는 컴퓨터에 비밀번호를 부여하여야 한다.

② 정보통신망을 이용하여 문서를 작성·처리하고자 하는 자는 개인별 사용자계정(ID)·비밀번호 및 전자이미지서명을 별지 제6호의2서식에 의하여 등록하여야 한다. 이 경우 비밀번호는 최초로 등록한 후 즉시 변경하여야 한다.

③ 비밀번호는 문서의 보호 및 보안유지를 위하여 수시로 변경하여야 한다.

제 8 절 문서의 접수 및 처리

1. 문서의 접수

1) 문서접수요령

(1) 문서과

① 수령한 문서를 기록물배부대장에 기록하고,

② 문서접수란에 접수일시(접수등록번호는 기재하지 아니함)를 기재한 후

※ 문서접수란이 없는 문서는 두문의 오른쪽 여백 또는 뒷면에 사무관리규정시행규칙 별표 11에 의한 문서접수인을 찍어 기재한다.

접수인(제31조제2항관련)

접 수	- (. . . :)

③ 처리과에 배부하고,

④ 기록물배부대장의 인수자란에 처리과의 인수자를 기재하여야 한다.

(2) 처리과

① 처리과는 당해 처리과에서 직접 받은 문서(대내문서·대외문서 등 불문)와 문서과로부터 받은 문서를 기록물등록대장에 등재하고,

② 접수문서의 문서접수란에 접수일시(문서과에서 받은 문서는 문서과에서 기재) 및 접수등록번호를 기재한 후,

※ 문서접수란이 없는 문서는 두문의 오른쪽 여백 또는 뒷면에 사무관리규정시행규칙 별표 11에 의한 문서접수인을 찍어 기재한다.

③ 처리과의 문서수발사무를 담당하는 자는 전자문서시스템상에서 처리담당자에게 인계(배부)하고, 처리담당자는 접수된 문서에 대한 공람여부 및 공람할 자의 범위 등을 정한다.

※ 처리과가 원격지에 분산되어 있는 경우에는 따로 접수할 수 있다(종이문서에 한함).

(3) 홈페이지 또는 전자우편주소를 이용한 접수

행정기관의 장은 행정기관의 홈페이지 또는 공무원의 공식 전자우편주소를 이용하여 행정기관 외의 자로부터 문서를 받아 처리과에서 접수할 수 있다.

(4) 2개 이상의 보조기관 및 보좌기관에 관련된 문서

① 문서과는 그 관련성의 정도가 가장 높다고 판단되는 보조기관 또는 보좌기관에 보낸다. 처리과에서 직접 접수한 경우에도 처리방법은 같다.

② 이 경우 문서를 접수한 처리과(관련성이 가장 높은)는 당해 문서를 복사하여 관련 보조(보좌)기관에 처리과의 장(처리과가 소속된 보조(보좌)기관 포함)의 명의로 이송하여야 한다.

(5) 당직근무자가 받은 문서

다음 정상 근무시각 시작 후 지체없이 문서과에 인계하여야 한다.

〈예시〉 ○ 토요일 18:00 접수 → 월요일 출근시간 직후
○ 월요일이 공휴일인 때에는 화요일 출근시간 직후

(6) 모사전송(FAX)문서

감열기록방식의 모사전송기(FAX)에 의하여 수신한 문서 중 보존기간이 3년 이상인 문서는 복사하여 접수하여야 한다. 이 경우 수신한 모사전송(FAX)문서는 즉시 폐기한다.

※ 감열기록방식이 아닌 모사전송(FAX)문서는 그대로 접수한다.

(7) 민원문서

민원문서의 접수 및 처리는 「민원사무처리에관한법률」이 정하는 바에 따른다.

(8) 행정기관 외의 자로부터 정보통신망을 통한 문서접수방법

① 행정기관의 장은 정보통신망을 이용하여 행정기관 외의 자로부터 문서를 접수할 수 있도록 필요한 조치를 할 수 있다.

② 정보통신망을 이용하여 접수된 문서는 사무관리규정 제23조제1항 내지 제4항의 규정에 의하여 처리하여야 한다. 다만, 발신자의 주소·성명 등이 불분명한 경우에는 접수하지 아니할 수 있다.

(9) 우편으로 발송한 문서를 접수한 경우에 발송자의 요구가 있는 때에는 별지 제7호서식의 공문서영수증을 보내주어야 하며, 인편에 의하여 문서를 접수한 때에는 수신기관의 수령자가 서명 또는 날인하여 영수의 표시를 하여야 한다.

공문서 영수증

<table>
<tr><td rowspan="2">일련번호</td><td>받 음</td><td colspan="5"></td></tr>
<tr><td>등록번호</td><td>시행일자</td><td>제 목</td><td>부 수</td><td>붙임물</td><td>접수일자</td></tr>
<tr><td></td><td></td><td></td><td></td><td></td><td></td><td></td></tr>
<tr><td colspan="7">년 월 일
받은 사람: 소속 직급 서명 (인)</td></tr>
</table>

2) 문서의 반송 및 이송

(1) 행정기관의 장은 접수한 문서가 형식상의 흠이 있을 때에는 그 문서의 생산등록번호·시행일자·제목과 반송사유를 명시하여 발신 행정기관의 장에게 반송할 수 있다.

(2) 처리과는 문서과로부터 그 소관에 속하지 아니하는 문서를 인계

받은 경우

① 지체없이 문서과에 반송하여야 하며,

② 문서과는 당해 문서를 즉시 재배부하되, 문서과의 장이 지정하는 처리과로 보낸다.

(3) 처리과에서 직접 접수한 문서가 그 소관에 속하지 아니하는 경우에는 이를 지체없이 문서과에 보내어 해당 처리과에 배부하도록 요청하여야 한다.

(4) 행정기관의 장은 접수한 문서가 다른 기관의 소관사항인 경우에는 이를 지체없이 소관기관의 장에게 이송하여야 한다.

2. 경유문서의 처리요령

1) 경유문서의 접수

경유문서의 접수절차도 일반문서의 접수절차와 동일하다.

(1) 문서과에서 받은 경유문서

① 수령한 경유문서를 기록물배부대장에 기재하고,

② 문서접수란에 접수일시(접수등록번호는 기재하지 아니함)를 기재한 후

※ 문서접수란이 없는 문서는 두문의 오른쪽 여백 또는 뒷면에 사무관리규정시행규칙 별표 11에 의한 문서접수인을 찍어 기재한다.

③ 처리과에 보낸다.

(2) 처리과에서 접수한 경유문서

① 문서과로부터 받은 경유문서의 문서접수란에 접수등록번호를 기재하고,

② 처리과에서 직접 받은 경유문서는 문서접수란[5]에 접수일자와 접수등록번호를 기재한 후

5) 문서접수란이 없는 문서는 두문의 오른쪽 여백 또는 뒷면에 사무관리규정시행규칙 별표 11에 의한 문서접수인을 찍어 기재한다.

③ 기록물등록대장에 접수한다.

2) 경유문서의 결재 및 처리

① 경유기관은 접수한 경유문서에 대한 검토를 마친 후 다른 경유기관의 장 또는 최종 수신자에게 경유문서를 첨부한 결재권자의 결재를 받아 경유기관의 장의 명의로 발송하여야 한다.

② 경유기관의 의견이 있는 때에는 그 의견을 본문에 표시하거나 첨부하여 보내야 한다.

③ 경유기관의 의견이 없는 경우에도 경유문서를 이송한다는 내용으로 결재권자의 결재를 받아 경유기관의 장의 명의로 발송하는 문서에 경유문서를 첨부하여 이송하여야 한다.

3) 경유문서의 반송 및 보완

① 경유기관의 장은 경유문서를 최종적으로 처리할 권한이 있는 자가 아니므로 검토과정에서 형식상, 내용상 흠이 있더라도 이를 이유로 하여 발신 행정기관의 장에게 반송할 수 없다.

② 또한, 경유문서에 대하여 수정 또는 보완요구를 할 수 없다. 위에서 설명한 바와 같이 경유기관의 장은 경유문서에 대한 검토를 하고, 이에 대한 의견이 있는 경우에는 이를 첨부하여 경유절차를 밟아 보내야 한다.

4) 경유문서의 표시 예시

경유문서는 기안문 및 시행문의 수신자란 밑의 (경유)란 및 제목에 다음 예시와 같이 표시하여야 한다.

(예시)

행정기관명

수신자 ○○○

(경유) 이 문서는 경유기관의 장은 ○○○(또는 제1차 경유기관의 장은 ○○○, 제2차 경유기관의 장은 ○○○)이고, 최종 수신기관의 장은 ○○○입니다.

제목 경유문서의 이송

(본문 내용)

발신명의

[최초로 보낸 기관]

효자동

수신자 종로구청장(총무과장)

(경유) 이 문서는 제1차 경유기관의 장은 종로구청장이고, 제2차 경유기관의 장은 서울특별시장이며, 최종 수신기관의 장은 행정자치부장관입니다.

제목 ○○○○○○

(본문 내용)

효자동장

[1차 경유기관 처리 예시]

종로구

수신자 서울특별시장(총무과장)
(경유) 이 문서는 제1차 경유기관의 장은 종로구청장이고, 제2차 경유기관의 장은 서울특별시장이며, 최종 수신기관의 장은 행정자치부장관입니다.

제목 경유문서의 이송

(본문 내용)

붙임 1. 시행문(효자동 경유문서) 1부.
2. 의견서 1부(있는 경우에만 첨부). 끝.

종로구청장

[2차 경유기관 처리 예시]

서울특별시

수신자 행정자치부장관(총무과장)
(경유) 이 문서는 제1차 경유기관의 장은 종로구청장이고, 제2차 경유기관의 장은 서울특별시장이며, 최종 수신기관의 장은 행정자치부장관입니다.

제목 경유문서의 이송

(본문 내용)

붙임 1. 시행문(효자동 경유문서) 1부.
2. 시행문(종로구 경유문서) 1부.
3. 의견서 1부(있는 경우에만 첨부). 끝.

서울특별시장

3. 접수문서의 공람(처리과)

1) 접수문서는 문서접수자가 먼저 기록물등록대장에 기재한 후 문서접수란(문서접수란이 없는 경우에는 문서접수인을 날인)에 접수등록번호와 접수일시를 기재하여 처리담당자에게 인계하는 것으로 종결하는 것이 원칙이다.

2) 공람대상문서

접수문서는 접수등록번호와 접수일시를 기재하고, 공람하지 않는 것이 원칙이나, 다음에 해당하는 문서는 공람할 자의 범위를 정하여 행정계통에 따라 순차적으로 공람하게 하거나 병렬적으로 공람하게 할 수 있다.

① 결재권자로부터 처리지침을 받아야 할 필요가 있는 문서

② 민원문서

③ 행정기관간 또는 행정기관 내 보조기관 또는 보좌기관간 업무협조에 관한 문서

④ 접수된 문서를 처리하기 위하여 소관사항 등 형식적인 면 또는 법률·예산 등 내용적인 면에서 검토가 필요한 문서

⑤ 그 밖에 공무원의 신상(身上), 교육훈련 등과 관련하여 공무원이 개별적으로 또는 전체적으로 알아야 할 필요가 있는 문서

3) 공람제외문서

통계·설문조사 등을 위하여 각 기관으로부터 취합하는 문서는 공람하지 않는다.

4) 공람을 하는 결재권자는 문서의 처리기한 및 처리방법을 지시할 수 있으며 필요하다고 인정하는 때에는 그 처리담당자를 따로 지정할 수 있다.

5) 공람방법

접수문서에 대한 공람방법은 두 가지이다. 종이문서와 전자문서의 공람방법이 다르다.

① 종이문서의 공람방법

접수문서의 적당한 여백에 공람할 자의 직위 또는 직급을 표시하여 공람(서명)을 받는다. 공람방법의 예시는 다음과 같으며, 접수문서의 여백 활용에 따라 선택적으로 사용한다.

〈예시 1〉 [수평 공람] (직위/직급 및 서명을 한 줄로)

행정주사 박천국 행정사무관 김삿갓 행정능률과장 홍갑순 행정혁신국장 홍길동

〈예시 2〉 [수평 공람] (직위/직급 밑에 서명)

행정주사	행정사무관	행정능률과장	행정혁신국장
박천국	김삿갓	홍갑순	홍길동

〈예시3〉 [수직 공람] (직위/직급 다음에 서명)

행정혁신국장	홍길동
행정능률과장	김삿갓
행정사무관	홍갑순
행정주사	박천국

② 전자문서의 공람방법

전자문서는 전자문서시스템 내에서 공람하였다는 기록이 유지되도록 한다. 접수된 전자문서 자체에는 공람할 난이 없으므로, 전자문서시스템 내에서 공람자의 직위 또는 직급, 성명 및 공람일시 등이 자동으로 표시되도록 하여야 한다.

〈공람표시 예시〉

① 장관(기관장)까지 공람한 경우(행정사무관이 담당자임)

〈예시 1〉 [수평 공람] (직위/직급 및 서명을 한 줄로)

행정능률과장 박천국 행정혁신국장 김삿갓 차관 홍갑순 장관 홍길동

〈예시 2〉 [수평 공람] (직위/직급 밑에 서명)

행정능률과장	행정혁신국장	차관	장관
박천국	김삿갓	홍갑순	홍길동

〈예시 3〉 [수직 공람] (직위/직급 다음에 서명)

장관 홍길동
차관 홍갑순
행정혁신국장 김삿갓
행정능률과장 박천국

② 차관(부기관장)까지 공람한 경우(행정주사가 담당자임)

〈예시 1〉 [수평 공람] (직위/직급 및 서명을 한 줄로)

행정사무관 박천국 행정능률과장 김삿갓 행정혁신국장 홍갑순 차관 홍길동

〈예시 2〉 [수평 공람] (직위/직급 밑에 서명)

행정사무관	행정능률과장	행정혁신국장	차관
박천국	김삿갓	홍갑순	홍길동

〈예시 3〉 [수직 공람] (직위/직급 다음에 서명)

차관 홍길동
행정혁신국장 홍갑순
행정능률과장 김삿갓
행정사무관 박천국

③ 국장까지 공람한 경우(행정주사가 담당자임)

〈예시 1〉 [수평 공람] (직위/직급 및 서명을 한 줄로)

행정사무관 김삿갓 행정능률과장 홍갑순 행정혁신국장 홍길동

〈예시 2〉 [수평 공람] (직위/직급 밑에 서명)

행정사무관 행정능률과장 행정혁신국장
김삿갓 홍갑순 홍길동

〈예시3〉 [수직 공람] (직위/직급 다음에 서명)

행정혁신국장 홍길동
행정능률과장 홍갑순
행정사무관 김삿갓

④ 과장까지 공람한 경우(행정주사가 담당자임)

〈예시 1〉 [수평 공람] (직위/직급 및 서명을 한 줄로)

행정사무관 홍갑순 행정능률과장 홍길동

〈예시 2〉 [수평 공람] (직위/직급 밑에 서명)

행정사무관	행정능률과장
홍갑순	홍길동

〈예시 3〉 [수직 공람] (직위/직급 다음에 서명)

행정능률과장 홍길동
행정사무관 홍갑순

⑤ 총괄책임자(행정사무관)까지 공람한 경우(행정주사가 담당자임)

〈예시 1〉 (직위/직급 및 서명을 한 줄로)

행정사무관 홍갑순

〈예시 2〉 (직위/직급 밑에 서명)

행정사무관
홍갑순

⑥ 담당자(행정주사 또는 행정사무관 등 직위가 없는 자) 전결사항인 경우에는 문서접수자로부터 접수문서를 인계받아 이미 확인한 사항이므로 별도로 공람할 필요가 없다.

6) 접수문서에 대한 처리과명 및 담당자의 표시여부

기존에는 접수문서에 처리과명과 담당자를 표시하였으나, 2004. 1. 1.부터는 이를 표시하지 않고, 처리과명은 접수등록번호(처리과명+일련번호)에서 인식할 수 있으므로, 별도로 처리과명을 표시하는 것을 삭제한 것이며, 담당자를 접수문서에 표시하지 않고 대신에 기록물등록대장에 업무담당자를 표시하는 것으로 대체하였다.

제9절 전자문서의 표준 및 유통

1. 전자문서의 표준 제정 및 고시 등

1) 전자문서의 표준 제정

행정자치부장관은 전자문서시스템 기능의 규격표준, 전자문서시스템간 전자문서의 유통표준, 전자문서시스템과 행정정보시스템간 전자문서 또는 행정정보의 유통표준을 정하여야 한다. 다만, 산업표준화법에 의한 한국산업규격이 제정되어 있는 사항에 대하여는 그 규격에 따른다.

2) 전자문서의 표준 고시

행정자치부장관은 위의 사항에 의하여 규격표준·유통표준 등을 정한 경우에는 이를 관보에 고시하고 인터넷에 게시하여야 한다. 그 표준을 변경하는 경우에도 또한 같다. 다음 내용은 행정자치부장관이 실제로 관보에 고시(2002. 11. 4. 행정자치부고시 제2002-20호)한 내용이다.

〈예시 1〉 전자문서의 표준고시

1. 고시개요
공문서의 생산부터 보존까지 문서처리 전 과정 전자화를 위해 마련한 전자문서 관련 표준을 고시함.
2. 표준 제・개정 사유
가. 전자결재 및 기관간 문서유통뿐만 아니라, 전자적 이관 및 기록보존과 연계할 수 있도록 개정중인 사무관리규정 개정(안)과 기록물관리법시행령 개정(안)을 반영하고,
나. 공문서의 안정적인 전자유통과 인사・조달 등 타 행정정보시스템과 호환성을 확보하여 연계될 수 있도록 관련 표준을 제・개정함.
3. 관련표준(3종)
가. 행정기관의 전자문서시스템 규격(개정)
나. 행정기관간 전자문서유통 표준(개정)
다. 전자문서시스템과 행정정보시스템간 연계표준(제정)
4. 주요내용
가. 행정기관의 전자문서시스템 규격
- 개정중인 사무관리규정 및 동 규정 시행규칙 반영
- 기안문/시행문의 통합 및 문서처리절차 간소화
- 기안자, 검토자, 결재권자 등 실명공개 확대
- 문서대장 항목의 대폭축소 등
- 전자결재 기능 강화
- 우편번호 검색기능 추가, 수신자와 참조를 같은 줄에 표시
- 등록번호의 형식을 부서명과 일련번호로 변경, 부서명은 기관코드와 연계
- 결재 완료시 기안자에게 통보하는 기능, 문서의 수정된 내용에 대한 정보 및 이력관리 기능 등
- 개정중인 기록물관리법시행령 반영 및 전자문서관리기능 추가
- 자료관시스템에 문서의 전자이관 및 목록검색기능 등 추가

나. 행정기관간 전자문서유통 표준
- 사무관리규정, 기록물관리법시행령 등 문서관리 관련 법・제도 개정부분을 반영
- 개정되는 행정기관의 전자문서시스템 규격 개정(안) 반영
- 문서유통 중계시스템을 통한 문서유통 방식으로 개선
- 문서유통 장애발생시 원인파악 및 문제해결
- 문서송수신 내역관리 및 문서유통 통계관리 등

다. 전자문서시스템과 행정정보시스템간 연계표준
- 각급 행정기관에서 구축・운영중이거나 향후 구축할 행정정보시스템 중 행정기관 내에서 전자결재와 연계가 필요한 경우 전자문서시스템과 행정정보시스템간에 연계가 가능하도록 표준제정
- 전자문서시스템과 행정정보시스템간의 연계방법 정의
- 연계대상 시스템이 소수이고, 기관 내에서 연계가 필요한 경우 추가비용 없이 전자문서시스템과 직접연계가 가능토록 정의
- 연계대상 시스템이 많은 경우 연계대상시스템 추가가 용이하도록 행정연계서버를 통한 연계방안 정의 전자문서시스템과 행정정보시스템간에 결재할 자료를 XML로 변환하여 연계모듈(API)을 통해 자료를 송수신할 수 있도록 정의

3) 인증받은 전자문서시스템 사용 의무화

행정기관의 장은 특별한 사유가 없는 행정자치부장관이 제정·고시하고 전문기관이 표준에 적합하다고 인증을 한 전자문서시스템을 사용하여야 한다.

4) 전문기관의 지정

① 전자문서시스템에 대한 인증은 행정자치부장관이 지정하는 전문기관이 행한다.

② 행정사치부장관은 전사문서시스템에 대한 인증을 행하는 전문기관을 지정하는 경우에는 인증을 실시할 수 있는 시설과 인증실적 등을 고려하여 지정하여야 한다.

2. 행정정보시스템과 전자문서시스템간 연계

1) 행정정보시스템의 개념

행정기관이 행정정보를 생산·수집·가공·저장·검색·제공·송신·수신 및 활용하기 위한 하드웨어·소프트웨어·데이터베이스와 처리절차 등을 통합한 시스템을 말한다.

2) 전자문서시스템의 개념

문서의 기안·검토·협조·결재·등록·시행·분류·편철·보관·보존·이관·접수·배부·공람·검색·활용 등 문서의 모든 처리절차가 전자적으로 처리되는 시스템을 말한다.

3) 두 시스템간 연계

행정기관의 장은 자체적으로 운영·관리하고 있는 행정정보시스템을 전자문서시스템 등과 연계하여 행정정보를 공동활용하는 등의 조치를 취하여야 한다.

3. 정부전자문서유통지원센터

1) 센터 설치 및 기능 수행

행정자치부장관은 행정기관간 전자문서의 원활한 유통을 지원하기 위하여 행정자치부에 정부전자문서유통지원센터(이하 "센터"라 함)를 두되, 정부전산정보관리소가 그 기능을 수행한다. 다만, 행정자치부장관은 전자문서유통관리의 안정성 및 용이성 등을 위하여 필요한 경우에는 센터 업무의 일부를 다른 행정기관으로 하여금 수행하게 할 수 있다.

2) 센터의 업무

센터는 다음 업무를 수행한다.

① 전자문서 또는 행정정보의 원활한 유통을 위한 지원 및 규격표준·유통표준 등의 운영

② 전자문서시스템 및 행정정보시스템의 전자적 주소 등의 배포 및 관리

③ 전자문서 또는 행정정보의 효율적인 유통을 위한 프로그램의 개발·보급

④ 전자문서 또는 행정정보의 유통시 발생하는 장애의 복구를 위한 지원

3) 센터운영에 필요한 사항

① 센터를 관리하는 자는 센터의 시스템이 정상적으로 가동되도록 관리하여야 하며, 유통되는 전자문서 및 행정정보가 위조·변조·훼손 또는 유출되지 아니하도록 적절한 보호대책을 강구하여야 한다.

② 센터의 관리자는 원활한 전자문서유통을 지원하기 위하여 필요한 경우 테스트문서를 발송하여 행정기관간 정상적 문서유통여부를 확인하

여야 한다.

③ 센터의 관리자는 전자문서유통상의 장애가 발생하거나 시스템간 문제가 발생하는 경우에는 각 행정기관의 전자문서시스템의 관리자에게 시스템관련 정보를 요청할 수 있다.

④ 행정자치부장관은 센터업무의 일부를 수행하는 행정기간에 대하여 기술적인 지원을 할 수 있다.

⑤ 센터의 관리자와 센터업무의 일부를 수행하는 행정기관의 전자문서유통지원업무를 담당하는 자의 역할 및 센터의 이용절차 등에 관하여 필요한 세부사항은 행정자치부장관이 정한다.

제 10 절 Bussiness Letter의 구성

상용문서는 주요소와 보조요소로 구성되어 있다.

- Business Letter
  - 주요소 (Main Parts)
    - ① Letterhead (서두)
    - ② Date (발신인자)
    - ③ Inside Address (수신인 주소)
    - ④ Salutation (서두인사)
    - ⑤ Body of the Letter (본문)
    - ⑥ Complimentary Close (결미인사)
    - ⑦ Signature (서명)
  - 보조요소 (Supplementary Parts)
    - ① Reference (File) Number (참조번호)
    - ② Attention (Particular Address) (특정수신인 주소)
    - ③ Letter Subject (제목)
    - ④ Initials (Indentification Marks) (책임자식별 기호)
    - ⑤ Enclosure(s) (Enclose Notation) (동봉물 표시)
    - ⑥ Postscript (추신)
    - ⑦ Carbon Copy Notation (사본 배부처) (C.C. or c.c. or cc)

LAYOUT OF THE BUSINESS LETTER

	LIPSBURG CORPORATION
LETTERHEAD	3011 PARK STREET/DETRCIT, MI 48218/PHONE 313-744-8102
	WORDS
DATE	April 5, 2000
	R4
	(3 blank lines)
INSIDE ADDRESS	Mr. Frank George
	Charlson Industries, Inc.
	750 First Avenue
	Fint, MI 48556
	DS
	Dear Mr. George
	DS
SALUTATION	SUBJECT: Lipsburg inserter
	DS
SUBJECT LINE	Your interest in the Lipsburg inserter,
	as indicated by your request for
	more information, is appreciater. The
	enclosed brochure will answer many
	questions about our machine. You will
BODY	find an outline of some of the features
	which are built into the new Lipsburg
	inserter on page 10. I plan to call on
	you sometime May, an which time
	we can discuss your speckfic application.
COMPLIMENTARY CLOSE	We are happy to have the opportunity to serve you.
SIGNATURE	S
TYPED NAME AND	Cordially yous,
TITLE OF WRITER	R4 G.J. Livingston
	C.J. Livingston
	Sales Representive
	DS
INITIALS OF TYPIST	jh
	DS
ENCLOSURE NOTATION	Enclosue
	DS
CARBON COPY NOTATION	cc Mr. David Stone
	DS
POSTSCRIPT	The Lipsvurg inserter is quaranteed
	for five years.
	R4 Return Carriage 4 Times
	DS Double Space

구성요소의 배열

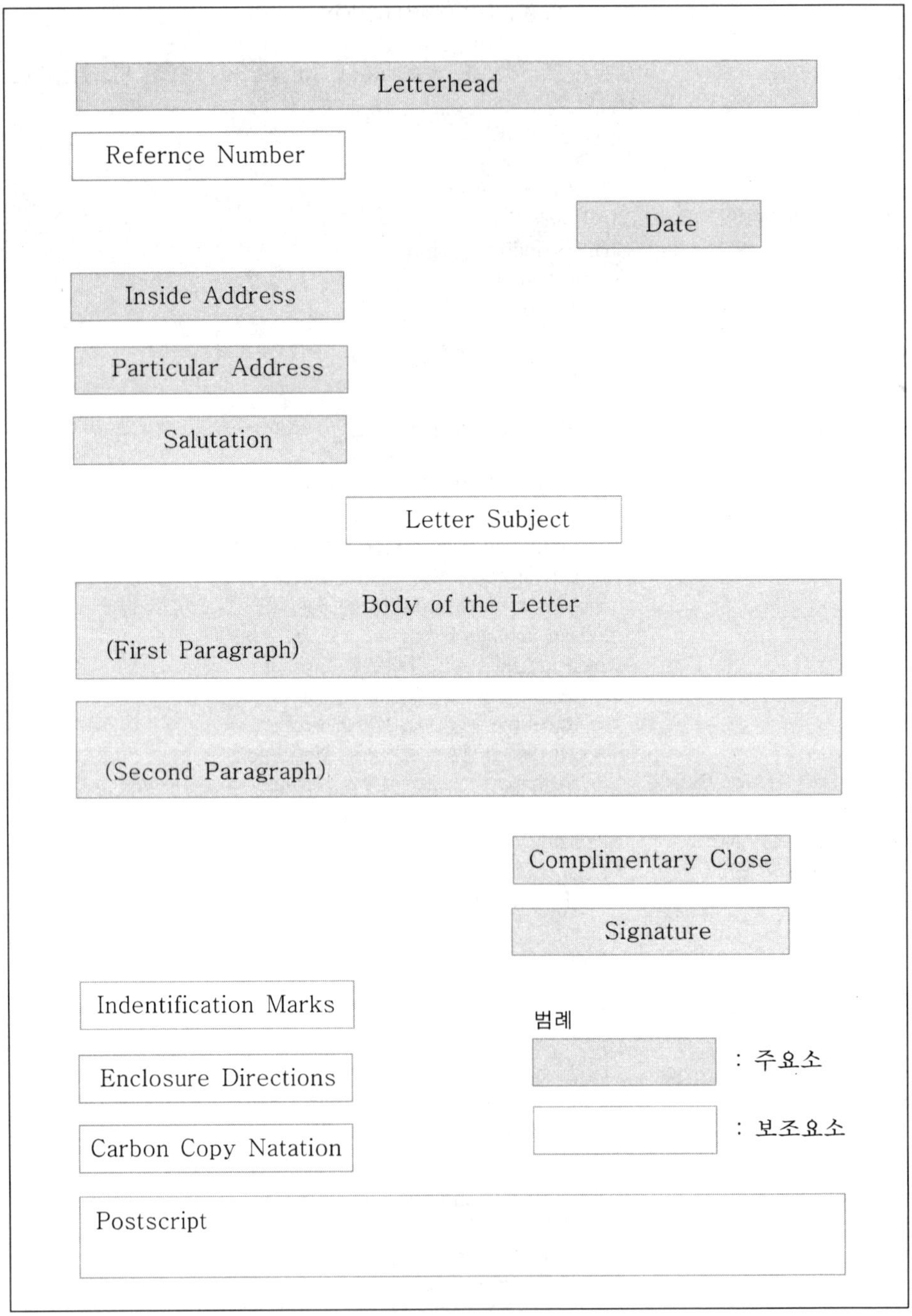
Letterhead
Refernce Number
Date
Inside Address
Particular Address
Salutation
Letter Subject
Body of the Letter
(First Paragraph)
(Second Paragraph)
Complimentary Close
Signature
Indentification Marks
Enclosure Directions
Carbon Copy Natation
Postscript
범례
: 주요소
: 보조요소

1. 주요소(필수적 구성요소)*

1) Letterhead (서두)

(1) 위치

서한 용지(Letter Papper : Stationery)의 상부에 인쇄함.

(2) 내용

상사 또는 회사명, 주소, 전신약호(cable address), 가입전신(telex No.), 전화번호(telephone No.). 상호암호장명(code used), FAX. NO, 영업종류(line of business), 지점, 지사 및 대리점(branch), 창설년도, 상표(trade mark), e-mail 등

[보기]

SAMHWA CO., LTD.

EXPORTER, IMPORTED & MANUFACTURER

1290 BUMILDONG. BUSAN 601, KOREA TEL. : ⑥③8101-9
BUSANJIN-GU 8001-6
TLX : K3432, BUSAN
REF NO.3T1-0226-01 K3778 KUMSA
CAB : SAWHWA
BUSAN
BUSAN, February 26, 2001

* 김정수. (1990). 『무역영어』. 서울 : 형설출판사.

2) Date (발신일자)

(1) 위치

Letter Style에 따라 다름

(Full Block Style인 경우에만 맨 위쪽에 그 외의 경우에는 맨 오른쪽, 중앙에 두는 경우도 있다.)

(2) 쓰는 방법

- American Style : May 2, 2001 (月, 日, 年)
- British Style : 2nd May, 2000 (日, 月, 年) ⇒ 일은 서수(1st, 2nd, 3rd, 4th...)

3) Inside Address (수신인 주소)

(1) 위치

Date란의 아래에 Single Space 또는 Double Space의 간격을 두고 좌측의 Marginal line에서 쓰기 시작

(2) 배열양식

- Block Form with Open Punctuation
- Indented Form with Closed Punctuation

(3) 보기

• Block Form with Open Punctuation

SAMHWA Co., Ltd.

1290 BUMLDONG, BUSANJIN-GU

BUSAN 601, KOREA

• Indented Form with Closed Punctuation

King Exporting Co., Ltd.,

10 Qreen's road,

London, England.

Inside Address를 기입할 때는 인명 또는 상사명 앞에 적절한 경칭을 붙여야 한다.

단수	Mr. (=Mister) Esq. (=Esquire) Dr. (Doctor)	Mr. James P.Hunt James P. Hunt, Esq. Dr. Tomas P.Herman	Dear Sir
복수	Messrs. (Messieurs)	Messrs. Brown & Co	Dear Sirs Gentleman
단수	Mrs. (=Mistress)	Mrs. James P. Hunt Mrs. Margaret Smith (미망인의 경우)	Dear Madam
복수	Mmes(=Mesdanes)	Mmes, Meade and Martine	Dear Ladies 또는 Mesdames
단수	Miss	Miss Catharine Warde	Dear Madam
복수	Misses	Misses Jane and May Smith	Dear Ladies 또는 Mesdames

[주소(우리나라) 쓰는 법]

Poor: No.14-5, 2ga, Namdaemunro, Chung-gu, Seoul

Better: 14-5, 2-ga, Namdaemunro, Chung-gu, Seoul

Poor: 95, Yeonsan-dong, Dongre-gu, Busan

Better: 95, Yeonsan-dong, Dongre-gu, Busan

상대방의 주소에 대해서는 신경을 쓸 필요가 없다. 그대로 쓰면 되기 때문이다.

4) Salutation or Greeting

(1) 위치

Inside Address 보다 Double Space 밑으로 좌측의 Marginal Line에서부터 시작

(2) 쓰는 방법

[회사인 경우]

영국식: Dear Sirs, (comma)

미국식: Gentlemen : (colon)

[개인의 경우]

	Man	Woman
Most formal Formal Less formal Friendly	Sir, My dear Dear Sir My dear Mr. Kim, Dear Mr. Kim, My dear Jeongsu, Dear Jeongsu,	Madam, My dear Madam, Dear Madam, My dear Mrs. Kim, Dear Mrs. Kim, Dear Miss Kim, My dear Miss Kim, My dear Juheui, Dear Juheui,

5) Body of the Letter

(1) 위치

첫 paragraph의 첫 줄은 Salutation에서부터 Double Space 밑에서 시작

(2) 쓰는 방법

Block Form 또는 Indented Form에 따라 다르다.

6) Complimentary Close

경의를 표시하는 경우에는 Respectfully yours, 아주 친밀한 경우에는 Sincerely와 Cordially yours를 명기함

[Salutation]	[Complimentary close]
Sirs, Dear Sirs, (英) Gentleman: (美) Sirs, Dear Sir, My dear Sir, Madam, Dear Madam, My dear Madam	Very faithfully yours, (英) Yours very truly, (美) Very truly yours, Yours respectfully, Sincerely yours, Cordially yours,

7) Signature

(1) 위치

Complimentary Close에서 약 2행 밑 위치시킴.

(2) 서명 방식

상사의 대표자격으로 서명함

Very truly tours,
U.S. TRADING CORPORATION
Jeongsu Kim(이탤릭)
Jeong-Su Kim
Vice President

개인 자격으로

Sincerely yours,
James Adams(이탤릭) … (Signed)
James Adams … (Typed)
Sales Manager

2. 보조요소 (부수적 구성요소)

1) Reference Number (File Number)

(1) 목적

참조와 Filing의 편의상

(2) 위치

일정한 곳이 없고 Letterhead 아래 적당한 곳

(3) 형식

Ref. No. …

Your Ref.-

Our Ref.-

2) Attention (Particular Address)

(1) 목적

발신인이 수신자를 상대방회사로 하면서도 그 곳의 특정인 또는 특정부서에 발송되는 것을 원할 때

(2) 위치

Inside Address와 Salutation의 중간에 하던가 Salutation의 우측

(3) 형식

Attention : Mr. Rovert Johnson

Att. : Sales Department

Attn. : Export Manager

3) Letter Subject

(1) 목적

서한의 내용을 간결하게 나타내기 위해

(2) 위치

Salutation의 1~2행 아래나 서한용지 중앙

(3) 형식

- Your Order No.10
- Subject : Certificate of Origin
- re-Iron & Steel Pipes(여기서 re-는 in the matter of~, concerning~을 의미)

4) Initials (Identification Marks)

(1) 목적

서한작성의 책임소재를 명백히 하기 위해

(2) 위치

Salutation의 마지막 Line보다 두 줄 아래의 왼쪽 Margin에 위치

(3) 형식

- BT : TJ BT/TY LMR-CH
- LMR : ch (Dictator, Typist)
- JS/TS/ba (signer, dictator, typist)

5) Enclosure(s) (Enclosure Notation)

(1) 목적

동봉물이 있는 경우에 표시해 주면, 동봉물이 있는 것을 확인시키므로 우편물의 안전한 전달을 가능케 한다.

(2) 위치

보통 Initials의 바로 아래

(3) 형식

- 한 부일 경우 : Enclosure 또는 Enc. 또는 Encl.
- 두부 이상일 경우 : Enclosures 또는 Encs. 또는 Encls.

6) Carbon Copy Notation

(1) 목적

서한의 사본을 다른 관련부서에도 보냈다는 것을 수신자에게 알리기 위해

(2) 위치

Enclosure Notation(Enclosure가 없을 때는 Initials) 아래 2행 밑

(3) 형식

cc : (또는 CC :) Mr. James Thompson, Chicago Office.

c.c. (또는 C.C) our agent in London.

7) Postscript

(1) 목적

서안작성이 끝난 후 새로운 사항을 추가하거나 중요한 사항을 기재함으로써 다시 한 번 독자의 임의를 환기시킬 때

(2) 위치

본문 발행에서 5~6행 아래(Intials, Enclosure, Carbon Copy Notation이 있을 때는 그것의 2~3행 아래에)

(3) 형식

P.S. Have you used up the sample of AK 12? Please let us know if you require some more. We will serve you immediately upon requset.

3. 상용문서용지와 봉투

1) 용지

(1) 규격

┌ 216mm × 279mm → 상용문서에 사용
└ 216mm × 330mm → 공문서 및 계약서에 사용

(2) 색

흰색이 가장 일반적이다.

(3) 용지 접는 법과 넣는 법

2) 봉투

(1) 종류

• 보통봉투

┌ Business Size → 일상통신문에 사용
└ Official size → 공문서나 계약서 등에 사용

• 유창 봉투(Window Envelope)

(2) 봉투기재법

■ Mail Address

수신자의 주소, 상사명, 가능한 한 상세하게 Inside Address와 동일하게 위치는 다음 보기와 같이 상하중간보다 약간 아래에 좌우중간보다 약간 왼쪽에서 시작.

Single Space, Double Space 어느 것을 써도 좋지만 Douvle Space가 좋다.

■ Mail AddressReturn Address

발신자의 주소, 상호, 위치는 좌측상단. Single Space로 한다.

■ Mail AddressMailing Direction

우편물 취급에 관한 지정어구

■ 다음 지정사항은 Mail Address 위쪽에 기입한다.

By Air Mail (Via Airmail, PAR AVION)

Per M/S "Arirang"

First Class　　　　Special Delivery

Registered　　　　Printed Matter(s)

Photo only　　　　Via Panama

■ 다음과 같은 지시사항은 보통 봉투의 좌측하부에 기입한다.

┌ Personal
└ Private and confidential

┌ Urgent
└ Immediate

Attention of Mr. Jeong-Su Kim
Attention: Import Department

제11절 Bussiness Letter의 형식과 구두점

상용문서의 각 구성요소를 배열하는 형식과 구두점(punctuation)을 관련지어 보면 다음과 같다.

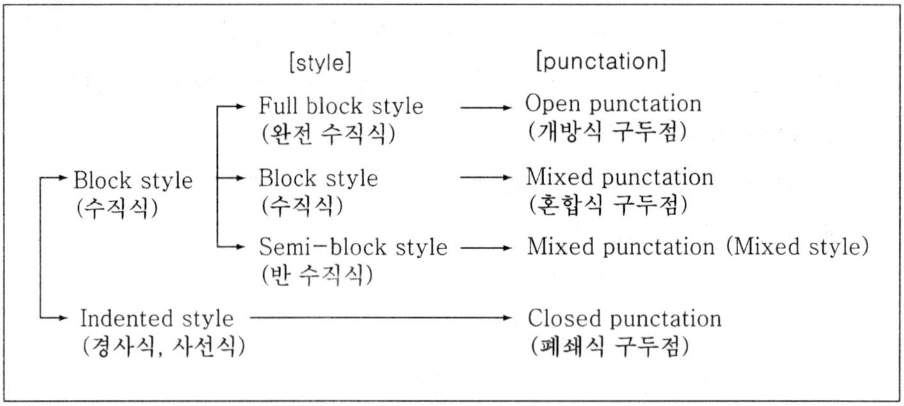

Letter Styles

(1) Block Style (Mixed Punctuation)

(2) Semi-Block Style (Mixed punctuation)

(3) Full-Block Style (Open Punctuation)

(4) Indented Style (Closed Punctuation)

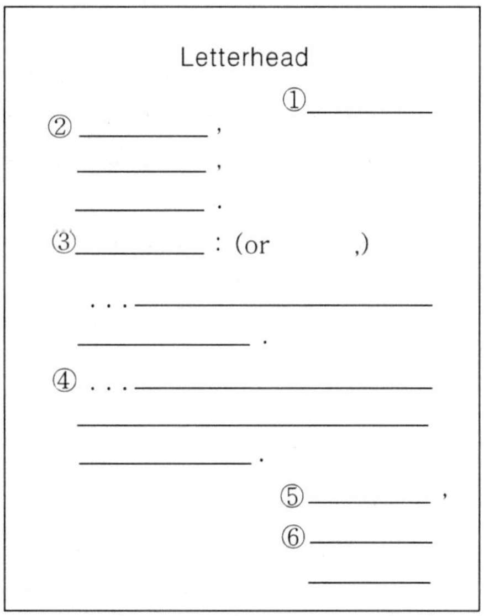

① Date ② Inside Address ③ Salutation ④ Body of the letter
⑤ Complimentary Close ⑥ Signature

제12절 문서작성 사례

1. 폐쇄식 구두점에 의한 사선식 문서

KOREA TRACING CO., LTD. ┐
IMPORTERS & EXPORTERS │ 서두
12, 3ka Kwangbokdong, Jung-ku │
Busan, Korea ┘

January 21, 1999 ← 발신일

참조번호 [Our Ref. : 79/36
Your Ref. :

수신자 [Messrs, Kapur & Co., Ltd.,
27 Kaimur Street,
Calcutta, India

참조인 → Attention : Mr. R. H. Kapur.

서두인사 → Dear Sirs,

Steel Cabinets ← 제목

Thank you for your inquiry, in reply to which we are sending you gerewith a copy of illustrated catalogue of steel cabinets, Our Model No. 123 is nearest to the measurements you have specified though it is 33 "deep instead of the 35" that you need We have, however, passed your inquiry to our works and have asked them to report whether this model can be altered to meet you requirements.

We shall write to you again within two weeks.

Yours faithfully ← 결미인사

Key Young Chung ┐
General Manager │ 발신자명 및 직명
Export Dept. ┘

SU/da ← 관련자 약호

Encl. : 1 Catalogue ← 동봉물 표시

CC. : Korea Safe Mfg. Co. ← 사본 배부처

(P.S. : We shall be able to send you our leaflet.) ← 추신

2. 개방식 구두점에 의한 수직식 문서

KORE A TRACING CO., LTD.
IMPORTERS & EXPORTERS
12, 3ka Kwangbokdong, Jung-ku
Busan, Korea

Our Ref. : 79/36 January 21, 1999
Your Ref. :

Messrs, Kapur & Co., Ltd.,
27 Kaimur Street
Calcutta, India
Attention : Mr. R. H. Kapur

구두점 없음 → Gentlemen

re- Steel Cabinets

Thank you for tour inquiry, in reply to which we are sending you herewith a copy of illustrated catalogue of steel cabinets. Our Model No. 123 is the nearest to the measurements you have specified though it is 33" that you need.

We have, however, passed you inquiry to our works and have asked them to report whether this Model can be altered to meet your requirements.

We shall write to you again within two weeks.

Yours very truly ← 쉼표 없음
Key Young Chung

General Manager
Export Dept.

U/da
Encl. : 1 catalogue
CC. : Korea Safe Mfg. Co.
(P.S. : We shall be able to send you our leaflet.)

참고: 혼합식 구두점에 의한 수직선 문서일 경우는 첫인사와 끝인사에 쌍점과 쉼표를 표시한다.

3. 혼합식 구두점에 의한 수직식 문서

JOHNSON & JOHNSON SECRETARIAL SERVICE
1111 EAST STREET
TARRYTOWN NEW YORK 10591

March 5, 1999

Mr, j. Cummings
347 East Oak Street
Council Bluffs, Iowa 51501

Gentlemen : ← 구두점 표시

This letter illustrates the block form of letter dress, which has become one of the most widely used methods of arranging letters.

It takes its name from the fact that the inside address, the salutation, and the paragraphs of the letter itself are arranged in blocks without indention. the block from offers two distinct advantages : it saves stenographic time and reduces the number of margins. Its wide acceptance at the present tie offers assurance that the letter arranged in block form is correct and modern.

If you desire your letters to be attractive in appearance, modern, and economical with regard to stenographic time, I heartily recommend the block form as the most suitable for the needs of your office.

Sincerely yours, ← 쉼표 표시
Geraldine A. Fisher
Geraldine A. Fisher
Correspondence Supervisor

※ 위 자료는 워드 타이핑 자료로서 무역경영사의 신무역영어(송영섭 외 1)에서 발췌한 것임.

4. 혼합식 구두점에 의한 부분 수직식 문서

C.L. DREW & CO.
STENOGRAPHERS TYPISTS DUPLICATING
100 BROADWAY
NEW YORK N. Y. 10005

March 5, 1999

Mr. Robert C. Vanderlyn
2202 Middlebury Road
Winchester, Main 21873

Dear Sir, ← 구두점 표시

문단의 첫머리가 몇 자 들어감

→ I appreciate your interest in my reasons for recommending the type of letter arrangement which our company uses in its tcorre-spendence.

→ After careful consideration, P recommended the semiblock form as the most effective for our company. This recommendation was based on my belief that this form combined most of the advantages of the block and the indented forms.

→ The block arrangement of the inside address appeals to me as symmetrical and economical of secretarial time ; fur thermore, open punctuation is modern and efficient. Perhaps it is no more than a whim on my part, but I prefer to have the paragraphs of the actual message indented as they are in books, newspapers, and magazines.

→ The semiblock form meets all these requirements ; it has proved effective and is well liked by our staff of correspondents and secretaries after six years of use.

Sincerely yours, ← 쉼표 표시
John H. Porter
John H. Porter
Correspondence Supervision

JH/cp

5. 개방식 구두점에 의한 완전 수직식 문서

BAUMGARTNER & JONES
MANAGEMENT CONSULTANTS
5 RIVER STREET
CHICAGO, IL 60656

날짜도 왼쪽
기본선 → March 5, 1999
맞춤 Mr. Donald E. Woodbury
3126 Westview Road
Seattle, Washington 98119

Dear Sir ← 구두점 없음
Your comments about the form of our letters interested me greatly. As you pointed out, letters do reflect the personality of the firm which sends them, and that fact played a large part in our decision to adopt the complete of, as it is sometimes called the full-block form.

As management consultants, we felt that our letters should exemplify the same standards of efficiency and the modern methods we advocate in industry. For that reason, we saw no sound reason for retaining a letter form which requires changes of margins and unnecessary stenographic time.

The salient features of the full-block form are illustrated in this letter. You will be interested to know that we have received a number of favorable comments about our letter form and that our Stenographic Department likes it very much.

Sincerely yours ← 쉼표 없음
E.j. Baumgartner
Partner

EJ/mo

끝인사 및 기타문도 왼쪽 기본선에 첫 자를 맞춤

6. 개인 서신

1630 Thorncroft Road
Troy, Michigan 48084
September 22, 1999

Dear Linda,

Your boss will probably dictate and occasional personal letter to a relative a or a fraternity brother for which he will want you to use the friendly letter style. You know ... the one that you use for tour own personal letters.

On stationery that does not have a letterhead, the heading should include the information shown on this one, but it may ve in indented form and it may use closed punctuation.

A personal letter practically never has an inside address. It nearly always has a salutation, though herem as in every other place except the heading and the envelope, the sender of a personal letter can do just about anything he wished to make his letter interesting and characteristic. Incidentally, the can, if he wants to, use a comma after the salutation instead of a colon.

Personal letters often run longer than one page. No heading ... only the page number ... is necessary on pages after the first.

Yours as always,
Sally

P.S. By the way, this is Personal Letter Style, using Semiblock Form and Mixed Punctuation.

제 13 절 문서작성 연습

■ 연습 1

다음의 지시사항에 따라 서한문을 작성하시오.

① 문서 형태 : 사전식, 폐쇄식 구두점
② 서두 : Kwang Shin Industrial Co., Ltd
1-1ga, Hwaehyun-dong, Jongro-gul
Seoul Korea
③ 날짜 : March 12, 1999
④ 수신인 : Professor Johnson Kim, chairman/
Department of Foreign Trade
Mung-Ji College
Seoul, Korea.
⑤ 발신자명 및 서명 : Samsuk Song, Director.
⑥ 본문

Dear Professor Kim

This letter illustrates the indented style with closed punctuation.

Before the typewriter came into common use for business correspondence, this style was widely employes.
Many conservative organizations still use the indented style but it now strikes the reader as old-fashioned.

Each line of the address is indented three of five spaces more than the preceding line, the beginning of each paragraph is indented five of ten spaces.

The complimentary close begins a few spaces to the right of the center of the page. Each line of the signature is indented three spaces from the beginning of the complimentary close. Closed punctuation is used in the address but not in the date and the signature.

Very truly yours

■ 연습 2

① 문서 형태 : 수직식, 개방식 구두점
② 서두 : Samsung Moolsan Co., Ltd.
2-5, 1ga ulgiro, Jangro-gul
Seoul Korea
③ 날짜 : March 11, 1999
④ 수신인 : Mr. Yong suk Pak. Director/
Korea Travel Internation Center/
Seoul, Korea.
⑤ 발신자명 및 서명 : Lee Dong-suk/Sales Manager
⑥ 제목 : Block Style and Open Punctuation
⑦ 본문

Dear Mr. Yong suk

This is an example of the block style with mixed punctuation.
Every line begins flush with the left-margin except those for the data, the

complimentary close, and the signature. the signature is blocked under the complimentary close. Open punctuation is used in the inside address.

This letter style is a time-savor for the typist and, when well set up on the page, is pleasing to the eye.
Probably more business concern in America use the block style than any other style of letter. Many businessmen who feel that the full bolck style is too extrme favor this style as being more modern than the semi0block style.

Sincerely yours

■ 연습 3

① 문서 형태 : 완전 수직식, 혼합식 구두점
② 서두 : Korea Travel International Co., Ltd.
Room No. 105 Grand Building/
Seoul Korea
③ 날짜 : June 22, 1999
④ 수신인 : Mr. Park, Manager/
Seoul Export Cooperation/
1-245 sinmoon Road Jongro-gu
Seoul, korea.
⑤ 제목 : Honey Sale
⑥ 본문

I am an agent for a small rural cooperative producing specialty foodstuffs and craft items. Currently, the cooperative is selling the most delicious honey I've ever tasted. To add touch of whimsy, the honey is packaged in a bear-like ceramic pot.

Very soon. Ms. Fudge, you'll receive a special sample in the mail.

Please write to me if you'd like to order the honey. I'll be happy to send you a catalogue featuring all our products.

Your truly,

Bill Smith
Vice President Marketing
P.S. We'll gladly pay all shipping charges for your first order

부 록

- ◆사무관리규정
- ◆사무관리규정시행규칙

사무관리규정

대통령령 제13390호 제정 1991. 6. 19.
대통령령 제16609호 일부개정 1999. 12. 07.
대통령령 제17115호(교육인적자원부와 그소속기관직제) 일부개정 2001. 01. 29.
대통령령 제17129호 일부개정 2001. 02. 14.
대통령령 제17271호(전자정부구현을위한행정업무등의전자화촉진에관한법률시행령)일부개정 2001. 06. 30.
대통령령 제17344호(정보통신망이용촉진및정보보호등에관한법률시행령) 일부개정 2001. 08. 25.
대통령령 제17811호 일부개정 2002. 12. 26.
대통령령 제18392호(행정자치부와그소속기관직제) 일부개정 2004. 05. 24.
대통령령 제18746호(행정자치부와 그 소속기관 직제) 일부개정 2005. 03. 24.
대통령령 제19413호 일부개정 2006. 03. 29.
대통령령 제19513호(고위공무원단 인사규정) 일부개정 2006. 06. 12.
대통령령 제20171호 일부개정 2007.7.18

제1장 총칙

제1조 (목적) 이 영은 행정기관의 사무관리에 관한 사항을 규정함으로써 사무의 간소화·표준화·과학화 및 정보화를 기하여 행정의 능률을 높임을 목적으로 한다. 〈개정 2002.12.26〉

제2조 (적용범위) 중앙행정기관(대통령직속기관 및 국무총리직속기관을 포함한다. 이하 같다) 및 그 소속기관, 지방자치단체의 기관과 군의 기관(이하 "행정기관"이라 한다)의 사무관리에 관하여는 다른 법령에 특별한 규정이 있는 경우를 제외하고는 이 영이 정하는 바에 의한다.

제3조 (정의) 이 영에서 사용하는 용어의 정의는 다음과 같다. 〈개정 1996.5.3, 1999.8.7, 2001.2.14, 2002.12.26, 2006.3.29〉

1. "공문서"라 함은 행정기관 내부 또는 상호간이나 대외적으로 공무상 작성 또는 시행되는 문서(도면·사진·디스크·테이프·필름·슬라이드·전자문서등의 특수매체기록을 포함한다. 이하 같다) 및 행정기관이 접수한 모든 문서를 말한다.
2. "문서과"라 함은 행정기관내의 공문서의 분류·배부·수발업무지원 및 보존등 문서에 관한 사무를 주관하는 과·담당관 또는 계를 말한다.
3. "처리과"라 함은 문서의 수발 및 사무처리를 주관하는 과·담당관 또는 계를 말한다.
4. 삭제 〈1999.12.7〉
5. 삭제 〈1999.12.7〉
6. "정보통신망"이라 함은 전기통신설비를 활용하거나 전기통신설비와 컴퓨터 및 컴퓨터의 이용기술을 활용하여 정보를 수집·가공·저장·검색·송신 또는 수신하는 정보통신체

제를 말한다.

7. "전자문서"라 함은 컴퓨터등 정보처리능력을 가진 장치에 의하여 전자적인 형태로 작성, 송·수신 또는 저장된 문서를 말한다.
8. "서명"이라 함은 기안자·검토자·협조자·결재권자 또는 발신명의인이 공문서(전자문서를 제외한다)상에 자필로 자기의 성명을 다른 사람이 알아볼 수 있도록 한글로 표시하는 것을 말한다.

8의2. "전자문자서명"이라 함은 기안자·검토자·협조자·결재권자 또는 발신명의인이 전자문서상에 전자적 결합으로 자동 생성된 자기의 성명을 전자적인 문자 형태로 표시하는 것을 말한다.

9. "전자이미지서명"이라 함은 기안자·검토자·협조자·결재권자 또는 발신명의인이 전자문서상에 전자적인 이미지 형태로 된 자기의 성명을 표시하는 것을 말한다.
10. "행정전자서명"이라 함은 기안자·검토자·협조자·결재권자 또는 발신명의인의 신원과 전자문서의 변경여부를 확인할 수 있도록 당해 전자문서에 첨부되거나 논리적으로 결합된 전자적 형태의 정보로서 인증을 받은 것을 말한다.
11. "전자이미지관인"이라 함은 관인의 인영을 컴퓨터 등 정보처리능력을 가진 장치에 전자적인 이미지 형태로 입력하여 사용하는 관인을 말한다.
12. "전자문서시스템"이라 함은 문서의 기안·검토·협조·결재·등록·시행·분류·편철·보관·보존·이관·접수·배부·공람·검색·활용 등 문서의 모든 처리절차가 전자적으로 처리되는 시스템을 말한다.
13. "행정정보시스템"이라 함은 행정기관이 행정정보를 생산·수집·가공·저장·검색·제공·송신·수신 및 활용하기 위한 하드웨어·소프트웨어·데이터베이스와 처리절차 등을 통합한 시스템을 말한다.
14. "업무관리시스템"이라 함은 행정기관이 업무처리의 전 과정을 과제관리카드 및 문서관리카드 등을 이용하여 전자적으로 관리하는 시스템을 말한다.

제4조 (사무관리의 원칙) 행정기관의 사무는 용이성·정확성·신속성 및 경제성이 확보될 수 있도록 관리하여야 한다.

제5조 (사무의 분장) 각 처리과의 장은 사무의 능률적 처리와 책임소재의 명확을 기하기 위하여 소관사무를 단위업무별로 분장하되, 소속공무원간의 업무량이 균형되게 하여야 한다.

제6조 (사무의 인계 · 인수) 공무원이 인사발령 또는 사무분장의 조정등의 사유로 사무를 인계·인수하는 때에는 담당사무에 관한 진행상황·관계문서·자료 기타 업무와 관련되는 사항을 구체적으로 문서로 작성하여 인계·인수하여야 한다. 〈개정 1999.8.7〉

제1장의2 업무관리시스템 〈신설 2006.3.29〉

제6조의2 (업무관리시스템) ①행정기관의 장은 업무처리의 전 과정을 효율적으로 관리하기 위하여 업무관리시스템을 구축·운영하여야 한다. 다만, 업무의 성격 그 밖의 특별한 사유가 있는 경우에는 그러하지 아니하다.

②행정자치부장관은 제1항에 따른 업무관리시스템의 구축·운영을 지원하기 위한 계획을 수립·시행할 수 있다.

[본조신설 2006.3.29]

제6조의3 (업무관리시스템의 구성 및 운영) ①업무관리시스템에는 과제관리카드 및 문서관리카드 등이 포함되어야 한다.

②과제관리카드는 행정기관의 소관업무를 기능 및 목적 등의 기준에 따라 구분하여 업무처리 과정에 따라 관리할 수 있도록 구성되어야 한다.

③문서관리카드는 다음 각 호의 사항이 기록·관리될 수 있도록 구성되어야 한다.

1. 기안한 내용
2. 의사결정과정에서 제기된 의견, 수정된 내용 및 지시 사항
3. 의사결정내용

④문서관리카드는 당해 문서관리카드에 대한 결재권자의 전자문자서명 및 처리일자의 표시에 의한 결재가 있음으로써 공문서로 성립한다.

⑤과제관리카드 및 문서관리카드는 공공기관의 기록물관리에 관한 법령이 정하는 바에 따라 관리하여야 한다.

⑥그 밖에 업무관리시스템의 구성 및 운영 등에 관하여 필요한 세부적인 사항은 행정자치부령으로 정한다.

[본조신설 2006.3.29]

제6조의4 (업무관리시스템의 연계 · 운영) ①행정기관의 장은 효율적인 업무관리를 위하여 업무관리시스템을 행정정보시스템 및 그 밖의 정부 기능분류 관련 시스템과 연계·운영하여야 한다. 다만, 업무의 성격 그 밖의 특별한 사유가 있는 경우에는 그러하지 아니하다.

②행정기관의 장은 업무관리시스템으로 관리한 업무실적 등을 효과적으로 활용하도록 노력하여야 한다.

[본조신설 2006.3.29]

제6조의5 (업무관리시스템의 표준 고시 등) ①행정자치부장관은 업무관리시스템 관련 규격표준 및 유통표준 등을 정하여야 한다. 이 경우 「산업표준화법」 제10조제1항에 따른 한국산업규격으로 제정되어 있는 사항에 대하여는 그 규격에 따른다.

②행정자치부장관은 제1항에 따라 규격표준 및 유통표준 등을 정한 경우에는 이를 관보에 고시하고 인터넷에 게시하여야 한다. 그 표준을 변경하는 경우에도 또한 같다.

③행정기관의 장은 특별한 사유가 없는 한 제1항의 표준에 적합한 업무관리시스템을 사용하여야 한다.

[본조신설 2006.3.29]

제 2 장 공문서관리

제 1 절 일반사항

제7조 (공문서의 종류) 공문서(이하 "문서"라 한다)는 다음과 같이 법규문서·지시문서·공고문서·비치문서·민원문서 및 일반문서로 나눈다. 〈개정 1996.5.3〉

1. 법규문서는 헌법·법률·대통령령·총리령·부령·조례 및 규칙등에 관한 문서를 말한다.
2. 지시문서는 훈령·지시·예규 및 일일명령등 행정기관이 그 하급기관 또는 소속공무원에 대하여 일정한 사항을 지시하는 문서를 말한다.

3. 공고문서는 고시·공고등 행정기관이 일정한 사항을 일반에게 알리기 위한 문서를 말한다.
4. 비치문서는 비치대장·비치카드등 행정기관이 일정한 사항을 기록하여 행정기관 내부에 비치하면서 업무에 활용하는 문서를 말한다.
5. 민원문서는 민원인이 행정기관에 대하여 허가·인가·기타 처분등 특정한 행위를 요구하는 문서 및 그에 대한 처리문서를 말한다.
6. 일반문서는 제1호 내지 제5호에 속하지 아니하는 모든 문서를 말한다.

제8조 (문서의 성립 및 효력발생) ①문서는 당해 문서에 대한 서명(전자문자서명·전자이미지서명 및 행정전자서명을 포함한다. 이하 같다)에 의한 결재가 있음으로써 성립한다. 〈개정 1996.5.3, 1999.8.7, 2001.2.14, 2002.12.26〉

②문서는 수신자에게 도달(전자문서는 수신자의 컴퓨터 화일에 기록되는 것을 말한다)됨으로써 그 효력을 발생한다. 다만, 공고문서의 경우에는 공고문서에 특별한 규정이 있는 경우를 제외하고는 그 고시 또는 공고가 있는 후 5일이 경과한 날부터 효력을 발생한다. 〈개정 1996.5.3, 1999.8.7〉

③삭제 〈1999.8.7〉

④민원문서를 정보통신망을 이용하여 접수·처리한 경우에는 당해 민원사항을 규정한 법령에서 정한 절차에 따라 접수·처리된 것으로 본다. 〈신설 1996.5.3, 1999.8.7〉

제8조의2 (행정전자서명의 인증 및 효력) ①행정자치부장관은 행정전자서명에 대한 인증업무를 행하되, 「전자정부법 시행령」 제11조의 규정에 의한 인증관리센터가 그 기능을 수행한다. 〈개정 2007.7.18〉

②제1항의 규정에 의한 인증을 받은 행정전자서명이 있는 경우에는 제3조제8호의 규정에 의한 서명이 있는 것으로 보며, 당해 전자문서는 행정전자서명이 된 후에 그 내용이 변경되지 아니하였다고 추정한다.

③행정자치부장관은 제1항의 규정에 의한 인증업무중 행정자치부장관이 지정하여 고시하는 중앙행정기관·지방자치단체 또는 그 소속기관에 대한 인증업무를 당해 중앙행정기관·지방자치단체 또는 그 소속기관에 위탁한다.

④「전자정부법 시행령」 제13조 내지 제17조의 규정은 행정전자서명의 인증업무에 관하여 이를 준용한다. 이 경우 "행정기관"은 "기안자·검토자·협조자·결재권자 또는 발신명의인"으로, "전자관인"은 "행정전자서명"으로, "전자관인생성키"는 "행정전자서명생성키"로, "전자관인검증키"는 "행정전자서명검증키"로 본다. 〈개정 2007.7.18〉

[본조신설 2002.12.26]

제9조 (문서의 발신원칙) ①문서는 직접 처리하여야 할 행정기관에 발신한다. 다만, 필요한 경우에는 행정조직상의 계통에 따라 발신한다. 〈개정 1999.8.7〉

②하급기관이 직근 상급기관외의 상급기관(당해 하급기관에 대한 지휘·감독권을 가지는 상급기관을 말한다. 이하 이 조에서 같다)에 발신하는 문서중 필요하다고 인정되는 문서는 그 직근 상급기관을 경유하여 발신하여야 한다. 〈개정 1999.8.7〉

③제2항의 규정은 상급기관에서 직근 하급기관외의 하급기관(당해 상급기관이 지휘·감독권을 가지는 하급기관을 말한다)에 문서를 발신하는 경우에 이를 준용한다.

제9조의2 삭제 〈2001.6.30〉

제9조의3 삭제 〈2001.6.30〉

제2절 문서의 작성 및 처리 〈개정 2002.12.26〉

제10조 (문서작성의 일반원칙〈개정 2002.12.26〉) ①문서는 문화예술진흥법 제7조의 규정에 의한 어문규범에 맞게 한글로 작성하되, 쉽고 간명하게 표현하고, 뜻을 정확하게 전달하기 위하여 필요한 경우에는 괄호안에 한자 그 밖의 외국어를 넣어 쓸 수 있으며, 특별한 사유가 있는 경우를 제외하고는 가로로 쓴다. 〈개정 2002.12.26〉

②문서에 쓰는 숫자는 특별한 사유가 있는 경우를 제외하고는 아라비아숫자로 한다.

③문서에 쓰는 날짜의 표기는 숫자로 하되, 연·월·일의 글자는 생략하고 그 자리에 온점을 찍어 표시하며, 시·분의 표기는 24시각제에 따라 숫자로 하되, 시·분의 글자는 생략하고 그 사이에 쌍점을 찍어 구분한다. 다만, 특별한 사유로 인하여 다른 방법으로 표시할 필요가 있는 경우에는 그러하지 아니하다.

④문서의 작성에 쓰이는 용지의 크기는 특별한 사유가 있는 경우를 제외하고는 가로 210밀리미터, 세로 297밀리미터로 한다.

제10조의2 (문서의 전자적 처리) 행정기관의 장은 문서의 기안·검토·협조·결재·등록·시행·분류·편철·보관·보존·이관·접수·배부·공람·검색·활용 등 문서의 처리절차가 전자문서시스템 또는 업무관리시스템상에서 전자적으로 처리되도록 하여야 한다. 〈개정 2006.3.29〉

[본조신설 2002.12.26]

제11조 (문서의 수정) 문서의 일부분을 삭제하거나 수정한 때에는 행정자치부령이 정하는 바에 따라 삭제하거나 수정한 곳에 서명 또는 날인하여야 한다. 다만, 전자문서를 본문의 규정에 따라 수정할 수 없을 경우에는 수정한 내용대로 재작성하여 결재를 받아 시행하되, 수정전의 전자문서는 기안자·검토자 또는 결재권자가 보존할 필요가 있다고 인정하는 경우에는 이를 보존하여야 한다. 〈개정 1996.5.3, 1998.7.1, 1999.8.7, 2002.12.26〉

제12조 (문서의 간인) ①다음 각호의 1에 해당하는 2장이상으로 이루어지는 문서에는 행정자치부령이 정하는 바에 따라 간인하여야 한다. 〈개정 1998.7.1, 1999.8.7〉

1. 전후관계를 명백히 할 필요가 있는 문서
2. 사실 또는 법률관계의 증명에 관계되는 문서
3. 허가·인가 및 등록등에 관계되는 문서

②제1항의 규정에 불구하고 민원서류 기타 필요하다고 인정되는 문서는 간인에 갈음하여 천공방식으로 할 수 있다. 〈신설 1999.8.7〉

③전자문서의 간인은 행정자치부령이 정하는 면표시 또는 발급번호 기재등의 방법으로 할 수 있다. 〈신설 1999.8.7〉

제13조 (발신명의) ①문서의 발신명의는 행정기관의 장(법령에 의하여 행정권한이 위임 또는 위탁된 경우에는 그 위임 또는 위탁을 받은 자를 말한다. 이하 같다)으로 한다. 다만, 행정기관내의 보조기관 또는 보좌기관 상호간에 발신하는 문서(이하 "대내문서"라 한다)는 당해 보조기관 또는 보좌기관의 명의로 한다. 〈개정 1996.5.3〉

②제1항 본문의 규정에 불구하고 합의제 기관의 권한에 속하는 문서의 발신명의는 당해 행정기관으로 한다. 〈신설 1999.8.7〉

③내부결재문서는 발신명의를 표시하지 아니한다. 〈신설 2002.12.26〉

제14조 (문서의 기안) ①문서의 기안은 전자문서로 함을 원칙으로 한다. 다만, 업무의 성격 기타 특별한 사정이 있는 경우에는 그러하지 아니하다. 〈신설 1999.8.7〉

②문서의 기안은 행정자치부령이 정하는 기안문서(이하 "기안문"이라 한다)로 하여야 한다. 다만, 관계서식이 따로 있는 경우에는 그 내용을 관계서식에 기입하는 방법으로 할 수 있다. 〈개정 1999.8.7〉

③삭제 〈2002.12.26〉

④2이상의 행정기관의 장의 결재를 요하는 문서는 그 문서의 처리를 주관하는 기관에서 기안하여야 한다.

⑤기안문에는 행정자치부령이 정하는 바에 따라 발의자(기안하도록 지시한 자를 말하며, 기안자가 스스로 입안한 경우에는 기안자를 말한다)와 보고자(결재권자에게 직접 보고하는 자를 말한다)를 알 수 있도록 표시하여야 한다. 다만, 다음 각호의 문서는 이를 생략할 수 있다. 〈개정 1999.8.7, 2002.12.26〉

1. 검토 및 결정을 요하지 아니하는 문서
2. 제증명 발급, 회의록 기타 단순사실을 기록한 문서
3. 일상적·반복적인 업무로서 경미한 사항에 관한 문서

제15조 (검토 및 협조) ①기안문은 결재권자의 결재를 받기전에 보조기관 또는 보좌기관의 검토를 받아야 한다. 다만, 보조기관 또는 보좌기관의 출장 등의 사유로 검토를 받을 수 없는 등 부득이한 경우에는 이를 생략할 수 있으며, 이 경우 검토자의 서명란에 출장 등의 사유를 명시하여야 한다. 〈개정 1999.8.7, 2002.12.26〉

②문서의 내용이 행정기관내의 다른 보조기관 또는 보좌기관이나 다른 행정기관의 업무와 관련이 있는 때에는 그 기관의 협조를 받아야 한다.

③제1항 및 제2항의 규정에 의하여 기안문을 검토 또는 협조함에 있어서 그 내용과 다른 의견이 있는 때에는 당해 문서 또는 별지에 그 의견을 표시하여야 한다.

제15조의2 (검토자의 수) 행정기관의 장은 결재권자의 결재에 이르기까지 검토자의 수가 2인을 넘지 아니하도록 노력하여야 한다.

[본조신설 2002.12.26]

제16조 (결재) ①문서는 당해 행정기관의 장의 결재를 받아야 한다. 다만, 보조기관 또는 보좌기관의 명의로 발신하는 문서는 그 보조기관 또는 보좌기관의 결재를 받아야 한다.

②행정기관의 장은 사무의 내용에 따라 그 보조기관·보좌기관 또는 당해 업무담당 공무원으로 하여금 위임전결하게 할 수 있으며, 그 위임전결사항은 당해 기관의 장이 훈령 또는 지방자치단체의 규칙으로 정한다. 〈개정 1996.5.3, 2002.12.26〉

③결재권자가 휴가·출장 기타의 사유로 결재할 수 없는 때에는 그 직무를 대리하는 자가 대결할 수 있되, 내용이 중요한 문서에 대하여는 결재권자에게 사후에 보고하여야 한다. 〈개정 1999.8.7〉

제16조의2 (검토 · 협조 및 결재중인 문서의 열람체계 구축) 행정기관의 장은 검토·협조 및 결재중인 전자문서를 검토자·협조자 및 결재권자가 동시에 볼 수 있도록 전자문서의 열람체계를 구축할 수 있다.

[본조신설 2002.12.26]

제17조 (발신방법의 지정) 결재권자가 전신 또는 정보통신망에 의하여 시행할 문서에 결재를 함에 있어서 그 내용이 비밀사항이거나 비밀사항이 아니라도 누설되는 경우 국가안

전보장, 질서유지, 경제안정 기타 국가이익을 해할 우려가 있는 사항은 그 발신방법을 암호 또는 음어로 지정하여야 한다. 〈개정 1996.5.3, 1999.8.7〉

제18조 (시행문의 작성) ①결재를 받은 문서중 발신을 하여야 할 문서에 대하여는 행정자치부령이 정하는 바에 따라 수신자별로 시행문서(이하 "시행문"이라 한다)를 작성하여야 한다. 다만, 관보규정 제17조의 규정에 의하여 시행문에 갈음하여 관보에 게재·공포하도록 한 문서에 대하여는 그 시행문을 1부만 작성할 수 있으며, 전신·전신타자 또는 전화로 발신하는 문서에 대하여는 시행문을 작성하지 아니한다. 〈개정 1996.5.3, 1998.7.1〉

②삭제 〈2002.12.26〉

제19조 삭제 〈2002.12.26〉

제20조 삭제 〈2002.12.26〉

제21조 (관인날인 및 서명) ①행정기관의 장 또는 합의제기관의 명의로 발신하는 문서의 시행문, 게시판 등에 고시 또는 공고하는 문서, 임용장·상장 및 각종 증명서에 속하는 문서에는 관인(전자이미지관인을 포함한다. 이하 같다)을 찍거나 행정기관의 장이 서명(전자문자서명 및 행정전자서명을 제외한다)을 하고, 보조기관 및 보좌기관의 명의로 발신하는 문서의 시행문에는 보조기관 또는 보좌기관이 서명을 한다. 다만, 전신·전신타자 또는 전화로 발신하는 문서나 관보·신문 등에 게재하는 문서에는 관인을 찍거나 서명하지 아니하며, 경미한 내용의 문서에는 행정자치부령이 정하는 바에 따라 관인을 찍는 것과 서명하는 것을 생략할 수 있다. 〈개정 1999.8.7, 2001.2.14, 2002.12.26〉

②관인을 찍어야 할 문서로서 다수의 수신자에게 동시에 발신 또는 교부하는 문서에는 관인날인에 갈음하여 관인의 인영을 인쇄하여 사용할 수 있다.

제22조 (문서의 발송) ①시행문은 처리과에서 발송하되, 종이문서인 경우에는 이를 복사하여 발송하고, 전자문서인 경우에는 전자문서시스템상에서 발송하여야 한다. 〈개정 2002.12.26〉

②문서는 정보통신망을 이용하여 발신함을 원칙으로 한다. 다만, 업무의 성격 기타 특별한 사정이 있는 경우에는 인편·우편·모사전송·전신·전신타자·전화 등의 방법으로 발신할 수 있으며, 내용이 중요한 문서는 인편·등기우편 기타 발송사실을 증명할 수 있는 특수한 방법으로 발송하여야 한다. 〈개정 1999.8.7〉

③제1항의 규정에 불구하고 전자문서는 행정기관의 홈페이지 또는 공무원의 공식 전자우편주소(행정기관이 공무원에게 부여한 전자우편주소를 말한다. 이하 같다)를 이용하여 행정기관외의 자에게 발송할 수 있다. 〈신설 2002.12.26〉

④인편 또는 우편으로 발송하는 문서는 문서과의 지원을 받아 발송할 수 있다. 〈신설 1999.8.7〉

⑤전자문서중 정보통신망을 이용하여 발송할 수 없는 문서는 이를 출력하여 발송할 수 있다. 〈개정 2002.12.26〉

제23조 (문서의 접수 · 처리) ①문서는 처리과에서 접수하여야 하며, 문서과에서 직접 받은 문서는 지체 없이 처리과에 이를 배부하여 접수하게 하되, 이 경우 배부정보는 공공기록물 관리에 관한 법률 시행령 제20조에 따른 등록정보로 관리하여야 한다. 〈개정 2007.4.4〉

②접수된 문서에는 행정자치부령이 정하는 접수인을 찍고, 공공기록물 관리에 관한 법률 시행령 제20조의 규정에 의한 기록물등록대장에 접수등록번호와 접수일시를 기재하여야 하며, 전자문서인 경우에는 그 접수등록번호와 접수일시가 자동으로 표시되도록 하여야 한다. 다만, 제1항의 규정에 의하여 문서과에서 직접 받은 문서는 문서과가 접수일시를 기재하여 이를 처리과로 보낸다. 〈개정 1998.7.1, 1999.8.7, 2002.12.26, 2007.4.4〉

③처리과의 문서수발사무를 담당하는 자는 접수된 문서를 처리담당자에게 인계하고, 처리담당자는 행정자치부령이 정하는 문서에 해당하는 경우에는 공람할 자의 범위를 정하여 그 문서를 공람하게 할 수 있다. 다만, 전자문서인 경우에는 공람하였다는 기록이 전자문서시스템상에서 자동으로 표시되도록 하여야 한다. 〈개정 2002.12.26〉

④제3항의 규정에 의한 공람을 하는 결재권자는 문서의 처리기한 및 처리방법을 지시할 수 있으며, 필요하다고 인정하는 때에는 그 처리담당자를 따로 지정할 수 있다. 〈개정 1999.8.7, 2002.12.26〉

⑤행정기관의 장은 정보통신망을 이용하여 행정기관외의 자로부터 문서를 접수할 수 있도록 필요한 조치를 할 수 있으며, 정보통신망을 이용하여 접수된 문서는 제1항 내지 제4항의 규정에 의하여 처리하여야 한다. 다만, 발신자의 주소·성명 등이 불분명한 경우에는 접수하지 아니할 수 있다. 〈신설 1999.8.7, 2002.12.26〉

⑥행정기관의 장은 행정기관의 홈페이지 또는 공무원의 공식 전자우편주소를 이용하여 행정기관외의 자로부터 문서를 받아 처리과에서 접수할 수 있다. 〈신설 2002.12.26〉

⑦민원문서의 접수 및 처리는 민원사무처리에관한법률이 정하는 바에 의한다. 〈신설 1999.8.7〉

제24조 (문서의 등록) 문서는 생산한 즉시 공공기록물 관리에 관한 법률 시행령 제20조의 규정에 의하여 기록물등록대장에 등록하고 생산등록번호를 부여하여야 한다. 〈개정 2002.12.26, 2007.4.4〉

[전문개정 1999.12.7]

제25조 (외국어로 된 문서 등에 대한 특례) 외국어로 된 문서에 대하여는 제10조 내지 제13조 및 제21조의 규정을 적용하지 아니할 수 있고, 법규문서중 법률에 관한 문서에 대하여는 이 영의 적용을 받는 기관외의 기관에서 다른 관행이 있는 경우에는 그에 의할 수 있다.

[전문개정 1999.12.7]

제3절 전자문서의 표준 및 유통 〈신설 2002.12.26〉

제26조 (전자문서의 표준 고시 등) ①행정자치부장관은 전자문서시스템 기능의 규격표준, 전자문서시스템간 전자문서의 유통표준, 전자문서시스템과 행정정보시스템간 전자문서 또는 행정정보의 유통표준 등을 정하여야 한다. 다만, 산업표준화법에 의한 한국산업규격이 제정되어 있는 사항에 대하여는 그 규격에 따른다.

②행정자치부장관은 제1항의 규정에 의하여 규격표준· 유통표준 등을 정한 경우에는 이를 관보에 고시하고 인터넷에 게시하여야 한다. 그 표준을 변경하는 경우에도 또한 같다.

③행정기관의 장은 특별한 사유가 없는 한 제1항의 표준에 적합하다고 인증을 받은 전자문서시스템을 사용하여야 한다.

④제3항의 규정에 의한 인증은 행정자치부장관이 지정하는 전문기관이 행한다.
[본조신설 2002.12.26]

제27조 (행정정보시스템과 전자문서시스템간 연계) 행정기관의 장은 자체적으로 운영·관리하고 있는 행정정보시스템을 전자문서시스템 등과 연계하여 행정정보를 공동활용하는 등의 조치를 취하여야 한다.
[본조신설 2002.12.26]

제28조 (정부전자문서유통지원센터) ①행정자치부장관은 행정기관간, 행정기관과 행정기관외의 기간 또는 단체간 그 밖에 공공기관 및 단체간의 전자문서의 원활한 유통을 지원하기 위하여 행정자치부에 정부전자문서유통지원센터(이하 이 조에서 "센터"라 한다)를 둔다. 다만, 행정자치부장관은 전자문서유통관리의 안정성 및 용이성 등을 위하여 필요한 경우에는 센터 업무의 일부를 다른 행정기관으로 하여금 수행하게 할 수 있다. 〈개정 2004.5.24, 2005.3.24, 2006.3.29〉

②센터는 다음 각호의 업무를 행한다.

1. 전자문서 또는 행정정보의 원활한 유통을 위한 지원 및 규격표준·유통표준 등의 운영
2. 전자문서시스템 및 행정정보시스템의 전자적 주소 등의 배포 및 관리
3. 전자문서 또는 행정정보의 효율적인 유통을 위한 프로그램의 개발·보급
4. 전자문서 또는 행정정보의 유통시 발생하는 장애의 복구를 위한 지원

③전자문서의 원활한 유통을 위하여 센터의 운영에 관하여 필요한 세부사항은 행정자치부령으로 정한다.
[본조신설 2002.12.26]

제28조의2 삭제 〈1999.12.7〉
제29조 삭제 〈1999.12.7〉
제29조의2 삭제 〈1999.12.7〉
제30조 삭제 〈1999.12.7〉
제31조 삭제 〈1999.12.7〉
제31조의2 삭제 〈1999.8.7〉
제32조 삭제 〈1999.12.7〉
제33조 삭제 〈1999.12.7〉
제34조 삭제 〈1999.12.7〉

제2장의2 정책실명제등 〈신설 1998.7.1〉

제34조의2 (정책실명제) ①행정기관의 장은 주요정책의 결정 또는 집행과 관련되는 다음 각호의 사항을 종합적으로 기록·보존하여야 한다. 〈개정 2006.6.12〉

1. 주요정책의 결정 및 집행과정에 참여한 관련자의 소속·직급 또는 직위 및 성명과 그 의견
2. 주요정책의 결정 및 집행과 관련된 각종 계획서, 보고서, 회의·공청회·세미나 관련 준비자료 및 토의내용

②행정기관의 장은 주요정책의 결정을 위하여 공청회·세미나·관계자회의 등을 개최하는

경우에는 개최일시·참석자·발언내용·결정사항·표결내용 등을 처리과의 직원으로 하여금 기록하게 하여야 한다.
[본조신설 1998.7.1]

제34조의3 (정책자료집) ①행정기관의 장은 매년 처리과로 하여금 다음 각호에 관한 정책자료집을 만들게 하여야 한다. 〈개정 1999.8.7〉
1. 주요 국정현안 사항
2. 대규모의 국책공사 기타 대규모의 예산이 투입되는 사업
3. 주요 외교 및 통상협상의 내용
4. 대통령령이상의 법령의 제정
5. 국민생활에 큰 영향을 미치는 제도
6. 기타 정책자료집으로 만들어 보존할 필요가 있는 사항
②제1항의 규정에 의한 정책자료집에는 다음 각호의 사항이 포함되어야 한다.
1. 추진배경
2. 추진경과
3. 계획에서부터 시행·완결까지에 관련된 다음 각목의 문서
  가. 계획서·보고서·추진계획표·일정표·심사분석결과 등
  나. 관련자 및 관련자별 업무분담내용
  다. 공청회·세미나 및 관계자회의의 기록
  라. 정책·사업 등을 변경하는 경우 변경하게 된 경위, 관련자 및 관련기록
③행정기관의 장은 제1항 및 제2항의 규정에 의하여 만든 정책자료집중 1부는 당해 기관에 보관하고, 1부는 국가기록원에 제출하여야 한다. 이 경우 제1항제3호에 관한 정책자료집은 외교통상부령이 정하는 바에 따라 일반에게 공개한 해부터 국가기록원에 이관하여야 한다. 〈개정 1999.12.7, 2004.5.24〉
④국가기록원장은 제3항의 규정에 의하여 제출받은 정책자료집을 영구보존하여야 한다. 〈개정 2004.5.24〉
[본조신설 1998.7.1]

제34조의4 (행정보도자료의 실명제공) 행정기관이 언론기관에 보도자료를 제공하는 경우에는 당해 자료에 담당부서·담당자·연락처 등을 함께 기재하여야 한다.
[본조신설 1998.7.1]

제 3 장 관인관리

제35조 (종류 및 비치) ①관인은 행정기관의 명의로 발송 또는 교부하는 문서에 사용하는 청인과 행정기관의 장 또는 보조기관의 명의로 발송 또는 교부하는 문서에 사용하는 직인으로 구분한다.
②각급 행정기관은 다음의 구분에 따라 관인을 비치한다. 〈개정 1998.7.1, 1999.8.7〉
1. 의결기관·자문기관 기타 합의제기관은 청인을 가지되, 자문기관은 필요한 경우에 한하여 이를 가진다.
2. 제1호외의 기관은 그 기관장의 직인을 가진다.

3. 정부조직법 제6조제2항의 규정에 의하여 보조기관이 위임받은 사무를 행정기관으로서 처리하는 경우에는 그 사무처리를 위하여 직인을 가진다.
4. 합의제기관의 장은 법령에 의하여 합의제기관의 장으로서 사무를 처리하는 경우에는 그 사무처리를 위하여 직인을 가질 수 있다.

제36조 (특수관인) ①각급 학교에서 사용하는 관인은 교육인적자원부장관이, 군기관에서 사용하는 관인은 국방부장관이, 검찰기관이 사용하는 관인은 법무부장관이, 외교통상부 및 재외공관에서 외교문서에 사용할 관인은 외교통상부장관이, 세입징수관·지출관·회계 기타 재무에 관한 사무를 담당하는 공무원의 직인은 재정경제부장관이 각각 그 규격·등록등 관리에 관하여 필요한 사항을 정한다. 〈개정 1994.12.23, 1998.7.1, 2001.1.29〉

②행정기관의 장은 유가증권 기타 특수한 증표발행에 필요한 관인과 민원업무등 특수업무를 처리하기 위한 관인을 따로 가질 수 있다. 〈개정 1999.8.7〉

③각급 행정기관은 전자문서에 사용하기 위하여 전자이미지관인을 가지며, 전자이미지관인은 관인을 전자입력하여 사용하여야 한다. 〈신설 1996.5.3, 1999.8.7, 2001.2.14〉

제37조 (규격) 관인의 모양은 행정기관의 장이 정하되, 그 크기는 별표 1의〈%생략:별표1%〉 규격을 초과할 수 없다.

[전문개정 1999.8.7]

제38조 (등록) ①행정기관은 행정자치부령이 정하는 바에 따라 관인의 인영을 당해 행정기관의 관인대장에, 전자이미지관인의 인영을 당해 행정기관의 전자이미지관인대장에 각각 등록하여야 한다. 다만, 제3차 소속기관은 직근 상급기관에 등록할 수 있다. 〈개정 2002.12.26〉

②관인은 등록하지 아니하면 이를 사용하지 못한다. 〈신설 1999.8.7〉

제39조 (재등록 및 폐기〈개정 1999.8.7〉) ①관인이 분실 또는 마멸되거나 갱신할 필요가 있는 때에는 그 사유를 들어 제38조의 규정에 의한 등록기관에 관인을 재등록 하여야 한다. 〈개정 1999.8.7〉

②제1항 또는 그 밖의 사유로 관인을 폐기하고자 하는 때에는 관인대장에 관인폐기내역을 기재하고, 그 관인을 국가기록원(시·군 및 자치구는 공공기관의기록물관리에관한법률 제7조의 규정에 의한 지방기록물관리기관을 말한다)에 관인폐기공고문과 함께 이관하여야 한다. 국가기록원 또는 지방기록물관리기관은 폐기된 관인이 잘못 사용되거나 유출되지 아니하도록 하여야 한다. 〈개정 2002.12.26, 2004.5.24〉

③전자이미지관인을 사용하는 기관은 관인을 재등록한 경우 즉시 사용중인 전자이미지관인을 삭제하고, 재등록한 관인의 인영을 전자이미지관인으로 전환하여 사용하여야 한다. 〈신설 1999.8.7, 2001.2.14, 2002.12.26〉

④전자이미지관인을 사용하는 기관은 사용중인 전자이미지관인의 인영의 원형이 제대로 표시되지 아니하는 경우 전자이미지관인을 재등록하여 사용하여야 한다. 〈신설 2002.12.26〉

제40조 (공고) 관인 또는 전자이미지관인을 등록 또는 재등록하거나 폐기한 때에는 등록기관은 이를 관보에 공고하여야 한다. 다만, 제3차 소속기관의 관인 또는 전자이미지관인의 경우에는 직근 상급기관이 이를 공고할 수 있다. 〈개정 1999.8.7, 2001.2.14, 2002.12.26〉

제41조 (공인) 지방자치단체의 공인에 관하여는 이 장의 규정에 불구하고 당해 지방자치단

체의 조례가 정하는 바에 의한다.

제 4 장 보고사무

제42조 (보고의 심사) 행정기관이 다른 행정기관이나 공공단체·민간단체 또는 사기업체(이하 "민간단체"라 한다)로부터 정기 또는 수시로 보고를 받고자 하는 때에는 미리 이 장에 의한 심사(이하 "보고심사"라 한다)를 받아야 한다. 다만, 군사에 관한 보고심사에 관하여는 관계 중앙행정기관의 장이 따로 정할 수 있다.
[전문개정 1996.5.3]

제43조 (보고심사대상) ①보고심사의 대상이 되는 보고는 다음과 같다. 〈개정 1996.5.3, 1999.8.7〉

1. 중앙행정기관 또는 그 소속기관이 다른 행정기관으로부터 받는 보고
2. 지방자치단체가 다른 지방자치단체로부터 받는 보고
3. 교육행정기관이 동급 또는 하급기관(각급학교를 포함한다. 이하 같다)으로부터 받는 보고
4. 삭제 〈1999.8.7〉

②제1항의 규정에 불구하고 다음 각호의 1에 해당하는 사항에 대하여는 보고심사를 받지 아니한다. 〈개정 1996.5.3, 1998.7.1, 1999.8.7〉

1. 법령의 해석 및 질의응답
2. 인원차출 및 표창상신
3. 유인물·책자 및 수령증등의 송부
4. 전문기관에 대한 화학적·물리적 시험의 의뢰
5. 각종 위원회 위원의 위촉에 따른 동의·조회 및 신원조회
6. 범죄수사 및 소송수행에 필요한 보고 또는 자료
7. 감사원법에 의한 회계검사 및 직무감찰에 관한 보고와 감사원의 실지감사 및 현지조사에 필요한 보고 또는 자료
8. 법령에 의한 관계기관간의 협의·동의 및 합의
9. 대공정보활동 및 첩보활동에 관한 보고
10. 작전·경비 및 경계에 관한 보고
11. 위험한 재해(화재·풍수해·설해 및 한해등을 말한다) 및 질병에 관한 사항으로서 긴급을 요하는 보고
12. 보안업무규정에 의하여 비밀로 분류된 보고
13. 외교관계의 수립, 국제입찰 및 외국차관등 긴급한 국제관계에 관한 보고
14. 법령에 의하여 중앙행정기관이 다른 행정기관에 요구하는 감사자료 및 감사결과 보고
15. 통계법에 의한 통계보고
16. 국회 또는 지방의회의 의결에 의하여 요구한 자료에 대한 보고
17. 정기보고의 보고기일 또는 보고주기등을 완화하거나 보고내용을 축소하는 보고
18. 단순·경미한 보고사항
19. 기타 행정자치부장관이 특별히 정하는 보고

제44조 (보고심사관) ①보고관계업무의 사전심사·조정·승인등 보고심사에 관한 사무를 관장하기 위하여 행정자치부에 중앙보고심사관을, 행정기관에 자체보고심사관을 둔다. 〈개정 1996.5.3, 1998.7.1〉
②중앙보고심사관은 중앙보고심사업무를 담당하는 과의 장이 된다. 〈개정 1996.5.3, 1998.7.1, 1999.8.7〉
③행정기관의 자체보고심사관은 그 기관의 보고관계업무를 담당하는 과의 장이 된다. 〈개정 1999.8.7〉
④삭제 〈1999.8.7〉

제45조 삭제 〈1999.8.7〉
제46조 삭제 〈1999.8.7〉

제47조 (보고의 종류) ①보고는 정기보고 및 수시보고로 구분한다.
②정기보고는 정기적으로 행하여지는 보고를 말한다.
③수시보고는 정기보고를 제외한 보고를 말한다. 〈개정 1999.8.7〉
제48조 (정기보고의 지정) ①다음 각호의 1에 해당하는 정기보고는 행정자치부령으로 지정한다. 〈개정 1998.7.1, 1999.8.7〉
1. 중앙행정기관이 그 소속기관외의 행정기관 및 민간단체로부터 받는 정기보고
2. 중앙행정기관의 소속기관이 중앙행정기관으로부터 받는 정기보고
②제1항의 규정에 의한 정기보고외에 다음 각호의 1에 해당하는 정기보고는 당해 중앙행정기관의 장이 훈령으로 지정한다. 〈개정 1998.7.1, 1999.8.7〉
1. 중앙행정기관이 그 소속기관으로부터 받는 정기보고
2. 중앙행정기관의 소속기관이 중앙행정기관을 제외한 행정기관 및 민간단체로부터 받는 정기보고
③지방자치단체가 다른 지방자치단체로부터 받는 정기보고는 행정자치부장관이 훈령으로 지정한다. 〈개정 1998.7.1, 1999.8.7〉
④교육행정기관이 동급 또는 하급기관으로부터 받는 정기보고는 교육인적자원부장관이 훈령으로 지정한다. 〈개정 1998.7.1, 1999.8.7, 2001.1.29〉
⑤정기보고의 서식은 제1항 및 제3항의 경우에는 행정자치부장관의, 제2항의 경우에는 당해 중앙행정기관의 장이, 제4항의 경우에는 교육인적자원부장관의 승인을 각각 얻어야 한다. 이 경우 서식을 승인하는 자는 행정자치부령이 정하는 바에 따라 정기보고의 지정번호를 부여하여야 한다. 〈개정 1998.7.1, 2001.1.29〉
⑥제1항 내지 제5항의 규정에 의하여 정기보고의 지정을 받고자 하거나 서식의 승인을 얻고자 하는 경우에는 행정자치부령이 정하는 바에 따라 관계서류를 제출하여야 한다. 〈개정 1998.7.1〉
⑦제1항 내지 제4항의 규정에 의하여 정기보고를 지정한 자는 지정된 정기보고에 대하여 존치의 필요가 없다고 인정되는 때에는 이를 폐지하여야 한다. 〈개정 1999.8.7〉
제49조 (수시보고요구에 대한 심사) ①다음 각호의 1에 해당하는 수시보고요구문서는 중앙보고심사관의 보고심사를 받아야 한다. 〈개정 1996.5.3〉
1. 중앙행정기관이 그 소속기관을 제외한 행정기관 및 민간단체로부터 받는 수시보고

2. 중앙행정기관의 소속기관이 중앙행정기관으로부터 받는 수시보고

②다음 각호의 1에 해당하는 수시보고 요구문서는 자체보고심사관의 보고심사를 받아야 한다. 〈개정 1996.5.3, 1999.8.7〉

1. 중앙행정기관의 소속기관이 중앙행정기관을 제외한 행정기관 및 민간단체로부터 받는 수시보고
2. 지방자치단체가 다른 지방자치단체로부터 받는 수시보고 및 교육행정기관이 동급 또는 하급기관으로부터 받는 수시보고
3. 중앙행정기관이 지방자치단체 또는 관련 민간단체에 국비부담금 또는 보조금등을 지원하는 사업의 계획·진도·결과에 대한 수시보고
4. 민원사무처리를 위한 수시보고
5. 대통령직속기관이 받는 수시보고

③수시보고 요구문서는 당해기관의 장의 직근하급공무원이상의 결재를 받아 시행하여야 한다. 다만, 국장급 공무원이 있는 기관은 국장의 결재를 받아 시행할 수 있다.

④삭제 〈1999.8.7〉

⑤삭제 〈1999.8.7〉

제50조 (보고심사기준) 정기보고를 지정하거나 수시보고에 대한 보고심사를 함에 있어서는 다음의 기준에 의하여 심사하고 그 결과를 지체없이 당해 행정기관에 통보하여야 한다. 〈개정 1996.5.3, 2002.12.26〉

1. 보고목적의 타당성
2. 다른 보고와의 중복여부
3. 관계기관등과의 사전협의 여부
4. 보고기일 또는 보고주기의 타당성
5. 보고작성기관의 적정성
6. 보고서식의 합리성
7. 자료관 등의 기존자료활용 가능성
8. 표본조사의 가능성
9. 보고내용의 정확성
10. 행정용어 순화여부

제51조 (보고기일) ①정기보고의 보고기일은 별표 2에〈%생략:별표2%〉 의한다. 다만, 정기보고를 지정한 법령 또는 훈령이 보고기일을 따로 정한 경우에는 그러하지 아니하다.

②수시보고의 보고기일은 보고기관의 범위, 보고내용의 난이도 및 보고작성에 소요되는 시간등을 참작하여 정하되, 최소한 다음 각호에 규정된 기일을 부여하여야 한다. 다만, 전신·전신타자·전화 또는 정보통신망으로 보고하는 경우와 특별한 사유가 있는 경우에는 중앙보고심사관 또는 자체보고심사관의 승인을 얻어 그 기일을 단축 조정할 수 있다. 〈개정 1996.5.3, 1999.8.7〉

1. 중앙행정기관 상호간에는 5일
2. 중앙행정기관과 제1차 소속기관간에는 7일
3. 제1차 소속기관과 제2차 소속기관간에는 7일
4. 제2차 소속기관과 제3차 소속기관간에는 5일

③제1항 및 제2항의 보고기일내에 보고할 수 없는 경우에는 당해 보고기일 이전에 보고

예정일과 지연사유를 보고요구기관에 통보하여야 한다.

제52조 (보고의 독촉) ①보고요구기관의 장은 보고가 기일내에 도달되지 아니한 때에는 다음 각호의 규정에 의하여 보고기관의 장에게 행정자치부령이 정하는 독촉장을 발부할 수 있으며, 독촉을 받은 보고기관의 보고심사관은 당해보고가 지체없이 행하여지도록 필요한 조치를 하여야 한다. 〈개정 1996.5.3, 1998.7.1, 1999.8.7〉

1. 보고기일후 5일이 경과하여도 보고가 도달되지 아니한 때에는 제1차 독촉장을 발부한다.
2. 제1차 독촉장에 명시된 보고기일후 5일이 경과하여도 보고가 도달되지 아니한 때에는 제2차 독촉장을 발부한다.
3. 제2차 독촉장에 명시된 보고기일후 5일이 경과하여도 보고가 도달되지 아니한 때에는 제3차 독촉장을 발부할 수 있다.
4. 독촉장을 발부하는 경우에는 3일이상의 보고기일을 부여하여야 한다.

②삭제 〈1999.8.7〉

제53조 (보고요구문서 등의 근거 표시〈개정 2002.12.26〉) ①보고요구문서 및 보고문서를 시행하는 때에는 그 기안문 및 시행문에 행정자치부령이 정하는 바에 따라 표시를 하여야 한다. 〈개정 1996.5.3, 1998.7.1, 1999.8.7, 2002.12.26〉

②삭제 〈2002.12.26〉

제54조 삭제 〈2002.12.26〉

제5장 협조사무

제55조 (기관간 업무협조) ①행정기관이 다음 각호의 1에 해당하는 업무를 행하고자 하는 때에는 당해 업무의 기획·확정·공표 또는 시행전에 관계기관의 업무협조를 받아야 한다. 이 경우 업무협조의 요청을 받은 기관은 정부업무가 효율적으로 수행되도록 적극 협조하여야 한다.

1. 2이상의 행정기관이 공동으로 행하는 것이 필요한 업무
2. 다른 행정기관의 행정지원을 필요로 하는 업무
3. 다른 행정기관 또는 상급기관의 인가·승인등을 거쳐야 하는 업무
4. 기타 다른 행정기관의 협의·동의 및 의견조회등이 필요한 업무

②업무협조를 요청함에 있어서는 그 취지와 추진계획 및 파급효과등 당해 업무협조사안에 대한 이해를 도울 수 있는 관계자료를 함께 송부하여야 한다.

제56조 (업무협조의 방법) 업무협조는 다음의 방법에 의한다.

1. 문서에 의한 협조
2. 회의등에 의한 협조
3. 공동작업반 편성등에 의한 협조
4. 전화등에 의한 협조

제57조 (업무협조의 종류) ①업무협조는 지정협조와 수시협조로 구분한다.

②지정협조는 행정기관 사이에 상례적으로 행하여지는 업무협조로서 협조업무명·처리기간·협조요청기관 및 협조기관등이 행정자치부령 또는 훈령으로 지정된 업무협조를 말한

다. 〈개정 1998.7.1〉

③수시협조는 업무협조를 하여야 할 사안이 발생한 때에 수시로 처리기간등을 정하여 요청하는 업무협조를 말한다.

제58조 (지정협조의 지정) ①다음 각호의 1에 해당하는 업무협조중 상례적으로 행하여지는 업무협조는 행정자치부령으로 지정한다. 〈개정 1998.7.1〉

1. 중앙행정기관이 다른 중앙행정기관에 요청하는 업무협조
2. 지방자치단체가 중앙행정기관에 요청하는 업무협조

②다음 각호의 1에 해당하는 업무협조중 상례적으로 행하여지는 업무협조는 당해 지정권자가 훈령으로 지정한다. 〈개정 1996.5.3, 1998.7.1, 2001.1.29〉

1. 중앙행정기관의 소속기관이 중앙행정기관에 요청하는 업무협조는 협조요청을 받는 중앙행정기관의 장
2. 행정기관이 중앙행정기관의 소속기관에 요청하는 업무협조는 협조요청을 받는 기관의 소속 중앙행정기관의 장
3. 행정기관이 지방자치단체에 요청하는 업무협조는 행정자치부장관(교육행정기관에 요청하는 경우에는 교육인적자원부장관)

③제1항 또는 제2항의 규정에 의한 지정협조의 지정을 받고자 하는 때에는 행정자치부령이 정하는 바에 따라 관계서류를 지정권자(제1항의 규정에 의한 지정협조의 경우에는 행정자치부장관. 이하 이 조에서 같다)에게 제출하여야 한다. 〈개정 1998.7.1〉

④지정권자는 지정협조에 대하여 필요한 경우 관계기관과의 협의를 거쳐 이를 정비하여야 한다. 〈개정 1999.8.7〉

⑤삭제 〈1999.8.7〉

제59조 (협조심사관) ①업무협조문서의 심사에 관한 사무를 관장하기 위하여 각급 행정기관에 협조심사관을 둔다. 〈개정 1996.5.3〉

②협조심사관은 특별한 사유가 있는 경우를 제외하고는 제44조의 규정에 의한 자체보고심사관이 이를 겸임한다. 〈개정 1996.5.3〉

③삭제 〈1999.8.7〉

제60조 (수시협조문서의 심사〈개정 1999.8.7〉) ①수시협조를 요청하는 문서를 시행하는 때에는 행정자치부령이 정하는 바에 따라 협조심사관의 심사를 받아야 한다. 〈개정 1996.5.3, 1998.7.1, 1999.8.7〉

②협조심사관이 제1항의 규정에 의하여 심사를 하는 때에는 행정자치부령이 정하는 바에 따라 협조심사의 표시를 하여야 한다. 〈개정 1996.5.3, 1998.7.1, 1999.8.7, 2002.12.26〉

③삭제 〈1999.8.7〉

④삭제 〈1999.8.7〉

제61조 (지정 · 심사의 기준) 지정협조를 지정하거나 수시협조를 심사하는 때에는 다음 사항을 검토하여야 한다. 〈개정 1996.5.3〉

1. 협조요청 목적의 타당성
2. 협조요청 대상기관의 타당성
3. 협조처리기간의 타당성
4. 협조요청내용의 명확성
5. 관계기관등과의 사전협조 여부

第62조 삭제 〈1999.8.7〉
第63조 삭제 〈1999.8.7〉

第64조 (처리기간) ①지정협조의 처리기간은 그 지정형식에 따라 행정자치부령 또는 훈령으로 정한다. 〈개정 1998.7.1〉
②수시협조의 처리기간은 업무협조를 요청하는 기관이 업무협조내용과 그 처리 및 회신에 필요한 기간등을 참작하여 정하되, 특별한 사유가 있는 경우를 제외하고는 다음의 구분에 의한 처리기간을 부여하여야 한다.
1. 위원회등의 심의를 거쳐야 하는 경우…30일이상
2. 상급기관의 결정등을 거쳐야 하는 경우…25일이상
3. 관계기관의 업무협조를 거쳐야 하는 경우…20일이상
4. 자체종합계획의 수립을 필요로 하는 경우…20일이상
5. 기타 경미한 사안에 대한 업무협조…7일이상
③삭제 〈1999.8.7〉
④삭제 〈1999.8.7〉

第65조 (업무협조문서의 보완) ①업무협조요청을 받은 기관이 협조요청문서에 흠이 있음을 발견한 때에는 접수한 날부터 3일이내에 보완을 요구하여야 한다. 이 경우 보완요구사항을 구체적으로 명시하여 일괄요구하여야 하며, 5일이상의 보완기간을 부여하여야 한다.
②삭제 〈1999.8.7〉
③보완요구기관은 제1항의 규정에 의한 보완기간의 만료일부터 7일이 경과하여도 보완문서가 도달되지 아니한 때에는 당해 협조요청문서를 협조요청기관에 반려할 수 있다. 〈개정 1999.8.7〉
④삭제 〈1999.8.7〉

第66조 (업무협조의 촉구) ①업무협조요청기관은 협조문서가 처리기간내에 도달되지 아니한 때에는 당해 협조기관에 대하여 5일이상의 처리기간을 부여하여 행정자치부령이 정하는 바에 따라 협조를 촉구할 수 있다. 〈개정 1998.7.1〉
②삭제 〈1999.8.7〉

第67조 삭제 〈1999.8.7〉
第68조 삭제 〈1999.8.7〉
第69조 삭제 〈1999.8.7〉

제 6 장 서식관리

第70조 (서식의 제정) 행정기관에서 장기간에 걸쳐 반복적으로 사용하는 문서로서 정형화할 수 있는 문서는 특별한 사유가 있는 경우를 제외하고는 서식으로 정하여 사용한다.

第71조 (서식의 종류) 서식은 다음과 같이 법령서식과 일반서식으로 나눈다.
1. 법령서식은 법률·대통령령·총리령·부령·조례·규칙등 법령으로 정한 서식을 말한다.
2. 일반서식은 법령서식을 제외한 모든 서식을 말한다.

[전문개정 1999.8.7]

제72조 (서식제정의 방법) 다음의 서식은 법령으로 정한다. 다만, 법령에서 고시등으로 정하도록 한 경우와 기타 특별한 사유가 있는 경우에는 그 서식을 고시·훈령·예규등으로 정할 수 있다. 〈개정 1996.5.3, 1999.8.7〉

1. 당해 서식의 기재사항이 국민의 권리·의무와 직접 관련되는 사항을 정하는 서식
2. 인가·허가 및 승인등 민원에 관계되는 서식
3. 행정기관에서 공통적으로 사용되는 서식중 중요한 서식
4. 삭제 〈1999.8.7〉
5. 삭제 〈1999.8.7〉

제73조 (서식설계의 일반원칙) ①서식에 사용되는 용지의 규격은 제10조제4항의 규정에 의한 용지의 규격과 같게 하되, 부득이한 경우에는 별표3의〈%생략:별표3%〉 규격에 해당하는 용지를 사용한다. 다만, 증표류 또는 컴퓨터에 의한 기록서식등 기타 특별한 사유가 있는 경우에는 그에 적합한 규격의 용지를 사용할 수 있다. 〈개정 1996.5.3〉

②서식은 특별한 사유가 있는 경우를 제외하고는 별도의 기안문 및 시행문을 작성하지 아니하고 서식자체를 기안문 및 시행문으로 갈음할 수 있도록 생산등록번호·접수등록번호·수신자·시행일자 및 접수일자 등의 항목을 넣어 설계한다. 〈개정 2002.12.26〉

③전자문서의 서식에 대하여는 「전자정부법 시행령」 제4조의 규정이 정하는 바에 의한다. 〈개정 2001.6.30, 2007.7.18〉

④서식에는 호적·병적·연고지조사등의 필요가 있는 경우를 제외하고는 본적란을 설치하지 아니한다.

⑤민원서식에는 당해 민원사무의 처리절차·연락처·처리기간 및 전자적 처리가능 여부 등을 표시하여 민원인의 편의를 도모하여야 한다. 〈개정 2002.12.26〉

⑥서식은 누구나 쉽게 이해할 수 있는 용어를 사용하여 설계하여야 하며, 불필요하거나 활용도가 낮은 항목을 넣어서는 아니된다. 〈신설 1999.8.7, 2002.12.26〉

⑦서식은 법령에 의하여 서식에 날인하도록 정한 경우를 제외하고는 서명이나 날인을 선택적으로 할 수 있도록 설계하여야 한다. 〈신설 1999.8.7〉

⑧서식은 글씨의 크기, 항목간의 간격, 기재할 여백의 크기등을 균형있게 조절하여 기입항목의 식별이 쉽도록 설계하여야 한다. 〈신설 1999.8.7〉

⑨서식에는 가능한 한 행정기관의 로고·상징·마크 또는 홍보문구 등을 표시하여 행정기관의 이미지가 제고될 수 있도록 하여야 한다. 〈신설 2002.12.26〉

제74조 (서식의 승인등) ①중앙행정기관이 법령으로 서식을 제정 또는 개정하고자 하는 경우에는 국무총리의 승인을 얻어야 한다.

②중앙행정기관의 소속기관이 서식을 제정 또는 개정하고자 하는 경우에는 소속중앙행정기관의 장의, 지방자치단체의 경우에는 행정자치부장관의, 교육행정기관의 경우에는 교육인적자원부장관의 승인을 얻어야 한다. 다만, 지방자치단체간 또는 지방교육행정기관간 공통으로 사용되지 아니하는 서식이나 단순·경미한 서식은 지방자치단체의 장 또는 지방교육행정기관의 장이 정한다. 〈개정 1996.5.3, 1998.7.1, 2001.1.29〉

③정기보고서식의 승인에 관하여는 제48조제5항의 규정이 정하는 바에 의한다.

④제1항 내지 제3항의 규정에 의하여 승인된 서식에 대하여 업무의 전산화등으로 승인된 서식을 그대로 사용할 수 없는 경우와 단순히 자구수정이나 활자크기·종이류등을 변

경하고자 할 경우에는 서식제정의 근본목적을 침해하지 아니하는 범위안에서 기재항목 또는 형식등을 변경하거나 자구수정, 활자크기 또는 종이류등을 변경하여 사용할 수 있다. 이 경우 제1항 내지 제3항의 규정에 불구하고 사후통보로 승인에 갈음할 수 있다. 〈개정 1996.5.3〉

⑤서식제정기관은 서식을 폐지한 때에는 지체없이 그 사실을 서식승인기관에 통보하여야 한다.

⑥중앙행정기관의 장이 고시·훈령 또는 예규등으로 서식을 제정 또는 개정하고자 할 경우와 지방자치단체 또는 지방교육행정기관의 장이 서식을 제정 또는 개정할 경우의 서식의 표시에 관하여는 제76조의 규정을 준용한다. 〈신설 1996.5.3〉

第75조 (서식승인의 신청) ①행정기관은 서식의 제정 또는 개정의 승인신청을 하는 때에는 서식승인신청서에 서식초안 2부를 첨부하여야 한다. 이 경우 서식초안은 특별한 사유가 있는 경우를 제외하고는 전산기기에 의하여 작성하여야 한다.

②2이상의 기관에 관계되는 서식은 관계기관간의 사전협의를 거쳐야 한다.

第76조 (서식제원의 표시〈개정 1999.8.7〉) ①삭제 〈1999.8.7〉

②서식에는 서식의 아래 한계선 오른쪽 밑에 용지의 규격·지질 및 단위당 중량을 표시하여야 한다. 〈개정 1999.8.7〉

③서식의 지질 및 단위당 중량의 결정기준은 행정자치부령으로 정한다. 〈개정 1999.8.7〉

第77조 (서식의 전산관리) ①행정기관의 장은 부득이한 경우를 제외하고는 서식을 전산기기에 의하여 관리하고 이를 사용자에게 제공하여야 한다.

②제1항의 규정에 의하여 관리하는 서식중 국민의 편의를 위하여 필요하다고 인정되는 서식은 디스크등에 수록하여 전자정부본부장에게 통보하여야 한다. 〈개정 2004.5.24, 2005.3.24〉

[전문개정 1999.8.7]

제 7 장 삭제 〈1999.12.7〉

第78조 삭제 〈1999.12.7〉

第79조 삭제 〈1999.12.7〉

第80조 삭제 〈1999.8.7〉

第81조 삭제 〈1999.12.7〉

第82조 삭제 〈1999.12.7〉

第83조 삭제 〈1999.12.7〉

第84조 삭제 〈1999.12.7〉

第85조 삭제 〈1999.12.7〉

第86조 삭제 〈1999.12.7〉

第87조 삭제 〈1997.10.21〉

第88조 삭제 〈1999.12.7〉

第89조 삭제 〈1999.12.7〉

제 8 장 업무편람

제90조 (업무편람의 작성 · 활용) 행정기관이 상당기간에 걸쳐 반복적으로 행하는 업무에 대하여는 그 업무의 처리가 표준화·전문화될 수 있도록 업무편람을 작성하여 활용함을 원칙으로 한다.

제91조 (업무편람의 종류) 업무편람은 다음과 같이 행정편람과 직무편람으로 구분한다. 〈개정 1999.8.7〉

1. 행정편람은 사무처리절차 및 기준과 장비운용방법 기타 일상적 근무규칙등에 관하여 각 업무담당자에게 필요한 지침·기준 또는 지식을 제공하는 업무지도서 또는 업무참고서를 말한다.
2. 직무편람은 부서별로 그 소관업무에 대한 업무계획·관련업무현황 기타 참고자료등을 체계적으로 정리하여 활용하는 업무현황철 또는 업무참고철을 말한다.

제92조 삭제 〈1999.8.7〉
제93조 삭제 〈1999.8.7〉
제94조 삭제 〈1999.8.7〉

제95조 (행정편람의 심의〈개정 1999.8.7〉) ①행정기관의 장은 행정편람을 발간함에 있어서 필요한 경우에는 해당기관 공무원 및 관계전문가를 심의자문위원으로 위촉할 수 있다. 〈개정 1998.7.1, 1999.8.7〉

②제1항의 규정에 의한 심의자문위원에 대하여는 예산의 범위안에서 수당 기타 필요한 경비를 지급할 수 있다.

제96조 (행정편람의 수정 및 보완) ①행정편람의 발간기관은 관련제도의 변경등으로 행정편람의 내용을 수정 또는 보완하여야 하는 사유가 발생한 때에는 그 내용을 수정 또는 보완하여야 한다.

②삭제 〈1999.8.7〉

③삭제 〈1999.8.7〉

제97조 삭제 〈1999.8.7〉

제98조 (직무편람의 작성대상) ①직무편람은 부서별로 작성한다. 〈개정 1999.8.7〉

②부서편람은 특별한 사유가 있는 경우를 제외하고는 행정기관의 직제에 규정된 최하단위부서별로 작성한다.

③삭제 〈1999.8.7〉

제99조 삭제 〈1999.8.7〉

제100조 (업무편람의 관리) ①삭제 〈1999.8.7〉

②처리과의 장은 정기 또는 수시로 직무편람의 내용을 점검하여야 한다. 〈개정 1999.8.7〉

③업무편람은 컴퓨터화일로 관리할 수 있다. 〈신설 1999.8.7〉

제 9 장 사무자동화

제101조 (행정사무의 자동화) ①행정기관은 소관사무를 효율적으로 수행하기 위하여 사무의 자동화를 추진하여야 한다.
②삭제 〈2001.8.25〉

제102조 (기본계획의 수립) ①행정자치부장관은 사무자동화를 종합적·체계적으로 추진하기 위하여 다음의 내용이 포함된 사무자동화기본계획(이하 "기본계획"이라 한다)을 수립하여 추진할 수 있다. 〈개정 1998.7.1〉
1. 사무자동화의 대상이 되는 사무분야
2. 사무자동화기기의 수요 및 소요예산에 관한 사항
3. 사무자동화기기이용기술의 보급에 관한 사항
4. 사무자동화의 교육·훈련에 관한 사항
5. 기타 사무자동화사업의 추진에 관한 사항

②행정자치부장관은 제1항의 규정에 의하여 기본계획을 수립한 때에는 이를 중앙행정기관의 장에게 통보하여야 한다. 〈개정 1998.7.1〉
③중앙행정기관의 장은 제1항의 기본계획을 수정할 필요가 있는 때에는 이를 행정자치부장관에게 요청할 수 있으며, 행정자치부장관은 그 타당성을 검토한 후 기본계획을 수정하고, 그 결과를 중앙행정기관의 장에게 통보하여야 한다. 〈개정 1996.5.3, 1998.7.1〉
④기본계획은 정보화촉진기본법 제5조의 규정에 의한 정보화촉진기본계획에 포함하여 시행할 수 있다. 〈신설 1999.8.7〉

제103조 (시행계획의 수립) ①중앙행정기관의 장은 제102조의 규정에 의한 기본계획에 따라 연도별 사무자동화추진시행계획(이하 "시행계획"이라 한다)을 수립하여 행정자치부장관에게 제출하여야 하며, 이를 제출받은 행정자치부장관은 시행계획을 검토·조정할 수 있다. 다만, 기본계획이 제102조제4항의 규정에 의하여 정보화촉진기본계획에 포함되어 시행되는 경우에는 시행계획을 정보화촉진기본법 제6조 및 동법시행령 제3조의 규정에 의한 정보화촉진시행계획에 포함하여 제출하여야 한다. 〈개정 1998.7.1, 1999.8.7〉
②중앙행정기관의 장은 시행계획을 수정한 때에는 이를 행정자치부장관에게 통보하여야 한다. 〈개정 1998.7.1〉

제104조 (사무자동화에 관한 자문기구) ①사무자동화추진에 관하여 행정자치부장관의 자문에 응하기 위하여 사무자동화에 관한 자문기구를 둘 수 있다.
②제1항의 규정에 의한 자문기구의 구성 및 운영에 관하여 필요한 사항은 행정자치부령으로 정한다.
[전문개정 1999.8.7]

제105조 (기기 및 이용기술의 표준화) ①행정자치부장관은 행정기관에서 공통적으로 사용하거나 호환성이 필요한 사무자동화기기에 대하여는 그 기종을 지정하거나 사무자동화기기의 표준화를 위하여 필요한 조치를 할 수 있다. 〈개정 1998.7.1〉
②행정자치부장관은 사무자동화기기의 효율적 이용 및 사무처리의 표준화를 위하여 필요하다고 인정하는 경우에는 사무자동화기기 이용기술을 지정할 수 있다. 〈개정 1998.7.1〉

제106조 (기기운용능력의 검정) ①행정자치부장관은 공무원의 사무자동화기기 운용능력을 높이기 위하여 필요한 경우에는 공무원의 기기운용능력을 검정하여 기능수준에 따라 등

급을 부여할 수 있다. 〈개정 1998.7.1〉

②행정자치부장관은 제1항의 규정에 의한 권한중 검정에 관한 권한을 전자정부본부장에게 위임한다. 〈개정 1996.6.29, 1998.7.1, 2004.5.24, 2005.3.24〉

제107조 (시범사업등의 실시) ①행정자치부장관은 제105조의 규정에 의한 기종의 지정에 앞서 기기의 성능측정등을 위하여 필요한 경우에는 특정기관을 지정하여 그 기관으로 하여금 기기의 시험운용을 하게 할 수 있다. 〈개정 1998.7.1〉

②행정자치부장관은 기기의 보급·확산을 위하여 필요한 경우에는 시범기관을 지정하여 사무자동화시범사업을 하게 할 수 있다. 〈개정 1998.7.1〉

제108조 (실태조사) ①행정자치부장관은 사무자동화사업의 효율적인 추진을 위하여 필요한 때에는 각급 행정기관에 대하여 시행계획의 추진상황과 사무자동화기기의 운영실태등을 조사하거나 관계자료의 제출을 요청할 수 있다. 〈개정 1998.7.1〉

②행정자치부장관은 제1항의 규정에 의한 조사결과 시정 또는 보완이 필요한 사항에 대하여는 이를 관계기관의 장에게 통보하여야 하며, 통보받은 관계기관의 장은 필요한 조치를 취하고, 그 결과를 행정자치부장관에게 통보하여야 한다. 〈개정 1998.7.1〉

제109조 (사무자동화사업의 평가) ①중앙행정기관의 장은 시행계획의 추진실적을 다음 연도 1월 31일까지 행정자치부장관에게 제출하여야 한다. 다만, 제103조제1항 단서의 규정에 의하여 시행계획이 정보화촉진시행계획에 포함된 경우에는 정보화촉진시행계획의 추진실적에 포함하여 제출할 수 있다. 〈개정 1998.7.1, 1999.8.7〉

②행정자치부장관은 각 기관의 사무자동화추진상황을 종합평가하고 그 결과를 기본계획에 반영하여야 한다. 〈개정 1998.7.1〉

제110조 (지방행정사무의 자동화 추진) 특별시·광역시 및 도의 행정사무의 자동화는 행정자치부장관이 종합·추진하고, 교육행정기관의 행정사무의 자동화는 교육인적자원부장관이 종합·추진하되, 행정자치부령이 정하는 중요사항에 대하여는 행정자치부장관과 협의하여야 한다. 〈개정 1996.5.3, 1998.7.1, 2001.1.29〉

제10장 사무환경

제111조 (사무환경의 관리) 행정기관의 장은 사무환경을 사무능률의 향상 및 공무원의 건강보호를 기할 수 있도록 조성·관리하여야 한다.

제112조 삭제 〈1999.8.7〉

제113조 삭제 〈1999.8.7〉

제114조 (사무용집기) ①삭제 〈1999.8.7〉

②행정자치부장관은 사무용집기의 정부규격을 제정 또는 변경할 필요가 있다고 인정되는 때에는 이를 조달청장에게 요청할 수 있다. 이 경우 조달청장은 이에 필요한 조치를 하여야 한다. 〈개정 1999.8.7〉

제115조 (사무실의 환경) 행정자치부장관은 사무실내의 조명, 온·습도, 공기, 소음, 색채등 환경요소에 대한 관리기준을 정할 수 있다. 〈개정 1998.7.1〉

제116조 (사무환경관리의 점검) ①삭제 〈1999.8.7〉

②행정자치부장관은 사무환경개선을 위하여 필요하다고 인정하는 때에는 각급 행정기관의 사무환경관리실태를 조사하여 조언할 수 있다. 〈개정 1998.7.1, 1999.8.7〉

제10장의2 행정사무개선 〈신설 1999.8.7〉

제116조의2 (행정사무개선의 추진) ①행정기관의 장은 국민에 대한 서비스의 질을 향상시키고 행정의 생산성을 높이기 위하여 지속적으로 당해기관의 행정사무의 수행절차 및 방법을 개선하여야 한다.

②행정기관의 장은 행정사무개선을 추진하기 위하여 당해 기관의 사무에 대한 체계적인 목표관리를 행하도록 노력하여야 한다. 〈개정 2002.12.26〉

③행정자치부장관은 제2항의 규정에 의한 목표관리를 지원하기 위하여 종합계획을 수립·실시하여야 한다. 〈신설 2002.12.26〉

[본조신설 1999.8.7]

제116조의3 (행정능률진단의 실시 등) ①행정자치부장관은 행정기관의 사무개선지원과 행정의 능률향상을 위하여 행정사무의 절차 및 방법, 수행체계 및 관련제도등을 분석·재설계하는 행정능률진단을 실시할 수 있다.

②행정자치부장관은 다음 각호의 1에 해당하는 진단 등을 실시하는 때에 제1항의 규정에 의한 행정능률진단을 활용하게 할 수 있다. 〈개정 2007.7.18〉

1. 「전자정부법」 제24조의 규정에 의한 행정기관의 업무재설계
2. 행정기관의조직과정원에관한통칙 제27조의2의 규정에 의한 조직진단

③행정자치부장관은 행정능률진단의 효율적 실시를 위하여 행정능률진단관련 경험이나 전문능력을 가진 각급 행정기관 소속 공무원의 지원을 받을 수 있다.

[전문개정 2002.12.26]

제116조의4 (행정사무혁신경진대회의 실시) 행정자치부장관은 행정사무개선의 분위기 향상을 위하여 행정기관이 참여하는 행정사무혁신경진대회를 개최할 수 있으며, 우수사례에 대하여 포상할 수 있다.

[본조신설 1999.8.7]

제116조의5 (행정사무개선관련 협의회 운영) 행정자치부장관은 행정사무개선에 관한 정보를 교환하고 민간경영기법을 행정에 도입하기 위하여 공무원 및 민간전문가로 구성되는 협의회를 운영할 수 있다.

[본조신설 1999.8.7]

제11장 보칙

제117조 (사무관리 감사) 행정자치부장관은 필요하다고 인정하는 때에는 국무총리의 명을 받아 각급 행정기관에 대한 사무관리감사를 실시할 수 있다. 〈개정 1998.7.1〉

제117조의2 (문서 미등록자 등에 대한 조치) 행정기관의 장은 다음 각호의 1에 해당하는 공무원에 대하여는 징계 기타 필요한 조치를 하여야 한다. 〈개정 2001.2.14, 2002.12.26〉

1. 결재가 끝난 문서를 등록하지 아니한 자

2. 제16조제2항의 규정에 의한 훈령 또는 규칙으로 정한 결재권자를 상향 또는 하향 조정하여 기안·검토 및 결재를 한 자
3. 관인을 부당하게 사용한 자
4. 보고지연의 책임이 있는 자
5. 업무협조지연의 책임이 있는 자

[본조신설 1999.8.7]

제118조 (국가정보원의 사무관리에 대한 특례<개정 1999.8.7>) ①제34조의3제3항·제4항의 규정에 불구하고 국가정보원이 생산하거나 취득한 문서는 국가정보원에서 계속 보존할 수 있다. 〈개정 1998.7.1, 1999.8.7, 1999.12.7〉

②국가정보원장은 제18조제2항, 제34조의4 및 제40조의 규정에 의한 시행문의 작성, 행정보도자료의 실명제공 및 관인공고절차를 각각 생략할 수 있다. 〈개정 1998.7.1, 1999.8.7, 1999.12.7〉

③제14조제4항의 규정에 의한 문서의 기안에 관한 사항중 국가정보원의 소관사항에 관하여는 국가정보원장이 따로 정할 수 있다. 〈개정 1998.7.1, 1999.8.7, 1999.12.7〉

[본조신설 1996.5.3]

부칙 〈제13390호, 1991.6.19〉

제1조 (시행일) 이 영은 1991년 10월 1일부터 시행한다. 다만, 제24조의 규정은 1992년 1월 1일부터 시행한다.

제2조 (다른 법령의 폐지) 정부공문서규정·관인규정·보고통제규정·기관간업무협조규정 및 서식제정절차규정은 각각 이를 폐지한다.

제3조 (다른 법령의 개정) ①행정권한의위임및위탁에관한규정중 다음과 같이 개정한다.

제8조제2항중 "정부공문서규정 제15조"를 "사무관리규정 제13조"로 하고, 제17조제1호중 "서식제정절차규정 제4조제1항"을 "사무관리규정 제74조제1항"으로 하며, 동조제2호중 "관인규정 제6조제2항"을 "사무관리규정 제36조제2항"으로 한다.

②공증인법시행령중 다음과 같이 개정한다.

제7조제1항중 "정부공문서규정"을 "사무관리규정"으로 한다.

③회계보고등에관한예산회계법시행특례규정중 다음과 같이 개정한다.

제14조중 "보고통제규정 제20조"를 "사무관리규정 제52조"로 한다.

④주민등록법시행령중 다음과 같이 개정한다.

제31조중 "관인규정 제4조제1항"을 "사무관리규정 제37조"로 한다.

⑤공무국외여행규정중 다음과 같이 개정한다.

제5조를 삭제하고, 제8조제1항중 "복명서와 제5조의 규정에 의하여 수집한 자료를"을 "복명서를"로 하며, 동조제2항을 삭제한다.

제4조 (다른 법령과의 관계) 다른 법령에서 부칙 제2조의 규정에 의하여 폐지되는 규정 또는 그 조문을 인용한 경우에는 이 영에 그 해당규정이 있는 때에는 그 폐지법령의 규정에 갈음하여 이 영 또는 이 영의 해당조문을 인용한 것으로 본다.

제5조 (서식등에 대한 경과조치) 이 영 시행전에 부칙 제2조의 규정에 의하여 폐지되는 규정에 의하여 승인된 서식과 등록·교부된 관인은 이 영에 의하여 승인된 서식과 등록·교

부된 관인으로 본다. 다만, 종전의 규정에 의하여 승인된 서식은 승인된 규격에 불구하고 제73조제1항의 규정에 의한 규격에 따라 사용할 수 있다.

제6조 (문서통제관등에 대한 경과조치) 이 영 시행전에 부칙 제2조의 규정에 의하여 폐지되는 종전의 규정에 의하여 임명되거나 지정된 문서통제관, 보고통제관, 중앙보고통제심의회의 위원 및 협조통제관은 이 영에 의하여 임명 또는 지정된 것으로 본다.

제7조 (지정보고에 대한 경과조치) 이 영 시행전에 부칙 제2조의 규정에 의하여 폐지되는 보고통제규정에 의하여 중앙행정기관이 당해 소속기관으로부터 받는 정기보고로서 총리령으로 지정된 보고는 이 영 제48조제2항의 규정에 의하여 중앙행정기관의 장의 훈령으로 지정될 때까지 이 영에 의하여 지정된 정기보고로 본다.

부칙(상공자원부와그소속기관직제) 〈제13870호, 1993.3.6〉

제1조 (시행일) 이 영은 공포한 날부터 시행한다.

제2조 및 제3조 생략

제4조 (다른 법령의 개정) ①내지 ⑧생략

⑨사무관리규정중 다음과 같이 개정한다.

제104조제2항중 "상공부"를 "상공자원부"로 한다.

⑩내지 〈188〉생략

부칙(도서관및독서진흥법시행령) 〈제14339호, 1994.7.23〉

제1조 (시행일) 이 영은 1994년 7월 25일부터 시행한다.

제2조 내지 제6조 생략

제7조 (다른 법령의 개정) ①생략

②사무관리규정중 다음과 같이 개정한다.

제82조제3항중 "도서관진흥법"을 "도서관및독서진흥법"으로 한다.

③내지 ⑦생략

제8조 생략

부칙(재정경제원과그소속기관직제) 〈제14438호, 1994.12.23〉

제1조 (시행일) 이 영은 공포한 날부터 시행한다.

제2조 내지 제4조 생략

제5조 (다른 법령의 개정) ①내지 〈83〉생략

〈84〉사무관리규정중 다음과 같이 개정한다.

제36조제1항중 '재무부장관'을 '재정경제원장관'으로 하고, 제104조제2항중 '경제기획원'을 '재정경제원'으로 한다.

〈85〉내지 〈327〉생략

부칙 〈제14989호, 1996.5.3〉

제1조 (시행일) 이 영은 1996년 7월 1일부터 시행한다. 다만, 제27조제1항의 개정규정은 총리령이 정하는 날부터 시행한다.

제2조 (준영구문서에 대한 경과조치) ①제27조제1항의 개정규정 시행전에 보존기간이 준영구문서로 분류된 문서중 문서생산기관이 보관·보존하고 있는 문서에 대하여는 문서생산기관의 장이 문서평가심의회의 심의를 거쳐 이 영에 의한 보존기간으로 재분류하고, 다음 각호의 기준에 따라 처리한다.

1. 보존기간이 영구문서로 재분류된 문서는 보존기간 기산일부터 13년간 보존한 후 당해 문서를 정부기록보존소에 이관한다.
2. 보존기간이 30년이하로 재분류된 문서중 이미 보존기간이 만료된 문서는 바로 폐기할 수 있으며, 보존기간이 아직 만료되지 아니한 문서는 보존기간 만료후에 폐기할 수 있다. 다만, 보존기간이 20년 또는 30년으로 재분류된 문서를 폐기할 경우에는 미리 제31조의2의 규정에 의한 정부공문서평가심의회의 심의를 거쳐야 한다.

②제27조제1항의 개정규정 시행전에 보존기간이 준영구문서로 분류된 문서중 정부기록보존소로 이관된 문서에 대하여는 정부기록보존소장이 문서생산기관의 장과의 협의 및 정부공문서평가심의회의 심의를 거쳐 이 영에 의한 보존기간으로 재분류하여 처리한다.

제3조 (문서통제관등에 대한 경과조치) 이 영 시행 당시의 문서통제관·분임문서통제관·자체보고통제관·중앙보고통제관·중앙보고통제심의회 및 협조통제관은 각각 이 영에 의한 문서심사관·분임문서심사관·자체보고심사관·중앙보고심사관·중앙보고심의회 및 협조심사관으로 본다.

제4조 (특수관인에 대한 경과조치) 이 영 시행 당시 중앙행정기관의 소속기관이 총무처장관의 승인을 얻은 관인은 제32조제2항의 개정규정에 의하여 소속 중앙행정기관의 장의 승인을 얻은 것으로 본다.

제5조 (다른 법령과의 관계) 이 영 시행당시 다른 법령에서 문서통제를 인용한 경우에는 문서심사를, 문서통제관을 인용한 경우에는 문서심사관을, 분임문서통제관을 인용한 경우에는 분임문서심사관을, 보고통제를 인용한 경우에는 보고심사를, 보고통제관을 인용한 경우에는 보고심사관을, 중앙보고통제심의회를 인용한 경우에는 중앙보고심의회를, 협조통제를 인용한 경우에는 협조심사를, 협조통제관을 인용한 경우에는 협조심사관을 각각 인용한 것으로 본다.

부칙(총무처와그소속기관직제) 〈제15063호, 1996.6.29〉

①**(시행일)** 이 영은 공포한 날부터 시행한다.

②**(다른 법령의 개정)** 사무관리규정중 다음과 같이 개정한다.

제77조제2항중 "정부전자계산소"를 "정부전산정보관리소"로, "정부전자계산소장"을 "정부전산정보관리소장"으로 한다.

제106조제2항중 "정부전자계산소장"을 "정부전산정보관리소장"으로 한다.

③ 및 ④생략

부칙(공공기관의정보공개에관한법률시행령) 〈제15498호, 1997.10.21〉

①(시행일) 이 영은 1998년 1월 1일부터 시행한다.
②생략
③(다른 법령의 개정) 사무관리규정중 다음과 같이 개정한다.
제33조제2항 내지 제4항을 각각 삭제한다.
제87조를 삭제한다.
④(사무관리규정개정에 관한 경과조치) 이 영 시행당시 종전의 사무관리규정 제33조제2항 및 제87조의 규정에 의하여 요청된 문서·자료의 열람 또는 복사에 관하여는 종전의 규정에 의한다.

부칙 〈제15823호, 1998.7.1〉

이 영은 공포한 날부터 시행한다.

부칙 〈제16521호,1999.8.7〉

①(시행일) 이 영은 1999년 9월 1일부터 시행한다. 다만, 제10조제1항의 개정규정은 공포한 날부터 시행한다.
②(다른 법령의 개정) 행정권한의위임및위탁에관한규정중 다음과 같이 개정한다.
제17조제1호를 삭제한다.

부칙(공공기관의기록물관리에관한법률시행령) 〈제16609호, 1999.12.7〉

제1조 (시행일) 이 영은 2000년 1월 1일부터 시행한다.
제2조 내지 제4조 생략
제5조 (다른 법령의 개정) ①사무관리규정중 다음과 같이 개정한다
제3조제4호 및 제5호를 각각 삭제한다.
제24조 및 제25조를 각각 다음과 같이 한다.
제24조 (문서의 등록) 문서는 생산 또는 접수한 즉시 공공기관의기록물관리에관한법률시행령 제11조의 규정에 의하여 기록물등록대장 및 기록물배부대장에 등록하고 등록번호를 부여하여야 한다.
제25조 (외국어로 된 문서 등에 대한 특례) 외국어로 된 문서에 대하여는 제10조 내지 제13조 및 제21조의 규정을 적용하지 아니할 수 있고, 법규문서중 법률에 관한 문서에 대하여는 이 영의 적용을 받는 기관외의 기관에서 다른 관행이 있는 경우에는 그에 의할 수 있다.
제2장제3절(제26조 내지 제34조)을 삭제한다.
제34조의3제3항 후단을 다음과 같이 한다.
이 경우 제1항제3호에 관한 정책자료집은 외교통상부령이 정하는 바에 따라 일반에게 공개한 해부터 정부기록보존소에 이관하여야 한다.
제7장(제78조 내지 제89조)을 삭제한다.

제118조제1항중 "제28조제1항제2호·제3호 및 제34조의3제3항·제4항"을 "제34조의3제3항·제4항"으로 하고, 동조제2항중 "제18조제2항, 제32조"를 "제18조제2항"으로, "문서정리결과의 통보, 행정보도자료"를 "행정보도자료"로 하며, 동조제3항중 "제14조제4항, 제28조의2, 제33조, 제34조 및 제82조의 규정에 의한 문서의 기안, 보존대상기록물의 지정, 문서의 열람 및 복사, 대통령결재문서등에 대한 특례, 행정간행물의 제출 등에 관한 사항"을 "제14조제4항의 규정에 의한 문서의 기안에 관한 사항"으로 한다.
② 및 ④생략

부칙(교육인적자원부와그소속기관직제) 〈제17115호, 2001.1.29〉

제1조 (시행일) 이 영은 공포한 날부터 시행한다.
제2조 내지 제4조 생략
제5조 (다른 법령의 개정) ①내지 〈90〉생략
〈91〉사무관리규정중 다음과 같이 개정한다.
제36조제1항, 제48조제4항·제5항 전단, 제58조제2항제3호, 제74조제2항 본문 및 제110조중 "교육부장관"을 각각 "교육인적자원부장관"으로 한다.
〈92〉내지 〈152〉생략

부칙 〈제17129호, 2001.2.14〉

제1조 (시행일) 이 영은 공포한 날부터 시행한다.
제2조 (다른 법령의 개정) ①민원사무처리에관한법률시행령중 다음과 같이 개정한다.
제11조의2제2항 본문중 "전자관인"을 "전자이미지관인"으로 한다.
②예산회계법시행령중 다음과 같이 개정한다.
제46조의12제2항 단서중 "전자서명"을 "전자이미지서명"으로 한다.

부칙(전자정부구현을위한행정업무등의전자화촉진에관한법률시행령) 〈제17271호, 2001.6.30〉

①**(시행일)** 이 영은 2001년 7월 1일부터 시행한다.
②**생략**
③**(다른 법령의 개정)** 사무관리규정중 다음과 같이 개정한다.
제9조의2 및 제9조의3을 각각 삭제한다.
제73조제3항을 다음과 같이 한다.
③전자문서의 서식에 대하여는 전자정부구현을위한행정업무등의전자화촉진에관한법률 시행령 제4조의 규정이 정하는 바에 의한다.

부칙(정보통신망이용촉진및정보보호등에관한법률시행령) 〈제17344호,2001.8.25〉

제1조 (시행일) 이 영은 공포한 날부터 시행한다.
제2조 (다른 법령의 개정) ①사무관리규정중 다음과 같이 개정한다.
제101조제2항을 삭제한다.
②내지 ⑥생략
제3조 생략

부칙 〈제17811호, 2002.12.26〉

①**(시행일)** 이 영은 2004년 1월 1일부터 시행한다. 다만, 제116조의2제2항·제3항 및 제116조의3의 개정규정은 공포한 날부터 시행한다.
②**(전자문서시스템 및 행정전자서명의 시범운영에 관한 특례)** 행정기관의 장은 이 영 시행전에 전자문서시스템 및 행정전자서명을 시범운영할 수 있으며, 전자문서시스템 및 행정전자서명을 시범운영하는 행정기관에 대하여는 제1항의 규정에 불구하고 이 영 시행전에 이 영의 개정규정(전자문서시스템 및 행정전자서명과 관련된 내용에 한한다)을 적용할 수 있다.
③**(다른 법령의 개정)** 예산회계법시행령중 다음과 같이 개정한다.
제46조의12제2항 각호외의 부분 단서중 "사무관리규정 제3조제9호의 규정에 의한 전자이미지서명"을 "사무관리규정 제3조의 규정에 의한 전자문자서명·전자이미지서명 또는 행정전자서명"으로 한다.

부칙(행정자치부와그소속기관직제) 〈제18392호,2004.5.24〉

제1조 (시행일) 이 영은 공포한 날부터 시행한다. 〈단서 생략〉
1. 및 2. 생략
제2조 및 제3조 생략
제4조 (다른 법령의 개정) ①생략
②사무관리규정중 다음과 같이 개정한다.
제28조제1항 본문중 "정부전산정보관리소"를 "전자정부지원센터"로 한다.
제34조의3제3항 전단 및 후단중 "정부기록보존소"를 각각 "국가기록원"으로 하고, 동조 제4항중 "정부기록보존소장"을 "국가기록원장"으로 한다.
제39조제2항 전단 및 후단중 "정부기록보존소"를 각각 "국가기록원"으로 한다.
제77조제2항중 "정부전산정보관리소장"을 "전자정부지원센터장"으로 한다.
제106조제2항중 "정부전산정보관리소장"을 "전자정부지원센터장"으로 한다.
③생략

부칙(행정자치부와 그 소속기관 직제) 〈제18746호, 2005.3.24〉

제1조 (시행일) 이 영은 공포한 날부터 시행한다.
제2조 (다른 법령의 개정) ①생략
②사무관리규정 일부를 다음과 같이 개정한다.
제28조제1항 본문중 "전자정부지원센터"를 "전자정부본부"로 한다.
제77조제2항 및 제106조제2항중 "전자정부지원센터장"을 각각 "전자정부본부장"으로 한다.
③및 ④생략

부칙 〈제19413호,2006.3.29〉

①(시행일) 이 영은 공포한 날부터 시행한다.
②(업무관리시스템의 시범운영에 관한 경과조치) 이 영 시행 전에 시범운영한 업무관리시스템에 의한 업무처리는 이 영의 개정규정에 의한 업무관리시스템에 의한 업무처리로 본다.

부칙(고위공무원단 인사규정) 〈제19513호,2006.6.12〉

제1조 (시행일) 이 영은 2006년 7월 1일부터 시행한다.
제2조 및 제3조 생략
제4조 (다른 법령의 개정) ①내지 〈112〉생략
〈113〉사무관리규정 일부를 다음과 같이 개정한다.
제34조의2제1항제1호중 "직급"을 "직급 또는 직위"로 한다.
〈114〉내지 〈241〉생략

부칙(공공기관의 기록물 관리에 관한 법률 시행령) 〈제19985호,2007.4.4〉

제1조 (시행일) 이 영은 2007년 4월 5일부터 시행한다.
제2조 내지 제5조 생략
제6조 (다른 법령의 개정) ①생략
②사무관리규정중 일부를 다음과 같이 개정한다.
제23조제1항을 다음과 같이 한다.
①문서는 처리과에서 접수하여야 하며, 문서과에서 직접 받은 문서는 지체 없이 처리과에 이를 배부하여 접수하게 하되, 이 경우 배부정보는 공공기록물 관리에 관한 법률 시행령 제20조에 따른 등록정보로 관리하여야 한다.
제23조제2항 및 제24조중 "공공기관의기록물관리에관한법률시행령 제10조"를 각각 "공공기록물 관리에 관한 법률 시행령 제20조"로 한다.

부칙(전자정부법 시행령) 〈제20171호, 2007.7.18〉

제1조 (시행일) 이 영은 공포한 날부터 시행한다.
제2조 (다른 법령의 개정) ①부터 ⑪까지 생략
⑫사무관리규정 일부를 다음과 같이 개정한다.
제116조의3제2항제1호 중 "「전자정부 구현을 위한 행정업무 등의 전자화촉진에 관한 법률」"을 "「전자정부법」"으로 한다.
제8조의2제1항, 같은 조 제4항, 제73조제3항 중 "「전자정부 구현을 위한 행정업무 등의 전자화촉진에 관한 법률 시행령」"을 각각 "「전자정부법 시행령」"으로 한다.
⑬부터 〈16〉까지 생략
제3조 생략

별표1 관인의규격(제37조관련)
별표2 보고기일표[51조제1항관련]
별표3 서식용지의규격[제73조제1항 관련]

[별표 1] 〈개정 1999.8.7〉

관인의 규격(제37조관련)

(단위 : cm)

구분		길이
청인	국무회의 기타의 합의제 기관	5.4 3.6
직인	대통령 국무총리 기타 행정기관의 장	4.5 3.6 3

비 고 : 위 길이는 사각형인 경우에는 한 변의 최대 길이, 원 또는 다각형인경우에는 최대의 지름 또는 대각선으로 한다.

[별표 2]

보고기일표(제51조제1항관련)

구분 / 보고주기	기산지점	제출기일		
		최초작성기관→1차경유기관 (예 : 읍·면·동→시·군·구)	1차경유기관→2차경유기관 (예 : 시·군·구→시·도	2차경유기관→최종수보기관 (예 : 시·도→중앙)
즉보	발생시점부터	즉시	즉시	2일 이내
일보	발생일부터	1일 이내	2일 이내	3일 이내
주보	주말부터	1일 이내	2일 이내	3일 이내
순보	순기말부터	1일 이내	2일 이내	4일 이내
반월보	반월기말부터	2일 이내	3일 이내	5일 이내
월보	월말부터	4일 이내	6일 이내	10일 이내
기보	분기말부터	5일 이내	10일 이내	15일 이내
반년보	반년기말부터	10일 이내	15일 이내	20일 이내
연보	연말부터	15일 이내	20일 이내	30일 이내

[별표 3]

서식용지의 규격(제73조제1항관련)

(단위 : 밀리미터)

A열		B열	
A0	841×1,189	B0	1,030×1,456
A1	594× 841	B1	728×1,030
A2	420× 594	B2	515× 728
A3	297× 420	B3	364× 515
A4	210× 297	B4	257× 364
A5	148× 210	B5	182× 257
A6	105× 148	B6	128× 182
A7	74× 105	B7	91× 128
A8	52× 74	B8	64× 91
A9	37× 52	B9	45× 64
A10	26× 37	B10	32× 45

사무관리규정시행규칙

제정 1991. 9. 30. 총리령 제395호
개정 1992. 12. 31. 총리령 제415호
개정 1996. 5. 28. 총리령 제570호
개정 1997. 11. 11. 총리령 제659호
개정 1999. 9. 2. 행정자치부령 제64호
개정 1999. 12. 30. 행정자치부령 제78호
개정 2001. 2. 14. 행정자치부령 제125호
개정 2003. 7. 14. 행정자치부령 제203호
개정 2004. 5. 24 행정자치부령 제228호
개정 2006. 3. 29 행정자치부령 제324호
개정 2007. 4. 5 행정자치부령 제380호
일부개정 2007. 4. 5 행정자치부령 제380호

제1장 총칙

제1조 (목적) 이 규칙은 사무관리규정(이하 "영"이라 한다)에서 위임된 사항과 그 시행에 관하여 필요한 사항을 규정함을 목적으로 한다.

제2조 (정의) 이 규칙에서 사용하는 용어의 정의는 다음과 같다.〈개정 1999.9.2〉

1. "기관번호"라 함은 행정사무의 표준화를 위하여 행정자치부장관이 정한 행정전산망 공통행정코드중 기관별 코드번호를 말한다.
2. "누년 일련번호"라 함은 연도구분과 관계없이 누년 연속되는 일련번호를 말한다.
3. "연도별 일련번호"라 함은 연도별로 구분하여 매년 새로 시작되는 일련번호로서 연도표시가 없는 번호를 말한다.
4. "연도표시 일련번호"라 함은 연도표시와 연도별 일련번호를 붙임표(-)로 이은 번호를 말한다.
5. "결재권자"라 함은 행정기관의 장, 영 제16조제2항의 규정에 의하여 행정기관의 장으로부터 결재권을 위임받은 자 및 영 제16조제3항의 규정에 의하여 대결하는 자를 말한다.

제2조의2 (사무의 인계 · 인수) ①사무를 인계·인수하는 자는 별지 제1호서식의〈%생략:서식1%〉 사무인계·인수서 1부를 작성하여 처리과에서 보존한다. 〈개정 2003.7.14〉

②후임자가 정하여지지 아니한 경우 기타 특별한 사유로 후임자에게 사무를 인계할 수 없는 경우에는 그 직무를 대리하는 자에게 사무를 인계하고, 그 대리자는 후임자가 사무를 인수할 수 있게 된 때에 즉시 이를 인계하여야 한다.

[본조신설 1999.9.2]

제1장의2 업무관리시스템 〈신설 2006.3.29〉

제2조의3 (업무관리시스템) ①행정자치부장관은 영 제6조의2제2항에 따라 지원계획을 수립하는 경우에는 관계행정기관의 장에게 관련 자료 및 필요한 의견의 제출을 요청할 수 있다.

②과제관리카드에는 표제부·실적관리·계획관리·품질관리·홍보관리·고객관리 그 밖에 필요한 사항이 포함되어야 한다. 다만, 행정기관의 장이 특별한 사유가 있다고 인정하는 경우에는 일부 사항을 제외할 수 있다.

③문서관리카드는 표제부·보고경로부·관리정보부·시행부(문서를 시행하는 경우에 한한다) 그 밖에 필요한 사항이 포함되어야 한다. 다만, 행정기관의 장이 특별한 사유가 있다고 인정하는 경우에는 일부 사항을 제외할 수 있다.

[본조신설 2006.3.29]

제2조의4 (문서관리카드에 의한 기안 및 시행방법) ①문서의 기안은 제9조에 불구하고 별지 제1호의3서식의 문서관리카드로 할 수 있다.

②문서관리카드로 기안을 하는 경우에 검토자·협조자 및 결재권자는 제18조제1항 및 제3항에 불구하고 보고경로부의 의견란에 의견을 표시할 수 있고, 제19조에 따른 "전결", "대결"의 표시 및 제11조제1항에 따른 "끝"의 표시를 생략할 수 있다.

③제1항에 따라 문서관리카드로 기안한 문서를 시행하는 경우에는 업무관리시스템에서 시행부를 작성하여 전자문서시스템에서 시행하게 하거나, 전자문서시스템에서 시행문을 작성하여 시행할 수 있다.

[본조신설 2006.3.29]

제 2 장　공문서관리

제 1 절　문서작성 일반사항

제3조 (문서작성의 원칙) 영 제7조의 규정에 의한 문서는 다음 구분에 따라 작성한다. 〈개정 1996.5.28, 1999.9.2, 2003.7.14〉

1. 법규문서는 조문형식에 의하여 작성하고, 누년 일련번호를 사용한다.
2. 지시문서는 다음 구분에 의하여 작성한다.

가. 훈령

상급기관이 하급기관에 대하여 장기간에 걸쳐 그 권한의 행사를 일반적으로 지시하기 위하여 발하는 명령으로서 조문형식 또는 별지 제1호의2서식의〈%생략:서식1의2%〉 시행문형식(이하 "시행문형식"이라 한다)에 의하여 작성하고, 누년 일련 번호를 사용한다.

나. 지시

상급기관이 직권 또는 하급기관의 문의에 의하여 하급기관에 개별적·구체적으로 발하는 명령으로서 시행문형식에 의하여 작성하고, 연도표시 일련번호를 사용한다.

다. 예규

행정사무의 통일을 기하기 위하여 반복적행정사무의 처리기준을 제시하는 법규문서외의 문서로서 조문형식 또는 시행문형식에 의하여 작성하고, 누년 일련번호를 사용한다.

라. 일일명령

당직·출장·시간외근무·휴가등 일일업무에 관한 명령으로서 시행문형식 또는 별지 제2호서식의〈%생략:서식2%〉 회보형식(이하 "회보형식"이라 한다)등에 의하여 작성하고, 연도별 일련번호를 사용한다.

3. 공고문서는 다음 구분에 의하여 작성한다.

가. 고시

법령이 정하는 바에 따라 일정한 사항을 일반에게 알리기 위한 문서로서 연도표시 일련번호를 사용한다.

나. 공고

일정한 사항을 일반에게 알리는 문서로서 연도표시 일련번호를 사용한다.

4. 비치문서는 비치하여 사용하는 대장류 및 카드류의 문서로서 적합한 형태의 서식으로 정하여 작성한다.

5. 민원문서 및 일반문서는 시행문형식등에 의하여 작성한다. 다만, 회보 및 보고서는 다음 구분에 의하여 작성한다.

가. 회보

행정기관의 장이 소속공무원 또는 하급기관에 업무연락·통보등 일정한 사항을 알리기 위한 경우에 사용하는 문서로서 회보형식에 의하여 작성하고 연도별 일련번호를 사용한다.

나. 보고서

특정한 사안에 관한 현황 또는 연구·검토결과등을 보고하거나 건의하는 때에 사용하는 문서로서 특별한 사유가 있는 경우를 제외하고는 별지 제1호의2서식의〈%생략:서식3%〉 기안문형식에 의하여 작성한다.

제3조의2 삭제 〈2003.7.14〉

제4조 (용지의 색깔등) ①문서에 쓰이는 용지의 색깔은 특별한 사유가 있는 경우를 제외하고는 흰색으로 한다.

②문서는 용지의 위부터 30밀리미터, 왼쪽부터 20밀리미터, 오른쪽 및 아래부터 각각 15밀리미터의 여백을 두어야 한다.

③문서에 쓰이는 글자의 색깔은 검은색 또는 푸른색으로 한다. 다만, 도표의 작성이나 수정 또는 주의환기등 특별한 표시가 필요한 때에는 다른 색깔로 할 수 있다.

제5조 (문서의 수정등) 영 제11조 본문의 규정에 의하여 문서의 일부분을 삭제 또는 수정하는 때에는 원안의 글자를 알 수 있도록 당해글자의 중앙에 가로로 두선을 그어 삭제 또는 수정하고, 삭제 또는 수정한 자가 그 곳에 서명 또는 날인하여야 하며, 문서의 중요한 내용을 삭제 또는 수정한 때에는 문서의 여백에 삭제 또는 수정한 자수를 표시하고 서명 또는 날인하여야 한다. 다만, 시행문을 정정한 때에는 문서의 여백에 정정한 자수를 표시하고 관인을 찍어야 한다. 〈개정 2003.7.14〉

제6조 (문서의 간인) ①결재권자가 영 제12조제1항 각호에 해당하는 문서를 결재한 때에는 관인관리자는 관인으로 문서에 간인하여야 한다. 〈개정 2003.7.14〉

②영 제12조제3항의 규정에 의한 전자문서의 간인은 다음 각호의 1의 방법에 의한다.〈신설 1999.9.2〉

1. 면표시의 방법 : 제증명발급에 관한 문서를 제외한 문서는 제7조의 규정을 준용한다.
2. 발급번호기재의 방법 : 제증명발급에 관한 문서는 당해전자문서의 왼쪽 기본선의 아래에서 시작하여 발급번호를 기재하되, 다음 예시와 같이 표시한다.

(예시)단말번호-출력연월일/시·분·초-발급일련번호-쪽번호

제7조 (면표시) ①문서의 면 표시는 문건별 면수를 중앙 하단에, 문서철별 면수를 우측 하단에 각각 표시하되, 2장이상으로 이루어진 문서중 전후관계를 명백히 할 필요가 있는 중요한 문서의 경우에는 문건별 면수를 당해 문건의 전체 면수와 그 면의 일련번호를 붙임표(-)로 이어 표시하고, 문서철별 면수는 당해 문서철의 첫번째 면에서 시작한 그 면의 일련번호만 표시한다.

②문건별 면수는 위로부터 아래의 순으로 부여하되 양면을 사용한 경우에는 양면 모두 순서대로 면수를 부여하여야 하며, 문서철별 면수는 표지와 색인목록을 제외한 본문부터 시작하여 면수를 부여한다.

③동일한 문서철을 2권이상으로 나누어 편철한 경우 2권이하의 문서철별 면수는 전권 마지막 면수 다음의 일련번호로 시작하며, 이 경우에도 표지와 색인목록은 면수 부여 대상에서 제외한다.

④문서철별 면수는 최초에 연필로 표시한 후 기록물 정리행사가 끝나면 잉크등으로 표시한다.

[전문개정 1999.12.30]

제8조 (문서에 대한 표시) ①삭제 〈2003.7.14〉

②삭제 〈2003.7.14〉

③삭제 〈2003.7.14〉

④문서에 서식·금전·유가증권·참고서류 기타의 물품이 첨부되는 때에는 본문의 내용이 끝난 다음 줄에 붙임의 표시를 하고 첨부물의 명칭과 수량을 쓰되, 첨부물이 2가지이상인 때에는 제10조의 규정에 의하여 나누어 표시하여야 한다. 〈개정 2003.7.14〉

⑤문서 및 유가증권에 금액을 표시하는 때에는 영 제10조제2항의 규정에 의하여 아라비아숫자로 쓰되, 숫자 다음에 괄호를 하고 다음과 같이 한글로 기재하여야 한다.

(예시) 금 113,560원(금일십일만삼천오백육십원)

⑥기안문 및 시행문에는 가능한 한 행정기관의 로고·상징·마크 또는 홍보문구 등을 표시하여 행정기관의 이미지를 높일 수 있도록 하여야 한다. 〈신설 2003.7.14〉

제8조의2 (각종 대장 · 서식 등의 전자관리 〈개정 2003.7.14〉) 영 및 이 규칙에서 정한 각종 대장·서식 등은 특별한 사유가 없는 한 전자문서시스템 또는 업무관리시스템 등으로 관리하여야 한다. 〈개정 2003.7.14, 2006.3.29〉

[본조신설 1999.9.2]

제 2 절 문서의 구성

제9조 (문서의 구성등) ①기안문 및 시행문은 다음과 같이 두문·본문 및 결문으로 구성한다. 다만, 전자문서인 경우에는 두문·본문·결문 및 붙임으로 구성하거나 표제부와 본문부

로 구성할 수 있으며, 표제부와 본문부로 구성하는 경우에는 표제부는 두문, 본문의 제목 및 결문으로, 본문부는 제목·내용 및 붙임으로 구성한다. 〈개정 1996.5.28, 1999.9.2, 2003.7.14〉

1. 두문은 행정기관명 및 수신자로 한다.
2. 본문은 제목·내용 및 붙임으로 한다. 다만, 전자문서인 경우에는 제목 및 내용으로 할 수 있다.
3. 결문은 발신명의, 기안자·검토자·협조자·결재권자의 직위 또는 직급 및 서명(전자문자서명·전자이미지서명 및 행정전자서명을 포함한다. 이하 같다), 생산등록번호와 시행일자, 접수등록번호와 접수일자, 행정기관의 우편번호·주소·홈페이지주소·전화번호·모사전송번호, 공무원의 공식 전자우편주소 및 공개구분으로 한다.

②제1항제3호의 규정에 의한 생산등록번호 및 접수등록번호는 공공기록물 관리에 관한 법률 시행령 제20조의 규정에 의한 생산등록번호 및 접수등록번호로 하며, 두문의 수신자란에는 수신자명 또는 수신자기호를 쓰고 이어서 괄호안에 업무를 처리할 보조기관 또는 보좌기관의 직위를 쓰되, 보조기관 또는 보좌기관의 직위가 분명하지 아니한 경우에는 ○○업무담당과장 등으로 쓴다. 〈개정 2003.7.14, 2007.4.5〉

③수신자가 많아 본문의 내용을 기재할 란이 줄어들어 본문의 내용을 첫 장에서 파악하기 곤란한 경우에는 두문의 수신자란에 "수신자 참조"라고 쓰고 결문의 발신명의밑의 왼쪽 기본선에 맞추어 수신자란을 설치하여 수신자명 또는 수신자기호를 표시한다. 〈신설 2003.7.14〉

④제2항의 규정에 의한 수신자기호는 중앙행정기관(합의제행정기관을 포함한다), 특별시·광역시 및 도(이하 "시·도"라 한다)와 특별시·광역시 및 도교육청, 정부투자기관관리기본법에 의한 정부투자기관 등은 행정자치부장관이, 각급 행정기관의 소속기관은 상급기관의 장이, 행정기관내의 보조기관 및 보좌기관은 당해 행정기관의 장이 정한다. 〈개정 1996.5.28, 1999.9.2, 2003.7.14〉

⑤행정기관의 장은 제2항의 규정에 의한 수신자기호와 제2조제1호의 규정에 의한 기관번호를 연계하고, 기관번호의 생성·폐지·변경 등의 내력이 관리되도록 하여야 한다. 〈신설 2003.7.14〉

⑥제목은 그 문서의 내용을 쉽게 알 수 있도록 간단하고 명확하게 표시하고, 내용은 그 문서로써 표현하고자 하는 뜻을 쉬운말로 간략하게 작성하되, 회보를 제외하고는 성질을 달리하는 내용을 같은 문서로 작성하여서는 아니된다.

제10조 (항목의 구분) 문서의 내용을 2이상의 항목으로 구분할 필요가 있는 때에는 다음 구분에 의하여 표시하여야 한다. 다만, 필요한 경우에는 부분적으로 □, ○, -, · 등과 같은 특수한 기호로 표시할 수 있다. 〈개정 1996.5.28, 2003.7.14〉

1. 첫째항목의 구분은 1., 2., 3., 4.……로 나누어 표시한다.
2. 둘째항목의 구분은 가., 나., 다., 라.……로 나누어 표시한다.
3. 셋째항목의 구분은 1), 2), 3), 4)……로 나누어 표시한다.
4. 넷째항목의 구분은 가), 나), 다), 라),……로 나누어 표시한다.
5. 다섯째항목의 구분은 (1), (2), (3), (4)……로 나누어 표시한다.
6. 여섯째항목의 구분은 (가), (나), (다), (라)……로 나누어 표시한다.
7. 일곱째 항목의 구분은 ①,②,③,④……로 나누어 표시한다.

8. 여덟째 항목의 구분은 ㉮,㉯,㉰,㉱……로 나누어 표시한다.
9. 제2호·제4호·제6호 및 제8호의 경우에 하., 하), (하), ㉻ 이상 더 계속되는 때에는 거., 거), (거), 〈거〉, 너., 너), (너), 〈너〉……로 이어 표시한다.

제11조 (끝표시) ①문서의 본문이 끝나면 한 자 띄우고 "끝"표시를 하며, 첨부물이 있는 때에는 붙임의 표시문 끝에 한 자 띄우고 "끝"표시를 하여야 한다. 〈개정 2003.7.14〉

②본문의 내용이나 붙임의 표시문이 오른쪽 한계선에 닿은 때에는 다음 줄의 왼쪽 기본선에서 한 자 띄우고 "끝"표시를 하여야 한다. 〈개정 2003.7.14〉

③연명부등의 서식을 작성하는 때에는 기재사항이 서식의 마지막 칸까지 작성되는 경우에는 서식의 칸 밖의 아래 왼쪽 기본선에서 한 자를 띄운 후 "끝"표시를 하고, 서식의 칸 중간에서 기재사항이 끝나는 경우에는 제1항의 규정에 의한 "끝"표시를 하지 아니하고 기재사항 마지막자의 다음 칸에 "이하빈칸"표시를 하여야 한다.〈개정 1999.9.2〉

④삭제 〈2003.7.14〉

제 3 절　기안문서의 작성

제12조 (기안문서 〈개정 2003.7.14〉) ①영 제14조제2항의 규정에 의한 기안문서는 별지 제1호의2서식, 별지 제3호의2서식(전자문서에 한한다. 이하 같다) 또는 별지 제3호의3서식(내부결재문서에 한한다. 이하 같다)에 의한다. 〈개정 1999.9.2, 2003.7.14〉

②대통령의 결재를 받아야 하는 경우에 사용하는 기안문서는 별지 제4호서식〈%생략:서식4%〉 또는 별지 제4호의2서식에〈%생략:서식4의2%〉 의하되, 특별한 결재절차에 사용하는 기안문서의 서식은 따로 정하여 사용할 수 있다. 〈개정 1999.9.2, 2003.7.14〉

③별지 제3호의3서식〈%생략:서식3의2%〉 및 별지 제4호의2서식은〈%생략:서식4의2%〉 보고서·계획서·검토서등 내부결재문서에 한하며, 시행문으로 변환하여 시행할 수 없다. 〈신설 1999.9.2, 2003.7.14〉

제13조 (수정기안) 수신한 문서를 수정하여 기안하고자 하는 때에는 수신한 문서와 다른 색깔의 글자로 수정 또는 기입하는 방법으로 기안할 수 있다.

제14조 (전자문서의 일괄기안) 전자문서의 내용이 서로 관련성이 있는 경우에는 각 안을 동시에 일괄하여 기안할 수 있다. 이 경우 특별한 사유가 있는 경우를 제외하고는 각각 다른 생산등록번호를 사용하여 같은 일시에 시행하여야 한다.

[전문개정 2003.7.14]

제15조 (공동기안) ①영 제14조제4항의 규정에 의하여 기안한 문서는 당해행정기관의 장의 결재를 받은 후 관계행정기관의 장의 결재를 받아 공동명의로 시행하여야 한다. 이 경우 생산등록번호는 당해문서의 처리를 주관하는 행정기관의 생산등록번호를 사용한다. 〈개정 1999.9.2, 2003.7.14〉

②제1항의 규정에 의한 공동기안의 경우 발신명의 표시는 당해문서의 처리를 주관하는 행정기관의 장의 명의를 맨 위에, 관계행정기관의 장의 명의를 바로 밑에 표시하되, 관계행정기관의 장이 동일직급인 때에는 정부조직법의 규정에 의한 부·처·청의 순위에 따라 표시하고, 관계행정기관의 장이 동일직급이 아닌 때에는 상위직급의 행정기관의 장의 명의부터 표시한다.〈개정 1999.9.2〉

제16조 (서식에 의한 처리) 영 제73조제2항의 규정에 의하여 생산등록번호란·접수등록번호

란·수신자란 등이 설계된 서식으로 작성한 문서는 제12조제1항의 규정에 의한 기안문을 따로 작성하지 아니하고 별표 4의〈%생략:별표4%〉 간이결재인을 찍어 이에 결재함으로써 기안에 갈음할 수 있다. 〈개정 2003.7.14〉

제17조 (작성자의 표시) 기안문에 첨부되는 계산서·통계표·도표 기타 작성상의 책임을 밝힐 필요가 있다고 인정되는 첨부물에는 그 문서의 여백에 작성자가 서명 또는 날인하여야 한다.〈개정 1996.5.28〉

제18조 (기안자등의 표시) ①영 제14조의 규정에 의하여 기안한 자는 기안문의 기안자란에 서명하고, 영 제15조제1항 및 제2항의 규정에 의하여 검토 또는 협조한 자는 해당란에 직위 또는 직급을 쓰고 서명하되, 영 제15조제3항의 규정에 의하여 다른 의견을 표시하는 때에는 기안문의 해당 직위 또는 직급 다음에 "(의견있음)"이라고 표시하고 해당 서명란에 서명하여야 한다. 이 경우 그 의견을 당해 문서의 본문의 마지막에 표시하거나 별지에 표시하여야 한다. 〈개정 1996.5.28, 1999.9.2, 2001.2.14, 2003.7.14〉

②영 제5조의 규정에 의한 처리과의 업무분장상 수개의 단위업무를 총괄하는 책임자(이하"총괄책임자"라 한다)가 있는 경우에 그 소관업무를 분담하고 있는 자(이하 "업무분담자"라 한다)가 기안한 때에는 총괄책임자의 검토를 거쳐야 하며, 총괄책임자가 기안한 때에는 업무분담자의 의견을 들은 후 영 제15조 및 영 제16조의 규정에 의한 검토·결재등을 받아야 한다. 다만, 총괄책임자 또는 업무분담자의 출장 등 부득이한 사유로 검토를 받을 수 없는 경우에는 이를 생략할 수 있으며, 검토자의 서명란에 출장 등의 사유를 명시하여야 한다. 〈개정 1999.9.2, 2003.7.14〉

③제2항의 규정에 의하여 총괄책임자 또는 업무분담자가 기안문에 대하여 검토등을 하는 때에는 기안문의 검토자의 서명란에 서명하되, 그 내용과 다른 의견이 있는 때에는 기안문의 해당 직위 또는 직급 다음에 "(의견있음)"이라고 표시하고 해당 서명란에 서명하여야 한다. 이 경우 그 의견을 당해 문서의 본문의 마지막에 표시하거나 별지에 표시하여야 한다. 〈개정 1996.5.28, 2003.7.14〉

④영 제14조제5항의 규정에 의하여 기안문의 해당 직위 또는 직급의 앞 또는 위에 발의자는 ★표시를, 보고자는 ⊙표시를 한다. 다만, 전자문서인 경우에는 발의자는 해당란에 ★표시를 하거나 발의자가 누구인지를 검색할 수 있도록 기안자·검토자 또는 결재권자의 직위 또는 직급란에 발의자 항목을 추가할 수 있으며, 전자문서로 결재하거나 결재권자에게 직접 보고하지 아니하는 경우에는 보고자의 표시를 생략한다. 〈개정 2003.7.14〉

제19조 (결재) ①영 제16조제2항의 규정에 의하여 위임된 사항을 전결하는 경우에는 행정기관의 장의 결재란을 설치하지 아니하고 전결하는 자의 서명란에 "전결"표시를 한 후 서명하여야 한다.

②영 제16조제3항의 규정에 의하여 위임전결사항을 대결하는 경우에는 행정기관의 장의 결재란을 설치하지 아니하고 전결하는 자의 서명란에 "전결"표시를 한 후 대결하는 자의 서명란에 "대결"표시를 하고 서명하여야 하며, 위임전결사항이 아닌 사항을 대결하는 경우에는 행정기관의 장의 결재란을 설치하지 아니하고 대결하는 자의 서명란에 "대결" 표시를 하고 서명하여야 한다.

③제1항 및 제2항의 규정에 의한 결재권자의 서명란에는 서명일자를 표시할 수 있다.

[전문개정 2003.7.14]

제20조 삭제 〈2003.7.14〉

제21조 (발신방법의 지정) ①결재권자가 영 제17조의 규정에 의하여 발신방법을 지정하는 때에는 기안문 본몬의 마지막에 "암호" 또는 "음어"표시를 하여야 한다. 〈개정 2003.7.14〉

②삭제 〈2003.7.14〉

제22조 (문서의 생산등록) 문서를 생산한 때에는 공공기관의기록물관리에관한법률시행규칙 별지 제1호서식의 기록물등록대장에 등록하고, 내부결재문서인 경우에는 기록물등록대장의 수신자란에 "내부결재"표시를 하여야 한다.

[본조신설 2003.7.14]

제4절 시행문의 작성 · 심사 및 발송〈개정 1996.5.28〉

제23조 (시행문의 작성) ①영 제18조의 규정에 의한 시행문은 별지 제1호의2서식 또는 별지 제3호의2서식에 의하여 작성한다. 다만, 수신자가 행정기관이 아닌 경우와 기타 특별한 사유가 있는 때에는 문서접수란을 표시하지 아니할 수 있다. 〈개정 1999.9.2, 2003.7.14〉

②영 제18조 단서의 규정에 의하여 시행문을 관보게재로 갈음하는 때에는 본문의 마지막에 "이 내용에 관한 시행문은 따로 보내지 아니함"이라고 써야 한다.

③제16조의 규정에 의한 문서를 시행하는 때에는 따로 시행문을 작성하지 아니하고 당해문서의 발신명의란에 관인(전자이미지관인을 포함한다. 이하 같다)을 찍거나 행정기관의 장이 서명(전자문자서명 및 행정전자서명을 제외한다)하여 시행할 수 있다. 〈개정 1999.9.2, 2003.7.14〉

④삭제 〈2003.7.14〉

⑤행정기관의 장이 소속공무원 또는 소속기관에 단순업무에 관한 지시, 단순한 자료요구·업무연락·통보, 공지사항, 일일명령등의 시행문을 전자문서시스템의 전자게시판 또는 행정기관의 홈페이지 등에 게시한 때에는 당해문서를 시행한 것으로 본다. 보조기관 및 보좌기관 상호간에 발신하는 문서를 시행하는 경우에도 또한 같다. 〈신설 1999.9.2, 2003.7.14〉

제24조 삭제 〈2003.7.14〉

제25조 (관인생략등) ①영 제21조제1항 단서에서 "경미한 내용의 문서"라 함은 일일명령등 단순업무처리에 관한 지시문서와 행정기관간의 단순한 자료요구·업무연락·통보등을 위한 문서로서 기안자가 결정한 문서를 말한다. 〈개정 1996.5.28, 2003.7.14〉

②제1항의 규정에 의한 문서에는 기안문 및 시행문의 발신명의표시의 오른쪽에 별표 9의〈%생략:별표9%〉 관인생략 또는 서명생략(보조기관 및 보좌기관 상호간에 발신하는 문서에 한한다)의 표시를 하여야 한다. 〈개정 1996.5.28, 1999.9.2, 2003.7.14〉

③보조기관 및 보좌기관 상호간에 발신하는 시행문에는 보조기관 또는 보좌기관이 발신명의표시의 마지막 글자 위에 서명(전자문서자명·전자이미지서명 및 행정전자서명을 제외한다)하여 시행하되, 필요한 경우에는 소속공무원으로 하여금 발신명의인의 서명표시인을 찍어 시행하게 할 수 있다. 다만, 전자문서인 경우에는 서명표시인을 사용하지 아니하고 전자문자서명·전자이미지서명 또는 행정전자서명이 자동적으로 생성되도록 하여 시행하여야 한다. 〈개정 1999.9.2, 2003.7.14〉

④군의 기관 상호간에 발신하는 문서중 경미한 내용의 문서는 일반행정을 담당하는 참모 또는 기관의 장이 따로 지정하는 자의 서명에 의하여 발신할 수 있다.

제26조 (시행문의 발송) ①처리과의 문서수발업무를 담당하는 자(문서과의 지원을 받아 문서를 발송하는 경우에는 문서과의 문서수발업무를 담당하는 자를 말한다)는 발송할 문서와 기록물등록대장의 기재사항을 확인한 후 발송하여야 한다. 〈개정 2003.7.14〉

②삭제 〈2003.7.14〉

③우편에 의하여 문서를 발송하는 때에는 행정자치부장관이 정하는 행정사무용 봉투에 넣어 발송한다.〈개정 1999.9.2〉

④인편에 의하여 문서를 발송하는 때에는 기안문의 적당한 여백에 수신기관의 수령자의 소속과 수령일자를 표시하고 서명(전자문자서명·전자이미지서명 및 행정전자서명을 제외한다) 또는 날인을 받아야 한다. 〈개정 2003.7.14〉

⑤행정기관의 장은 공문서를 수발함에 있어서 문서의 보안유지와 분실·훼손 및 도난 방지를 위한 적절한 조치를 강구하여야 한다.

⑥관인(전자이미지관인을 제외한다)을 찍어 시행하는 문서는 관인관리자가 관인을 찍은 후 처리과에서 발송하여야 한다. 전자문서인 경우에는 처리과의 문서수발업무를 담당하는 자가 전자이미지관인을 찍은 후 처리과에서 발송하여야 한다. 〈신설 1999.9.2, 2001.2.14, 2003.7.14〉

제27조 (송수신사항의 기재등) ①모사전송 또는 전신등의 방법으로 문서를 발신하는 때에는 통신보안에 필요한 조치를 하여야 하며, 모사전송으로 발신한 때에는 시행문을 그 기안문과 함께 보존하여야 한다. 〈개정 1996.5.28, 2003.7.14〉

②삭제 〈2003.7.14〉

제28조 (암호 또는 음어송신) 영 제17조의 규정에 의하여 암호 또는 음어로 송신하여야 할 문서중 비밀로 분류된 문서의 송신은 송신자와 수신자사이에 서로 응답이 있는 경우에 한하여 송신하여야 하며, 송신문의 제목 또는 본문의 "끝"표시 또는 "이하 빈칸"표시 다음에 따옴표("")를 하고 그 안에 비밀등급을 표시하여 송신하여야 한다. 〈개정 2003.7.14〉

제29조 (비밀번호 등) ①행정기관의 장은 보유하고 있는 컴퓨터에 대하여 비밀번호를 부여하여야 한다.

②정보통신망을 이용하여 문서를 작성·처리하고자 하는 자는 개인별 사용자계정(ID)·비밀번호 및 전자이미지서명을 별지 제6호의2서식에〈%생략:서식6의2%〉 의하여 등록하여 사용하여야 한다. 이 경우 비밀번호는 최초로 등록한 후 즉시 변경하여 사용하여야 한다.

③제1항 및 제2항의 비밀번호는 문서의 보호 및 보안유지를 위하여 수시로 변경하여야 한다.

[전문개정 1999.9.2]

제30조 삭제 〈2003.7.14〉

제 5 절 접수문서의 처리

제31조 (문서의 접수) ①문서를 접수한 때에는 공공기관의기록물관리에관한법률시행규칙 별지 제1호서식의 기록물등록대장에 등록하여야 한다. 〈신설 2003.7.14〉

②영 제23조제2항의 규정에 의한 접수인은 별표 11에〈%생략:별표11%〉 의하며, 특별한 사유가 있는 경우를 제외하고는 두문의 오른쪽 여백에 찍어야 한다. 다만, 별지 제1호의2서식 또는 별지 제3호의2서식을 사용한 경우에는 접수인을 찍지 아니한다. 〈개정 1999.9.2, 2003.7.14〉

③우편으로 발송한 문서를 접수한 경우에 발송자의 요구가 있는 때에는 별지 제7호서식의〈%생략:서식7%〉 공문서영수증을 보내 주어야 하며, 인편에 의하여 문서를 접수한 때에는 제26조제4항의 규정에 의하여 서명(전자문자서명·전자이미지서명 및 행정전자서명을 제외한다) 또는 날인하여 영수의 표시를 하여야 한다. 〈개정 1996.5.28, 2003.7.14〉

④당직근무자가 문서를 받은 때에는 다음 근무시간 시작후 지체없이 이를 문서과에 인계하여야 한다.

⑤감열기록방식의 모사전송기로 보존기간이 3년이상인 문서를 수신한 때에는 당해 문서를 복사하여 접수하여야 한다. 이 경우 수신한 문서는 폐기한다. 〈개정 1999.9.2〉

제31조의2 (문서의 공람) 영 제23조제3항에서 "행정자치부령이 정하는 문서"라 함은 다음 각호의 문서를 말한다. 다만, 통계·설문조사 등을 위하여 각 기관으로부터 취합하는 문서를 제외한다.

1. 결재권자로부터 처리지침을 받아야 할 필요가 있는 문서
2. 민원문서
3. 행정기관간 또는 행정기관내 보조기관 또는 보좌기관간 업무협조에 관한 문서
4. 접수된 문서를 처리하기 위하여 소관사항 등 형식적인 면 또는 법률·예산 등 내용적인 면에서 검토가 필요한 문서
5. 그 밖에 공무원의 신상(身上), 교육훈련 등과 관련하여 공무원이 개별적으로 또는 전체적으로 알아야 할 필요가 있는 문서

[본조신설 2003.7.14]

제32조 (문서의 배부 및 처리〈개정 1996.5.28〉) ①문서과는 받은 문서가 2이상의 보조기관 및 보좌기관에 관련되는 때에는 그 관련성의 정도가 가장 높다고 판단되는 보조기관 또는 보좌기관에 보내야 한다. 처리과에서 직접 접수한 경우에도 또한 같다.〈개정 1999.9.2〉

②경유기관은 접수한 경유문서에 대한 검토를 마친 후 다른 경유기관의 장 또는 최종 수신자에게 경유문서를 첨부한 문서를 결재권자의 결재를 받아 경유기관의 장의 명의로 발송하여야 한다. 이 경우 경유기관의 의견이 있는 때에는 그 의견을 본문에 표시하거나 첨부하여 보내야 한다. 〈개정 2003.7.14〉

③삭제 〈2003.7.14〉

④제1항의 규정에 의하여 문서를 접수한 처리과는 당해 문서를 복사하여 관련 보조기관 또는 보좌기관에 처리과의 장(처리과가 소속된 보조기관 또는 보좌기관을 포함한다)의 명의로 이송하여야 한다. 〈신설 1999.9.2, 2003.7.14〉

제33조 (문서의 반송 및 재배부 등〈개정 1996.5.28, 1999.9.2〉) ①행정기관의 장은 접수한 문서에 형식상의 흠이 있는 때에는 그 문서의 생산등록번호·시행일자·제목과 반송사유를 명시하여 발신행정기관의 장에게 이를 반송할 수 있다. 〈개정 2003.7.14〉

②처리과는 문서과로부터 그 소관에 속하지 아니하는 문서를 인계받은 때에는 지체없이 문서과에 반송하여야하며, 문서과는 당해문서를 즉시 재배부하되, 문서과의 장이 지정하

는 처리과로 보내야 한다.<개정 1996.5.28, 1999.9.2>
③처리과에서 직접 접수한 문서가 그 소관에 속하지 아니하는 경우에는 이를 지체없이 문서과에 보내어 해당 처리과에 배부하도록 요청하여야 한다.<신설 1999.9.2>
④행정기관의 장은 접수한 문서가 다른 기관의 소관사항인 경우에는 이를 지체없이 해당 소관기관의 장에게 이송하여야 한다. <신설 1999.9.2, 2003.7.14>

제6절 전자문서의 표준 및 유통 <신설 2003.7.14>

제34조 (전문기관의 지정) 영 제26조제4항의 규정에 의하여 행정자치부장관이 전자문서시스템에 대한 인증을 행하는 전문기관을 지정하는 경우에는 인증을 실시할 수 있는 시설과 인력 또는 인증실적 등을 고려하여 지정하여야 한다.
[본조신설 2003.7.14]

제35조 (정부전자문서유통지원센터의 운영 등) ①영 제28조제1항의 규정에 의한 정부전자문서유통지원센터(이하 "센터"라 한다)를 관리하는 자는 센터의 시스템이 정상적으로 가동되도록 관리하여야 하며, 유통되는 전자문서 및 행정정보가 위조·변조·훼손 또는 유출되지 아니하도록 적절한 보호대책을 강구하여야 한다.
②센터의 관리자는 원활한 전자문서유통을 지원하기 위하여 필요한 경우 테스트문서를 발송하여 센터를 이용하는 자 간 정상적 문서유통여부를 확인하여야 한다. <개정 2006.3.29>
③센터의 관리자는 전자문서유통상의 장애가 발생하거나 시스템간 문제가 발생한 경우에는 센터 이용자에게 전자문서시스템 등의 관련 정보를 요청할 수 있다. <개정 2006.3.29>
④행정자치부장관은 영 제28조제1항 단서의 규정에 의하여 센터의 업무의 일부를 수행하는 행정기관에 대하여 기술적인 지원을 할 수 있다.
⑤센터의 관리자와 센터 업무의 일부를 수행하는 행정기관의 전자문서유통지원업무를 담당하는 자의 역할 및 센터의 이용절차 등에 관하여 필요한 세부사항은 행정자치부장관이 정한다.
[본조신설 2003.7.14]

제36조 삭제 <1999.12.30>
제37조 삭제 <1999.12.30>
제38조 삭제 <1999.12.30>
제39조 삭제 <1999.12.30>
제40조 삭제 <1999.12.30>
제40조의2 삭제 <1999.12.30>
제41조 삭제 <1999.12.30>
제42조 삭제 <1999.12.30>

제7절 문서의 마이크로필름등 수록

제43조 삭제 〈1999.12.30〉
제44조 삭제 〈1999.12.30〉
제45조 삭제 〈1999.12.30〉
제46조 삭제 〈1999.12.30〉
제47조 삭제 〈1999.9.2〉

제48조 삭제 〈1999.12.30〉

제8절 문서의 폐기 및 정리

제49조 삭제 〈1999.12.30〉
제50조 삭제 〈1999.12.30〉
제51조 삭제 〈1999.12.30〉

제2장의2 정책실명제등〈신설 1999.9.2〉

제51조의2 (정책자료집의 발간범위) 영 제34조의3제1항의 규정에 의한 정책자료집의 발간범위는 다음 각호와 같다.

1. 영 제34조의3제1항제1호의 "주요 국정현안 사항"이라 함은 국가의 안전보장과 경제발전에 중대한 영향을 미치는 국방·외교·통일·경제·치안등에 관한 사항으로서 장관급이상이 참여하는 회의에서 심의·결정된 사항을 말한다.
2. 영 제34조의3제1항제2호의 "대규모의 국책공사 기타 대규모의 예산이 투입되는 사업"이라 함은 총 사업비가 100억원이상인 공사 또는 사업을 말한다.
3. 영 제34조의3제1항제3호의 "주요 외교 및 통상협상의 내용"이라 함은 장관급이상이 단장이 되는 주요외교 및 통상협상의 내용을 말한다.

[본조신설 1999.9.2]

제51조의3 (정책자료집의 발간) ①정책자료집은 매년 처리과에서 만들되, 단위업무별로 만들어야 한다.
②정책자료집은 관련문서를 복사하여 완결일자별로 정리하여 편철한다.
③관련문서중 비밀문서는 보안업무규정에 따라 정책자료집을 비밀로 분류하여 관리하여야 한다.
④관련문서가 종이문서와 전자문서로 혼재되어 있는 경우에는 전자문서를 출력하여 합철한다.〈개정 2003.7.14〉
⑤수년에 걸쳐 추진되는 정책 또는 사업은 1년 단위로 만든다.
⑥설계도면 또는 참고자료등이 방대하여 첨부가 사실상 곤란한 경우에는 정책자료집에서 제외하되, 별지 제23호의2서식의〈%생략:서식23의2%〉 정책추진과정 비망록의 기타란에 동 사항을 기재하여야 한다.

[본조신설 1999.9.2]

제51조의4 (정책자료집의 제출) 영 제34조의3제3항의 규정에 의하여 정책자료집을 국가기록원에 제출하는 시기에 관한 사항은 국가기록원장이 정한다. 〈개정 2004.5.24〉

[본조신설 1999.9.2]

제 3 장 관인관리

제52조 (관인의 재료) 관인의 재료는 쉽게 마멸되거나 부식되지 아니하는 재질을 사용하여야 한다.

제53조 (직인의 사용) 직인은 그 직의 서리도 이를 사용할 수 있다.

제54조 (찍는 위치) 관인은 그 기관 또는 직위의 명칭의 끝자가 인영의 가운데 오도록 찍는다. 다만, 등·초본등 민원서류를 발급하는 직인의 경우에는 발급기관장 표시의 오른쪽 여백에 찍을 수 있다.

제54조의2 (관인인영의 색깔) 관인인영의 색깔은 빨간색으로 한다. 다만, 전자문서를 출력하여 시행하거나 모사전송기를 통하여 문서를 접수하는 경우에는 관인인영의 색깔을 검정색으로 할 수 있다.

[본조신설 1999.9.2]

제55조 (인영의 내용) 관인의 인영은 한글 전서체로 하여 가로로 새기되, 그 기관 또는 직위의 명칭에 "인" 또는 "의인"자를 붙인다. 다만, 영 제36조제2항의 규정에 의한 민원업무등 특수업무를 처리하기 위한 관인은 그 업무집행목적에 한하여 사용되는 것임을 그 관인의 인영에 명시하여야 한다.

제56조 (관인의 등록) ①영 제38조제1항의 규정에 의하여 행정기관(제3차 소속기관으로부터 등록신청을 받은 행정기관을 포함한다. 이하 제57조 및 제57조의2에서 같다)은 관인(전자이미지관인을 제외한다. 이하 이 조 및 제57조에서 같다)의 인영을 별지 제24호서식의 관인대장에 등록하여 보존하여야 한다.

②제3차 소속기관이 영 제38조제1항 단서의 규정에 의하여 직근 상급기관에 관인을 등록하고자 하는 경우에는 별지 제25호서식에 의하여 등록신청을 하여야 한다.

[전문개정 2003.7.14]

제57조 (재등록 및 폐기) ①영 제39조의 규정에 의하여 행정기관이 관인을 재등록하거나 폐기하는 경우에는 관인대장에 그 인영을 등록하여 보존하여야 한다.

②직근 상급기관에 등록을 한 제3차 소속기관이 관인을 재등록하거나 폐기하고자 하는 경우에는 별지 제25호서식에 의하여 재등록신청을 하거나 폐기신고를 하여야 한다.

[전문개정 2003.7.14]

제57조의2 (전자이미지관인의 등록 및 관리〈개정 2001.2.14〉) ①전자이미지관인을 등록(재등록을 포함한다. 이하 이 조에서 같다)하는 행정기관은 별지 제25호의2서식의 전자이미지관인대장에 의하여 문서과에 등록하고, 특별한 사유가 있는 경우를 제외하고는 문서과가 전자이미지관인대장을 관리하며, 정보화담당부서가 전자이미지관인을 컴퓨터 화일로 관리하여야 한다. 〈개정 2003.7.14〉

②제3차 소속기관이 직근 상급기관에 전자이미지관인을 등록하고자 하는 경우에는 별지 제25호서식에 의하여 등록신청을 하여야 한다. 〈신설 2003.7.14〉

③행정기관의 장은 전자이미지관인을 위조 또는 부정사용하지 못하도록 필요한 안전장치를 하여야 한다. 〈개정 1999.9.2, 2001.2.14〉
④문서과의 장은 전자이미지관인을 등록하는 경우에 일반관인의 인영을 전자이미지관인대장의 해당란에 찍고, 그 찍은 인영을 전자적인 이미지형태로 컴퓨터화일에 등록한 후 이를 출력하여 전자이미지관인대장의 해당란에 붙여야 한다. 〈신설 1999.9.2, 2001.2.14, 2003.7.14〉
[본조신설 1996.5.28]

제58조 (공고의 내용) 관인등록기관은 영 제40조의 규정에 의하여 관인을 관보에 공고하는 때에는 다음 사항을 명시하여야 한다. 다만, 전자이미지관인인 경우에는 전자이미지관인임을 표시하여 공고하여야 한다. 〈개정 1999.9.2, 2003.7.14〉
1. 관인의 등록·재등록 또는 폐기사유
2. 등록·재등록관인의 최초사용연월일 또는 폐기 관인의 폐기연월일
3. 등록·재등록 또는 폐기관인의 관인명 및 인영
4. 공고기관의 장

제59조 (인영의 인쇄사용) ①처리과의 장은 영 제21조제2항의 규정에 의하여 관인의 인영을 인쇄하여 사용하고자 하는 때에는 당해기관의 장의 승인을 얻기 전에 당해관인을 관리하는 부서의 장과 협의하여야 한다. 이 경우 업무수행에 지장이 없다고 인정되는 때에는 문서의 크기나 용도에 따라 인영의 크기를 적절하게 축소인쇄하여 사용할 수 있다.
②처리과의 장은 제1항의 규정에 의하여 관인의 인영을 인쇄하여 사용하는 때에는 다른 법령에 특별한 규정이 있는 경우를 제외하고는 별지 제26호서식의〈%생략:서식26%〉 관인인쇄용지관리대장을 비치하고 그 사용내역을 기록·유지하여야 한다.

제 4 장 보고사무

제60조 삭제 〈1999.9.2〉

제61조 (분임자체보고심사관〈개정 1996.5.28〉) 행정기관의 장은 청사의 분리사용등 특별한 사유가 있는 경우에는 자체보고심사관의 업무의 일부를 분장하게 하기 위하여 분임자체보고심사관을 지정할 수 있다.〈개정 1996.5.28〉

제62조 삭제 〈1999.9.2〉

제63조 삭제 〈1999.9.2〉

제64조 (정기보고의 지정 및 서식승인) ①행정기관의 장은 영 제48조의 규정에 의하여 정기보고의 지정 또는 서식승인을 받고자 하는 때에는 별지 제28호서식의〈%생략:서식28%〉 정기보고지정신청서 및 항목심사서 1부와 보고서식 2부를 정기보고의 지정권자 또는 서식승인권자에게 제출하여야 한다. 지정된 정기보고의 내용을 변경하고자 하는 때에도 또한 같다.〈개정 1999.9.2〉
②영 제48조제1항의 규정에 의하여 지정한 정기보고의 목록은 별표 16과〈%생략:별표16%〉 같다.

제65조 (정기보고 지정번호) ①정기보고는 다음과 같이 종류별로 구분하고 각각 고유기호를 부여한다.〈개정 1999.9.2〉

종 류	고유기호
행정자치부령으로 지정한 정기보고로서 행정기관으로부터 받는 보고	부령
행정자치부령으로 지정한 정기보고로서 민간단체로부터 받는 보고	부령민
훈령으로 지정한 정기보고로서 행정기관으로부터 받는 보고	훈령
훈령으로 지정한 정기보고로서 민간단체로부터 받는 보고	훈령민

②행정자치부령으로 지정한 정기보고의 지정번호는 제1항의 규정에 의한 고유기호와 보고요구기관의 소속중앙행정기관의 행정기관명 다음에 붙임표(-)로 일련번호를 이어 기재한 번호로 한다. 〈개정 1999.9.2, 2003.7.14〉

③훈령으로 지정한 정기보고의 지정번호는 제1항의 규정에 의한 고유기호와 훈령을 발하는 당해 중앙행정기관의 명칭 다음에 붙임표(-)로 일련번호를 이어 기재한 번호로 한다. 〈개정 2003.7.14〉

④다수의 행정기관이 공통으로 받는 정기보고의 지정번호는 제1항의 규정에 의한 고유기호 다음에 "공통"표시를 하고, 붙임표(-)로 일련번호를 이어 기재한 번호로 한다.

⑤행정자치부령 또는 훈령으로 지정한 정기보고를 요구하거나 정기보고를 하는 때에는 기안문과 시행문의 본문의 첫째 항목에 별표 18의 예시와 같이 정기보고의 지정번호를 표시하여야 한다. 〈신설 2003.7.14〉

제66조 (정기보고서식의 승인번호) 제64조제1항의 규정에 의한 정기보고서식의 승인번호는 정기보고의 지정번호로 하며, 서식제원의 표시에 관하여는 영 제76조제2항의 규정을 준용한다.〈개정 1999.9.2〉

제67조 (수시보고 요구의 심사신청〈개정 1996.5.28〉) ①영 제49조제1항의 규정에 의하여 중앙보고 심사관의 보고심사를 받고자 하는 때에는 자체보고심사관의 협의를 거쳐 결재권자의 결재를 받은 후 그 문서사본 1부와 다음의 서류를 중앙보고심사관에게 제출하여야 한다.〈개정 1996.5.28, 1999.9.2〉

1. 수시보고심사신청서(별지 제28호서식〈%생략:서식28%〉) 1부
2. 보고서식 2부
3. 수시보고심사요약서1부

②처리과의 장은 영 제49조제2항의 규정에 의하여 자체보고심사관의 보고심사를 받고자 하는 때에는 제1항각호의 서류를 자체보고심사관에게 제출하여야 한다.〈개정 1996.5.28〉

제68조 삭제 〈2003.7.14〉

제69조 (수시보고심사의 표시) ①수시보고의 심사번호는 심사일자, 중앙수시 또는 자체수시, 보고요구기관의 행정기관명 다음에 붙임표(-)로 연도별 일련번호를 이어 기재한 번호로 한다.

②보고심사관은 영 제49조제1항 및 제2항의 규정에 의하여 수시보고요구에 대한 심사를 한 때에는 별표 18의 표시예시와 표시위치에 관한 사항을 기재한 결과를 통보하여야 한다.

③수시보고심사를 받은 후 수시보고를 요구하거나 수시보고를 하는 때에는 기안문과 시행문의 본문의 첫째 항목에 별표 18의 규정에 의한 수시보고심사의 표시를 하여야 한다.

④영 제43조제2항의 규정에 의하여 수시보고심사를 받지 아니한 사항에 대하여는 기안문과 시행문의 본문의 첫째 항목에 별표 18의 예시와 같이 보고심사제외 근거를 표시하여야 한다.

[전문개정 2003.7.14]

제70조 (보고의 독촉) 영 제52조의 규정에 의한 보고의 독촉은 보고요구기관의 처리과에서 행하며, 독촉장은 별지 제30호서식에〈%생략:서식30%〉 의한다.

제71조 삭제 〈2003.7.14〉

제72조 삭제 〈2003.7.14〉

제 5 장 협조사무

제73조 (적용범위의 제외대상) 행정기관간의 업무협조에 있어서 영 제2조의 "다른 법령에 특별한 규정이 있는 경우"라 함은 다른 법령에 기관간의 업무협조에 관하여 협조요청사항 및 협조의무사항을 구체적으로 규정한 경우를 말한다.〈개정 1996.5.28〉

제74조 (문서에 의한 협조) 영 제56조제1호의 규정에 의하여 문서에 의한 협조를 하는 경우에 그 기안문에 직접 관계기관의 장의 협조서명을 받고자 하는 때에는 당해기관의 장의 협조서명에 앞서 관계업무를 담당하는 보조기관 또는 보좌기관과 협의를 하여야 한다. 〈개정 2003.7.14〉

제75조 (회의등에 의한 협조) ①영 제56조제2호의 규정에 의하여 회의등에 의한 협조를 요청하는 기관은 회의등의 안건 및 관계자료를 회의개최 5일전까지 관계기관에 송부하여 미리 그 내용을 검토할 수 있도록 하여야 한다.

②관계기관과의 업무협조를 종결시키고자 하는 회의등에 참석하는 관계공무원은 회의등의 안건에 관하여 미리 결재권자의 승인을 얻어야 하며, 필요한 때에는 문서로 의견을 제출할 수 있다.

③회의등에 의한 업무협조를 요청한 기관은 특별한 사유가 있는 경우를 제외하고는 별지 제31호서식의〈%생략:서식31%〉 회의록에 회의등의 내용을 기록·유지하여야 한다.

제76조 (공동작업반편성등에 의한 협조) 영 제56조제3호의 규정에 의하여 공동작업반편성등을 위한 인원의 지원을 요청받은 기관은 특별한 사유가 있는 경우를 제외하고는 이에 응하여야 한다.

제77조 (전화등에 의한 협조) 영 제56조제4호의 규정에 의하여 전화등에 의한 협조를 하는 경우에는 별지 제32호서식의〈%생략:서식32%〉 전화 및 구두협조처리문을 작성하여야 한다.

제78조 (지정협조의 지정) ①영 제58조제1항의 규정에 의하여 지정한 지정협조의 목록은 별표 20과〈%생략:별표20%〉 같다.

②영 제58조제2항의 규정에 의하여 훈령으로 지정한 지정협조목록은 각 지정권자가 관계기관에 통보하거나 관보에 게재하여야 한다.

③행정기관의 장은 영 제58조제3항의 규정에 의하여 지정협조의 지정을 받고자 하는 때에는 별지 제33호서식〈%생략:서식33%〉, 지정내용을 변경 또는 폐지하고자 하는 때에는 별지 제34호서식에〈%생략:서식34%〉 의한 신청서 각1부를 지정권자에게 제출하여

야 한다.

제79조 (분임협조심사관〈개정 1996.5.28〉) 행정기관의 장은 청사의 분리사용등 특별한 사유가 있는 경우에는 영 제59조의 규정에 의한 협조심사관의 업무의 일부를 분장하게 하기 위하여 분임협조심사관을 지정할 수 있다.〈개정 1996.5.28〉

제80조 (지정 또는 심사번호〈개정 1996.5.28〉) ①지정협조를 지정하거나 수시협조요청문서를 심사하는 때에는 다음의 구분에 따라 지정협조는 지정번호를, 수시협조는 심사번호를 부여하여야 한다. 〈개정 1996.5.28, 1999.9.2, 2003.7.14〉

1. 행정자치부령으로 지정하는 지정협조의 지정번호는 고유기호 "부령협"다음에 업무협조를 하여야 할 기관의 행정기관명을 적고, 붙임표(-)로 일련번호를 이어 기재한 번호로 한다. 다만, 다수기관이 공통으로 협조하여야 하는 사항인 때에는 고유기호 "부령협공통" 다음에 붙임표(-)로 일련번호를 이어 기재한 번호로 한다.
2. 훈령으로 지정하는 지정협조의 지정번호는 고유기호 "훈령협" 다음에 훈령을 발하는 기관의 행정기관명을 적고, 붙임표(-)로 일련번호를 이어 기재한 번호로 한다.
3. 수시협조의 심사번호는 고유기호 "수시협"다음에 업무협조요청기관의 행정기관명을 적고 붙임표(-)로 수시협조요청문서의 심사순서에 따른 일련번호를 이어 기재한 번호로 한다.

②다음 각호의 1에 해당하는 경우에는 협조요청문서에 부여된 지정번호 또는 심사번호를 사용한다.〈개정 1996.5.28〉

1. 업무협조요청문서에 대하여 회신하는 경우
2. 업무협조지연사유등을 통보하는 경우
3. 업무협조요청문서의 보완을 요구하거나 반려하는 경우
4. 업무협조의 처리를 촉구하는 경우
5. 협조요청문서를 다른 기관에 이첩하여 협조를 요청하는 경우

③행정자치부령 또는 훈령으로 지정한 지정협조를 요구하거나 지정협조를 하는 때에는 기안문과 시행문의 본문의 첫째 항목에 별표 21의 예시와 같이 지정협조의 지정번호를 표시하여야 한다. 〈신설 2003.7.14〉

제81조 (수시협조문서의 심사〈개정 1996.5.28, 2003.7.14〉) ①처리과의 장은 영 제60조제1항의 규정에 의하여 수시협조요청문서에 대한 심사를 받고자 하는 때에는 결재권자의 결재를 받은 당해 문서의 기안문과 시행문을 협조심사관에게 제시하여야 한다. 〈개정 1996.5.28, 1999.9.2, 2003.7.14〉

②협조심사관은 제1항의 규정에 의한 심사신청을 받아 그 내용을 심사한 때에는 별표 21의 표시예시와 표시위치에 관한 사항을 기재한 결과를 통보하여야 한다. 〈개정 2003.7.14〉

③수시협조심사를 받은 후 수시협조를 요청하거나 수시협조를 하는 때에는 기안문과 시행문의 본문의 첫째 항목에 별표 21의 규정에 의한 수시협조심사의 표시를 하여야 한다. 〈신설 2003.7.14〉

제82조 (업무협조의 촉구) 영 제 66조의 규정에 의한 업무협조의 촉구는 별지 제37호서식에〈%생략:서식37%〉 의한다.

제6장 서식관리

제83조 (서식설계기준) 서식의 설계기준은 별표 22와〈%생략:별표22%〉 같다.

제84조 (지질 및 단위당 중량결정기준) 영 제76조제3항의 규정에 의한 서식용지의 지질 및 단위당 중량을 결정하는 때에는 별표 23의〈%생략:별표23%〉 기준과 다음 사항을 참작하여야 한다.

1. 사용목적
2. 보존기간 및 보존방법
3. 기재방법
4. 복사방법 및 복사매수
5. 사용빈도
6. 사무자동화기기의 활용여부

제85조 (서식승인신청등) 행정기관의 장은 영 제75조의 규정에 의하여 서식의 승인을 신청하는 때에는 승인신청서식목록, 서식초안 및 별지 제38호서식의〈%생략:서식38%〉 서식제원표 각 2부를 첨부하여야 한다. 다만, 영 제74조제6항의 규정에 의한 서식을 제정 또는 개정하고자 하는 때에는 심사신청서식목록, 서식초안 및 서식제원표 각 2부를 서식관리 업무를 관장하는 부서에 제출하여 그 심사를 받아야 한다.〈개정 1996.5.28, 1999.9.2〉

제86조 (서식규격 등) 영 제76조제2항의 규정에 의하여 서식의 아래 한계선 오른쪽 밑에 용지의 규격·지질 및 단위당 중량을 표시하는 때에는 다음의 예시와 같이 용지의 규격 다음에 괄호하여 지질 및 단위당 중량을 표시하여야 한다.

(예시)210㎜×297㎜(일반용지60g/㎡(재활용품))

[전문개정 1999.9.2]

제87조 (서식승인통보) 서식승인기관은 서식을 승인한 때에는 승인서식목록, 당해서식 및 별지 제38호서식의〈%생략:서식38%〉 서식제원표를 붙여 당해서식의 승인신청기관에 통보하여야 한다.

[전문개정 1999.9.2]

제88조 삭제 〈1999.9.2〉

제89조 (심사서식의 관리〈개정 1996.5.28〉) 제85조단서의 규정에 의하여 서식을 심사하는 때에는 제86조 및 제87조의 규정을 준용한다.〈개정 1996.5.28, 1999.9.2〉

제90조 삭제 〈1999.9.2〉

제7장 자료관리

제91조 삭제 〈1999.12.30〉

제92조 삭제 〈1999.12.30〉

제93조 삭제 〈1999.12.30〉

제94조 삭제 〈1999.12.30〉

제95조 삭제 〈1999.12.30〉

제96조 삭제 〈1999.12.30〉

제97조 삭제 <1999.12.30>
제98조 삭제 <1999.12.30>
제99조 삭제 <1999.9.2>
제100조 삭제 <1997.11.11>
제101조 삭제 <1999.12.30>
제102조 삭제 <1999.12.30>
제103조 삭제 <1999.12.30>
제104조 삭제 <1999.12.30>
제105조 삭제 <1999.12.30>

제 8 장 업무편람

제106조 삭제 <1999.9.2>
제107조 삭제 <1999.9.2>
제108조 삭제 <1999.9.2>
제109조 삭제 <1999.9.2>
제110조 (직무편람의 작성) 직무편람은 다음 사항이 포함되도록 작성하되, 수시로 보완하여 활용할 수 있도록 하여야 하며, 사무인계·인수시에는 이를 함께 인계·인수하여야 한다. <개정 1996.5.28, 2003.7.14>
1. 업무연혁·관련업무현황 및 주요업무계획
2. 업무의 처리절차 및 흐름도
3. 소관 보존문서 현황
4. 기타 업무처리에 필요한 참고사항

제111조 삭제 <1999.9.2>
제112조 삭제 <1999.9.2>
제113조 삭제 <1999.9.2>

제 9 장 사무자동화

제114조 (기본계획의 수립) ①영 제102조의 규정에 의한 사무자동화기본계획은 특별한 사유가 있는 경우를 제외하고는 5년을 단위로 하여 수립한다.
②행정자치부장관은 사무자동화기본계획을 수립함에 있어 필요한 때에는 관계행정기관에 대하여 관련자료 및 의견의 제출등 협조를 요청할 수 있다.<개정 1999.9.2>
제115조 (기기운용능력의 검정) ①영 제106조제1항의 규정에 의한 사무자동화기기운용능력검정은 5급이하 일반직공무원 및 이에 상당하는 별정직공무원과 사무보조직렬의 기능직공무원을 대상으로 실시함을 원칙으로 한다.
②제1항의 규정에 의한 검정대상자중 행정자치부장관이 사무자동화 추진을 위하여 필요하다고 인정하는 행정기관에 근무하는 자에 대하여는 우선적으로 검정을 실시할 수 있다.<개정 1999.9.2>

③사무자동화기기운용능력검정에 필요한 검정등급, 등급별 검정항목 및 검정방법등에 관하여 필요한 사항은 행정자치부장관이 정한다.〈개정 1999.9.2〉

제116조 (지방행정사무의 자동화 추진) 영 제110조의 규정에 의하여 교육인적자원부장관이 지방행정사무자동화사업을 추진함에 있어서 행정자치부장관과 협의하여야 하는 중요사항은 다음과 같다. 〈개정 1999.9.2, 2001.2.14〉

1. 지방행정사무자동화기본계획
2. 기본계획과 관련된 자동화추진사업의 주요변동내용

제10장 보칙

제117조 (사무관리에 관한 교육) ①행정기관의 장은 소속공무원에 대하여 연1회이상 사무관리에 관한 교육을 실시하여야 한다.

②행정자치부장관은 행정기관의 장이 사무관리에 관한 교육의 지원을 요청하는 경우에는 지원을 할 수 있다. 〈신설 2003.7.14〉

제118조 (세부사항) 행정자치부장관은 사무관리에 관하여 필요한 세부사항을 정할 수 있다.〈개정 1999.9.2〉

부칙 〈제395호,1991.9.30〉

제1조 (시행일) 이 규칙은 1991년 10월 1일부터 시행한다. 다만, 제22조 및 제26조제1항 및 제2항의 규정은 1992년 1월 1일부터 시행하고, 제91조 내지 제94조 및 제99조의 규정은 정부공문서분류번호및보존기간책정기준등에관한규칙을 처음 개정하여 시행하는 때에 시행한다.

제2조 (다른법령의 폐지) 정부공문서규정시행규칙·보고통제규정시행규칙·기관간업무협조규정시행규칙 및 서식제정절차규정시행규칙은 각각 이를 폐지한다. 다만, 정부공문서규정시행규칙 제31조제1항의 규정은 1991년 12월 31일까지 효력을 가진다.

제3조 (다른 법령과의 관계) 다른 법령에서 부칙 제2조의 규정에 의하여 폐지되는 규칙 또는 그 조문을 인용한 경우 이 규칙에 그에 해당하는 규정이 있는 때에는 그 폐지되는 규칙에 갈음하여 이 규칙 또는 이 규칙의 해당조문을 인용한 것으로 본다.

제4조 (서식개정에 따른 경과조치) 이 규칙 시행당시 종전의 규정에 의하여 사용하던 서식은 1992년 6월 30일까지 이 규칙에 의한 서식과 함께 사용할 수 있다.

제5조 (지정보고에 대한 경과조치) 이 규칙 시행전에 영 부칙 제2조의 규정에 의하여 폐지되는 보고통제규정에 의하여 훈령으로 지정된 정기보고중 중앙행정기관이 민간단체로부터 받는 정기보고는 제64조제2항의 규정에 의하여 정기보고로 처음 지정할 때까지는 이 규칙에 의하여 지정된 것으로 본다.

제6조 (정기간행물의 등록에 관한 경과조치) 이 규칙 시행전에 발간한 정기간행물은 제91조제5항의 규정에 불구하고 이 규칙 시행후 처음 발간하는 때에 등록신청을 하여야 한다.

제7조 (다른 법령의 개정) ①정부공문서분류번호및보존기간책정기준등에관한규칙중 다음과 같이 개정한다.

제1조중 "정부공문서규정(이하 "영"이라 한다) 제7조·제8조제1항 및 제9조의"를 "사무

관리규정(이하 "영"이라 한다) 제25조·제27조제1항 및 제3항의"로 한다.
제2조중 "영 제7조의"를 "영 제25조의"로 하고, 제6조중 "영 제9조의"를 "영 제27조제3항의"로 한다.
②보존문서열람수수료에관한규칙중 "정부공문서규정 제36조제4항의"를 "사무관리규정 제33조제4항의"로 한다.

부칙 〈제415호, 1992.12.31〉

이 규칙은 공포한 날부터 시행한다.

부칙 〈제570호, 1996.5.28〉

제1조 (시행일) 이 규칙은 1996년 7월 1일부터 시행한다.
제2조 (서식개정에 따른 경과조치) ①이 규칙 시행당시 종전의 규정에 의하여 승인된 서식은 이 규칙에 의하여 승인된 것으로 본다.
②이 규칙 시행당시 종전의 규정에 의하여 사용하던 서식은 이 규칙에 의한 서식과 함께 사용할 수 있다.
제3조 (분임자체보고통제관등에 대한 경과조치) 이 규칙 시행당시의 분임자체보고통제관 및 분임협조통제관은 각각 이 규칙에 의한 분임자체보고심사관 및 분임협조심사관으로 본다.

부칙(공공기관의정보공개에관한법률시행규칙) 〈제659호, 1997.11.11〉

①(시행일) 이 규칙은 1998년 1월 1일부터 시행한다.
②및 ③생략
④(다른 법령의 개정)사무관리규정시행규칙중 다음과 같이 개정한다.
제100조를 삭제한다.

부칙 〈제64호, 1999.9.2〉

①(시행일) 이 규칙은 공포한 날부터 시행한다.
②(문서처리인에 관한 경과조치) 이 규칙 시행당시 사용중인 문서처리인은 별표 11의 개정규정에 불구하고 이를 사용할 수 있다.

부칙(공공기관의기록물관리에관한법률시행규칙) 〈제78호, 1999.12.30〉

제1조 (시행일) 이 규칙은 2000년 1월 1일부터 시행한다.
제2조 내지 제4조 생략
제5조 (다른 법령의 개정) 사무관리규정시행규칙중 다음과 같이 개정한다.
제7조를 다음과 같이 한다.

제7조 (면표시) ①문서의 면 표시는 문건별 면수를 중앙 하단에, 문서철별 면수를 우측 하단에 각각 표시하되, 2장이상으로 이루어진 문서중 전후관계를 명백히 할 필요가 있는 중요한 문서의 경우에는 문건별 면수를 당해 문건의 전체 면수와 그 면의 일련번호를 붙임표(-)로 이어 표시하고, 문서철별 면수는 당해 문서철의 첫번째 면에서 시작한 그 면의 일련번호만 표시한다.

②문건별 면수는 위로부터 아래의 순으로 부여하되 양면을 사용한 경우에는 양면 모두 순서대로 면수를 부여하여야 하며, 문서철별 면수는 표지와 색인목록을 제외한 본문부터 시작하여 면수를 부여한다.

③동일한 문서철을 2권이상으로 나누어 편철한 경우 2권이하의 문서철별 면수는 전권 마지막 면수 다음의 일련번호로 시작하며, 이 경우에도 표지와 색인목록은 면수 부여 대상에서 제외한다.

④문서철별 면수는 최초에 연필로 표시한 후 기록물 정리행사가 끝나면 잉크등으로 표시한다.

제9조제2항 본문중 "문서번호는 다음과 같이 기관기호·분류번호 및 문서등록번호를 구성하며"를 "문서번호는 공공기관의기록물관리에관한법률시행령 제10조의 규정에 의한 기록물 등록번호로 하며"로 하고, 동항제1호 내지 제3호를 각각 삭제한다.

제22조·제34조·제2장제6절(제35조 내지 제42조)·제7절(제43조 내지 제46조·제48조)·제8절(제49조 내지 제51조)·제7장(제91조 내지 제98조·제101조 내지 제105조)·별표 7·별표 13·별표 14·별표 15·별지 제5호서식·별지 제6호서식·별지 제9호서식·별지 제10호서식·별지 제13호서식 내지 별지 제18호서식·별지 제18호의2서식·별지 제18호의3서식·별지 제19호서식 내지 별지 제23호서식 및 별지 제40호서식 내지 별지 제48호서식을 각각 삭제한다.

부칙 〈제125호, 2001.2.14〉

이 규칙은 공포한 날부터 시행한다.

부칙 〈제203호, 2003.7.14〉

①**(시행일)** 이 규칙은 2004년 1월 1일부터 시행한다.

②**(전자문서시스템 및 행정전자서명의 시범운영에 관한 특례)** 대통령령 제17811호 사무관리규정중개정령 부칙 제2항의 규정에 의하여 행정기관의 장이 전자문서시스템 및 행정전자서명을 시범운영하는 경우에는 제1항의 규정에 불구하고 이 규칙 시행전에 이 규칙의 개정규정(전자문서시스템 및 행정전자서명과 관련된 내용에 한한다)을 적용할 수 있다.

부칙(행정자치부와그소속기관직제시행규칙) 〈제228호, 2004.5.24〉

제1조 (시행일) 이 규칙은 공포한 날부터 시행한다. 〈단서 생략〉

1. 및 2. 생략

제2조 생략

제3조 (다른 법령의 개정) 사무관리규정시행규칙중 다음과 같이 개정한다.
제51조의4중 "정부기록보존소"를 "국가기록원"으로, "정부기록보존소장"을 "국가기록원장"으로 한다.

부칙 〈제324호, 2006.3.29〉

이 규칙은 공포한 날부터 시행한다.

부칙(공공기록물 관리에 관한 법률 시행규칙) 〈제380호, 2007.4.5〉

①**(시행일)** 이 규칙은 2007년 4월 5일부터 시행한다.
②**(다른 법령의 개정)** 사무관리규정 시행규칙중 일부를 다음과 같이 개정한다.
제9조제2항 중 "공공기관의기록물관리에관한법률시행령 제10조"를 "공공기록물 관리에 관한 법률 시행령 제20조"로 한다.

별표1 삭제(2003.7.14)
별표2 삭제(99.9.2)
별표3 삭제(99.9.2)
별표4 간이결재인[제16조관련]
별표5 삭제(2003.7.14)
별표6 삭제 (96.5.28)
별표7 삭제 (99.12.30)
별표8 삭제 (99.9.2)
별표9 관인생략또는서명생략의표시[제25조제2항관련]
별표10 삭제(96.5.28)
별표11 접수인[제31조제2항관련]
별표12 삭제(2003.7.14)
별표13 삭제 (99.12.30)
별표14 삭제 (99.12.30)
별표15 삭제 (99.12.30)
별표16 정기보고의목록[제64조제2항관련]
별표17 삭제(2003.7.14)
별표18 "정기보고지정번호,수시보고심사 및 보고심사제외근거의 표시(제65조제5항,제69조제2항 내지 제4항관련)"
별표19 삭제(2003.7.14)
별표20 지정협조의목록[제78조제1항관련]
별표21 지정협조지정번호및수시협조심사의표시[제80조제3항및제81조제2항·제3항관련]
별표22 서식의설계기준[제83조관련]
별표23 서식용지의사용용도별지질.중량기준[제84조관련]

별표24 삭제(99.9.2)
별표25 삭제(99.9.2)
별표26 삭제(2003.7.14)
별표27 삭제(99.9.2)
별표28 삭제(99.9.2)
별표29 삭제(99.9.2)
서식1 사무인계·인수서
서식1의2 기안서식
서식1의3 문서관리카드
서식2 회보형식
서식3 삭제(2003.7.14)
서식3의2 보고서 표제부
서식3의3 보고서 등록번호
서식4 결재기안서식
서식4의2 대통령결재기안문서
서식5 삭제(99.12.30)
서식6 삭제(99.12.30)
서식6의2 사용자계정및전자이미지서명 등록신청서
서식7 공문서영수증
서식8 삭제(2003.7.14)
서식9 삭제(99.12.30)
서식10 삭제(99.12.30)
서식11 삭제(96.5.28)
서식12 삭제(96.5.28)
서식13 삭제(99.12.30)
서식14 삭제(99.12.30)
서식15 삭제(99.12.30)
서식16 삭제(99.12.30)
서식17 삭제(99.12.30)
서식18 삭제(99.12.30)
서식18의2 삭제(99.12.30)
서식18의3 삭제(99.12.30)
서식19 삭제(99.12.30)
서식20 삭제(99.12.30)
서식21 삭제(99.12.30)
서식22 삭제(99.12.30)
서식23 삭제(99.12.30)
서식23의2 정책추진과정비망록
서식24 관인대장
서식25 관인등록(재등록)신청 · 관인폐기신고 · 전자이미지관인등록(재등록)신청

서식25의2 전자이미지관인대장
서식26 관인인쇄용지관리대장
서식27 삭제(99.9.2)
서식28 정기보고지정[지정·개정·폐지]신청서·수시보고심사신청서
서식29 삭제(2003.7.14)
서식30 제( )차 보고독촉
서식31 회의록
서식32 전화및구두협조처리문
서식33 지정협조지정신청
서식34 지정협조변경[폐지]신청
서식35 삭제(2003.7.14)
서식36 삭제(99.9.2)
서식37 업무협조촉구
서식38 서식제원
서식39 삭제 (99.9.2)
서식40 삭제 (99.12.30)
서식41 삭제 (99.12.30)
서식42 삭제 (99.12.30)
서식43 삭제 (99.12.30)
서식44 삭제 (99.12.30)
서식45 삭제 (99.12.30)
서식46 삭제 (99.12.30)
서식47 삭제 (99.12.30)
서식48 삭제 (99.12.30)
서식49 삭제 (99.9.2)
서식50 삭제 (99.9.2)
서식51 삭제 (99.9.2)
서식52 삭제 (99.9.2)

[별표 4] 〈개정 2003.7.14〉

간이결재인(제16조관련)

※ 결재란의 수는 기관에 따라 적절하게 조정하여 사용한다.

※ 기재요령

위 칸에는 기안자·검토자 또는 결재권자의 직위 또는 직급을 표시하고, 아래 칸에는 서명을 표시한다.

[별표 9] 〈개정 1999.9.2〉

관인생략 또는 서명생략의 표시(제25조제2항관련)

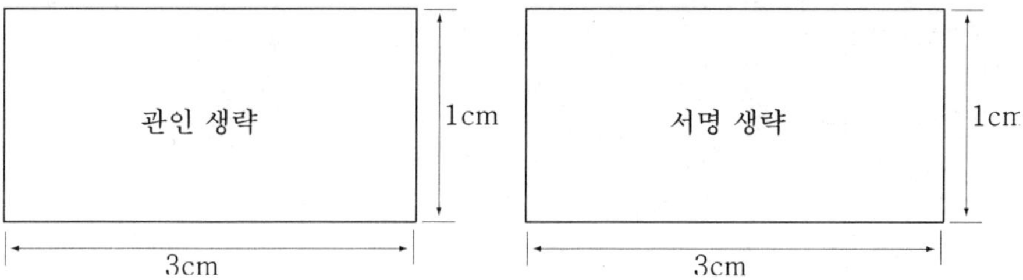

[별표 11] 〈개정 2003.7.14〉

접수인(제31조제2항관련)

접 수	－ (. . . :)

※ 접수란의 크기는 기관에 따라 적절하게 조정하여 사용한다.

※ 기재요령

1. 접수등록번호는 처리과명과 일련번호를 기재한다.
   (예 1) 행정능률과인 경우 : 행정능률과-23
   (예 2) 행정관리담당관인 경우 : 행정관리담당관-25
2. 괄호 안에는 접수일자를 기재한다. 민원문서 등 시·분까지 기재가 필요한 경우에는 시·분까지 기재한다. (예) 2002.5.10. 또는 2002.5.10. 14:23

[별표 16] 〈개정 1999.9.2, 2001.2.14, 2003.7.14〉

정기보고의 목록(제64조제2항관련)

지정번호	보고명	보고주기	최초작성기관	최종수보기관
소관	국무조정실			
부령 국무조정실-1	대통령지시사항추진실적보고	기보	각급행정기관	국무조정실
부령 국무조정실-2	국무총리지시사항추진상황보고	기보	각급행정기관	국무조정실
부령 국무조정실-3	행정감사실시계획제출	연보	중앙행정기관 서울특별시	국무조정실
소관	법제처			
부령 법제처-1	연간입법추진계획보고	연 보	중앙행정기관	법제처
소관	국가보훈처			
부령 국가보훈처-1	군인보험료납입명세통보	월보	각군참모총장	국가보훈처
부령민 국가보훈처-1	국가유공자단체보조금정산보고	월보	각 보훈단체 중앙회	국가보훈처
부령민 국가보훈처-2	국가유공자단체사업계획 및 실적보고	연보	각 보훈단체 중앙회	국가보훈처
소관	비상기획위원회			
부령 비상기획위원회-1	비상대비업무교육계획 및 실적보고	연보	중앙행정기관 시도	비상기획 위원회
소관	국민고충처리위원회			
부령 국민고충처리위원회-1	다수인관련민원해소추진상황보고	연보	중앙행정기관 소속기관 시·군·구	국민고충 처리위원회
소관	재정경제부			
부령 재정경제부-1	중요물자비축실적보고	기보	조달청	재정경제부
부령 재정경제부-2	세목별세수실적보고	월보	국세청	재정경제부
부령 재정경제부-3	세입징수총보고	월보	각급행정기관	재정경제부
부령 재정경제부-4	확정(신고·결정분)소득세표작성보고	기보	세무서	재정경제부
부령 재정경제부-5	지출원인행위액 및 지출액총보고	월보	각급행정기관	재정경제부

부령 재정경제부-6	상속세 및 증여세처리상황보고	반년보	세무서	재정경제부
부령 재정경제부-7	세표(1)(부가가치세·법인세·자산재평가세·원천세)작성보고	기보	세무서 세관	재정경제부
부령 재정경제부-8	세표(2)(특별소비세·양도소득세·상속세)작성보고	반년보	세무서 세관	재정경제부
부령 재정경제부-9	관세징수실적보고	주보	관세청	재정경제부
부령 재정경제부-10	면세실적보고	월보	관세청	재정경제부
부령 재정경제부-11	관세분할납부승인 및 관리상황보고	월보	관세청	재정경제부
부령 재정경제부-12	수출입동향보고	월보	세관	재정경제부
부령 재정경제부-13	개항장내용역업자용역제공실태보고	연보	세관	재정경제부
부령 재정경제부-14	사찰사무처리상황보고	기보	국세청	재정경제부
부령 재정경제부-15	세출입예산월별지출징수계획제출	연보	중앙행정기관	재정경제부
부령 재정경제부-16	부정당업자제재통보	즉보	중앙행정기관	재정경제부
부령 재정경제부-17	교육세신고집계표 및 경정현황표작성보고	기보	세무서	재정경제부
부령 재정경제부-18	예비비사용명세서제출	연보	중앙행정기관	재정경제부
부령 재정경제부-19	기업회계결산보고	연보	중앙행정기관	재정경제부
부령 재정경제부-20	국가채권현재액보고	연보	중앙행정기관	재정경제부
부령 재정경제부-21	기금결산보고	연보	중앙행정기관	재정경제부
부령 재정경제부-22	융자금에 의하여 시행되는 사업계획 등의 보고	연보	중앙행정기관	재정경제부
부령 재정경제부-23	세출예산이월통보	연보	중앙행정기관	재정경제부

부령 재정경제부-24	세입세출결산보고	연보	중앙행정기관 시·도 시·군·구	재정경제부
부령 재정경제부-25	국유재산관리계획의 집행상황보고	연보	중앙행정기관 시·군·구	재정경제부 감사원
부령 재정경제부-26	국유재산증감 및 현재액보고	연보	중앙행정기관 시·군·구	재정경제부 감사원
부령 재정경제부-27	물품망실훼손보고	즉보	각 관리청 및 재산관리관	재정경제부 감사원 조달청
부령 재정경제부-28	국유재산관리계획수립보고	연보	중앙행정기관 시·군·구	재정경제부
부령 재정경제부-29	할당·조정관세적용물품수입실적보고	기보	관세청	재정경제부
부령 재정경제부-30	예산변동상황보고	월보	중앙행정기관	재정경제부
부령 재정경제부-31	환급금결정액보고	월보	관세청	재정경제부
부령 재정경제부-32	공공차관사업진도보고	기보	각급행정기관	재정경제부
부령 재정경제부-33	원천징수처리상황보고	기보	세무서	재정경제부
부령 재정경제부-34	국세감면실적보고	기보	세무서	재정경제부
부령 재정경제부-35	주류별출고상황표제출	월보	세무서	재정경제부
부령 재정경제부-36	전화세표제출	월보	세무서	재정경제부
부령 재정경제부-37	증권거래세표제출	월보	세무서	재정경제부
부령 재정경제부-38	인지세표제출	기보	세무서	재정경제부
부령 재정경제부-39	대법원반복패소판례발생보고	기보	국세청	재정경제부
부령 재정경제부-40	계약실적보고	연보	중앙행정기관	재정경제부

소관	법무부			
부령 법무부-1	소송사무보고(통보)	즉보	각급행정기관	법무부
부령 법무부-2	행정소송패소원인이 된 공무원에 대한 조치보고	기보	각급행정기관	법무부
부령 법무부-3	소송상황분석보고	연보	중앙행정기관	법무부
부령 법무부-1	인권옹호사업실적보고	기보	인권옹호단체	법무부
소관	행정자치부			
부령 행정자치부-1	연도교육훈련계획제출	연보	각급행정기관	행정자치부
부령 행정자치부-2	직장훈련 및 특별훈련실시결과보고	반년보	중앙행정기관 서울특별시	행정자치부
부령 행정자치부-3	교육훈련실시결과보고	반년보	각급교육훈련기관	행정자치부
부령 행정자치부-4	제안제도운영현황보고	연보	중앙행정기관	행정자치부
부령 행정자치부-5	기록물생산현황보고	연보	각급행정기관	행정자치부
부령 행정자치부-6	정원배정상황보고(작성 또는 개정시)	즉보	중앙행정기관	행정자치부
부령 행정자치부-7	청사수급관리계획제출	연보	각급행정기관	행정자치부
부령 행정자치부-8	제도개선추진상황보고	반년보	중앙행정기관 서울특별시	행정자치부
부령 행정자치부-9	대통령관련기록물생산현황보고	연보	중앙행정기관 지방자치단체	행정자치부
부령 행정자치부-10	공무원연금지급정지대상기관 조사보고	연보	연금취급기관	행정자치부
부령 행정자치부-11	지방행정동향보고	즉보	읍·면·동	행정자치부
부령 행정자치부-12	5급 이상공무원신분변동보고	즉보	시·군·구	행정자치부
부령 행정자치부-13	주민등록증발급상황보고	기보	읍·면·동	행정자치부

부령 행정자치부-14	반상회개최결과보고	반년보	읍·면·동	행정자치부
부령 행정자치부-15	관용차량정수승인결과보고	반년보	시·군·구	행정자치부
부령 행정자치부-16	농촌주택개량사업추진실적보고	연보	시·군·구	행정자치부
부령 행정자치부-17	각종성금운용상황결산보고	연보	시·군·구	행정자치부
부령 행정자치부-18	국고보조에따른지방비부담계획보고	연보	중앙행정기관	행정자치부
부령 행정자치부-19	지방채무운용상황보고	반년보	시·군·구	행정자치부
부령 행정자치부-20	지방세이의신청(심사청구)결정결과보고	반년보	시·군·구	행정자치부
부령 행정자치부-21	세원조사실적보고	반년보	시·군·구	행정자치부
부령 행정자치부-22	지적사무정리상황보고	월보	시·군·구	행정자치부
부령 행정자치부-23	광고물허가 및 관리현황보고	반년보	시·군·구	행정자치부
부령 행정자치부-24	지적측량기준점관리상황보고	연보	시·군·구	행정자치부
부령 행정자치부-25	지적공부목록보고	연보	시·군·구	행정자치부
부령 행정자치부-26	지적공부등록현황보고	기보	시·군·구	행정자치부
부령 행정자치부-27	지방청사정비추진실적보고	연보	시·군·구	행정자치부
부령 행정자치부-28	오지 및 도서종합개발사업추진상황보고	반년보	시·읍·면	행정자치부
부령 행정자치부-29	민방위의날훈련결과보고	월보	시·군·구	행정자치부
부령 행정자치부-30	민방위대현황보고	연보	읍·면·동	행정자치부
부령 행정자치부-31	민방위대정기검열결과보고	연보	시·군·구	행정자치부

부령 행정자치부-32	인력자원조사결과보고	연보	읍·면·동	행정자치부
부령 행정자치부-33	민방위교육실시결과보고	반년보	읍·면·동	행정자치부
부령 행정자치부-34	민방위대동원사태발생 및 민방위대동원결과보고	즉보	읍·면·동	행정자치부
부령 행정자치부-35	화재위험물 및 소방대상물과 소방사범처리현황보고	연보	소방서	행정자치부
부령 행정자치부-36	소방력현황보고	연보	시·도	행정자치부
부령 행정자치부-37	의용소방대의 배치운영현황보고	연보	군·소방서	행정자치부
부령 행정자치부-38	소방수리시설현황보고	연보	군·소방서	행정자치부
부령 행정자치부-39	자위소방장비 및 소화약제확보현황보고	연보	군·소방서	행정자치부
부령 행정자치부-40	소방구급활동실적보고	기보	군·소방서	행정자치부
부령 행정자치부-41	주민신고태세활성화추진실적보고	연보	읍·면·동	행정자치부
부령 행정자치부-42	풍수해상황보고	즉보	시·군	행정자치부
부령 행정자치부-43	행정협의회운영현황보고	반년보	시·군·구	행정자치부
부령 행정자치부-44	경영수익실적결과보고	반년보	시·군·구	행정자치부
부령 행정자치부-45	지방상수도요금인상추진상황보고	기보 (인상시)	시·도 시·군·구	행정자치부
부령 행정자치부-46	감사·감찰활동추진실적보고	기보	시·군·구	행정자치부
부령 행정자치부-47	화생방장비물자보급실적보고	반년보	읍·면·동	행정자치부
부령 행정자치부-48	소하천정비사업추진실적보고	기보	시·군·구	행정자치부
부령 행정자치부-49	재해복구추진실적제출	월보	시·군·구	행정자치부

부령 행정자치부-50	민방위시설장비일제조사 및 점검·정비결과보고	반년보	읍·면·동	행정자치부
부령 행정자치부-51	규제정비추진실적보고	월보	시·군·구	행정자치부
부령 행정자치부-52	규제개혁추진실적보고	기보	시·군·구	행정자치부
소관	교육인적자원부			
부령 교육인적자원부-1	사회교육현황보고	반년보	하급교육행정기관	교육인적자원부
부령 교육인적자원부-2	( )학년도( )립초·중등교원수급계획보고서	연보 (10.10)	시·도교육청	교육인적자원부
부령 교육인적자원부-3	교과용도서주문보고	반년보	하급교육행정기관	교육인적자원부
부령 교육인적자원부-4	학교급식실시현황보고	연보	급식실시학교	교육인적자원부
소관	문화관광부			
부령 문화관광부-1	음반비디오물판매·대여등록 및 단속실적보고	반년보	시·군·구	문화관광부
부령 문화관광부-2	시·도관광불편신고종합분석결과보고	연보	시·도	문화관광부
부령 문화관광부-3	청소년수련시설실태조사보고	연보	시·도	문화관광부
부령 문화관광부-4	직장체육현황보고	연보	시·도	문화관광부
소관	농림부			
부령 농림부-1	농어촌특산단지사업추진실적보고	연보	읍·면	농림부
부령 농림부-2	주요농작물채종단계별종자생산보고	연보	농촌진흥청 농산물원종장 농업기술원 종자관리소	농림부
부령 농림부-3	주요작물종자채종단계별파종 실적보고	연보	농촌진흥청 농산물원종장 농업기술원 종자관리소	농림부

부령	농림부-4	훈증소독상황보고	반년보	시·도	농림부
부령	농림부-5	토양개량제공급상황보고	반년보	읍·면	농림부
부령	농림부-6	화훼류재배현황보고	연보	읍·면	농림부
부령	농림부-7	농업기반정비사업예정지조사 결과보고	즉보	시·도, 시·군	농림부
부령	농림부-8	조사료생산사업추진실적보고	반년보	읍·면	농림부
부령	농림부-9	양곡가공지령상황보고	즉보	시·도	농림부
부령	농림부-10	농업기반정비사업시행인가결과보고	월보	시·도, 시·군	농림부
부령	농림부-11	국유농업기반시설부지증감보고	연보	시·군	농림부
부령	농림부-12	개간산업추진현황보고	반년보	시·도	농림부
부령	농림부-13	누에고치기계검사신청상황 및 검사성적보고	반년보	시·군	농림부
부령	농림부-14	종자업등록실적보고	연보	시·도	농림부
부령	농림부-15	부정축산물 및 육류가격단속상황보고	기보	시·군·구	농림부
부령	농림부-16	가축인공수정사업보고	연보	시·군	농림부
부령	농림부-17	사료검사결과보고	기보	시·도	농림부
부령	농림부-18	가축질병진료 및 예방주사검진실적보고	연보	시·군·구	농림부
부령	농림부-19	유통종자단속실적보고	연보	시·군	농림부
부령	농림부-20	정부관리양곡보관창고시설현황보고	연보	시·군	농림부
부령	농림부-21	양곡매매업소단속결과보고	반년보	시·군·구	농림부
부령	농림부-22	정부양곡조작비집행실적 및 자금소요액보고	월보	시·군	농림부
부령	농림부-23	양곡매출상황보고	기보	시·군	농림부

부령 농림부-24	양곡수불상황 및 재고일람표보고	기보	시·군	농림부
부령 농림부-25	양곡가공성적 및 과부족정산보고	연보	시·군	농림부
부령 농림부-26	정부양곡포장재료수불상황보고	기보	시·군	농림부
부령 농림부-27	수입양곡선별인수상황보고	즉보	시·군	농림부
부령 농림부-28	양곡의 사고발생 및 처리내역보고	반년보	시·군	농림부
부령 농림부-29	하추곡수매자금정산보고	연보	시·군	농림부
부령 농림부-30	농업기반조성사업자금집행 및 농업용수개발사업추진상황보고	기보	시·군·구	농림부
부령 농림부-31	농조저수지 및 시·군저수지계획저수량조정보고	연보	시·군	농림부
부령 농림부-32	농업기반조성사업연도말검정 및 결산보고	연보	시·도	농림부
부령 농림부-33	미강생산·착유실적 및 부산물처분내역보고	기보	시·군	농림부
부령 농림부-34	한해대책용관정양수장비보유 현황보고	연보	시·군	농림부
부령 농림부-35	경지정리사업시행승인 및 봄 마무리사업비조정결과보고	연보	시·도	농림부
부령 농림부-36	경지정리사업(시공)진척상황보고	월보	시·도	농림부
부령 농림부-37	농업기반정비사업추진상황보고	월보	시·도	농림부
부령 농림부-38	관정양수기점검정비결과보고	반년보	읍·면	농림부
부령 농림부-39	가축전염병발생상황보고	즉보	시·군	농림부
부령 농림부-40	정부대여(교환)양곡회수실적보고	연보	읍·면·동	농림부

부령 농림부-41	농어촌휴양자원개발사업추진실적보고	반년보	시·군·구	농림부
부령 농림부-42	벼병충해방제계획보고	연보 (10.31)	시·군	농림부
부령 농림부-43	농어업분야산업기능요원편입 소요인원 및 편입결과보고	연보	읍·면·동	농림부
부령 농림부-44	위탁영농회사운영실적 및 경영평가결과보고	연보	시·군 농업기술센터	농림부
부령 농림부-45	위탁영농회사 및 공동이용조직 사업추진실적보고	반년보	시·군 농업기술센터	농림부
부령 농림부-46	농업기계순회사후봉사실적 및 폐농기계수집처리실적보고	반년보	읍·면	농림부
부령 농림부-47	농업기계보조지원공급 및 집행실적보고	기보	시·군	농림부
부령 농림부-48	정주생활권개발시행계획보고	연보	시·군	농림부
부령 농림부-49	정주생활권개발공정계획보고	연보	시·군	농림부
부령 농림부-50	정주생활권개발사업추진현황보고	기보	시·군	농림부
부령 농림부-51	정주생활권개발계획변경보고	즉보 (사유발생시)	시·군	농림부
부령 농림부-52	정주생활권개발대상면추천보고	연보	시·군	농림부
부령 농림부-53	경지정리조사측량설계 및 기설계지구보완결과보고	연보	시·군	농림부
부령 농림부-54	농업기반정비사업입찰결과보고	연보	시·군	농림부
부령 농림부-55	농업기반정비사업공정계획승인결과보고	연보	시·군	농림부
부령 농림부-56	농업기반정비사업준공결과보고	즉보 (준공즉시).	시·군	농림부
부령 농림부-57	농업기반정비사업계획변경승인결과보고	즉보	시·군	농림부

부령 농림부-58	간척사업추진상황보고	월보	도	농림부
부령 농림부-59	간척사업시행계획승인결과보고	즉보	도	농림부
부령 농림부-60	간척사업공정계획승인결과보고	즉보	도	농림부
부령 농림부-61	간척사업계획변경 및 보완보고	즉보	도	농림부
부령 농림부-62	가을착수경지정리사업시행승인결과보고	연보	도	농림부
부령 농림부-63	경지정리예정지기본조사 및 측량설계완료 후 미착공지구현황보고	연보	시·군	농림부
부령 농림부-64	경지정리환지청산금징수교부현황보고	연보	시·군	농림부
부령 농림부-65	농업기반정비사업조성결과보고	월보	도	농림부
부령 농림부-66	가축전염병성감정실적보고	월보	시·도가축위생시험소	농림부
부령 농림부-67	농기계보관창고설치사업추진 실적보고	반년보	읍·면	농림부
부령 농림부-68	광역농기계수리센터설치추진 실적보고	반년보	읍·면	농림부
부령민 농림부-1	농업생산기반조성 및 농어촌정주기반조성사업비집행 및 농업용수개발사업추진상황보고	기보	농어촌진흥공사	농림부
부령민 농림부-2	지하수개발조사사업추진상황보고	월보	농어촌진흥공사	농림부
부령민 농림부-3	대단위농업종합개발사업진도보고	월보	농어촌진흥공사	농림부
부령민 농림부-4	대단위농민부담금 및 간척지매각대금관리상황보고	기보	농어촌진흥공사	농림부
부령민 농림부-5	농업기계공급상황보고	기보	농업협동조합중앙회	농림부
부령민 농림부-6	정액생산 및 공급실적보고	반년보	축산업협동조합중앙회	농림부

부령민 농림부-7	사료원료수입추천 및 도착실적보고	기보	축산업협동조합중앙회 한국사료협회 한국단미사료협회 한국대용유사료협회 한국대두가공협회 한국내수면어업협회	농림부
부령민 농림부-8	식용유용대두확보 및 대두박생산·공급상황보고	기보	한국대두가공협회	농림부
부령민 농림부-9	대용유생산·판매 및 원료사용실적보고	기보	한국대용유사료협회	농림부
부령민 농림부-10	단미사료생산 및 판매실적보고	기보	한국단미사료협회	농림부
부령민 농림부-11	동물약품수입추천실적보고	기보	한국동물약품공업협동조합	농림부
부령민 농림부-12	수리용부품확보 및 공급실적보고	반년보	농업협동조합중앙회 한국농기구공업협동조합	농림부
부령민 농림부-13	경지정리조사측량설계 및 기설계지구보완결과보고	연보	농지개량조합	농림부
부령민 농림부-14	농업기반정비사업입찰결과보고	연보	농지개량조합	농림부
부령민 농림부-15	농업기반정비사업공정계획승인결과보고	연보	농지개량조합	농림부
부령민 농림부-16	간척사업추진상황보고	월보	농어촌진흥공사	농림부
부령민 농림부-17	간척사업시행계획승인결과보고	즉보	농어촌진흥공사	농림부
부령민 농림부-18	간척사업공정계획승인결과보고	즉보	농어촌진흥공사	농림부

부령민 농림부-19	간척사업계획변경 및 보완보고	즉보	농어촌진흥공사	농림부
부령민 농림부-20	경지정리예정지기본조사 및 측량설계완료 후 미착공지구현황보고	기보	농지개량조합	농림부
부령민 농림부-21	경지정리환지청산금징수교부 현황보고	연보	농지개량조합	농림부
부령민 농림부-22	축산물등급판정실적보고	월보	축산업협동조합중앙회	농림부
부령민 농림부-23	가공용옥수수수입추천 및 도착실적보고	월보	한국전분당협회	농림부
부령민 농림부-24	가공용옥수수사용실적보고	월보	한국전분당협회	농림부
부령민 농림부-25	밀원료 및 제품수불상황보고	월보	한국제분협회	농림부
부령민 농림부-26	밀도입상황보고	월보	한국제분협회	농림부
부령민 농림부-27	외화획득원료(양곡류)의 수입 및 대응수입수출이행상황보고	월보	농업협동조합중앙회	농림부
부령민 농림부-28	양곡수입추천실적보고	월보	농업협동조합중앙회	농림부
부령민 농림부-29	양곡관리실적보고	월보	농수산물유통공사	농림부
부령민 농림부-30	대두도입실적보고	월보	한국대두가공협회	농림부
부령민 농림부-31	양곡도입실적보고	월보	농업협동조합중앙회 대한주류공업협회 한국제지공업연합회 한국의약품수출입연합회	농림부
소관	산업자원부			

부령 산업자원부-1	공업단지입주현황보고	기보	시·군	산업자원부
부령 산업자원부-2	공업재해대책추진결과보고	반년보	시·도	산업자원부
부령 산업자원부-3	연탄품질관리결과보고	기보	시·도	산업자원부
부령 산업자원부-4	광업사무처리보고	월보	시·도	산업자원부
부령 산업자원부-5	에너지소비절약추진계획 및 실적보고	연보	중앙행정기관 및 소속기관 시·군·구	산업자원부
부령 산업자원부-6	석탄품질결과행정조치현황보고	기보	시·도	산업자원부
소관	정보통신부			
부령민 정보통신부-1	장비 및 시설장애피해보고	즉보	한국전기통신공사	정보통신부
부령민 정보통신부-2	일반현황보고	연보	한국전기통신공사	정보통신부
소관	보건복지부			
부령 보건복지부-1	비축물자실태보고	연보	시·군·구	보건복지부
부령 보건복지부-2	의료보호기금운영현황보고	기보	시·군·구	보건복지부
소관	환경부			
부령 환경부-1	환경오염으로 인한 피해보상현황 및 진정서처리현황	연보	시·군	환경부
부령 환경부-2	보건환경연구원사업실적보고	반년보	시·도 보건환경 연구원	환경부
부령 환경부-3	재활용가능품분리수거실적보고	반년보	시·군·구	환경부
부령 환경부-4	폐기물재활용신고필증발급실적보고	연보	시·도	환경부
부령 환경부-5	폐기물재활용신고업체지도점검 및 행정처분실적보고	반년보	시·도	환경부

부령 환경부-6	공사중지조치 및 공공하수도시설개선명령상황보고	기보	시·도	환경부
부령 환경부-7	수렵면허장발급 및 수렵위법행위자단속상황보고	연보	시·군·구	환경부
부령 환경부-8	조수수출(입)허가상황보고	기보	시·도	환경부
부령 환경부-9	조수보호사업실적보고	연보	시·군	환경부
부령 환경부-10	유해조수포획허가상황보고	연보	시·군	환경부
소관	노동부			
부령 노동부-1	고용촉진훈련실시계획(안)제출	연보	시·군·구	노동부
부령 노동부-2	고용촉진훈련실시상황보고	기보	시·군·구	노동부
소 관	건설교통부			
부령 건설교통부-1	기성제일제정비실시보고	반년보	시·군	건설교통부
부령 건설교통부-2	구획정리사업진도보고	연보	시·군	건설교통부
부령 건설교통부-3	토지구획정리사업인가신청기간지정보고	연보	시·군	건설교통부
부령 건설교통부-4	주택건설사업계획승인(변경)결과보고	월보	시·도	건설교통부
부령 건설교통부-5	국토조사실적요약보고	연보	시·군	건설교통부
부령 건설교통부-6	도로보수현황보고	연보	시·군	건설교통부
부령 건설교통부-7	접도구역관리현황보고	연보	시·군	건설교통부
부령 건설교통부-8	산업단지내공장입주현황보고	기보	산업자원부	건설교통부
부령 건설교통부-9	하천수입금징수 및 사용실적현황보고	연보	시·군	건설교통부
부령 건설교통부-10	도시계획인가위임사항처리보고	연보	시·군	건설교통부
부령 건설교통부-11	준용하천의 지정(또는 변경)보고	즉보	시·도	건설교통부
부령 건설교통부-12	하천대장의 작성보고	즉보	시·도	건설교통부

부령 건설교통부-13	치수사업연도말실적보고	연보	시·군	건설교통부
부령 건설교통부-14	치수사업기성제대장 및 기성제조서제출	연보	시·도	건설교통부
부령 건설교통부-15	공사집행상황보고	월보	시·도	건설교통부
부령 건설교통부-16	공공택지공급실적보고	분기보	시·도	건설교통부
부령 건설교통부-17	국민주택사업특별회계운용상황보고	기보	시·군·구	건설교통부
부령 건설교통부-18	지리(지형·지물)변동상황보고	연보	시·군	건설교통부
부령 건설교통부-19	건설기계조종사면허현황보고	기보	시·도	건설교통부
부령 건설교통부-20	건설업등록현황보고	기보	시·군·구	건설교통부
부령 건설교통부-21	공공용지취득 및 손실보상실적보고	연보	중앙행정기관 시·도	건설교통부
부령 건설교통부-22	도로건설투자실적보고	연보	시·도	건설교통부
부령 건설교통부-23	미분양주택현황보고	월보	시·군·구	건설교통부
부령 건설교통부-24	도시계획시설집행현황보고	연보	시·군·구	건설교통부
부령 건설교통부-25	전철 및 지하철수송실적보고	월보	철도청 서울특별시 부산광역시 인천광역시 대구광역시	건설교통부
부령 건설교통부-26	교통불편신고접수 및 처리현황보고	연보	시·도, 철도청, 해양수산부	건설교통부
부령 건설교통부-27	철도사고통계보고	월보	철도청	건설교통부
부령민 건설교통부-1	비밀소유현황보고	반년보	교통안전공단 부산교통공단 한국공항공단	건설교통부

부령민 건설교통부-2	자동차운송사업체종사원취업 현황보고	반년보	전국버스운송사업조합연합회 전국전세버스운송사업조합연합회 전국고속버스운송사업조합	건설교통부
부령민 건설교통부-3	자동차운송사업체안전 및 서비스교육계획·실적보고	연보(계획) 기보(실적)	전국버스운송사업조합연합회 전국전세버스운송사업조합연합회 전국고속버스운송사업조합	건설교통부
소관	해양수산부			
부령 해양수산부-1	투융자사업추진상황보고	기보	시·군	해양수산부
부령 해양수산부-2	수산제조업허가 및 신고상황보고	연보	시·군	해양수산부
부령 해양수산부-3	불법어업단속상황보고	월보	시·군	해양수산부
부령 해양수산부-4	해면어업허가 및 신고처분상황보고	반년보	시·군	해양수산부
부령 해양수산부-5	내수면어업면허허가 및 어업권변동상황보고	반년보	시·군	해양수산부
부령 해양수산부-6	어업용보급수산물처리가공시설관리상황보고	연보	시·군	해양수산부
부령 해양수산부-7	어선등록 및 건조(개조)발주허가상황보고	연보	시·군	해양수산부
부령 해양수산부-8	부실양식어업권정비결과보고	연보	시·군	해양수산부
부령 해양수산부-9	내수면연구소(개발시험장)업무보고	연보	내수면연구소 개발시험장	해양수산부
부령 해양수산부-10	새마을양식계설립·해산상황보고	연보	시·군	해양수산부

부령 해양수산부-11	수산증식시설관리상황보고	연보	시·군	해양수산부
부령 해양수산부-12	어항시설관리부보고	연보	시·군	해양수산부
부령 해양수산부-13	어로시설관리상황보고	연보	시·군	해양수산부
부령 해양수산부-14	공동운반선예산집행실적보고	반년보	경기도옹진군	해양수산부
부령 해양수산부-15	공동운반선운항실적보고	반년보	경기도옹진군	해양수산부
부령 해양수산부-16	공유수면매립현황보고	연보	중앙행정기관 시·도	해양수산부
부령 해양수산부-17	공유수면점용료 및 매립면허수수료징수실적보고	연보	중앙행정기관 시·도	해양수산부
부령 해양수산부-18	연안오염방지종합대책추진실적보고	반년보	시·도 국립수산 진흥원 지방해양 수산청 지방해양 경찰서	해양수산부
부령 해양수산부-19	수산자원보전지구관리부보고	연보	시·도	해양수산부
부령민 해양수산부-1	선박운항실적보고	월보	외항화물운송 사업체	해양수산부
부령민 해양수산부-2	검량·감정사업실적보고	연보	한국검수검정 협회	해양수산부
부령민 해양수산부-3	해외사업추진실적보고	반년보	항만운송 사업체	해양수산부
부령민 해양수산부-4	선박용물건예비검사 및 검정업무실적보고	기보	한국선급협회	해양수산부
부령민 해양수산부-5	공제사업실적보고	기보	수산업협동 조합중앙회	해양수산부
부령민 해양수산부-6	어촌계조직현황보고	반년보	수산업협동 조합중앙회	해양수산부
부령민 해양수산부-7	영어자금대출상황보고	기보	수산업협동 조합중앙회수	해양수산부
부령민 해양수산부-8	통신운영실적보고	기보	산업협동 조합중앙회	해양수산부

부령민 해양수산부-9	어업무선국운용실적보고	기보	수산업협동조합중앙회	해양수산부
부령민 해양수산부-10	유류공급실적 및 전국급유소유류재고량보고	기보	수산업협동조합중앙회	해양수산부
부령민 해양수산부-11	수산물수출실적보고	월보	원양어업협회	해양수산부
부령민 해양수산부-12	미수검어선등록취소현황보고	기보	선박검사기술협회	해양수산부
소관	조달청			
부령 조달청-1	물품관리보고서제출	연보	각급행정기관	조달청 재정경제부
부령 조달청-2	불용결정통보	연보	각급행정기관	조달청
부령 조달청-3	공사집행계획서제출	연보	중앙행정기관 지방자치단체	조달청
소관	통계청			
부령 통계청-1	광업 및 제조업체변동사항보고	월보	지방국세청	통계청
소관	경찰청			
부령 경찰청-1	요인보호대상자추천의뢰	연보	중앙행정기관	경찰청
소관	농촌진흥청			
부령 농촌진흥청-1	주요작물원원종생산실적보고	연보	도농업기술원	농촌진흥청
부령 농촌진흥청-2	시범단지선정 및 시범결과보고	연보	시·군 농업기술센터	농촌진흥청
부령 농촌진흥청-3	주요농작물작황시험보고	월보	도농업기술원	농촌진흥청
부령 농촌진흥청-4	농민교육실적종합보고	기보	시·군 농업기술센터	농촌진흥청
부령 농촌진흥청-5	토양간이검정 및 정밀검정보고	연보	시·군 농업기술센터	농촌진흥청
부령 농촌진흥청-6	취수장염농도조사보고	순보	시·군 농업기술센터	농촌진흥청
부령 농촌진흥청-7	보리(밀)관찰포병충해발생상황보고	순보	시·군 농업기술센터	농촌진흥청

부령 농촌진흥청-8	과수주요병충해예찰조사보고	순보	시·군 농업기술센터	농촌진흥청
부령 농촌진흥청-9	원예 및 특용작물병충해발생 상황보고	순보	시·군 농업기술센터	농촌진흥청
부령 농촌진흥청-10	소득작물예찰포병충해상황보고	순보	시·군 농업기술센터	농촌진흥청
부령 농촌진흥청-11	벼관찰포병충해발생상황보고	순보 (6.1~9.21) (매순초일)	시·군 농업기술센터	농촌진흥청
부령 농촌진흥청-12	농약판매업등록 및 부정·불량농약단속상황보고	반년보	시·군	농촌진흥청
소관	산림청			
부령 산림청-1	국유재산증감 및 이동상황보고	반년보	경북울릉군 제주도 시·군	산림청
부령 산림청-2	산림병충해발생 및 방제상황보고	기보	시·군·구	산림청
부령 산림청-3	토석채취허가상황 및 채취실적보고	연보	시·군·구	산림청
부령 산림청-4	표고재배사업계획 및 종균접종실적보고	연보	시·군	산림청
부령 산림청-5	지정·해제 및 사업허가(수형목·채종림·보안림·사방지)상황보고	연보	시·군·구 (산림환경연구소)	산림청
부령 산림청-6	조림 및 사방사업용종자채취보고	연보	시·군·구 (산림환경연구소)	산림청
부령 산림청-7	천연보호림 및 보호수현황보고	연보	시·군·구	산림청
부령 산림청-8	채종림내종자결실예찰조사보고	연보	시·군	산림청
부령 산림청-9	국유임산물매각상황보고	기보	경북울릉군 제주도 시·군	산림청
부령 산림청-10	임도시설현황보고	연보	시·군·구	산림청

부령 산림청-11	국유재산대부사용허가상황보고	기보	경북울릉군 제주도 시·군	산림청
부령 산림청-12	국유재산종류 및 규모별대부사용허가상황보고	연보	경북울릉군 제주도 시·군	산림청
부령 산림청-13	국유림·분수림설정상황보고	기보	경북울릉군 제주도 시·군	산림청
부령 산림청-14	국유재산대부료징수상황보고	반년보	경북울릉군 제주도 시·군	산림청
부령 산림청-15	산업비림소유 및 사업상황보고	연보	시·군·구	산림청
부령 산림청-16	방제계획수립자료보고	연보	시·군	산림청
부령 산림청-17	조림비반환실적보고	연보	시·군	산림청
부령 산림청-18	영림계획작성현황·실행상황보고	연보	시·군	산림청
부령 산림청-19	목재이용실적보고	연보	시·군	산림청
부령 산림청-20	나무심기추진계획 및 실적보고	연보	중앙행정기관 시·군·구	산림청
부령 산림청-21	임목벌채허가(신고)상황보고	기보	시·군·구	산림청
부령민 산림청-1	임업진흥기금융자상황보고	월보	산림조합 중앙회	산림청
소관	식품의약품안전청			
부령 식품의약품안전청-1	의약품등검정실적보고	기보	시·도	식품의약품 안전청
부령 식품의약품안전청-2	식중독발생보고	즉보	각급행정기관	식품의약품 안전청
부령 식품의약품안전청-3	식품제조·가공업체생산실적보고	연보	시·군·구 지방식품 의약품안전청	식품의약품 안전청
소관	공통사항			

부령공통-1	정기승급(6급 이하)보고	반년보	각급행정기관	소관중앙행정기관
부령공통-2	공무원이동보고	월보	각급행정기관	소관중앙행정기관
부령공통-3	공무원표창통계	연보	각급행정기관	소관중앙행정기관
부령공통-4	정원대현원등인력보고	월보	각급행정기관	소관중앙행정기관
부령공통-5	피교육자명단보고	기보	각급행정기관	소관중앙행정기관
부령공통-6	인사기록변경보고	즉보	각급행정기관	소관중앙행정기관
부령공통-7	비밀소유현황보고	반년보	각급행정기관	소관중앙행정기관
부령공통-8	감사결과시정조치결과보고	즉보	각급행정기관	소관중앙행정기관
부령공통-9	보조금정산보고	연보	각급행정기관	소관중앙행정기관
부령공통-10	시산표	월보 (농림부는 기보)	소속기관 시·도	법무부 행정자치부 농림부 정보통신부 해양수산부 조달청
부령공통-11	사정업무추진실적보고	기보	각급행정기관	대통령민정비서실, 감사원, 국무조정실
부령공통-12	각종사고 및 피해등보고	즉보	각급행정기관	소관중앙행정기관

[별표 18] 〈개정 2003.7.14〉

정기보고 지정번호, 수시보고심사 및 보고심사제외근거의 표시

(제65조제5항, 제69조제2항 내지 제4항관련)

<table>
<tr><th>보고구분</th><th>표시할 사항 및 표시요령</th><th>표시예시</th><th>표시위치</th></tr>
<tr><td>1. 행정자치부령지정 정기보고</td><td rowspan="2">고유기호 행정기관명-일련번호
고유기호 공통-일련번호</td><td rowspan="2">1. 정기보고의 지정(부령 행정자치부-1)과 관련됩니다.
1. 정기보고의 지정(부령민 행정자치부-1)과 관련됩니다.
1. 정기보고의 지정(부령 공통-1)과 관련됩니다.
1. 정기보고의 지정(훈령 행정자치부-1)과 관련됩니다.
1. 정기보고의 지정(훈령민 행정자치부-1)과 관련됩니다.
1. 정기보고의 지정(훈령 공통-1)과 관련됩니다.</td><td rowspan="2">본문의 첫째 항목에 표시한다.</td></tr>
<tr><td>2. 훈령지정 정기보고</td></tr>
<tr><td>3. 수시보고</td><td>※ 아래 "수시보고심사의 표시방법"에 따른다.</td><td>1. 2002.7.1. 중앙수시 행정자치부-1(3)과 관련됩니다.
1. 2002.7.1. 자체수시 전라남도-1(2)과 관련됩니다.</td><td>본문의 첫째 항목에 표시한다.</td></tr>
<tr><td>4. 보고심사 제외대상보고 (영 제43조제2항)</td><td>심사제외 근거규정</td><td>1. 사무관리규정 제43조제2항 제5호(보고심사 제외 근거)와 관련됩니다.</td><td>본문의 첫째 항목에 표시한다.</td></tr>
</table>

※ 수시보고심사의 표시방법

구분	표시사항
중앙심사수시보고	심사일자 중앙수시 행정기관명-일련번호( )
자체심사수시보고	심사일자 자체수시 행정기관명-일련번호( )

비고 : ( )안에는 최초작성기관을 표시하며, 다음의 구분에 따라 그 숫자를 기입한다.

1. 최초작성기관이 중앙행정기관인 경우 0
2. 최초작성기관이 제1차 소속기관인 경우 1
3. 최초작성기관이 제2차 소속기관인 경우 2
4. 최초작성기관이 제3차 소속기관인 경우 3

[별표 20] 〈개정 1999.9.2, 2001.2.14, 2003.7.14〉

지정협조의 목록(제78조제1항관련)

지정번호	협조업무명	처리기간(일)	업무협조요청기관
	기획예산처 협조사항		
부령협 기획예산처-1	직제개편 및 정원조정에 따른 예산협의	30	중앙행정기관
부령협 기획예산처-2	국가재정지원에 의한 지방자치단체의 사업계획 승인협의	60	중앙행정기관
	국정홍보처 협조사항		
부령협 국정홍보처-1	정부홍보영화제작협조의뢰	20	중앙행정기관
	재정경제부 협조사항		
부령협 재정경제부-1	교통운임조정협의	30	건설교통부
부령협 재정경제부-2	연차별 유통산업근대화시행계획수립에 따른 협의	60	중앙행정기관
부령협 재정경제부-3	공공차관협약체결에 따른 협의	60	중앙행정기관
부령협 재정경제부-4	품목관리기준설정의 승인	15	조달청
부령협 재정경제부-5	물품관리검사결과시정요구승인	15	조달청
부령협 재정경제부-6	특별재물조사 및 물자관리감사 실시승인	14	조달청
부령협 재정경제부-7	정기재물조사 실시지침승인	15	조달청
부령협 재정경제부-8	공익법인설치수혜자 한정범위협의	10	교육인적자원부
부령협 재정경제부-9	국민주택채권(제1·2종)발행 및 조제의뢰	60	건설교통부
부령협 재정경제부-10	전도자금 교부한도액 협의	3	중앙행정기관
부령협 재정경제부-11	자금배정요구	15	중앙행정기관

부령협 재정경제부-12	재정융자금 상환조건 조정	14	중앙행정기관
부령협 재정경제부-13	면세물품에 관한 품목·수량·인도장소	20	중앙행정기관
부령협 재정경제부-14	고정자산재평가방법제정	10	중앙행정기관
부령협 재정경제부-15	고정자산대장양식의 제정협의	21	중앙행정기관
부령협 재정경제부-16	국유재산양여협의	20	중앙행정기관 지방자치단체
부령협 재정경제부-17	국고세입징수관계좌신설 및 번호지정요청	10	지방자치단체
외교통상부 협조사항			
부령협 외교통상부-1	교육문화국제교류협의	15	교육인적자원부
부령협 외교통상부-2	해외취재협조의뢰	60	중앙행정기관
부령협 외교통상부-3	중요인원보안대상자해외출장시신변보호의뢰	15	중앙행정기관
부령협 외교통상부-4	외국인사초청사전조정	15	중앙행정기관 지방자치단체
부령협 외교통상부-5	17세 이전 여권발급자 중 병역의무자 명부송부	30	병무청
법무부 협조사항			
부령협 법무부-1	군 수형자 이감협의	10	국방부
부령협 법무부-2	출입국자출입국사실조회	3	중앙행정기관
국방부 협조사항			
부령협 국방부-1	군인보험금지급이율조정	10	국가보훈처
부령협 국방부-2	진급최저복무기간단축요청	14	법무부
부령협 국방부-3	경비교도소요병력전입요청	20	법무부

부령협 국방부-4	경비교도전역의뢰	25	법무부
부령협 국방부-5	경비교도정원증감요청	30	법무부
부령협 국방부-6	징병검사종사군의관임명	30	병무청
부령협 국방부-7	산림자원조사원의 신변안전보호 협조요청	7	산림청
부령협 국방부-8	소총실탄구입의뢰	30	중앙행정기관 지방자치단체
부령협 국방부-9	항공사진촬영승인신청	10	중앙행정기관 지방자치단체
부령협 국방부-10	전공사상 확인통보	40	국가보훈처
행정자치부 협조사항			
부령협 행정자치부-1	공무원특별채용임용예정직급의 요건지정신청	14	중앙행정기관
부령협 행정자치부-2	계약직공무원채용협의	30	중앙행정기관
부령협 행정자치부-3	군법무관모집계획결정	60	국방부
부령협 행정자치부-4	지방비부담을 수반하는 예산요구에 따른 사전협의	30	중앙행정기관
부령협 행정자치부-5	지방비부담을 수반하는 국고보조에 따른 사전협의	30	중앙행정기관
부령협 행정자치부-6	지방비부담을 수반하는 법령안의 협의	20	중앙행정기관
부령협 행정자치부-7	지방자치단체공무원의 회의 또는 교육참석협조 소방관파출소설치승인신청	5	중앙행정기관
부령협 행정자치부-8	교부세비도변경승인신청	30	시·도
부령협 행정자치부-9	민방위도계획(세부집행계획)승인	10	시·도
부령협 행정자치부-10		25	시·도

부령협 행정자치부-11	지적측량기준점설치업무 수의계약승인신청	30	시·도
교육인적자원부 협조사항			
부령협 교육인적자원부-1	학적보유자명부의 관리	20	병무청
부령협 교육인적자원부-2	각급학교명단송부의뢰	7	병무청
부령협 교육인적자원부-3	과학기술원의 원장, 이사 및 감사의 선임 동의 협의	10	과학기술부
과학기술부 협조사항			
부령협 과학기술부-1	생명공학육성기본계획 및 연차별 시행계획수립	30	중앙행정기관
문화관광부 협조사항			
부령협 문화관광부-1	관광지지정 및 조성계획(변경)승인	40	시·도
농림부 협조사항			
부령협 농림부-1	농약 및 농업용수의 사용규제요청	30	환경부
부령협 농림부-2	제분업의 공정거래추진	20	재정경제부
부령협 농림부-3	군용동물예방약품지원협의	10	국방부
부령협 농림부-4	정부양곡가공지령신청	7	시·도
부령협 농림부-5	정부보급종자공급신청 및 벼, 보리 양특 매출신청	15	시·도
부령협 농림부-6	농산물주산지지정신청	20	시·도
부령협 농림부-7	살처분가축에 대한 보상금교부신청	15	시·도
부령협 농림부-8	각종축산용기자재관세감면업종 확인신청	10	시·도
부령협 농림부-9	농산물도매시장개설허가	30	서울특별시 광역시
부령협 농림부-10	농산물유통기구지역별 정비에 따른 승인	40	시·도

부령협 농림부-11	농산물도매시장폐쇄허가	7	서울특별시 광역시
부령협 농림부-12	농지전용허가·협의·승인신청	40	중앙행정기관 지방자치단체
부령협 농림부-13	부동산근저당권 해지	10	시·도
부령협 농림부-14	양특물품불용결정 승인신청	15	시·도
산업자원부 협조사항			
부령협 산업자원부-1	도입자본재명세검토협조요청	10	중앙행정기관
부령협 산업자원부-2	항공기(부속품)수입추천협의 및 의뢰	5	중앙행정기관
부령협 산업자원부-3	폐수지처리비용부담비율결정에 관한 협의	25	중앙행정기관
부령협 산업자원부-4	도입물품의 국산가부검토	15	중앙행정기관 서울특별시 부산광역시
부령협 산업자원부-5	구매외자에 대한 확인	15	중앙행정기관
부령협 산업자원부-6	보세판매장에서 판매할 수입물품 지정고시	30	관세청
부령협 산업자원부-7	자동차제작에 있어서의 배출농도 기준협의	30	환경부
부령협 산업자원부-8	원자력손해배상조치액승인	10	과학기술부
부령협 산업자원부-9	원자력발전소건설허가	15	과학기술부
부령협 산업자원부-10	연료의 사용제한 또는 변경에 관한 기준 설정 협의	90	중앙행정기관
부령협 산업자원부-11	집단에너지공급가능성협의	50	중앙행정기관 지방자치단체
정보통신부 협조사항			
부령협 정보통신부-1	무선국(고정국)주파수혼선제거 요청	30	중앙행정기관 지방자치단체

보건복지부 협조사항			
부령협 보건복지부-1	국가유공자의료보호협의(황색진료증발급)	30	국가보훈처
부령협 보건복지부-2	의약품초과보유품에 대한 소요협의	30	국방부
부령협 보건복지부-3	주한미군 및 군인가족진료에 관한 협의	7	국방부
부령협 보건복지부-4	징병검사 X선촬영협조	7	병무청
부령협 보건복지부-5	사회복지법인정관변경인가신청	7	시·도
부령협 보건복지부-6	사회복지법인임원승인신청	7	시·도
부령협 보건복지부-7	공중보건의사근무지(근무기관) 변경승인 신청	10	시·도
부령협 보건복지부-8	아동복지시설일람표	7	병무청
부령협 보건복지부-9	의약업자면허자격정지처분 요청	50	시·도
환경부 협조사항			
부령협 환경부-1	폐기물처리기본계획승인요청	120	시·도
부령협 환경부-2	하수도정비기본계획수립(변경)승인	60	시·도
부령협 환경부-3	도립공원지정승인신청	30	시·도
부령협 환경부-4	지상상수도재정자금융자신청	30	시·도
부령협 환경부-5	상수도사업인가	30	시·도
부령협 환경부-6	수렵장설정승인	10	시·도
노동부 협조사항			
부령협 노동부-1	기술자격검정의 시행협의	30	중앙행정기관

부령협 노동부-2	기능대학의 설립인가 또는 인가의 취소 협의	25	교육인적자원부
건설교통부 협조사항			
부령협 건설교통부-1		50	산림청
부령협 건설교통부-2	보전임지지정고시협의	20	환경부
부령협 건설교통부-3	측정망설치에 따른 공유수면점용 또는 사용허가협의	60	환경부
부령협 건설교통부-4	공공수역의 준설요청	50	환경부
부령협 건설교통부-5	하천점용허가의 취소, 하천공사의 시행중지 변경 또는 그 공작물의 이동이나 제거요청 공유수면점유 및 사용허가의 취소, 공유수면 사용의 정지·제한 또는 시설물의 건축제거 요청	50	환경부
부령협 건설교통부-6	공유수면매립공사준공인가전의 처분·취소·변경·공작물의 개축·원상회복 등 요청	30	환경부
부령협 건설교통부-7	공유수면의 사용제한금지허가의 취소·효력저지 등 요청 단지조성사업의 실시계획 및 준공인가	30	환경부
부령협 건설교통부-8	도시계획구역 안에서의 산림법 적용에 관한 협의	14	산업자원부
부령협 건설교통부-9	건설업분야하청거래제도개선협의	15	산림청
부령협 건설교통부-10	수도권 내 전문대학 이상의 교육기관 신·증설심의	30	재정경제부
부령협 건설교통부-11	표준설계도서인정신청	90	교육인적자원부
부령협 건설교통부-12	공공시설 등의 설치입지지정협의 및 승인	60	중앙행정기관 지방자치단체
부령협 건설교통부-13	도시계획결정승인신청	45	중앙행정기관 지방자치단체
부령협 건설교통부-14		90～150	중앙행정기관 지방자치단체

부령협 건설교통부-15	재개발구역지정	90	시·도
부령협 건설교통부-16	주택건설사업계획승인신청	35	시·도
부령협 건설교통부-17	설계심사신청	20	시·도
부령협 건설교통부-18	건축허가사전승인신청	40	시·도
부령협 건설교통부-19	도시저소득주민의 주거환경개선지구지정 승인신청	90	시·도
부령협 건설교통부-20	우회도로예정지고시의뢰	10	시·도
부령협 건설교통부-21	공원조성계획인가신청	60	시·도
부령협 건설교통부-22	지방도로 및 예정지지정	20	시·도
부령협 건설교통부-23	개발계획수립승인	30	시·도
부령협 건설교통부-24	개발제한구역 내 행위허가승인	30~90	시·도
부령협 건설교통부-25	도시설계승인	60	시·도
부령협 건설교통부-26	공단 내 공업용수도사업인가신청	30	시·도
부령협 건설교통부-27	농지전용허가추천서발급신청	30	시·도
부령협 건설교통부-28	산업단지개발사업준공인가	30	시·도
부령협 건설교통부-29	산업단지개발사업시행기간연장승인	20	시·도
부령협 건설교통부-30	산업단지개발사업시행자지정	30	시·도
부령협 건설교통부-31	산업단지개발사업실시계획승인(공업항건설 및 항만시설축조사업제외)	40	시·도
부령협 건설교통부-32	국토이용계획상 용도지역의 지정 또는 변경요청	90	중앙행정기관 지방자치단체

부령협 건설교통부-33	주택정책에 대한 협의 또는 승인	90	중앙행정기관 지방자치단체
부령협 건설교통부-34	도시계획시설변경승인신청	15	서울특별시 광역시
부령협 건설교통부-35	운행중인 자동차 배출가스허용설정에 관한 협의	30	환경부
부령협 건설교통부-36	책임보험에 대한 보험료 또는 보험약관에 따른 협의	10	재정경제부
부령협 건설교통부-37	상수도사업인가에 따른 협의	15	환경부
해양수산부 협조사항			
부령협 해양수산부-1	항만시설물이관	30	건설교통부
부령협 해양수산부-2	공유수면점용허가기간연장신청	7	시·도
부령협 해양수산부-3	산업단지개발사업실시계획승인(공업항건설 및 항만시설축조사업에 한함)	40	시·도
부령협 해양수산부-4	공유수면매립공사준공인가신청	30	시·도
국세청 협조사항			
부령협 국세청-1	주정소요량조회	20	농림부
부령협 국세청-2	맥주맥수급자료요청	20	농림부
관세청 협조사항			
부령협 관세청-1	관세감면물품사후관리협의	20	중앙행정기관
조달청 협조사항			
부령협 조달청-1	불용결정통보 및 처분방법회시	30	중앙행정기관
산림청 협조사항			
부령협 산림청-1	조림사업계획(변경)승인신청	20	시·도
부령협 산림청-2	항공사진(산림분야)복제신청	5	시·도

부령협 산림청-3	국유임야용도폐지승인	15	시·도
부령협 산림청-4	채수포폐기 또는 용도변경승인	15	시·도
중소기업청 협조사항			
부령협 중소기업청-1	제조업분야하도급불공정거래조사지원 의뢰	20	공정거래위원회
철도청 협조사항			
부령협 철도청-1	철도노선과 관련된 시설협의	30	중앙행정기관
부령협 철도청-2	전국체육대회선수수송 임시열차증설운행 및 철도요금할인협조	20	문화관광부
문화재청 협조사항			
부령협 문화재청-1	문화재보수공사설계승인신청	25	시·도
부령협 문화재청-2	문화재보수공사준공검사관 추천의뢰	15	시·도
부령협 문화재청-3	문화재지정신청	60	시·도
공통 협조사항			
부령협공통-1	연수대상자차출협조	20	통일부
부령협공통-2	시험감시관차출협조	15	행정자치부
부령협공통-3	원자력발전소방사능방재훈련	15	과학기술부
부령협공통-4	기술협력계획의 수립에 따른 협의	60	과학기술부
부령협공통-5	기술협력에 관한 외국파견자의 파견기간 변경 또는 일시 귀국승인협의	30	과학기술부
부령협공통-6	외국정부와의 경제관계회의 개최관련 부서별 입장조회	20	외교통상부
부령협공통-7	민방위대교육에 따른 협조	15	행정자치부
부령협공통-8	민방위의 날 훈련실시에 따른 협조	15	행정자치부
부령협공통-9	지방단위건의사항에 대한 조치협조	30	행정자치부
부령협공통-10	지방교부세산정을 위한 통계자료협조	15	행정자치부
부령협공통-11	차관협정체결에 따른 관계기관협의	60	재정경제부
부령협공통-12	외국인 투자유치 및 사후관리에 따른 관계기관과의 협의	20	산업자원부

부령협공통-13		7	법무부
부령협공통-14		30	농림부
부령협공통-15	경비교도대 부상자 가료요청	20	농림부
	농림수산부문자금지원계획협의		시·도
부령협공통-16	이용제한지역 안에서의 초지조성에 따른 협의	30	산업자원부
부령협공통-17	공업단지지정업무	30	산업자원부
부령협공통-18	유치지역 및 공업단지예정지지정	20	산업자원부
부령협공통-19	자유지역지정 및 지정변경고시	14	산업자원부
부령협공통-20	업종별시설기준의 고시협의	14	중소기업청
부령협공통-21	사업전환대상업종의 지정협의	14	중소기업청
부령협공통-22	중소기업협동화기준의 고시협의	15	산업자원부
부령협공통-23	민속공예산업육성계획수립협의	30	중소기업청
	중소기업제품구매계획종합작성에 따른 협의		
부령협공통-24	우선육성업종의 지정협의	14	산업자원부
부령협공통-25	항공공업진흥기본계획수립(변경)에 따른 협의	30	산업자원부
	공업유치계획수립에 따른 협의		
부령협공통-26	공업배치기본계획수립에 따른 협의	30	산업자원부
부령협공통-27	수출자유지역 외 지역에서의 종업원후생 복지	30	산업자원부
부령협공통-28	시설의 설치승인에 따른 협의	20	산업자원부
	전원개발사업실시계획승인에 따른 협의		
부령협공통-29	에너지이용합리화기본계획협의	30	산업자원부
부령협공통-30	도시기본계획의 승인을 위한 협의	60	산업자원부
부령협공통-31	도시계획결정협의	30	건설교통부
부령협공통-32	도로구역결정협의	40	건설교통부
부령협공통-33	산업단지개발사업실시계획협의	30	건설교통부
부령협공통-34		15	건설교통부
	택지개발예정지구지정 및 변경협의		해양수산부
부령협공통-35	국가산업단지지정협의	60	건설교통부
부령협공통-36	국립공원계획(안) 및 변경(안)협의	20	건설교통부
부령협공통-37	국립공원지정(안)협의	20	환경부
부령협공통-38	공공시설입지승인에 따른 협의	40	환경부
부령협공통-39	다목적댐 건설기본계획 수립·변경·폐지에 따른	30	건설교통부
부령협공통-40	협의	30	건설교통부
	수자원개발시설사업실시계획승인에 따른 협의		
부령협공통-41		30	건설교통부

부령협공통-42	사업인정에 따른 협의	7	건설교통부
부령협공통-43	공공투자사업집행계획파악	25	노동부
부령협공통-44	전기통신기본계획의 수립에 따른 협의	30	정보통신부
부령협공통-45	전기통신기자재종류지정에 따른 협의	30	정보통신부
부령협공통-46	해외산림개발업체지원	30	산림청
부령협공통-47	운행자동차매연절감을 위한 대책 강구 협조요청	40	환경부
부령협공통-48	연료용유류의 유황함유기준을 설정협의	90	환경부
부령협공통-49	특별대책지역안의 토지이용 등의 제한 협의 자동차소음기준협의	50	환경부
부령협공통-50	폐기물처리기본계획승인(변경승인)협의	30	환경부
부령협공통-51	철도관련사업을 목적으로 하는 국유재산현물출	30	환경부
부령협공통-52	자협의	10	철도청
부령협공통-53	행정감사계획승인신청	20	중앙행정기관 지방자치단체
부령협공통-54	서식승인신청	20	중앙행정기관 지방자치단체
부령협공통-55	관인등록신청	7	중앙행정기관 지방자치단체
부령협공통-56	5급일반승진시험의 요구	50	중앙행정기관 지방자치단체
부령협공통-57	청소년대책사업추진협의	10	중앙행정기관 지방자치단체
부령협공통-58	세입·세출예산 및 결산승인신청	30	중앙행정기관
부령협공통-59	물품관리전환협의	30	중앙행정기관
부령협공통-60	물품관리전환승인신청	30	중앙행정기관 지방자치단체
부령협공통-61	초과수입금사용승인	25	중앙행정기관 지방자치단체
부령협공통-62	공유수면매립면허협의	40	중앙행정기관 지방자치단체
부령협공통-63	국유재산소관청조회	40	중앙행정기관 지방자치단체
부령협공통-64	국유재산소관청 경합상황 지정요청	10	지방자치단체

부령협공통-65		40	중앙행정기관
	국유재산관리환협의		지방자치단체
부령협공통-66		30	중앙행정기관
	국유재산무상사용협의		지방자치단체
부령협공통-67		45	지방자치단체
	국가의 재정지원에 의한 사업계획수립승인		
부령협공통-68	각종 보조금 및 사업비지원신청	10	지방자치단체
부령협공통-69	행정권한위임승인신청	30	지방자치단체
부령협공통-70	국가공무원임용제청	14	지방자치단체
부령협공통-71	5급 이상 국가공무원징계의결요구	30	지방자치단체
부령협공통-72	공무원파견근무승인신청	10	지방자치단체
부령협공통-73	전보사전승인신청	10	지방자치단체
부령협공통-74	5급 이상 지방공무원임용사전승인신청	10	지방자치단체
부령협공통-75	지방공무원임용계획승인신청	7	지방자치단체
부령협공통-76	지방공무원특별임용사전승인신청	10	지방자치단체
부령협공통-77	지방자치단체공무원정원조정 및 승인신청	50	지방자치단체
	지방자치단체사무분장승인신청		
부령협공통-78	지방전문직원보수인상승인신청	15	지방자치단체
부령협공통-79	지방채 및 기채승인신청	20	지방자치단체
부령협공통-80	지방자치단체수입증지발행소요량신청	15	지방자치단체
부령협공통-81	비상대비업무에 관한 시행계획승인신청	30	지방자치단체
부령협공통-82	채광계획인가에 따른 협의	10	시·도
부령협공통-83	다목적댐건설사업에 따른 행위 등 협의	40	시·도
부령협공통-84	다도해해상국립공원 내 행위에 따른 협의	30	시·도
부령협공통-85	통계연보발간자료제출협조	30	시·도
부령협공통-86	각종 융자(보조)금 교부신청	20	시·도
부령협공통-87	주민소득추계자료작성에 따른 협조	20	시·도
부령협공통-88	법령질의(법제처에 대한 법령질의 제외)	15	시·도
부령협공통-89		14	중앙행정기관
	계약사무 실례조회		지방자치단체
부령협공통-90		7	중앙행정기관
	국유지무상귀속협의		지방자치단체
부령협공통-91		45	중앙행정기관
	공공차관협약에 의한 용역계약협의		시·도
부령협공통-92		20	중앙행정기관

부령협공통-93	기술도입계약신고와 관련한 의견문의	14	중앙행정기관도
부령협공통-94	어업면허 및 연장허가에 따른 협의	20	해 양 수 산 부
부령협공통-95	항만기본계획협의	30	중앙행정기관
부령협공통-96	법령협의	20	지방자치단체

[별표 21] 〈개정 2003.7.14〉

지정협조 지정번호 및 수시협조심사의 표시

(제80조제3항 및 제81조제2항·제3항관련)

<table>
<tr><th>협조구분</th><th>표시할 사항 및 표시요령</th><th>표시예시</th><th>표시위치</th></tr>
<tr><td>1. 행정자치부령 지정 협조</td><td rowspan="2">고유기호 행정기관명-일련번호
고유기호 공통-일련번호</td><td rowspan="2">1. 지정협조의 지정(부령협 행정자치부-1)과 관련됩니다.
1. 지정협조의 지정(부령협 공통- 1)과 관련됩니다.
1. 지정협조의 지정(훈령협 행정자치부-1)과 관련됩니다.
1. 지정협조의 지정(훈령협 공통 -1)과 관련됩니다.</td><td rowspan="2">본문의 첫째 항목에 표시한다.</td></tr>
<tr><td>2. 훈령지정 협조</td></tr>
<tr><td>3. 수시협조</td><td>행정기관명-일련번호(처리기간)</td><td>1. 수시협 행정자치부-1(7일)과 관련됩니다.
1. 수시협 전라남도-1(20일)과 관련됩니다.</td><td>본문의 첫째 항목에 표시한다.</td></tr>
</table>

[별표 22] 〈개정 2003.7.14〉

서식의 설계기준(제83조관련)

구분	내용	설계기준
행정기관명, 발신명의 및 결재란 등(이난은 보고서식 등 기안문 및 시행문 형식을 필요로한 경우에 추가로 설치)	행정기관명	그 문서를 기안한 부서가 속한 행정기관명을 가장 윗부분 가운데에 둔다.
	발신명의	발신명의는 본문의 아랫부분 가운데에 둔다.
	결재란 등	공문서의 발신명의의 아래에 다음 사항을 설치한다. 가. 기안자, 검토자, 협조자, 결재권자의 직위(직급) 및 서명 나. 우편번호, 주소, 홈페이지주소 다. 전화번호, 모사전송번호, 공무원의 공식 전자우편 주소, 공개구분
표제란	1. 서식명	가. 다른 서식과 혼동을 일으키지 아니하도록 서식의 내용을 확실히 알 수 있는 명칭을 붙인다. 나. 위치는 윗부분 가운데에 둠을 원칙으로 한다.
	2. 수신자명	가. 위치는 윗부분 왼쪽에 둠을 원칙으로 한다. 나. 수신자가 일정한 경우에는 이를 명시한다.
	3. 발행일자	가. 위치는 윗부분 또는 아랫부분 오른쪽에 둠을 원칙으로 한다. 나. 시행문서로서의 성격을 가진 것은 발행일자와 함께 등록번호를 명시한다.
	4. 발행번호	각종 증명서 등의 서식에는 발행번호를 둔다.
	5. 발신명의	가. 위치는 아랫부분 가운데에 둠을 원칙으로 한다. 나. 발신명의를 명시함을 원칙으로 한다. 다. 발신명의 다음에는 성명을 표시하지 아니함을 원칙으로 한다.
본란	1. 항목란	가. 구비서류를 따로 받지 아니하도록 그 내용을 기입할 수 있는 항목을 둠을 원칙으로 한다. 나. 항목의 일련번호는 왼쪽에서 오른쪽으로, 위에서 아래로 정한다. 다. 항목은 서식의 내용을 쉽고, 일관성 있게 파악 할 수 있도록 배열한다. 라. 검토·분류·선별의 대상 및 기준이 되는 항목의 위치는 다음과 같다. (1) 왼쪽에서 철하는 경우-오른쪽 (2) 위에서 철하는 경우-아랫부분 (3) 카드의 경우-윗부분 마. 다른 서식에 옮겨 적어야 하는 항목은 그 서식에 따라 배열함을 원칙으로 한다.

		바. 민원서식은 다음과 같이 배열함을 원칙으로 한다. (1) 인적사항-서식명 바로 아랫부분 (2) 구비서류의 종류 및 부수-왼쪽 아랫부분 (3) 처리기간-오른쪽 윗부분 (4) 수수료-오른쪽 아랫부분 (5) 업무흐름도표-뒷면 (6) 전자신청가능여부-오른쪽 윗부분 여백에 다음 예시와 같이 전자신청가능여부를 표시한다. (예시) 이 서식은 전자신청이 가능한 서식입니다. 사. 행정편의와 단순한 관행상의 이유만으로는 민원서식상의 날인란을 두지 아니하되 필요한 경우에는 서명 또는 손도장으로 갈음한다. 아. 주소변경시 법령에 신고규정이 없는 허가증·인가증·자격증·신고필증 등의 서식에는 주소란을 두지 아니한다. 자. 오른쪽 상단에 전자적 신청이 가능한 경우에는 이를 표시한다.
	2.기입란	가. 너비는 타자의 경우는 9밀리미터, 필기의 경우는 10밀리미터, 다기능사무기기의 경우는 8.5밀리미터로 함을 원칙으로 한다. 나. 길이는 해당란에 기입할 내용에 따라 정한다. 다. 기입란명은 기입할 내용을 확실히 알 수 있는 명칭을 붙인다.
	3. 금액 및 숫자란	계산이 필요한 숫자란은 계산의 순서를 고려하여 상하 또는 좌우로 배열하고 계산부호를 붙인다.
부가란	1. 기재상 주의사항 2. 비고란 3. 공지사항	서식의 윗부분에 기입하되 부득이한 경우에는 앞면의 윗부분에 주의사항에 대한 안내문구를 표시하고 별지 또는 뒷면에 그 내용을 기입한다. 기재할 내용이 있는 경우에만 둔다. 공지할 필요가 있는 사항은 서식의 아랫부분에 둠을 원칙으로 한다.

[별표 23] 〈개정 1996.5.28〉

서식용지의 사용용도별 지질 · 중량기준(제84조관련)

번호	서식용지의 용도	지질 및 중량
1	비치카드·상장·통지서(엽서)·임용장, 휴대 또는 게시하는 각종 증서 등	보존용지(1종) 120g/㎡
2	보존기간이 20년 이상인 문서의 서식, 보존기간이 10년 이상인 기안용지·회계장부 및 특수대장	보존용지(1종) 70g/㎡
3	보존기간이 10년 이상인 문서의 서식(제2호의 서식 제외), 보존기간이 5년 이하인 문서의 서식, 일반대장(보존기간 10년 미만) 및 회의안건·보고서 등	보존용지(2종) 70g/㎡ 또는 일반용지 60g/㎡(재활용품)
4	각종 민원신청서 및 신고서·통지서	일반용지 60g/㎡(재활용품) 또는 신문용지 54g/㎡(재활용품)
5	행정간행물(보존기간 10년 이상)	보존용지(2종) 70g/㎡

[별지 제1호서식] <신설 1999.9.2>

사무인계 · 인수서

1. 업무현황 가. 담당사무 나. 주요업무계획 및 진행사항 다. 현안사항 및 문제점 라. 주요미결사항   2. 관련문서 현황   3. 주요물품 및 예산 등 인계·인수가 필요한 사항   4. 기타 참고사항

위와 같이 인계 · 인수합니다.

년 월 일

인계자 ○○○ (서명)

인수자 ○○○ (서명)

입회자 ○○○ (서명)

비고

1. 입회자는 인계·인수자 외 직근 상급자가 된다. 다만, 인계·인수자가 기관장 및 부기관장의 경우에는 직근 하급자가 된다.
2. 동 서식은 예시이므로 기관의 실정 및 인계·인수사항에 따라 조정할 수 있다.

15012-15511일 210mm×297mm

99.8.20 승인 (일반용지 60g/㎡(재활용품))

[별지 제1호의2서식] 〈개정 2003.7.14〉

행정기관명

수신자 ( )
(경유)
제목

발신명의 [인]

기안자(직위/직급) 서명 검토자(직위/직급) 서명 결재권자(직위/직급) 서명
협조자(직위/직급) 서명

시행 처리과명-일련번호(시행일자) 접수 처리과명-일련번호(접수일자)

우 주소 / 홈페이지 주소
전화( ) 전송( ) / 공무원의 공식 전자우편주소 / 공개구분

210mm×297mm(보존용지(2종) 70g/㎡), (일반용지 60g/㎡(재활용품))
또는 (보존용지(1종) 70g/㎡)

[별지 제1호의3서식] 〈신설 2006.3.28〉

□문서관리카드

○표제

【제목】 【과제명】
【정보출처】 【문서취지】
【본문】 【붙임】

○보고경로

【경로】 【요청상태】 【의견】 【처리결과】 【본문】

○관리정보

【문서번호】 【열람범위】
【공개여부】 【보존기간】

○시행

【시행문서번호】 【시행문서제목】
【시행본문】 【시행붙임】
【시행경로】

※ 비고(이 란은 서식에 포함되지 아니한다)

1. 이 서식을 원칙으로 하되, 특별한 사유가 있는 경우에는 행정기관의 장이 조정할 수 있다.
2. 표제부의 【제목】 란에는 그 문서의 내용을 쉽게 알 수 있도록 제목을 간단하고 명확하게 기재한다.
3. 표제부의 【과제명】 란에는 그 문서가 속하는 고유한 단위과제·관리과제의 이름을 기재한다. 다만, 관리과제가 없는 경우에는 그러하지 아니하다.
4. 표제부의 【정보출처】 란에는 각종 지시사항이나 문서를 만들게 된 계기 등을 기재한다.
5. 표제부의 【문서취지】 란에는 문서작성의 발단, 근거, 내용요약, 기대효과 그 밖에 보고를 위하여 필요한 내용을 기재한다.
6. 표제부의 【본문】 란에는 내용을 직접 작성하거나 첨부할 수 있다.
7. 표제부의 【붙임】 란에는 다양한 종류의 붙임 파일을 첨부할 수 있다.
8. 보고경로부의 【경로】 란에는 기안자·검토자·협조자 및 결재권자의 직위·직급 및 성명을 기재하고, 결재경로의 변경이 있는 경우에는 이를 기재한다.
9. 보고경로부의 【요청상태】 란에는 보고·협조·지시 등의 요청상태를 표시한다.
10. 보고경로부의 【의견】 란에는 기안·검토·협조 및 결재시의 의견을 기재한다.
11. 보고경로부의 【처리결과】 란에는 문서에 대하여 기안·검토·협조 또는 결재한 결과와 일자를 표시한다.
12. 보고경로부의 【본문】 란에는 최초로 기안된 문서와 수정된 문서를 표시한다.
13. 관리정보부의 【문서번호】 란에는 "처리과명-일련번호"의 형태로서 처리과명을 기재하고 일련번호는 연도별 일련번호를 기재한다.
14. 관리정보부의 【열람범위】 란에는 팀·과, 본부·실·국, 당해 행정기관 및 전행정기관 등 문서를 열람할 수 있는 범위를 표시한다.
15. 관리정보부의 【공개여부】 란에는 「공공기관의 정보공개에 관한 법률」에 따라 문서의 대국민 공개여부와 비공개시 또는 부분공개시의 사유를 기재한다.
16. 관리정보부의 【보존기간】 란에는 문서의 보존기간을 기재한다.
17. 시행부의 【시행문서번호】 란에는 시행하는 경우에 시행문의 번호가 표시된다.
18. 시행부의 【시행문서제목】 란에는 시행하는 경우에 시행문의 제목을 기재한다.
19. 시행부의 【시행본문】 란에는 시행하는 경우에 시행문의 본문 내용을 기재한다.
20. 시행부의 【시행붙임】 란에는 시행하는 경우에 시행문의 붙임을 첨부한다.
21. 시행부의 【시행경로】 란에는 시행하는 경우에 시행문에 표시될 결재경로를 표시한다.

[별지 제2호서식] 〈개정 1996.5.28〉

<table>
<tr><td>기관명</td><td>회보</td><td colspan="8">제 호
. . .</td></tr>
<tr><td colspan="10">(지시사항)

(일일명령)

(연락사항)

(공지사항)

(상벌사항)

(기타)

발신명의

수신처</td></tr>
<tr><td>회람</td><td></td><td></td><td></td><td></td><td></td><td></td><td></td><td></td><td></td></tr>
</table>

15012-02811일
95.11.30 개정

210mm×297mm
(일반용지 60g/㎡(재활용품))

[별지 제3호의2서식] 〈개정 2003.7.14〉 (표제부)

행정기관명

수신자 ( )

(경유)

제목

본 서식은 표제부입니다.

본문 내용은 본문부(별도화일)를 이용하시기 바랍니다.

본문 내용에 대한 의견이 있는 경우에만 아래에 기재합니다.

1. 의견내용
2. 의견을 표시한 자의 소속, 직위(직급) 및 성명

발신명의 [인]

기안자(직위/직급) 서명 검토자(직위/직급) 서명 결재권자(직위/직급) 서명

협조자(직위/직급) 서명

시행 처리과명-일련번호(시행일자) 접수 처리과명-일련번호(접수일자)

우 주소 / 홈페이지 주소

전화( ) 전송( ) / 공무원의 공식 전자우편주소/공개구분

210mm×297mm(보존용지(2종) 70g/㎡), (일반용지 60g/㎡(재활용품)), (보존용지(1종) 70g/㎡) 또는 전산용지

(본문부)

제목

(본문내용)

붙임

[별지 제3호의3서식] 〈신설 2003.7.14〉

등록번호	
등록일자	
결재일자	
공개구분	

협조자			

(제목)

※ 필요한 경우 보고근거 및 보고내용을 요약하여 기재할 수 있음

○○○○부 ○○○○부
(처·청 또는 위원회 등) 또는 (처·청 또는 위원회 등)
○○○○국 ○○○○과

비고(이 난은 서식에 포함하지 아니함)

1. 이 서식은 보고서·계획서·검토서 등 내부적으로 결재하는 문서에 한하여 사용하며, 시행문으로 변환하여 사용할 수 없다.
2. 등록번호란 : 처리과기관코드[처리과명(처리과가 없는 행정기관은 10자 이내의 행정기관명의 약칭)을 말한다]와 연도별 일련번호를 기재한다.
3. 공개구분란 : 공개, 부분공개, 비공개로 구분하여 표시한다. 부분공개, 비공개인 경우에는 공공기관의기록물관리에관한법률시행규칙 제16조의 규정(별표 11)에 의한 공개여부 구분번호를 선택하여 ( )안에 표시한다.
4. 기안자, 검토자, 협조자, 결재권자의 직위/직급 : 직위가 있는 경우에는 직위를 온전하게 쓰고, 직위가 없는 경우에는 직급을 온전하게 쓴다. 다만, 기관장과 부기관장의 직위는 간략하게 쓴다.
5. 발의자(★), 보고자(⊙)표시 : 해당직위 또는 직급의 앞 또는 위에 한다.
6. 전결 및 서명표시 위치 : 사무관리규정 제16조제2항 및 동규정시행규칙 제19조제1항의 규정에 의하여 결재권이 위임된 사항을 전결하는 경우에는 행정기관의 장의 결재란을 설치하지 아니하고 전결하는 자의 서명란에 "전결"표시를 한 후 서명한다.
7. 전결·대결 및 서명표시 위치 : 사무관리규정 제16조제3항 및 동규정시행규칙 제19조제2항의 규정에 의하여 위임전결사항을 대결하는 경우에는 행정기관의 장의 결재란을 설치하지 아니하고 전결하는 자의 서명란에 "전결"표시를 한 후 대결하는 자의 서명란에 "대결"표시를 하고 서명하며, 위임전결사항이 아닌 사항을 대결한 경우에는 행정기관의 장의 결재란을 설치하지 아니하고 대결하는 자의 서명란에 "대결"표시를 하고 서명한다.
8. 보조기관 또는 보좌기관의 전결사항이 아닌 결재사항인 경우에는 검토자는 해당란에 서명을 하고, 보조기관 또는 보좌기관은 그 보조기관 또는 보좌기관의 직위를 쓰고, 해당란에 서명한다.
9. 크기 및 결재란 수는 조정하여 사용할 수 있다.

210mm×297mm(보존용지(2종) 70g/㎡), (일반용지 60g/㎡(재활용품))
또는 (보존용지(1종) 70g/㎡)

[별지 제4호서식] 〈개정 2003.7.14〉

행정기관명

우 주소 /전화( ) /전송( )

<table>
<tr><td>등록번호</td><td colspan="2"></td><td colspan="2"></td><td>대통령</td></tr>
<tr><td>등록일자</td><td colspan="2"></td><td></td><td>국무총리</td><td rowspan="3"></td></tr>
<tr><td>결재일자</td><td colspan="2"></td><td rowspan="2"></td><td rowspan="2"></td></tr>
<tr><td>시행일자</td><td colspan="2"></td></tr>
<tr><td colspan="2">관련기관 협조여부</td><td colspan="3"></td><td>공개구분</td></tr>
<tr><td rowspan="2">협조기관</td><td></td><td></td><td></td><td></td><td rowspan="2"></td></tr>
<tr><td></td><td></td><td></td><td></td></tr>
<tr><td>수신자</td><td colspan="2"></td><td>발신자</td><td colspan="2">[인]</td></tr>
<tr><td>제목</td><td colspan="5"></td></tr>
<tr><td colspan="6"></td></tr>
</table>

비고(이 난은 서식에 포함하지 아니함)

1. 공개구분란에는 공개, 부분공개, 비공개로 구분하여 표시한다. 부분공개, 비공개인 경우에는 공공기관의기록물관리에관한법률시행규칙 제16조의 규정(별표 11)에 의한 공개여부 구분번호를 선택하여 (　　)안에 표시한다.
2. "수신자"는 "받는 자"로, "발신자"는 "보내는 자"로 하여 사용할 수 있다.

210mm×297mm(보존용지(1종) 70g/㎡)

[별지 제4호의2서식] 〈개정 2003.7.14〉

○○수석 (보좌관)	비서실장

○○장관	국무총리	대통령

등록번호	
등록일자	
결재일자	
공개구분	

협조자		

(제목)

※ 필요한 경우 보고근거 및 보고내용을 요약하여 기재할 수 있음

○○○부

(처·청·위원회 등)

비고(이 난은 서식에 포함하지 아니함)

1. 이 서식은 보고서·계획서·검토서 등 내부적으로 결재하는 문서에 한하여 사용하며, 시행문으로 변환하여 사용할 수 없다.
2. ○○수석(보좌관)란 : ○○수석, ○○보좌관 등 대통령비서실직제에서 정하는 명칭으로 한다.
3. 등록번호란 : 처리과기관코드[처리과명(처리과가 없는 행정기관은 10자 이내의 행정기관명의 약칭)을 말한다]와 연도별 일련번호를 기재한다.
4. 공개구분란 : 공개, 부분공개, 비공개로 구분하여 표시한다. 부분공개, 비공개인 경우에는 공공기관의기록물관리에관한법률시행규칙 제16조의 규정(별표 11)에 의한 공개여부 구분번호를 선택하여 (　　)안에 표시한다.
5. 발의자(★), 보고자(⊙) 표시 : 해당직위 앞 또는 위에 한다.
6. 크기 및 결재란 수는 필요에 따라 조정하며 사용할 수 있다.

210mm×297mm(보존용지(2종) 70g/㎡), (일반용지 60g/㎡)
또는 (보존용지(1종) 70g/㎡)

[별지 제6호의2서식] 〈신설 1999.9.2〉

사용자계정 및 전자이미지서명 등록신청서

<table>
<tr><td>①소속</td><td colspan="3"></td><td>②전화번호</td><td></td></tr>
<tr><td>③성명</td><td></td><td>④직위</td><td></td><td>⑤직급</td><td></td></tr>
<tr><td>⑥주민등록번호</td><td colspan="5"></td></tr>
<tr><td rowspan="3">⑦ 사 용 자 계 정
(ID)</td><td colspan="5">㉠</td></tr>
<tr><td colspan="5">㉡</td></tr>
<tr><td colspan="5">㉢</td></tr>
<tr><td>⑧비밀번호</td><td colspan="5"></td></tr>
<tr><td>⑨ 전 자 이 미 지
서명</td><td colspan="5"></td></tr>
<tr><td colspan="6">사무관리규정시행규칙 제29조제2항의 규정에 의하여 사용자계정(ID) 및 전자이미지 서명등록을 신청합니다.

년 월 일

신청인 (서명 또는 인)
○○기관의 장 귀하</td></tr>
</table>

※ 작성방법

1. ①소속은 과단위까지 구체적으로 기재한다.
   (예 : 행정자치부 행정관리국 행정능률과)
2. ⑦사용자계정(ID)은 ㉠㉡㉢란에 다음 기준에 의하여 기재한다.
   첫 자는 영문으로 그 외 문자는 영문과 숫자를 조합해서 6-8자 이내로 기재한다(중복되는 사용자계정이 있을 경우에는 ㉡㉢순으로 부여된다). 다만, 사용자계정은 기관의 실정에 따라 달리 정할 수 있다.
3. ⑧비밀번호는 영문과 숫자로 6-8자 이내로 기재하되, 최초로 등록한 후 즉시 변경하여 사용하여야 한다.
4. ⑨전자이미지서명은 서명자의 성명을 반드시 한글로 알 수 있도록 표시하되, 싸인펜 등으로 네모 안에 꽉 차도록 진하고 크게 표시한다.
5. 본 서식과 작성방법은 예시이므로 기관의 설정에 따라 변경하여 사용할 수 있다.

15012-15711일 / 210mm×297mm
99.8.20 승인 / (일반용지 60g/㎡(재활용품))

[별지 제7호서식] 〈개정 1996.5.28〉

공문서영수증

일련번호	받음					
	문서번호	시행일자	제목	부수	붙임물	접수일자

년 월 일

받은사람 : 소속 직급 성명 서명㊞

15012-03011일 182mm×257mm
95.11.30 개정 (일반용지 60g/㎡, 신문용지 54g/㎡(재활용품))

[별지 제23호의2서식] 〈개정 2003.7.14〉

정책추진과정 비망록

정책명		총소요기간 및 예산액	
추진배경			
추진경과			
관련자 및 업무분담내용			
다른 기관 또는 민간인관련자			
기타			
공개구분			

※ 공개구분란 : 공개, 부분공개, 비공개로 구분하여 표시한다. 부분공개, 비공개인 경우에는 공공기관의기록물관리에관한법률시행규칙 제16조의 규정(별표 11)에 의한 공개여부 구분번호를 선택하여 (　　)안에 표시한다.

210mm×297mm(보존용지(1종) 70g/㎡)

[별지 제24호서식] 〈개정 2003.7.14〉

관인대장

<table>
<tr><td colspan="2">관인명</td><td colspan="4"></td></tr>
<tr><td colspan="2">종류</td><td colspan="2">□청인 □직인 □특수관인</td><td>관리부서</td><td></td></tr>
<tr><td rowspan="9">□ 등 록 · □ 재 등 록 관 인</td><td rowspan="9">(인영)</td><td>등록일(재등록일)</td><td colspan="3">년 월 일</td></tr>
<tr><td>새긴날</td><td colspan="3">년 월 일</td></tr>
<tr><td>새긴사람</td><td colspan="3">주소 :
성명및상호 :
주민등록번호 :</td></tr>
<tr><td>최초사용일</td><td colspan="3">년 월 일</td></tr>
<tr><td>재료</td><td colspan="3"></td></tr>
<tr><td>등록(재등록)사유</td><td colspan="3"></td></tr>
<tr><td>관보공고</td><td colspan="3">년 월 일
공고 제 - 호</td></tr>
<tr><td>비고</td><td colspan="3"></td></tr>
<tr><td rowspan="7">폐 기 관 인</td><td rowspan="7">(인영)</td><td>등록일(재등록일)</td><td colspan="3">년 월 일</td></tr>
<tr><td>폐기일(분실일)</td><td colspan="3">년 월 일</td></tr>
<tr><td>폐기사유</td><td colspan="3">□마멸 □분실 □기타( )</td></tr>
<tr><td>폐기방법</td><td colspan="3">□소각 □이관 □기타( )</td></tr>
<tr><td>폐기자(분실자)</td><td colspan="3">소속:
직급: 성명:</td></tr>
<tr><td>관보공고</td><td colspan="3">년 월 일
공고 제 - 호</td></tr>
<tr><td>비고</td><td colspan="3"></td></tr>
<tr><td colspan="6">※관인을 최초로 등록한 때에는 □등록란에 ∨표를, 재등록한 때에는 □재등록란에 ∨표를 한다.
※비고란은 관련문서의 등록번호 및 시행일자 등 참고사항을 기록한다.</td></tr>
</table>

210mm×297mm(보존용지(1종) 70g/㎡) 또는 210mm×297mm(한지)

[별지 제25호서식] 〈개정 2003.7.14〉

행정기관명

수신자 (　　　　　)

□관인등록(재등록) 신청
제목 □관인폐기신고
□전자이미지관인등록(재등록) 신청

<table>
<tr><td colspan="2">관인명</td><td></td></tr>
<tr><td colspan="2">종류</td><td>□청인　□직인　□특수관인</td></tr>
<tr><td colspan="2">등록(재등록, 폐기)사유</td><td></td></tr>
<tr><td rowspan="3">폐기대상관인 처리</td><td>폐기예정일 (분실일)</td><td>년　월　일</td></tr>
<tr><td>폐기방법</td><td>□이관　□기타(　　　)</td></tr>
<tr><td>폐기자 (분실자)</td><td>소속 :
직급 :　성명 :</td></tr>
<tr><td colspan="2">비고</td><td></td></tr>
</table>

발신명의 [인]

기안자(직위/직급) 서명　검토자(직위/직급) 서명　결재권자(직위/직급) 서명
협조자(직위/직급) 서명
시행 처리과명-일련번호(시행일자)　접수 처리과명-일련번호(접수일자)
우　주소　/홈페이지 주소
전화(　)　전송(　)　/공무원의 공식 전자우편주소/공개구분

210mm×297mm(일반용지 60g/㎡(재활용품))

[별지 제26호서식] 〈개정 1996.5.28〉

관인인쇄용지관리대장

인쇄문서명			
관인명		인쇄관인규격	

일자	인쇄량(매)	사용량(매)	사용내역	잔여량(매)	확인(서명)

15012-09011비 95.11.30 개정

210mm×297mm (보존용지(2종) 70g/㎡)

[별지 제28호서식] 〈개정 2003.7.14〉

행정기관명

수신자 ( )

제목 □정기보고(□지정 □개정 □폐지)신청
□수시보고심사신청

보고명				지정번호	
보고주기 또는 기일		처음작성기관			
근거		최종수보기관			
보고받는 주요내용					
사용목적					
개정(폐지)사유					
※심사내용 : 문제점이 없을 때는 ○으로, 문제점이 있을 때는 ∨로 표시한다.					
심사기준 / 심사관	보고목적의타당성	유사·중복여부 (정기보고·통계보고 등 확인)	관계기관 등의 사전협의 여부	보고기일 또는 보고주기의 타당성	처음 보고작성기관의 적정성
결재권자					
보고심사관					
심사기준 / 심사관	서식의합리성	기존자료활용가능성	표본조사가능성	보고내용의 적합여부	행정용어순화여부
결재권자					
보고심사관					
보고심사내용				보고심사표시	
보고자료의 공동활용여부		□필요 □불필요		공동활용기관	
심사의견기다					

붙임
1. 서식제원(별지 제38호서식) 2부
2. 보고서식 2부
3. 결재서류 사본 1부(중앙보고심사에 한함). 끝.

※ 정기보고지정을 폐지하는 경우에는 보고명란부터 폐지사유란까지만 작성한다.

발신명의 [인]

기안자(직위/직급)서명 검토자(직위/직급)서명 결재권자(직위/직급)서명
협조자(직위/직급)서명
시행 처리과명-일련번호(시행일자) 접수 처리과명-일련번호(접수일자)
우 주소 /홈페이지 주소
전화( ) 전송( ) /공무원의 공식 전자우편주소/공개구분

210mm×297mm(일반용지 60g/㎡(재활용품))

[별지 제30호서식] 〈개정 2003.7.14〉

행정기관명

수신자 ( )

제목 제( )차 보고독촉

1. ┌ 정기보고지정 ┐ 번호 :
   └ 수시보고심사 ┘

2. 보고명 :

3. 등록번호(시행일자) :

4. 보고문서 제출기일 :

5. 조치사항:

사무관리규정 제52조의 규정에 의하여 보고독촉을 하니 . . .까지 보고서를 제출하여 주시기 바랍니다.

발신명의 [인]

기안자(직위/직급)서명 검토자(직위/직급)서명 결재권자(직위/직급)서명
협조자(직위/직급)서명

시행 처리과명-일련번호(시행일자) 접수 처리과명-일련번호(접수일자)

우 주소 /홈페이지 주소

전화( ) 전송( ) /공무원의 공식 전자우편주소/공개구분

210mm×297mm(일반용지 60g/㎡(재활용품))

[별지 제31호서식] 〈개정 1996.5.28〉

회의록

<table>
<tr><td colspan="2">회의명</td><td colspan="5"></td></tr>
<tr><td colspan="2">일시</td><td colspan="5">년 월 일(요일) : ~ :</td></tr>
<tr><td colspan="2">장소</td><td colspan="5"></td></tr>
<tr><td colspan="2">의안</td><td colspan="5"></td></tr>
<tr><td colspan="2">토의내용요지</td><td colspan="5"></td></tr>
<tr><td colspan="2">합의사항</td><td colspan="5"></td></tr>
<tr><td colspan="2">이견사항</td><td colspan="5"></td></tr>
<tr><td rowspan="3">참석
현황</td><td>참석대상자</td><td>명</td><td rowspan="5">참
석
자
서
명</td><td>소속</td><td>직위</td><td>성명(서명)</td></tr>
<tr><td>참석자</td><td>명</td><td rowspan="4"></td><td rowspan="4"></td><td rowspan="4"></td></tr>
<tr><td>불참자</td><td>명</td></tr>
<tr><td rowspan="2">불참
내역</td><td colspan="2" rowspan="2"></td></tr>
<tr></tr>
<tr><td colspan="2">작성자</td><td colspan="5">소속 : 직급 : 성명 : (서명)</td></tr>
</table>

15012-09211비 210mm×297mm
95.11.30 개정 (일반용지 60g/㎡(재활용품))

[별지 제32호서식] 〈개정 1996.5.28〉

전화 및 구두협조처리문

<table>
<tr><td colspan="2">제목</td><td></td><td rowspan="3">결
재</td><td></td><td></td><td></td></tr>
<tr><td colspan="2">협조요청일시</td><td></td><td rowspan="2"></td><td rowspan="2"></td><td rowspan="2"></td></tr>
<tr><td colspan="2">협조응신일시</td><td></td></tr>
<tr><td rowspan="2">협조요
청자</td><td colspan="2">소속</td><td colspan="2" rowspan="2">응신자</td><td colspan="2">소속</td></tr>
<tr><td colspan="2">직급 성명</td><td colspan="2">직급 성명</td></tr>
<tr><td colspan="7">협조요청내용

응신내용

</td></tr>
<tr><td colspan="2">협조결과</td><td colspan="5">□합의 □검토 □불가</td></tr>
</table>

15012-09311일
95.11.30 개정

210mm×297mm
(일반용지 60g/㎡(재활용품))

[별지 제33호서식] 〈개정 2003.7.14〉

행정기관명

수신자 ( )

제목 지정협조 지정신청

협조업무명	협조기관	처리기간 또는 기일	처리과정			협조요청 목적	주요 협조내용	관계법규
			단독처리	위원회등 심의	다른기관 협의			

발신명의 [인]

기안자(직위/직급)서명 검토자(직위/직급)서명 결재권자(직위/직급) 서명
협조자(직위/직급)서명

시행 처리과명-일련번호(시행일자) 접수 처리과명-일련번호(접수일자)

우 주소 /홈페이지 주소

전화( ) 전송( ) /공무원의 공식 전자우편주소/공개구분

210mm×297mm(일반용지 60g/㎡(재활용품))

[별지 제34호서식] 〈개정 2003.7.14〉

행정기관명

수신자 ( )

제목 지정협조 변경(폐지)신청

정비구분 (변경·폐지)	지정번호	협조업무명	정비내용		정비사유	관계법규
			현행	정비안		

발신명의 [인]

기안자(직위/직급)서명 검토자(직위/직급)서명 결재권자(직위/직급)서명
협조자(직위/직급)서명

시행 처리과명-일련번호(시행일자) 접수 처리과명-일련번호(접수일자)

우 주소 /홈페이지 주소

전화( ) 전송( ) /공무원의 공식 전자우편주소/공개구분

210mm×297mm(일반용지 60g/㎡(재활용품))

[별지 제37호서식] 〈개정 2003.7.14〉

행정기관명

수신자 (협조심사관)
제목 업무협조 촉구

사무관리규정 제66조의 규정에 의하여 아래 문서로 귀 기관에 협조를 요청한 사항에 대한 조속한 처리를 촉구하니 . . .까지 처리·통보하여 주시기 바랍니다.

1. 문서제목 :

2. 등록번호(시행일자) :

3. 지정(심사)번호 :

4. 처리기간 :

5. 기타 :

발신명의 [인]

기안자(직위/직급) 서명 검토자(직위/직급) 서명 결재권자(직위/직급)서명
협조자(직위/직급) 서명

시행 처리과명-일련번호(시행일자) 접수 처리과명-일련번호(접수일자)

우 주소 /홈페이지 주소
전화( ) 전송( ) /공무원의 공식 전자우편주소/공개구분

210mm×297mm(일반용지 60g/㎡(재활용품))

[별지 제38호서식] 〈개정 2003.7.14〉

<table>
<tr><td colspan="6">서식제원</td></tr>
<tr><td colspan="2">서식명</td><td colspan="2"></td><td>별지호수</td><td>별지 제 호서식</td></tr>
<tr><td colspan="2">근거법규</td><td colspan="2"></td><td>주무부처 및
보조기관</td><td>○○(부·처·청)
○○국 ○○과</td></tr>
<tr><td colspan="2">용지의 규격</td><td colspan="2">가로 mm × 세로 mm</td><td>법령 제·개정
담당부서 전화번호</td><td></td></tr>
<tr><td colspan="2">지질 및 중량</td><td colspan="2">g/㎡</td><td>사용처</td><td></td></tr>
<tr><td rowspan="5">활
자</td><td rowspan="2">구분</td><td colspan="2">크기</td><td rowspan="2">보존기간</td><td></td></tr>
<tr><td>인쇄</td><td>전산기기</td><td></td></tr>
<tr><td>제목</td><td>P</td><td></td><td>인쇄구분</td><td>□단면 □양면</td></tr>
<tr><td>내용</td><td>P</td><td></td><td>요청구분</td><td>□신규 □개정</td></tr>
<tr><td colspan="2">활자의 색채</td><td></td><td>용지의 색채</td><td></td></tr>
<tr><td colspan="2" rowspan="4">서식의 실제크기</td><td colspan="4">용지의 위쪽 끝부터 위 기본선(기재란)까지 mm</td></tr>
<tr><td colspan="4">용지의 왼쪽 끝부터 왼쪽 기본선(기재란)까지 mm</td></tr>
<tr><td colspan="4">용지의 오른쪽 끝부터 오른쪽 한계선(기재란)까지 mm</td></tr>
<tr><td colspan="4">용지의 아래쪽 끝부터 아래 한계선(기재란)까지 mm</td></tr>
<tr><td colspan="2">서식의 제정 또는 개정 필요성</td><td colspan="4"></td></tr>
</table>

비고(이 난은 서식에 포함하지 아니함)

1. 근거법규란에는 서식이 존재하는 근거법규를 기재합니다.
2. 법령 제·개정담당부서 전화번호란에는 실질적으로 법령의 제·개정을 담당한 부서(처리과)의 전화번호를 기재합니다.
3. 사용처란에는 기관명을 기재합니다(예 : 건설교통부, 시·도, 시·군·구 등).
4. 지질 및 중량란에는 반드시 별표 23의 지질·중량기준을 읽고 난 후 서식용지의 사용용도별 지질·중량을 기재합니다.
5. 보존기간은 공공기관의기록물관리에관한법률시행령 제15조의 규정에 의한 보존기간을 기재합니다.

210mm×297mm(일반용지 60g/㎡(재활용품))

[저자 약력]

• 김병기(Kim Byeong-ki)

안동과학대학 마케팅컨택관리과 교수
(kimbk171@asc.ac.kr)
사무경영관리개론 외 다수

• 이정훈(Lee Jung-hun)

안동과학대학 경호경찰과 교수
(cabbage19200@asc.ac.kr)
현대행정학 외 다수

사무관리의 이해

2007년 9월 5일 초판인쇄
2007년 9월 10일 초판발행

저 자 김병기 · 이정훈
발행인 유 성 렬
발행처 **청목출판사**
서울특별시 영등포구 신길동 233-96
전화 (02) 849-6157(代) · 2820
FAX (02) 849-0817
등록 제318-1994-000090호

파본은 바꾸어 드립니다. 값 19,000원

http : //www.chongmok.co.kr

ISBN 978-89-5565-212-3